"十二五"高等职业教育系列规划教材

纳税实务

王 超 张 旻 主编

王宏艳 简 涛 曲 珅 副主编

李克茹 主审

中国铁道出版社

CHINA RAILWAY PUBLISHING HOUSE

图书在版编目（CIP）数据

纳税实务 / 王超，张旻主编．—北京：中国铁道出版社，2012.12
“十二五”高等职业教育系列规划教材
ISBN 978-7-113-14989-5

Ⅰ.①纳…　Ⅱ.①王…②张…　Ⅲ.①纳税-税收管理-中国-高等职业教育-教材　Ⅳ.①F812.423

中国版本图书馆 CIP 数据核字（2012）第 192817 号

书　　名：“十二五”高等职业教育系列规划教材
纳税实务
作　　者：王　超　张　旻　主编

策　　划：夏　伟　　**读者热线**：400-668-0820
责任编辑：夏　伟　　**特邀编辑**：李晓迎
编辑助理：李　丹
封面设计：刘　颖
责任校对：张玉华
责任印制：李　佳

出版发行：中国铁道出版社（100054，北京市西城区右安门西街 8 号）
网　　址：http://www.51eds.com
印　　刷：北京市昌平开拓印刷厂
版　　次：2012 年 12 月第 1 版　　2012 年 12 月第 1 次印刷
开　　本：787 mm×1 092 mm　1/16　**印张**：19.5　**字数**：450 千
印　　数：1～3 000 册
书　　号：ISBN 978-7-113-14989-5
定　　价：40.00 元

“十二五”高等职业教育系列规划教材编审委员会

总　序

《国家中长期教育改革和发展规划纲要(2010—2020年)》指出:"职业教育要面向人人、面向社会,着力培养学生的职业道德、职业技能和就业创业能力;把提高质量作为重点,以服务为宗旨,以就业为导向,推进教育教学改革;实行工学结合、校企合作、顶岗实习的人才培养模式";《教育部关于推进高等职业教育改革创新引领职业教育科学发展的若干意见》指出:"推行'双证书'制度,实现专业课程内容与职业标准对接;引入企业新技术、新工艺,校企合作共同开发专业课程和教学资源;继续推行任务驱动、项目导向等学做一体的教学模式"等等,都对职业教育教学改革提出了新的更高的要求。

为深入贯彻落实《国家中长期教育改革和发展规划纲要(2010—2020年)》及《教育部关于全面提高高等职业教育教学质量的若干意见》、《教育部、财政部关于实施国家示范性高等职业院校建设计划　加快高等职业教育改革与发展的意见》、《教育部关于推进高等职业教育改革创新 引领职业教育科学发展的若干意见》等有关文件精神,有效促进和提高高职高专院校转变教育教学理念,推进教育教学改革,加快专业和课程建设,提升专业办学质量,突出专业办学特色,交流先进的教育教学经验,展示专业及课改成果,开展教学资源合作共享,黑龙江省高职高专教育财经类专业教学指导委员会与中国铁道出版社联合策划了"'十二五'高等职业教育系列规划教材"编写出版项目。根据黑龙江省高职高专财经大类专业开设情况与办学特点,组织编写了涵盖财务会计类、市场营销类、工商管理类三个二级专业类若干门核心课程的立体化精品教材。

本套教材在选题策划时期按照"五化"教材建设模式和"146"教材开发路径进行了教材编写思想与形式的创新。"五化"即人才培养职业化、课程项目工作化、教学情境一体化、课程教学行动化、课程评价多元化。"146"教材开发路径即一条途径:校企合作;4个对接:教材内容与职业标准、教学过程与生产过程、学历证书与职业资格证书、职业教育与终身教育的对接;6个步骤:在教材具体编写过程中,各位作者严格按照校企合作组建团队、企业调研、分析典型工作任务、开发工作过程导向教材、实施行动导向教学、过程和多元考核评价等对教学需要和教材内容进行了有机的匹配。教材按照制定编写规划、深入企业调研、确定典型工作任务、构建工作过程导向的课程体系、组建校企合作教材开发团队、专兼结合团队开发课程标准与教材内容及相应的资源等步骤规范开发，具有较强的针对性和实用性，能够有效解决教材与人才培养实际要求相脱节的问题，有利于培养学生的综合职业能力，促进人才培养质量的提高。

本系列规划教材的编写体例具有较大的创新性，根据不同课程特点和教学需要，采取多种不同的内容与结构表现形式，具有较强的灵活性和针对性，可以满足不同院校教学的需要。

本套教材的编写得到了教育部高职高专工商管理类教学指导委员会电子商务与物流分委会、黑龙江省高职高专财经类专业教学指导委员会的大力支持，多位国内知名的职教专家与教学名师对本套教材体系构架和教材编写模式以及部分课程教材编写大纲论证提出了很好的建议，对此我们深表谢意。同时，也希望一切关注高职教育发展和特色教材开发的同仁，能够共同关注本套教材的应用，希望本套教材能够得到广大教师和学生的认可和赞同。

“十二五”高等职业教育系列规划教材编审委员会

2012年1月

前言

纳税实务 Preface

“纳税实务”是针对会计专业高端技能型人才培养目标中的税务会计岗位和管理岗位设置的课程。本书在编写过程中，结合编者多年企业税务会计岗位工作经验和教学经验，本着“以岗位工作能力培养为主，理论上够用为度，立足企业实际需求”的人才培养原则和“文字简明、通俗易懂、便于自学”的编写原则，按照“税收法律常识，应纳税额计算，纳税申报，涉税业务会计核算，模块任务，纳税筹划案例，综合训练”的整体结构编排学习内容，实现理论实践一体化。

本书以国家最新税收法律法规为依据，以税务会计岗位工作内容为主线，侧重于纳税工作实务操作和纳税申报的处理，用形式多样的实训习题巩固学习内容，力求使学生掌握企业实际的涉税问题处理方法，所用案例均来源于企业实例，旨在实现教学内容与岗位工作内容对接。书中内容分为八个模块：第一模块税收法律常识；第二模块增值税纳税实务；第三模块消费税纳税实务；第四模块营业税纳税实务；第五模块企业所得税纳税实务；第六模块个人所得税纳税实务；第七模块财产税纳税实务；第八模块行为税纳税实务。

本书具有很强的可读性、可操作性和工作针对性。可作为各类学校会计、金融和营销等专业纳税实务操作课程教材，也可作为企业财会人员、财经系统职工的培训和自学用书。

本书由黑龙江农垦职业学院老师王超、黑龙江农垦总局财务处结算中心高级会计师张旻担任主编。哈药集团制药总厂高级会计师王宏艳、会计师简涛和黑龙江农垦职业学院老师曲珅担任副主编。王超编写模块一～四，张旻编写模块五～七，曲珅编写模块八，王宏艳编写一～四模块中的模块任务和网上纳税申报部分，简涛编写五～八模块中的模块任务和网上纳税申报部分，黑龙江农垦职业学院的迟姗姗老师参与了模块一～三的编写，黑龙江农垦职业学院的石琳老师参与了模块四～六的编写，黑龙江省农垦科学院陈谅参与了模块七、八的编写。全书由黑龙江农垦职业学院李克茹老师担任主审。

本书在编写过程中，参阅和选用了国内有关专家、学者的最新成果，引用了百度等网页上的有关案例，在此一并表示感谢。由于编者水平有限，加之时间仓促，书中难免存在疏漏之处，恳请读者批评指正。

编者

教学建议

课程简介

纳税实务是融税收法规制度和财务会计制度于一体的应用学科，既研究税收管理中的会计问题，也研究会计核算中的税收问题，是企业财务会计人员必须掌握的知识，也是会计专业学生知识结构中的重要组成部分，是会计专业的核心课程。本课程的任务是帮助学生了解税收法律的基本常识，掌握具体税种应纳税额的计算方法和会计核算方法，能够正确编写纳税申报表、进行纳税申报和税收管理。

选课建议

本课程适合会计、金融、营销和管理等专业开设，建议在“基础会计”、“财务会计”课程之后，即在对会计基本理论有了全面掌握的基础上再学习本课程。

课程任务和教学目标

通过本课程的学习，使学生了解税收法律常识，熟悉涉税业务的办理方法，掌握具体税种应纳税额的计算方法、纳税申报表的填写方法、网上报税流程和涉税业务的会计核算方法，明晰税收筹划的基本原理。通过模块练习、案例分析等，培养学生发现、分析和解决问题的基本技能，提高学生的创新能力，为顶岗实习和零距离就业打下坚实的基础。

课程基本要求

通过本课程的教学，使学生了解和掌握我国税收法律制度的基本原理和基本内容，并能根据税法的原理、方法进行实务处理。由于本课程的实践性很强，因此，在教学过程中，应注重理论联系实际，加强学生对税法知识的理解与运用能力的培养。

教学内容、学习要点及课时安排

教学内容	学习要点	课时安排
模块一　税收法律常识	(1)了解税收管理体制、税务代理制度和税务检查 (2)理解税种构成基本要素、纳税申报的基本要求、涉税争议处理办法和税收法律责任 (3)掌握税收的种类、税务登记管理办法和税款征收制度	10

续表

教学内容	学习要点	课时安排
模块二　增值税纳税实务	(1)了解增值税类型,税率,纳税申报时间、地点 (2)理解增值税纳税规定与管理、纳税申报流程与方法、增值税专用发票使用与管理和会计核算方法 (3)掌握增值税征税范围、应纳税额的计算和出口货物退免税计算	12
模块三　消费税纳税实务	(1)了解消费税纳税对象,税率,纳税申报时间、地点 (2)理解消费税纳税规定与管理、纳税申报流程与方法和会计核算方法 (3)掌握消费税应纳税额的计算	4
模块四　营业税纳税实务	(1)了解纳税义务人、税目、税率、纳税义务发生时间与纳税期限、纳税地点 (2)熟悉税收优惠、网上报税和涉税业务的会计核算方法 (3)掌握营业税的计税依据、应纳税额的计算和纳税申报表的填写	6
模块五　企业所得税纳税实务	(1)了解企业所得税纳税人、征税对象、税率和计税原理 (2)理解税收减免政策,纳税申报地点、申报期限和申报流程 (3)掌握收入的确定原则、扣除项目的具体规定和纳税申报表的填写方法	10
模块六　个人所得税纳税实务	(1)了解个人所得税征税项目、应税来源的确定、税率和计税原理 (2)理解居民纳税人和非居民纳税人的判定标准,税收减免政策,纳税申报地点、申报期限和申报流程 (3)掌握各应税所得项目收入的确定原则、费用扣除标准,应纳税额的计算,纳税申报表的填写方法	8
模块七　财产税纳税实务	(1)了解房产税、契税和车船税纳税人、征税对象、税率和计税原理 (2)理解税收减免政策,纳税申报地点、申报期限和申报流程 (3)掌握应纳税额的计算、会计处理方法和纳税申报表的填写方法	6
模块八　行为税纳税实务	(1)了解印花税、城市维护建设税和教育费附加纳税人、征税对象、税率和计税原理 (2)理解税收减免政策,纳税申报地点、申报期限和申报流程 (3)掌握应纳税额的计算、会计处理方法和纳税申报表的填写方法	6
课时总计		62

目录

纳税实务 Contents

模块一　税收法律常识

学习目标

内　容	税收法律常识
知识目标	1. 了解税收管理体制、税务代理制度和税务检查 2. 理解税种构成基本要素、纳税申报的基本要求、涉税争议处理办法和税收法律责任 3. 掌握税收的种类、税务登记管理办法和税款征收制度
能力目标	1. 能够独立办理税务登记，办理发票领购 2. 能够运用税收法律处理税务争议

案例引导

某年8月的一天，某民营纺织厂的老板李祥急急忙忙来到了国瑞税务师事务所，请求税务师事务所派人对自己的纺织厂前两年的增值税纳税情况进行审查。这到底是为什么呢？原来，当天上午，李祥接到了当地国税机关的通知：10日后国税局稽查局将对其纺织厂前两年的增值税纳税情况进行专项检查；企业凡在专项检查前进行自查，对发现的问题进行调整的，税务机关可以对其不定性“偷税”处理。因此，李祥才想通过税务师事务所的审查看一看自己的纺织厂能否顺利通过这次增值税专项检查。

当税务师老李和老张来到李祥的纺织厂看了一圈后，他们便来到了厂财务室，重点对前两年的财务报表进行了仔细的对比和分析，同时对有关账簿进行了审查。通过分析和审查，老李和老张发现该纺织厂上一年度生产棉纱的总产量为10 061吨（虽然绝大部分纱已生产出布匹，但棉纱的总产量是固定的），按照正常的生产工艺、配料比和原材料损耗等，其全年消耗的原棉应约为7 500吨，消耗的化纤纤维约为3 320吨，而该厂上一年度购进的原棉量却高达15 000吨，这与其实际生产经营的需要及该厂的经济实力不符。于是，老李和老张把这个疑问告诉了李祥，并要求对其原棉仓库账及实物进行检查，李祥很爽快地答应了。

通过对原棉仓库保管员手中的实物账及对现存库存原棉进行盘点，他们发现实际库存的原棉比账上少了3 600吨。询问该仓库保管员原棉短少的原因，仓库保管员称：该纺织厂由于原棉仓库较小，不能够库存大量的原棉，故该厂借用了县棉麻公司轧花厂的原棉仓库使用，另外的 3 600 吨原棉就存放在县棉麻公司轧花厂的原棉仓库内。而当老李和老张要该仓库保管员一同到县棉麻公司轧花厂去实地查看时，保管员称其从未去过县棉麻公司轧花厂，具体详情请找其厂长了解。因此，老李和老张找到李祥，要求对存放在县棉麻公司轧花厂的原棉进行核实。这时，李祥非常诚恳地问老李和老张："如果税务局来检查，会不会也要去核实我存放在县棉麻公司轧花厂的原棉呢？""会的，肯定会的！""县棉麻公司轧花厂可不可以不向税务局提供情况呢？""不可以，税务局有权要县棉麻公司轧花厂提供情况，而县棉麻公司轧花厂也有义务向税务机关提供情况！"这时，李祥看该问题再也不好蒙混过关了，只得如实告诉老李和老张说："实话不瞒你们说，县棉麻公司轧花厂存放原棉的事根本就不存在，我收购的棉花确实有虚。不过，我与县棉麻公司轧花厂的厂长是好友，已同他打过招呼，万一税务局去查，他就将他们轧花厂库存的棉花指给税务局的人看，不就行了！你们看咋样？""不可！万万不可！既然税务局的人怀疑你的棉花有问题，他们一定再对轧花厂进行全面检查的，那你岂不是害了自己，也害了你的朋友？要知道，你这样做，是不折不扣的偷税行为，按你全年实际缴纳的税款计算，你将涉嫌构成'偷税罪'，应该承担刑事责任，你知道吗？"老李语重心长地说。"那我该怎么办？"李祥紧张地问。"立即将多记的进项税额转出，马上申报纳税！"

接着，老李和老张又向李祥提出了两个疑点问题：一、按照纺织企业的特点，纺织厂每月都会产生大量的废棉和废纱销售收入，而你厂一直没有反映这方面的收入，这一点难道税务局会想不到？二、你们经常在电视上做广告，吸引客户到你们厂进行来料加工，而你们厂这方面的收入也是一点都没有反映，这怎能不引起税务机关的怀疑？因此，老李和老张力劝李祥赶紧对这两方面的问题进行自查并如实申报。于是，李祥立即安排财务人员将这两方面未申报纳税的收入进行补记并进行了如实申报。

当稽查局的人员看到该纺织厂自查补缴的增值税达 577 万元时，他们不无感慨地对李祥说："是两位税务师挽救了你啊！"

（本文由作者根据网络相关资料改写，原文见：世界经理人论坛. www.ceconlinebbs.com.）

通过上述案例可以看出，税务管理在企业经营管理中具有非常重要的作用。作为一名财务管理人员，必须学好税收法律知识，才能促进自身的发展、企业的发展和国家经济的发展。

相关知识

1.1 认识税收

税收是政府为了满足社会公共需要，凭借政治权力，强制、无偿地取得财政收入的一种形式。理解税收的概念可从几个方面把握。

1.1.1 为什么要征税

1. 税收是国家取得财政收入的一种重要工具，其本质是一种分配关系

国家要行使职能必须有一定的财政收入作为保障。取得财政收入的手段多种多样，如税收、发行货币、发行国债、收费、罚没，而税收收入是大部分国家取得财政收入的主要形式。我国自1994年税制改革以来,税收收入占财政收入的比重基本维持在90%以上。

2. 国家征税的依据是政治权利,其有别于按要素进行的分配

国家通过征税,将一部分社会产品由纳税人所有转变为国家所有,因此,征税的过程实际上是国家参与社会产品的分配过程。

3. 征税的目的是满足社会公共需要

国家在履行其公共职能过程中必然要有一定的公共支出。公共支出一般情况下不能由公民个人、企业采取自愿出价的方式,而只能采用由国家(政府)强制征税的方式,由经济组织、单位和个人来负担。

1.1.2 税收的特征

税收的特征,通常可概括为税收"三性",即无偿性、强制性和固定性。

1. 税收的无偿性

税收的无偿性指国家征税以后对具体纳税人既不需要直接偿还,也不付出任何直接形式的报酬。纳税人从政府支出所获利益通常与其支付的税款不完全成一一对应的比例关系。

2. 税收的强制性

税收的强制性指税收是国家凭借政治权力,通过法律形式对社会产品进行的强制性分配,而非纳税人的一种自愿交纳。纳税人必须依法纳税,否则会受到法律制裁。

3. 税收的固定性

税收的固定性指税收是国家通过法律形式预先规定了对什么征税及其征收比例等税制要素,并保持相对的连续性和稳定性。即使税制要素的具体内容会因经济发展水平、国家经济政策的变化而进行必要的改革和调整,但这种改革和调整也总是要通过法律形式进行事先规定,而且改革调整后要保持一定时期的相对稳定性。

税收三性是一个完整的统一体,它们相辅相成、缺一不可。其中,无偿性是核心,强制性是保障,固定性是对强制性和无偿性的一种规范和约束。

1.1.3 什么是税法

税法是国家制定的用以调整国家与纳税人之间在征纳税方面的权利及义务关系的法律规范的总称。它是国家及纳税人依法征税、依法纳税的行为准则,其目的是保障国家利益和纳税人的合法权益,维护正常的税收秩序,保证国家的财政收入。税法具有义务性法规和综合性法规的特点。

1.1.4 税收管理体制

对税收管理权限的划分,就是税收管理体制。我国的税收管理体制遵循"统一领导,分级管理"的原则。在中央统一领导下,赋予地方政府一定的税收管理权,以便因地制宜地处理税收问题。

1. 税收管理权限划分

(1)税收立法权的划分。目前有权制定税法或者税收政策的国家机关有全国人民代表大会及其常务委员会、国务院、财政部、国家税务总局、海关总署、国务院关税税则委员会等。

税收法律由全国人民代表大会及其常务委员会制定;有关税收的行政法规由国务院制定;有关税收的部门规章由财政部、国家税务总局、海关总署、国务院关税税则委员会等部门制定。此外,根据我国法律的规定,省、自治区、直辖市人民代表大会及其常务委员会、民族自治人民代表大会和省级人民政府,在不与国家的税收法律、法规相抵触的前提下,可以制定某些地方性的税收法规和规章。

(2)税收执法权的划分。目前我国税收执法机构主要有财政部、国家税务总局、海关总署等。

财政部是国务院主管财务收支、财税政策和国有资本金基础工作的宏观调控部门。国家税务总局是国家的最高税务机构，是国务院主管税收工作的部级直属机构。海关总署是国务院部级直属机构，是主管全国海关工作的行政执法机构。

2. 税收征收管理范围的划分

目前，我国的税收分别由税务、财政、海关等系统负责征收管理。

国家税务总局系统负责征收和管理的项目有：增值税，消费税，铁道部门、各银行总行、各保险总公司集中缴纳的营业税、所得税、城市维护建设税，金融、保险企业缴纳的营业税中按照提高3%税率征收的部分，中央企业缴纳的所得税，中央与地方所属企业、事业单位组成的联营企业、股份制企业缴纳的所得税，地方银行、非银行金融企业缴纳的所得税，海洋石油企业缴纳的所得税、资源税，外商投资企业和外国企业所得税，对储蓄存款利息征收的所得税，证券交易印花税，中央税的滞纳金、补税、罚款。

地方税务局系统负责征收管理的项目有：营业税，城市维护建设税(不包括上述由国家税务局系统负责征收管理的部分)，地方国有企业、集体企业、私营企业缴纳的所得税，个人所得税，资源税，城镇土地使用税，耕地占用税，固定资产投资方向调节税，土地增值税，房产税，城市房地产税，车船使用税，车船使用牌照税，印花税，契税，屠宰税，筵席税，农业税，牧业税及其他地方附加，地方税的滞纳金、补税、罚款。

海关系统负责征收和管理的项目有：关税，行李和邮递物品进口税。此外，海关系统负责代征进口环节的增值税和消费税。

1.2　税收种类及构成要素

1.2.1　税种分类

税种分类是对一国(地区)全部税种的分类，它是根据每个税种构成的基本要素和特征，按照一定的标准分成若干的类别。我国与当代世界各国一样，实行由多税种组成的复合税制。我国现行的税种比较多，名称各异，可以从不同的角度、根据不同的标准，进行多种分类。

1. 按征税对象分类

按征税对象进行分类，可将全部税种分为流转税类、所得税类、财产税类、资源税类和行为税类等。

(1)流转税类。流转税是以流转额为征税对象的税种。流转额具体包括两种：一是商品流转额，它是指商品交换的金额。对销售方来说，是销售收入额；对购买方来说，是商品的采购金额。二是非商品流转额，即各种劳务收入或者服务性业务收入的金额。我国现行的增值税、消费税、营业税、关税属于这类税种。

(2)所得税类。所得税是以纳税人的各种应纳税所得额为征税对象的税种。所得税类的特点是：征税对象不是一般收入，而是总收入减除各种成本费用及其他允许扣除项目以后的应纳税所得额；征税数额受成本、费用、利润高低的影响较大。我国现行的企业所得税、个人所得税属于这一类。

(3)财产税类。财产税是以纳税人拥有的财产数量或财产价值为征税对象的税种。这类税种的特点是:税收负担与财产价值、数量关系密切,能体现量能负担、调节财富、合理分配的原则。我国现行的房产税、车船税和契税属于这一类。

(4)资源税类。资源税是以自然资源和某些社会资源为征税对象的税种。这类税收的特点是:税负高低与资源级差收益水平关系密切,征税范围的选择也比较灵活。我国现行的资源税、城镇土地使用税、土地增值税属于这一类。

(5)行为税类。行为税也称为特定行为目的的税类,它是国家为了实现某种特定的目的,以纳税人的某些特定行为为征税对象的税种。这类税种的特点是:征税的选择性较为明显,税种较多,并有着较强的时效性,有的还具有因时因地制宜的特点。我国现行的城市维护建设税、印花税都属于这一类。

2. 按征收管理体系分类

税种按照征收管理的分工体系进行分类,可以分为工商税、关税和农业税三大类。

(1)工商税类。工商税是指以从事工业、商业和服务业的单位和个人为纳税人的各税种的总称,是我国现行税制的主体部分。具体包括增值税、消费税、营业税、资源税、企业所得税、个人所得税、城市维护建设税、房产税、城市房地产税、车船税、土地增值税、城镇土地使用税、印花税等税种。

(2)关税类。关税类的税种由海关负责征收管理。关税是对进出境的货物、物品征收的税种的总称。主要是指进出口关税,以及对入境旅客行李物品和个人邮递物品征收的进口税,不包括由海关代征的进口环节增值税、消费税和船舶吨税。关税是中央财政收入的重要来源,也是国家调节进出口贸易的主要手段。

(3)农业税类。农业税是指参与农业收入分配和调节农业生产的各税种的总称。主要是指农(牧)业税(包括农业特产税,现已取消)、耕地占用税和契税。

3. 按税收收入的支配权限分类

全部税种按收入归属可以分为中央税、地方税和中央地方共享税。

(1)中央税。中央税指由中央立法、收入划归中央并由中央管理的税种,如我国现行的关税、消费税等税种。

(2)地方税。地方税是指由中央统一立法或授权立法、收入划归地方,并由地方负责管理的税种,如我国现行的房产税、车船税、土地增值税、城镇土地使用税等税种。

(3)中央地方共享税。如果某一种税收收入支配由中央和地方按比例或按法定方式分享,便属于中央地方共享税。我国共享税由中央立法、管理,如现行的增值税、印花税、资源税等税种。

1.2.2　税种构成基本要素

税种的构成要素是指各种单行税种具有的共同的基本要素的总称,是所有完善的单行税种都共同具备的要素,仅为某一税种所单独具有而非普遍性的内容,不构成税种要素,如扣缴义务人。税种的构成要素主要包括以下项目:

1. 纳税人

纳税人又叫纳税主体,是税法规定的直接负有纳税义务的单位和个人。

纳税人有两种基本形式:自然人和法人。我国的法人主要有四种:机关法人、事业法人、企业法人和社团法人。

与纳税人紧密联系的两个概念是代扣代缴义务人和代收代缴义务人。前者是指虽不承担纳税义务,但依照有关规定,在向纳税人支付收入、结算货款、收取费用时有义务代扣代缴其应纳税款的单位和个人。如出版社代扣作者稿酬所得的个人所得税等。代收代缴义务人是指虽不承担纳税义务,但依照有关规定,在向纳税人收取商品或劳务收入时,有义务代收代缴其应纳税款的单位和个人。如消费税条例规定,委托加工的应税消费品,由受托方在向委托方交货时代收代缴委托方应该缴纳的消费税。

2. 征税对象

征税对象又叫课税对象、征税客体,是指税法规定对什么征税,是区别一种税与另一种税的重要标志。如消费税的征税对象是消费税条例所列举的应税消费品,房产税的征税对象是房屋等。征税对象是税法最基本的要素,征税对象也决定了各个不同税种的名称。如消费税、土地增值税、个人所得税等,这些税种因征税对象不同,性质不同,税名也就不同。

与课税对象相关的两个基本概念是:税目和税基。税目本身也是一个重要的税法要素,下面将单独讨论。而税基又叫计税依据,是据以计算征税对象应纳税款的直接数量依据。它解决对征税对象课税的计算问题,是对课税对象的量的规定。

3. 税目

税目是在税法中对征税对象分类规定的具体的征税项目,反映具体的征税范围,是对课税对象质的界定。设置税目的目的是明确具体的征税范围,凡列入税目的即为应税项目,未列入税目的,则不属于应税项目。并非所有税种都需规定税目,有些税种不分课税对象的具体项目,一律按照课税对象的应税数额采用同一税率计征税款,因此一般无须设置税目,如企业所得税。有些税种具体课税对象比较复杂,需要规定税目,如消费税、营业税等,一般都规定有不同的税目。

4. 税率

税率是对征税对象的征收比例或征收额度。税率是计算税额的尺度,也是衡量税负轻重与否的重要标志。我国现行的税率主要有:

(1)比例税率。即对同一征税对象,不分数额大小,规定相同的征收比例。我国的增值税、营业税、城市维护建设税、企业所得税等采用的是比例税率。

(2)超额累进税率。是指把征税对象按数额的大小分成若干等级,每一等级规定一个税率,税率依次提高,但每一纳税人的征税对象则依所属等级同时适用几个税率分别计算,将计算结果相加后得出应纳税款。表1.1为一个三级超额累进税率表。

表 1.1　某三级超额累进税率表

级数	全月应纳税所得额(元)	税率(%)	速算扣除数
1	5 000 以下	10	0
2	5 000～20 000(含)	20	500
3	20 000 以上	30	2 500

【例 1.1】 如某人某月应纳税所得额为 6 000 元,试计算其应纳税额。

【案例分析】

用表 1.1 所列税率,其应纳税额可以分步计算:

第一级的 5 000 元适用 10%税率,应纳税为

5 000×10%=500(元)

第二级的 1 000 元(6 000−5 000)适用 20%的税率，应纳税为

1 000×20%＝200(元)

其该月应纳税额＝5 000 ×10% ＋1 000 ×20% ＝700(元)

目前，我国个人所得税采用这种税率进行计算征收，具体税率请参阅我国《个人所得税法》。

(3)定额税率。即按征税对象确定的计算单位，直接规定一个固定的税额。目前采用定额税率的有资源税、城镇土地使用税、车船税等。

(4)超率累进税率。即以征税对象数额的相对率划分若干级距，分别规定相应的差别税率，相对率每超过一个级距的，对超过的部分就按高一级的税率计算征税。目前采用这种税率的是土地增值税。

5. 纳税环节

纳税环节主要指税法规定的征税对象在从生产到消费的流转过程中应当缴纳税款的环节。如流转税在生产和流通环节纳税、所得税在分配环节纳税等。

6. 纳税期限

纳税期限是指税法规定的关于税款缴纳时间方面的限定。税法关于纳税期限的规定，有三个概念：一是纳税义务发生时间。纳税义务发生时间，是指应税行为发生的时间。二是纳税期限。纳税人每次发生纳税义务后，不可能马上去缴纳税款。税法规定了每种税的纳税期限，即每隔固定时间汇总一次纳税义务的时间。三是缴库期限，即税法规定的纳税期满后，纳税人将应纳税款缴入国库的期限。

7. 纳税地点

纳税地点主要是指根据各个税种纳税对象的纳税环节和有利于对税款的源泉控制而规定的纳税人(包括代征、代扣、代缴义务人)的具体纳税地点。

8. 减税免税

减税免税主要是对某些纳税人和征税对象采取减少征税或者免予征税的特殊规定。

9. 罚则

罚则主要是指对纳税人违反税法的行为采取的处罚措施。

1.3　税务登记管理

税务登记又称纳税登记，是指税务机关根据税法规定，对纳税人的生产、经营活动进行登记管理的一项法定制度，也是纳税人依法履行纳税义务的法定手续。我国税务登记制度主要包括以下内容：

1.3.1　开业税务登记

1. 开业税务登记的对象

开业税务登记的纳税人分为两类：领取营业执照从事生产、经营的纳税人和不从事生产、经营，但依照法律、法规的规定负有纳税义务的单位和个人，除临时取得应税收入或发生应税行为以及只缴纳个人所得税、车船税的外，都应按规定向税务机关办理税务登记。

2. 开业税务登记的时间和地点

从事生产、经营的纳税人，应当自领取营业执照之日起 30 日内，向生产、经营地或者纳税

义务发生地的主管税务机关申报办理税务登记，如实填写税务登记表并按照税务机关的要求提供有关证件、资料。

上述以外的其他纳税人，除国家机关和个人外，应当自纳税义务发生之日起30日内，持有关证件向所在地主管税务机关申报办理税务登记。

3. 开业税务登记程序

(1)税务登记申请。企事业单位应当自设立之日起30内，向主管税务机关申报办理注册税务登记，认真填写《税务登记表》，并向税务机关提供相应证明材料。

(2)税务登记表的受理、审核。税务机关对纳税人填报的《税务登记表》、提供的证件和资料，在收到之日起30日内审核完毕，符合规定的，予以登记；对不符合规定的不予登记，并应在30日内予以答复。

(3)税务登记证的核发。税务机关对纳税人填报的税务登记表及附送资料、证件审核无误的，应在30日内发给税务登记证件。

对既没有税收纳税义务又不需领用收费(经营)票据的社会团体等，可以只登记不发证。

【例1.2】 李娜是某高职院校的2011届毕业生。2012年5月，她在人才交流会上看到一家企业在招聘税务会计，前去应聘，由于李娜对税务会计这门专业课掌握得很扎实，所以当场被单位录用。在收到单位的录用通知后，李娜于2012年7月1日报到。会计主管刚好要去税务部门办理企业新成立的一个分公司的税务登记，便叫了李娜一起去，让她学习开业登记的具体工作流程。并告诉李娜，以后这个分公司的税务会计由她来担任。当李娜接过这个任务后，她应该如何来办理这个新公司的税务登记呢？

【案例分析】

开业税务登记一般包含以下五个步骤，所以李娜应该按照这五个步骤一步一步做下来，才能顺利完成她的工作任务。

步骤一：确定开业登记的时间

从事生产、经营的纳税人应当自领取营业执照之日起30日内，主动依法向国家税务机关申报办理登记。

按照规定不需要领取营业执照的纳税人，应当自有关部门批准之日起30日内或者自发生纳税义务之日起30日内，主动依法向主管国家税务机关申报办理税务登记。

步骤二：确定开业登记的地点

纳税企业和事业单位向当地主管国家税务机关申报办理税务登记。

纳税企业和事业单位跨县(市)、区设立的分支机构和从事生产经营的场所，除总机构向当地主管国家税务机关申报办理税务登记外，分支机构还应当向其所在地主管国家税务机关申报办理税务登记。

步骤三：准备开业登记的手续

李娜和她的会计主管必须提出书面申请报告，并提供下列有关证件、资料：

(1)营业执照。

(2)有关章程、合同、协议书。

(3)银行账号证明。

(4)法定代表人或业主居民身份证、护照或者回乡证等其他合法证件。

(5)总机构所在地国家税务机关证明。

(6)国家税务机关要求提供的其他有关证件、资料。

步骤四:填报税务登记表

李娜和她的会计主管领取税务登记表或者注册税务登记表后,应当按照规定内容逐项如实填写,并加盖企业印章,经法定代表人签字或业主签字后,将税务登记表或者注册税务登记表报送主管国家税务机关。

企业在外地设立的分支机构或者从事生产、经营的场所,还应当按照规定内容逐项如实填报总机构名称、地址、法定代表人、主要业务范围、财务负责人等。

纳税人填写完相关内容后,在相关位置盖上单位公章、法人代表章,然后将《税务登记表》及其他相关材料送交税务登记窗口。

步骤五:领取税务登记证件

李娜他们报送的《税务登记表》(《注册税务登记表》)和提供的有关证件、资料,经主管国家税务机关审核后,报有关国家税务机关批准予以登记的,李娜他们应当按照规定的期限及时到主管国家税务机关领取税务登记证或者注册税务登记证及其副本,并按规定缴付工本管理费。

1.3.2 变更、注销税务登记

变更税务登记是纳税人税务登记内容发生重要变化时向税务机关申报办理的税务登记手续,注销税务登记则是指纳税人税务登记内容发生了根本性变化,需终止履行纳税义务时向税务机关申报办理的税务登记手续。

1. 变更税务登记的适用范围及时间要求

(1)适用范围。纳税人办理税务登记后,如发生下列情形之一,应当办理变更税务登记:发生改变名称、改变法定代表人、改变经济性质或经济类型、改变住所和经营地点(不涉及主管税务机关变动的)、改变生产经营或经营方式、增减注册资金(资本)、改变隶属关系、改变生产经营期限、改变或增减银行账号、改变生产经营权属以及改变其他税务登记内容的。

(2)时间要求。纳税人税务登记内容发生变化的,应当自工商行政管理机关或者其他机关办理变更登记之日起 30 日内,持有关证件向原税务登记机关申报办理变更税务登记。

纳税人税务登记内容发生变化,不需要到工商行政管理机关或者其他机关办理变更登记的,应当自发生变化之日起 30 日内,持有关证件向原税务登记机关申报办理变更税务登记。

2. 注销税务登记的适用范围及时间要求

(1)适用范围。纳税人因经营期限届满而自动解散;企业由于改组、分立、合并等原因而被撤销;企业资不抵债而破产:纳税人住所、经营地址迁移而涉及改变原主管税务机关的;纳税人被工商行政管理部门吊销营业执照;纳税人依法终止履行纳税义务的其他情形。

(2)时间要求。纳税人发生解散、破产、撤销以及其他情形,依法终止纳税义务的,应当在向工商行政管理机关办理注销登记前,持有关证件向原税务登记管理机关申报办理注销税务登记;按照规定不需要在工商管理机关办理注销登记的,应当自有关机关批准或者宣告终止之日起 15 日内,持有关证件向原税务登记管理机关申报办理注销税务登记。

纳税人因住所、生产、经营场所变动而涉及改变主管税务登记机关的,应当在向工商行政管理机关申请办理变更或注销登记前,或者住所、生产、经营场所变动前,向原税务登记机关申报办理注销税务登记,并在 30 日内向迁达地主管税务登记机关申报办理税务登记。

纳税人被工商行政管理机关吊销营业执照的,应当自营业执照被吊销之日起 15 日内,向原税务登记机关申报办理注销税务登记。

【例 1.3】 2011 年 7 月 16 日，某区国税局稽查人员在对某加油站进行日常纳税检查时发现，该加油站于 6 月 8 日根据城市规划的统一安排，由原经营地新华大街 33 号，搬迁到马路对面新华大街 38 号经营。由于加油站的经营地址中只是门牌号稍有不同，该加油站的财务人员就将税务登记证件中的地址 33 号直接改为 38 号。稽查人员还发现，该加油站在搬迁中不慎致使加油机的税控装置部分损坏，还有部分账簿的账页毁损丢失。6 月份，加油站装修、搬迁，停止营业，无销售收入，故未向税务机关申报纳税。上述情况，该加油站均未报告税务机关。

问题：分别指出该加油站的违法行为，并针对该加油站的违法行为分别提出处理意见，并进行处罚。（该加油站的违法行为均不属于情节严重，请参照本模块 1.7 节内容作答）

【案例分析】

(1)该加油站未按照规定的期限申报办理变更税务登记；税务机关对此应限期改正，并处以 2 000 元以下罚款。

(2)该加油站涂改税务登记证件；税务机关对此应限期改正，并处以 10 000 元以下罚款。

(3)该加油站损毁税控装置，应限期改正，并处以 2 000 元以下罚款。

(4)该加油站未按照规定保管账簿，应限期改正，并处以 2 000 元以下罚款。

(5)该加油站未按照规定的期限办理纳税申报和报送纳税资料，应限期改正，并处以 2 000 元以下罚款。

1.3.3 停业、复业登记

实行定期定额征收方式的纳税人，在营业执照核准的经营期限内需要停业的，应当向税务机关提出停业登记，并如实填写申请停业登记表。税务机关经过审核(必要时可实地审查)，应当责成申请停业的纳税人结清税款并收回税务登记证件、发票领购簿和发票，办理停业登记。纳税人停业期间发生纳税义务，应当及时向主管税务机关申报，依法补缴应纳税款。

纳税人应当于恢复生产、经营之前，向税务机关提出复业登记申请，经确认后，办理复业登记，领回或启用税务登记证件和发票领购簿及其领购的发票，纳税人正常管理。

纳税人停业期满不能及时恢复生产、经营的，应当在停业期满前向税务机关提出延长停业登记。纳税人停业期满未按期复业又不申请延长停业的，税务机关应当视为已恢复营业，实施正常的税收征收管理。

1.3.4 外出经营报验登记

纳税人到外县(市)临时从事生产经营活动的，应当在外出生产经营以前，持税务登记证向主管税务机关申请开具《外出经营活动税收管理证明》(以下简称《外管证》)。

纳税人应当在《外管证》注明地进行生产经营前向当地税务机关报验登记，并提交税务登记证件副本和《外管证》。纳税人在《外管证》注明地销售货物的，除提交以上证件、资料外，应如实填写《外出经营货物报验单》，申报查验货物。

纳税人外出经营活动结束，应当向经营地税务机关填报《外出经营活动情况申报表》，并结清税款、缴销发票。

1.3.5 税务登记证的作用和管理

1. 税务登记证的作用

除按照规定不需要发给税务登记证件的外，纳税人办理下列事项时，必须持税务登记证件：

(1)开立银行账户。

(2)申请减税、免税、退税。

(3)申请办理延期申报、延期缴纳税款。

(4)领购发票。

(5)申请开具外出经营活动税收管理证明。

(6)办理停业、歇业。

(7)其他有关税务事项。

2. 税务登记证管理

税务机关对税务登记证件实行定期验证和换证制度。纳税人应当在规定的期限内持有关证件到主管税务机关办理验证或者换证手续。纳税人应当将税务登记证件正本在其生产、经营场所或者办公场所公开悬挂，接受税务机关检查。纳税人遗失税务登记证件的，应当在15日内书面报告主管税务机关，并登报声明作废。同时，凭报刊上刊登的遗失声明向主管税务机关申请补办税务登记证件。

1.4 账簿与发票管理

1.4.1 账簿、凭证管理

1. 账簿、凭证设置管理

从事生产、经营的纳税人应当自领取营业执照或者发生纳税义务之日起15日内设置账簿。

扣缴义务人应当自税收法律、行政法规规定的扣缴义务发生之日起10日内，按照所代扣、代收的税种，分别设置代扣代缴、代收代缴税款账簿。

生产、经营规模小又确无建账能力的纳税人，可以聘请经批准从事会计代理记账业务的专业机构或者经税务机关认可的财会人员代为建账和办理账务；聘请上述机构或者人员有实际困难的，经县以上税务机关批准，可以按照税务机关的规定，建立收支凭证粘贴簿、进货销货登记簿或者使用税控装置。

2. 财务会计制度管理

凡从事生产、经营的纳税人必须将所采用的财务、会计制度和具体的财务、会计处理办法，按税务机关的规定，自领取税务登记证件之日起15日内，及时报送主管税务机关备案。

3. 账簿、凭证的保管

从事生产经营的纳税人、扣缴义务人必须按照规定的保管期限保管账簿、记账凭证、完税凭证及其他有关资料。

账簿、记账凭证、报表、完税凭证、发票、出口凭证以及其他有关涉税资料的保管期限，除另有规定者外，应当保存10年。

1.4.2 发票管理

税务机关是发票的主管机关，负责发票的印制、领购、开具、取得、保管、缴销的管理和监督。

依法办理税务登记的单位和个人，在领取税务登记证后，向主管税务机关申请领购发票。对无固定经营场地或者财务制度不健全的纳税人申请领购发票，主管税务机关有权要求其提供担保人，不能提供担保人的，可以视其情况，要求其提供保证金，并限期缴销发票。对发票保证金应设专户储存，不得挪作他用。纳税人可以根据自己的需要申请领购普通发票。增值税专用发票只限于增值税一般纳税人领购使用。

1.4.3 税控管理

税控管理是税收征收管理的一个重要组成部分，是指税务机关利用税控装置对纳税人的生产经营情况进行监督和管理，以保障国家税收收入，防止税款流失，提高税收征管工作效率，降低征收成本的各项活动的总称。

纳税人应当按照规定安装、使用税控装置，不得损毁或者擅自改变税控装置。不能按照规定安装、使用税控装置，或者损毁或者擅自改动税控装置的，由税务机关责令限期改正，可以处以2 000元以下的罚款；情节严重的，处2 000元以上1万元以下的罚款。

1.5 纳税申报

纳税申报是纳税人按照税法规定的期限和内容，向税务机关提交有关纳税事项书面报告的法律行为。

1.5.1 纳税申报的对象

纳税申报的对象为纳税人和扣缴义务人。纳税人在纳税期内没有应纳税款的，也应当按照规定办理纳税申报。纳税人享受减税、免税待遇的，在减税、免税期间应当按照规定办理纳税申报。

1.5.2 纳税申报的内容

纳税申报的内容，主要在各税种的纳税申报表和代扣代缴、代收代缴税款报告表中体现，还有的是随纳税申报表附报的财务报表和有关纳税资料中体现。纳税人办理纳税申报时，应当如实填写纳税申报表，并根据不同的情况相应报送有关证件、资料。

1.5.3 纳税申报的期限

纳税人和扣缴义务人都必须按照法定的期限办理纳税申报。申报期限有两种：一种是法律、行政法规明确规定的；另一种是税务机关按照法律、行政法规的原则规定，结合纳税人生产经营的实际情况及其所应缴纳的税种等相关问题予以确定的。两种期限具有同等的法律效力。

1.5.4 纳税申报的方式

纳税人、扣缴义务人可以直接到税务机关办理纳税申报或者报送代扣代缴、代收代缴税款报告表，也可以按照规定采取邮寄、数据电文或者其他方式办理上述申报、报送事项。目前，纳税申报的形式主要有以下三种：

1. 直接申报

直接申报是指纳税人自行到税务机关办理纳税申报。这是一种传统申报方式。

2. 邮寄申报

邮寄申报是指经税务机关批准的纳税人使用统一规定的纳税申报特快专递专用信封，通过邮政部门办理交寄手续，并向邮政部门索取收据作为申报凭据的方式。

纳税人采取邮寄方式办理纳税申报的，应当使用统一的纳税申报专用信封，并以邮政部门收据作为申报凭据。邮寄申报以寄出的邮戳日期为实际申报日期。

3. 数据电文

数据电文是指经税务机关确定的电话语音、电子数据交换和网络传输等电子方式。例如目前纳税人的网上申报，就是数据电文申报方式的一种形式。

纳税人采取电子方式办理纳税申报的，应当按照税务机关规定的期限和要求保存有关资料，并定期书面报送主管税务机关。纳税人、扣缴义务人采取数据电文方式办理纳税申报的，其申报日期以税务机关计算机网络系统收到该数据电文的时间为准。

实行定期定额缴纳税款的纳税人，可以实行简易申报、简并征期等申报纳税方式。“简易申报”是指实行定期定额缴纳税款的纳税人在法律、行政法规规定的期限内或税务机关依据法规的规定确定的期限内缴纳税款的，税务机关可以视同申报；“简并征期”是指实行定期定额缴纳税款的纳税人，经税务机关批准，可以采取将纳税期限合并为按季、半年、年的方式缴纳税款。

1.5.5 延期申报管理

纳税人因有特殊情况，不能按期进行纳税申报的，经县以上税务机关核准，可以延期申报。但应当在规定的期限内向税务机关提出书面延期申请，经税务机关核准，在核准的期限内办理。如纳税人、扣缴义务人因不可抗力，不能按期办理纳税申报或者报送代扣代缴、代收代缴税款报告表的，可以延期办理，但应当在不可抗力情形消除后立即向税务机关报告。

经核准延期办理纳税申报的，应当在纳税期内按照上期实际缴纳的税额或者税务机关核定的税额预缴税款，并在核准的延期内办理纳税结算。

1.6 税款征收

税款征收是税收征收管理工作中的中心环节，是全部税收征管工作的目的和归宿，在整个税收工作中占据着极其重要的地位。

1.6.1 税款征收的方式

税款征收方式是指税务机关根据各税种的不同特点、征纳双方的具体条件而确定的计算征收税款的方法和形式。

1. 查账征收

查账征收是指税务机关按照纳税人提供的账表所反映的经营情况，依照适用税率计算缴纳税款的方式。这种方式一般适用于财务会计制度较为健全，能够认真履行纳税义务的纳税单位。

2. 查定征收

查定征收是指税务机关根据纳税人的从业人员、生产设备、采用原材料等因素，对其产制的应税产品查实核定产量、销售额并据以征收税款的方式。这种方式一般适用于账册不够健全，但是能够控制原材料或进销货的纳税单位。

3. 查验征收

查验征收是指税务机关对纳税人应税商品，通过查验数量，按市场一般销售单价计算其销售收入并据以征税的方式。这种方式一般适用于经营品种比较单一，经营地点、时间和商品来源不固定的纳税单位。

4. 定期定额征收

定期定额征收是指税务机关通过典型调查，逐户确定营业额和所得额并据以征税的方式。这种方式一般适用于无完整考核依据的小型纳税单位。

5. 委托代征税款

委托代征税款是指税务机关委托代征人以税务机关的名义征收税款，并将税款缴入国库的方式。这种方式一般适用于小额、零散税源的征收。

6. 邮寄纳税

邮寄纳税是一种新的纳税方式。这种方式主要适用于那些有能力按期纳税，但采用其他方式纳税又不方便的纳税人。

7. 其他方式

如利用网络申报、用 IC 卡纳税等方式。

1.6.2 税款征收制度

1. 代扣代缴、代收代缴税款制度

扣缴义务人必须依法履行代扣、代收税款义务。如果不履行义务，就要承担法律责任。除按规定给予处罚外，应当责成扣缴义务人限期将应扣未扣、应收未收的税款补扣或补收。

扣缴义务人依法履行代扣、代收税款义务时，纳税人不得拒绝。纳税人拒绝的，扣缴义务人应当在一日之内报告主管税务机关处理。不及时向主管税务机关报告的，扣缴义务人应承担应扣未扣、应收未收税款的责任。

税务机关按照规定付给扣缴义务人代扣、代收手续费。代扣、代收税款手续费只能由县(市)以上税务机关统一办理退库手续，不得在征收税款过程中坐支。

2. 延期缴纳税款制度

纳税人和扣缴义务人必须在税法规定的期限内缴纳、解缴税款。但考虑到纳税人在履行纳税义务的过程中，可能会遇到特殊困难的客观情况，为了保护纳税人的合法权益，对纳税人因有特殊困难，不能按期缴纳税款的，经省、自治区、直辖市国家税务局、地方税务局批准，可以延期缴纳税款，但最长不得超过 3 个月。

3. 税收滞纳金征收制度

纳税人未按照规定期限缴纳税款的，扣缴义务人未按照规定期限解缴税款的，税务机关除责令限期缴纳外，从滞纳税款之日起，按日加收滞纳税款万分之五的滞纳金。加收滞纳金的具体操作应按下列程序进行：

(1)先由税务机关发出催缴税款通知书，责令限期缴纳或解缴税款，告知纳税人如不按期履行纳税义务，将依法按日加收滞纳税款万分之五的滞纳金。

(2)从滞纳之日起加收滞纳金(加收滞纳金的起止时间为法律、行政法规规定或者税务机关依照法律、行政法规的规定确定的税款缴纳期限届满次日起至纳税人、扣缴义务人实际缴纳或者解缴税款之日止)。

(3)拒绝缴纳滞纳金的，可以按不履行纳税义务实行强制执行措施，强行划拨或者强制征收。

【例 1.4】 如意美容厅(系有证个体户)，经税务机关核定实行定期定额税收征收方式，核定月均应纳税额 580 元。2011 年 6 月 6 日，因店面装修向税务机关提出自 6 月 8 日至 6 月 30 日申请停业的报告，税务机关经审核后，在 6 月 7 日作出同意核准停业的批复，并下达了《核准停业通知书》，并在办税服务厅予以公示。6 月 20 日，税务机关接到群众举报，称如意美容厅一直仍在营业中。6 月 21 日，税务机关派员实地检查，发现该美容厅仍在营业，确属虚假停业，遂于 6 月 22 日送达《复业通知书》，并告知需按月均定额纳税。7 月 12 日，税务机关下达

《限期改正通知书》,责令限期申报并缴纳税款,但该美容厅没有改正。

问题:税务机关对如意美容厅该如何处理?

【案例分析】

如意美容厅行为属"通知申报而拒不申报,不缴应纳税款"的偷税行为,所以税务机关对如意美容厅应做出除补缴6月份税款580元及滞纳金外,并可按《税收征管法》第63条规定,处以所偷税款50%以上5倍以下的罚款。

1.6.3 税额核定和税收调整制度

1. 税额核定制度

(1)税务机关核定应纳税额的条件。纳税人(包括单位纳税人和个人纳税人)有下列情形之一的,税务机关有权核定其应纳税额:

①依照法律、行政法规的规定可以不设置账簿的。

②依照法律、行政法规的规定应当设置但未设置账簿的。

③擅自销毁账簿或者拒不提供纳税资料的。

④虽设置账簿,但账目混乱或者成本资料、收入凭证、费用凭证残缺不全,难以查账的。

⑤发生纳税义务,未按照规定的期限办理纳税申报,经税务机关责令限期申报,逾期仍不申报的。

⑥纳税人申报的计税依据明显偏低,又无正当理由的。

(2)税务机关核定税额的方法。

①参照当地同类行业或者类似行业中,经营规模和收入水平相近的纳税人的收入额和利润率核定。

②按照成本加合理费用和利润的方法核定。

③按照耗用的原材料、燃料、动力等推算或者测算核定。

④按照其他合理的方法核定。

采用以上一种方法不足以正确核定应纳税额时,可以同时采用两种以上的方法核定。

纳税人对税务机关采取规定的方法核定的应纳税额有异议的,应当提供相关证据,经税务机关认定后,调整应纳税额。

2. 税收调整制度

企业或者外国企业在中国境内设立的从事生产、经营的机构、场所与其关联企业之间的业务往来,应当按照独立企业之间的业务往来收取或者支付价款、费用;不按照独立企业之间的业务往来收取或者支付价款、费用,而减少其应纳税的收入或者所得额的,税务机关有权进行合理调整其应纳税额。

纳税人与其关联企业未按照独立企业之间的业务往来支付价款、费用的,税务机关自该业务往来发生的纳税年度起3年内进行调整;有特殊情况的,可以自该业务往来发生的纳税年度起10年内进行调整。

1.6.4 未办理税务登记的纳税人的税款征收制度

对未按照规定办理税务登记的从事生产、经营的纳税人以及临时从事生产、经营的纳税人,由税务机关核定其应纳税额,责令缴纳;不缴纳的,税务机关可以扣押其价值相当于应纳税款的商品、货物。扣押后缴纳应纳税款的,税务机关必须立即解除扣押,并归还所扣押的商品、货物;扣押后仍不缴纳应纳税款的,经县以上税务局(分局)局长批准,依法拍卖或者变卖所扣押的商品、货物，以拍卖或者变卖所得抵缴税款。

1.6.5 税款的退还和追征制度

1. 税款的退还

纳税人超过应纳税额缴纳的税款，税务机关发现后应当立即退还；纳税人自结算缴纳税款之日起3年内发现的可以向税务机关要求退还多缴的税款并加算银行同期存款利息，税务机关及时查实后应当立即退还。

【例1.5】 2011年7月12日，某厂张会计在翻阅5月份账簿时，发现多缴税款15 000元，于是该厂向税务机关提出给予退还税款并加算银行同期存款利息的请求。

问题：税务机关是否应当给予退还，如果可以退还税款，应如何计算利息？为什么？退还税款有几种方式？

【案例分析】

税务机关应当退还。根据《税收征管法》第51条规定："纳税人超过应纳税额缴纳的税款，税务机关发现后应当立即退还，纳税人自结算缴纳税款之日起3年内发现的，可以向税务机关要求退还多缴的税款并加算银行同期存款利息，税务机关查实后应当立即退还。退还的利息按照退还税款当天，银行的同期活期存款利率计算利息。"

根据《实施细则》的规定，税务机关为纳税人办理多缴税款的退还渠道：直接退还税款和利息；如果纳税人有欠税，税务机关可以以应退税款和利息抵顶欠税，剩余部分退还纳税人。

2. 税款的追征

因税务机关责任，致使纳税人、扣缴义务人未缴或者少缴税款的，税务机关在3年内可要求纳税人、扣缴义务人补缴税款，但是不得加收滞纳金。

因纳税人、扣缴义务人计算等失误，未缴或者少缴税款的，税务机关在3年内可以追征税款、滞纳金；有特殊情况的追征期可以延长到5年。

特殊情况，是指纳税人或者扣缴义务人因计算错误等失误，未缴或者少缴、未扣或者少扣、未收或者少收税款，累计数额在10万元以上的。

对偷税、抗税、骗税的，税务机关追征其未缴或者少缴的税款、滞纳金或者所骗取的税款，不受规定期限的限制。

1.7 税收法律责任

税收法律责任是指税收法律关系的主体因违反税收法律规范所应承担的法律后果。税收法律责任依其性质和形式的不同，可分为经济责任、行政责任和刑事责任；依承担法律责任主体的不同，可分为纳税人的责任、扣缴义务人的责任、税务机关及其工作人员的责任。

1. 违反税务管理基本规定行为的处罚

纳税人有下列行为之一的，由税务机关责令限期改正，可以处2 000元以下的罚款；情节严重的，处2 000元以上10 000元以下的罚款：

(1)未按照规定的期限申报办理税务登记、变更或者注销登记的。

(2)未按照规定设置、保管账簿或者保管记账凭证和有关资料的。

(3)未按照规定将财务、会计制度或者财务、会计处理办法和会计核算软件报送税务机关备查的。

(4)未按照规定将其全部银行账号向税务机关报告的。

(5)未按照规定安装、使用税控装置,或者损毁或擅自改动税控装置的。

(6)纳税人未按照规定办理税务登记证件验证或者换证手续的。

纳税人不办理税务登记的,由税务机关责令限期改正;逾期不改正的,由工商行政管理机关吊销其营业执照。

纳税人未按照规定使用税务登记证件,或者转借、涂改、损毁、买卖、伪造税务登记证件的,处 2 000 元以上 10 000 元以下的罚款;情节严重的,处 1 万元以上 5 万元以下的罚款。

2. 扣缴义务人违反账簿、凭证管理的处罚

扣缴义务人未按照规定设置、保管代扣代缴、代收代缴税款账簿或者保管代扣代缴、代收代缴税款记账凭证及有关资料的,由税务机关责令限期改正,可以处 2 000 元以下的罚款;情节严重的,处 2 000 元以上 5 000 元以下的罚款。

3. 纳税人、扣缴义务人未按规定进行纳税申报的法律责任

纳税人未按照规定的期限办理纳税申报和报送纳税资料的,或者扣缴义务人未按照规定的期限向税务机关报送代扣代缴、代收代缴税款报告表和有关资料的,由税务机关责令限期改正,可以处 2 000 元以下的罚款;情节严重的,可以处 2 000 元以上 10 000 元以下的罚款。

4. 对偷税的认定及其法律责任

纳税人伪造、变造、隐匿、擅自销毁账簿、记账凭证,或者在账簿上多列支出或者不列、少列收入,或者经税务机关通知申报而拒不申报或者进行虚假的纳税申报,不缴或者少缴应纳税款的,是偷税。对纳税人偷税的,由税务机关追缴其不缴或者少缴的税款、滞纳金,并处不缴或者少缴的税款 50%以上 5 倍以下的罚款;构成犯罪的,依法追究刑事责任。

扣缴义务人采取前款所列手段,不缴或者少缴已扣、已收税款,由税务机关追缴其不缴或者少缴的税款、滞纳金,并处不缴或者少缴的税款 50%以上 5 倍以下的罚款;构成犯罪的,依法追究刑事责任。

5. 进行虚假申报或不进行申报行为的法律责任

纳税人、扣缴义务人编造虚假计税依据的,由税务机关责令限期改正,并处 5 万元以下的罚款。

纳税人不进行纳税申报,不缴或者少缴应纳税款的,由税务机关追缴其不缴或者少缴的税款、滞纳金,并处不缴或者少缴税款 50%以上 5 倍以下的罚款。

6. 抗税的法律责任

以暴力、威胁方法拒不缴纳税款的,是抗税,除由税务机关追缴其拒缴的税款、滞纳金外,依法追究刑事责任。情节轻微,未构成犯罪的,由税务机关追缴其拒缴的税款、滞纳金,并处拒缴税款 1 倍以上 5 倍以下的罚款。

7. 在规定期限内不缴或者少缴税款的法律责任

纳税人、扣缴义务人在规定期限内不缴或者少缴应纳或者应解缴的税款,经税务机关责令限期缴纳,逾期仍未缴纳的,税务机关除依照规定采取强制执行措施追缴其不缴或者少缴的税款外,可以处不缴或者少缴税款 50%以上 5 倍以下的罚款。

8. 扣缴义务人不履行扣缴义务的法律责任

《税收征管法》第 69 条规定:"扣缴义务人应扣未扣、应收而不收税款的,由税务机关向纳税人追缴税款,对扣缴义务人处应扣未扣、应收未收税款 50%以上 3 倍以下的罚款。"

9. 不配合税务机关依法检查的法律责任

纳税人、扣缴义务人逃避、拒绝或者以其他方式阻挠税务机关检查的，由税务机关责令改正，可以处 1 万元以下的罚款；情节严重的，处 1 万元以上 5 万元以下的罚款。

10. 违反税务代理的法律责任

税务代理人违反税收法律、行政法规，造成纳税人未缴或者少缴税款的，除由纳税人缴纳或者补缴应纳税款、滞纳金外，对税务代理人处纳税人未缴或者少缴税款 50%以上 3 倍以下的罚款。

【模块小结】

1. 税收是政府为了满足社会公共需要，凭借政治权力，强制、无偿地取得财政收入的一种形式。税收的形式特征通常概括为税收“三性”，即无偿性、强制性和固定性。

2. 税收法律关系是由权利主体、客体和法律关系内容三方面构成。

3. 税种分类是对一国（地区）全部税种的分类，它是根据每个税种构成的基本要素和特征，按照一定的标准分成若干的类别。税种的构成要素一般包括纳税义务人、征税对象、税目、税率、纳税环节、纳税期限、纳税地点、减税免税、罚则等项目。

4. 我国的税收管理体制，遵循“统一领导，分级管理”的原则。

5. 税务登记又称纳税登记，是指税务机关根据税法规定，对纳税人的生产、经营活动进行登记管理的一项法定制度，包括开业登记，变更、注销税务登记，停业、复业登记，外出经营报验登记等。

6. 纳税申报的对象为纳税人和扣缴义务人。

7. 税务代理，是指税务代理人在国家法律规定的代理范围内，以代理机构的名义，接受纳税人、扣缴义务人的委托，依据国家税收法律和行政法规的规定，代其办理涉税事宜的各项民事法律行为的总称。

8. 税款征收是税收征收管理工作中的中心环节，是全部税收征管工作的目的和归宿，在整个税收工作中占据着极其重要的地位。

9. 税收法律责任是指税收法律关系的主体因违反税收法律规范所应承担的法律后果。税收法律责任依其性质和形式的不同，可分为经济责任、行政责任和刑事责任；依承担法律责任主体的不同，可分为纳税人的责任、扣缴义务人的责任、税务机关及其工作人员的责任。

综合训练

一、单项选择题

1. 属于国家税务系统征收的税收是（　　）。

A. 资源税　　B. 个人所得税　　C. 印花税　　D. 车辆购置税

2. 区分不同税种的主要标志是（　　）。

A. 税目　　B. 征税对象　　C. 纳税地点　　D. 纳税义务人

3. 下列税法构成要素中，衡量纳税义务人税收负担轻重与否的重要标志是（　　）。

A. 纳税期限　　B. 减税免税　　C. 税率　　D. 纳税环节

4. 国务院(　　)主管全国税收征收管理工作。

A. 财政主管部门　　B. 审计主管部门

C. 税务主管部门　　D. 财政、税务主管部门

5. 2001 年 6 月,某公司因财务人员调动进行账目清理时发现有两笔收入用错了税率,多缴了税款,一笔系 1995 年 1 月的,另一笔系 1999 年 5 月的,马上向税务机关提出退税。根据征管法规定,(　　)退还。

A. 1995 年和 1999 年的多缴税款均可

B. 1999 年的多缴税款可以退税,1995 年的不可以

C. 1995 年的多缴税款可以退税,1999 年的不可以

D. 1995 年和 1999 年的多缴税款均不可以

6. 因纳税人或扣缴义务人计算错误等失误,未缴或者少缴税款的,税务机关在(　　)可以追征。

A. 3 年内　　B. 5 年内　　C. 10 年内　　D. 无限期

7. 某企业 2011 年 3 月份(税款所属期)应纳税额 8 万元,按规定应在 4 月 10 日前缴纳,但由于种种原因直到 5 月 10 日才缴纳,该纳税人实际应缴纳税款和滞纳金应为(　　)元。

A. 80 000　　B. 84 800　　C. 81 200　　D. 83 600

8. 纳税人应当设置但未设置账簿的,税务机关有权(　　)。

A. 核定其应纳税额　　B. 规定其财务核算方式

C. 确定其会计制度　　D. 指定某会计师事务所为其建账

9. 纳税人未按照规定期限缴纳税款的,扣缴义务人未按照规定期限解缴税款的,税务机关除责令限期缴纳外,从滞纳税款之日起,按日加收滞纳税款(　　)的滞纳金。

A. 千分之二　　B. 千分之五　　C. 万分之五　　D. 万分之二

10. 出租车司机张某打电话给税务所长:如不答应减免应缴未缴的 3 万元税款,就伺机将其撞死。张某的这种行为属(　　)。

A. 骗税行为　　B. 抗税行为　　C. 偷税行为　　D. 逃税行为

二、多项选择题

1. 税收的特征主要表现在(　　)。

A. 强制性　　B. 无偿性　　C. 固定性　　D. 及时性

2. 在税收执法过程中,对税法适用性或法律效力的判断上,一般应掌握的原则包括(　　)。

A. 层次高的法律优于层次低的法律　　B. 国际法优于国内法

C. 同一层次的法律中,特别法优于普通法　　D. 实体法从旧,程序法从新

3. 从事生产、经营的纳税人、扣缴义务人必须按照国务院财政、税务主管部门规定的保管期限保管(　　)。

A. 账簿　　B. 记账凭证　　C. 完税凭证　　D. 发票存根

4. 账簿、记账凭证、完税凭证及其他有关资料不得(　　)。

A. 伪造　　B. 复印　　C. 变造　　D. 擅自损毁

5. 纳税人延期缴纳税款必须同时符合以下条件(　　)。

A. 纳税人因有特殊困难，不能按期缴纳税款

B. 经省级税务局批准

C. 延期最长不得超过 3 个月

D. 按照上期实际缴纳的税额或者税务机关核定的税额预缴税款

6. 税务机关追缴欠税的主要手段有(　　)。

A. 加收滞纳金　B. 强制执行　C. 罚款　D. 阻止出境

7. 下列(　　)项目属于法律赋予税务机关的权利。

A. 税收管理权　B. 税款征收权

C. 追征税款权　D. 对纳税人的涉税事项询问权

8. 从事生产、经营的纳税人、扣缴义务人必须按照国务院财政、税务主管部门规定的保管期限保管(　　)。

A. 账簿　B. 记账凭证　C. 完税凭证　D. 发票存根

9. 下列(　　)情形，税务机关有权核定其应纳税额。

A. 擅自销毁账簿或者拒不提供纳税资料的

B. 虽设置账簿，但账目混乱或者成本资料、收入凭证、费用凭证残缺不全，难以查账的

C. 发生纳税义务，未按照规定的期限办理纳税申报，经税务机关责令限期申报，逾期仍不申报的

D. 纳税人申报的计税依据明显偏低，又无正当理由的

10. 下列(　　)属纳税人采用的会导致偷税后果的手段。

A. 企业销售材料、逾期不做账务处理

B. 将营业收入挂应付款、结转下年后转出

C. 因计算错误，少缴税款

D. 企业实现经营收入 100 万元申报 80 万元

三、判断题

1. 中央与地方共享税的税收执法管理权由国务院及其税务主管部门掌握，由中央税务机构和地方税务机构共同负责征收。(　　)

2. 对未按照规定办理税务登记证的从事生产、经营的纳税人以及临时从事经营的纳税人，由税务机关核定其应纳税额，责令缴纳；不缴纳的，税务机关可以扣押其货物。(　　)

3. 纳税人、扣缴义务人因偷税被税务机关给予过二次行政处罚又偷税款的，税务机关应依法予以从重处罚。(　　)

4. 伪造、擅自制造或者出售伪造、擅自制造的可以用于骗取出口退税，抵扣税款的其他发票的，处三年以下有期徒刑、拘役或管制，并处二万元以上二十万元以下的罚金。(　　)

5. 偷税罪的犯罪主体，包括纳税人和扣缴义务人，含自然人，但不含单位。(　　)

四、案例研讨

1. 某税务所在 20×1 年 6 月 12 日实施检查中，发现星星商店(个体)20×1 年 5 月 20 日领取营业执照后，未申请办理税务登记。据此，该税务所于 20×1 年 6 月 13 日作出责令星星商店必须在 20×1 年 6 月 20 日前办理税务登记，逾期不办理的，将按《税收征管法》有关规定处以罚款的决定。

问题：本处理决定是否有效？为什么？

2. 某税务所20×1年6月12日接到群众举报，辖区内为民服装厂（系个体）开业近两个月尚未办理税务登记。6月14日，该税务所对为民服装厂进行税务检查。经查，该服装厂20×1年4月24日办理工商营业执照，4月26日正式投产，没有办理税务登记。根据检查情况，税务所于6月16日作出责令为民服装厂于6月23日前办理税务登记并处以500元罚款的决定。

问题：本处理决定是否有效？为什么？

3. 某基层税务所20×1年8月15日在实施税务检查中发现，辖区内大众饭店（系私营企业）自20×1年5月10日办理工商营业执照以来，一直没有办理税务登记证，也没有申报纳税。根据检查情况，该饭店应纳未纳税款1 500元，税务所于6月18日作出如下处理决定：

(1)责令大众饭店8月20日前申报办理税务登记并处以500元罚款。

(2)补缴税款、加收滞金，并处不缴税款1倍，即1 500元的罚款。

问题：本处理决定是否正确？为什么？

模块二　增值税纳税实务

学习目标

内　　容	增值税纳税实务
知识目标	1. 了解增值税及其类型，税率，纳税申报时间、地点及减免税政策 2. 理解增值税纳税义务人的有关规定、纳税申报流程、增值税专用发票使用与管理 3. 掌握增值税征税范围与计算方法、会计核算方法及纳税申报方法
能力目标	1. 能够准确进行应纳税额计算和会计核算 2. 能够独立进行增值税纳税申报

案例引导

这几天，某电梯销售公司的王会计心情特别沉重，一次失败的税收筹划对公司的影响很大，要补缴大笔税款，可是钱从哪里来？

事情还得从半年前说起。2011 年底，王会计在书店里看到一本《税收筹划大全》，发现书中一个案例与其所在公司情况很相似：近期该公司有一笔业务，销售量近 80 万元，购销双方正在商谈价格相关事宜。王会计仔细研读该案例后，向公司老板献策："按公司以前的做法，销售电梯按 17%的税率就全部收入缴纳增值税，以这笔业务 80 万元的销售额计算，需要缴纳增值税 80－(80÷1.17)＝11.62(万元)。"随后，王会计介绍了自己的筹划方案：根据《增值税暂行条例实施细则》的规定，纳税人的下列混合销售行为，应当分别核算货物的销售额和非增值税应税劳务的营业额，并根据其销售货物的销售额计算缴纳增值税，非增值税应税劳务的营业额不缴纳增值税；未分别核算的由主管税务机关核定其货物的销售额。如果公司与购买方签订合同时，把电梯的销售价定为 60 万元，安装费定为 20 万元，应收账款同样为 80 万元，应缴纳增值税 60－(60÷1.17)＝8.72(万元)，营业税 20×3%＝0.6(万元)，合计 9.32 万元。与 11.62 万元相比，公司少缴税款 2.3 万元。这个方案得到了购销双方的认同。

2012 年 5 月，当地税务部门对全市中小企业进行抽查，该电梯销售公司被列为抽查对象。王会计对此并不担心，因为自己有十多年的工作经验，公司账目清晰，税款分文不少，各项税负指标均在标准范围之内。不料，抽查后的第二天，税务人员打来电话约请王会计说明检查发现的异常情况。税务人员问："2011 年，你公司有一笔销售总额为 80 万元的业务，增值税的计算方法不正确吧？"王会计连忙拿来了销售合同和那本《税收筹划大全》，并把筹划过程及计算方法仔细地讲述了一遍。税务人员解释道："根据《增值税暂行条例实施细则》第 5 条第 1 项的规定，销售行为如果既涉及货物又涉及非增值税应税劳务，为混合销售行为。除本细则第 6 条的规定外，从事货物的生产、批发或者零售的企业、企业性单位和个体工商户的混合销售行为，视为销售货物，应当缴纳增值税；其他单位和个人的混合销售行为，视为销售非增值税应税劳务，不缴纳增值税。你公司是以销售为主的企业性单位，而且从经营范围及相关资料来看，并没有电梯安装资质。同时，你公司也不属于具有施工资质的施工企业销售自产货物，不符合《营业税暂行条例实施细则》第 7 条的规定，即纳税人的下列混合销售行为，应当分别核算应税劳务的营业额和货物的销售额，其应税劳务的营业税，货物销售额不缴纳营业税；未分别核算的，由主管税务机关核定其应税劳务的营业额，货物销售额不缴纳营业税：提供建筑业劳务的同时销售自产货物的行为；财政部、国家税务总局规定的其他情形。所以，你公司应补缴增值税 2.3 万元，并将接受相应的其他处罚。"

（本文由作者根据网络相关资料改写，原文见：中国税网法规库.）

税收筹划是企业管理成本的一项重要措施，但要想搞好筹划，必须学好相应的税收知识，否则将会贻笑大方。

相关知识

2.1　增值税法律常识

增值税是以商品（含应税劳务）在流转过程中产生的增值额作为计税依据而征收的一种流转税。按照我国增值税法的规定，增值税是对在我国境内销售货物或者提供加工、修理修配劳务以及进口货物的企业单位和个人，就其货物销售或提供劳务的增值额和货物进口金额为计税依据而课征的一种流转税。

2.1.1　增值税征税范围

1. 征税范围的一般规定

（1）销售或者进口的货物。货物是指有形动产，包括电力、热力、气体在内。

（2）提供的加工、修理修配劳务。加工是指受托加工货物，即委托方提供原料及主要材料，受托方按照委托方的要求制造货物并收取加工费的业务；修理修配是指受托方对损伤和丧失功能的货物进行修复，使其恢复原状和功能的业务。单位或者个体工商户聘用的员工为本单位或者雇主提供加工、修理修配劳务，不包括在内。

2. 征税范围的具体规定

（1）属于征税范围的特殊项目。货物期货（包括商品期货和贵金属期货），银行销售金银的业务，典当业的死当物品销售业务和寄售业代委托人销售寄售物品的业务，集邮商品（如邮票、首日封、邮折等）的生产以及邮政部门以外的其他单位和个人销售的，征收增值税。

(2)属于征税范围的特殊行为。单位或者个体工商户的下列行为，视同销售货物：将货物交付其他单位或者个人代销；销售代销货物；设有两个以上机构并实行统一核算的纳税人，将货物从一个机构移送至其他机构用于销售，但相关机构设在同一县(市)的除外；将自产或者委托加工的货物用于非增值税应税项目；将自产、委托加工的货物用于集体福利或者个人消费；将自产、委托加工或者购进的货物作为投资，提供给其他单位或者个体工商户；将自产、委托加工或者购进的货物分配给股东或者投资者；将自产、委托加工或者购进的货物无偿赠送其他单位或者个人。

(3)混合销售行为。一项销售行为如果既涉及货物又涉及非增值税应税劳务，为混合销售行为。从事货物的生产、批发或者零售的企业、企业性单位和个体工商户的混合销售行为，视为销售货物，应当缴纳增值税；其他单位和个人的混合销售行为，视为销售非增值税应税劳务，不缴纳增值税。

非增值税应税劳务是指属于应缴营业税的交通运输业、建筑业、金融保险业、邮电通信业、文化体育业、娱乐业、服务业税目征收范围的劳务。

比如，某电视机厂向外地某商场批发 100 台彩色电视机，为了保证及时供货，两方议定由该厂动用自己的卡车向商场运去这 100 台彩电，电视机厂除收取彩电货款外还收取运输费。电视机厂在这笔彩电销售活动中，就发生了销售货物和不属于增值税规定的非应税劳务(属于营业税规定的运输业务)的混合销售行为。电视机厂属于货物生产企业，其做出的混合销售行为，都视为销售货物，取得的货款和运输费一并作为货物销售额，按彩电适用的 17%税率征收增值税，对取得的运输收入不再单独征收营业税。

混合销售行为属于应当征收增值税的，其销售额应是货物与非应税劳务的销售额的合计，该非应税劳务的销售额应视同含税销售额处理；且该混合销售行为涉及的非增值税应税劳务所用购进货物的进项税额，凡符合规定的，在计算该混合销售行为增值税时，准予从销项税额中抵扣。

另外，纳税人销售自产货物并同时提供建筑业劳务的行为，应当分别核算货物的销售额和非增值税应税劳务的营业额，并根据其销售货物的销售额计算缴纳增值税，非增值税应税劳务的营业额不缴纳增值税；未分别核算的，由主管税务机关核定其货物的销售额。

(4)兼营非增值税应税劳务的行为。纳税人兼营非增值税应税项目的，应分别核算货物或者应税劳务的销售额和非增值税应税项目的营业额；未分别核算的，由主管税务机关核定货物或者应税劳务的销售额。

与混合销售行为相区别，兼营非应税劳务是指增值税纳税人在从事应税货物销售或提供应税劳务的同时，还从事非增值税应税劳务(即营业税规定的各项劳务)，且从事的非增值税应税劳务与某一项销售货物或提供应税劳务并无直接的联系和从属关系。比如，某商贸公司，一方面批发、零售货物，另一方面其运输车队又从事本企业以外的运输业务。

3. 征税范围的其他特殊规定

(1)免税项目。下列项目免征增值税：农业生产者销售的自产农产品；避孕药品和用具；古旧图书；直接用于科学研究、科学试验和教学的进口仪器、设备；外国政府、国际组织无偿援助的进口物资和设备；由残疾人组织直接进口供残疾人专用的物品；个人销售的自己使用过的物品。

(2)增值税起征点的规定。

①销售货物的，为月销售额 2 000～5 000 元。

②销售应税劳务的，为月销售额 1 500～3 000 元。

③按次纳税的，为每次(日)销售额 150～200 元。

纳税人兼营免税、减税项目的，应当分别核算免税、减税项目的销售额；未分别核算销售额的，不得免税、减税。

2.1.2 纳税义务人和扣缴义务人

1. 纳税义务人

凡在中华人民共和国境内销售或者进口货物、提供应税劳务的单位和个人都是增值税纳税义务人。

增值税实行凭专用发票抵扣税款的制度，客观上要求纳税人具备健全的会计核算制度和能力。在实际经济生活中我国增值税纳税人众多，会计核算水平差异较大，大量的小企业和个人还不具备用发票抵扣税款的条件，为了既简化增值税计算和征收，也有利于减少税收征管漏洞，将增值税纳税人按会计核算水平和经营规模分为一般纳税人和小规模纳税人两类纳税人，分别采取不同的增值税计税方法。

2. 一般纳税人的认定及管理

一般纳税人是指年应征增值税销售额(以下简称年应税销售额，包括一个公历年度内的全部应税销售额)，超过小规模纳税人标准的企业和企业性单位(以下简称企业)。

增值税一般纳税人须向税务机关办理认定手续，以取得法定资格。未申请办理一般纳税人认定手续的，应按销售额依照增值税税率计算应纳税额，不得抵扣进项税额，也不得使用增值税专用发票。

3. 小规模纳税人的认定及管理

小规模纳税人是指年销售额在规定标准以下，并且会计核算不健全，不能按规定报送有关税务资料的增值税纳税人。会计核算不健全是指不能正确核算增值税的销项税额、进项税额和应纳税额。

(1)小规模纳税人的认定标准。从事货物生产或者提供应税劳务的纳税人，以及以从事货物生产或者提供应税劳务为主，并兼营货物批发或者零售的纳税人，年应征增值税销售额(以下简称应税销售额)在 50 万元以下(含本数，下同)的；对上述规定以外的纳税人，年应税销售额在 80 万元以下的。

(2)小规模纳税人的管理。小规模纳税人虽然实行简易征税的办法，并且一般不使用增值税专用发票，但只要小规模企业有会计，有账册，能够正确计算进项税额、销项税额和应纳税额，并能按规定报送有关税务资料，年应税销售额不低于 30 万元的企业可以认定为增值税一般纳税人。

凡年应税销售额在 180 万元(现为 80 万元)以下的小规模商业企业、企业性单位，以及以从事货物批发或零售为主，并兼营货物生产或提供应税劳务的企业、企业性单位，无论财务核算是否健全，一律不得认定为增值税一般纳税人。

4. 扣缴义务人

中华人民共和国境外的单位或者个人在境内提供应税劳务，在境内未设有经营机构的，以其境内代理人为扣缴义务人；在境内没有代理人的，以购买方为扣缴义务人。

2.1.3 税率

我国增值税采用比例税率，按照一定的比例征收。

(1)基本税率：纳税人销售或者进口货物，除列举的之外，税率为17%；提供加工、修理修配劳务的，税率也为17%。

(2)低税率：低税率为13%、11%和6%。

增值税一般纳税人销售或者进口下列货物，按低税率13%计征增值税：粮食、食用植物油、鲜奶；自来水、暖气、冷气、热水、煤气、石油液化气、天然气、沼气、居民用煤炭制品；图书、报纸、杂志；饲料、化肥、农药、农机、农膜。

2011年11月16日，我国财政部和国家税务总局发布经国务院同意的《营业税改征增值税试点方案》，同时印发了《交通运输业和部分现代服务业营业税改征增值税试点实施办法》、《交通运输业和部分现代服务业营业税改征增值税试点有关事项的规定》和《交通运输业和部分现代服务业营业税改征增值税试点过渡政策的规定》，明确从2012年1月1日起，在上海市交通运输业和部分现代服务业开展营业税改征增值税试点。改革试点的主要内容是，在现行增值税17%和13%两档税率的基础上，新增设11%和6%两档低税率，交通运输业适用11%的税率，研发和技术服务、文化创意、物流辅助和鉴证咨询等现代服务业适用6%的税率。

(3)零税率：出口货物。

(4)征收率：3%、4%和6%。

对小规模纳税人和一般纳税人销售特殊商品采用征收率方式确定应纳税额。小规模纳税人增值税征收率为3%，征收率的调整由国务院决定。

小规模纳税人(除其他个人外)销售自己使用过的固定资产和旧货，按2%征收率征收增值税。只能够开具普通发票，不得由税务机关代开增值税专用发票。

$$销售额=含税销售额\div(1+3\%)$$

$$应纳税额=销售额\times2\%$$

对属于一般纳税人的自来水公司销售自来水按简易办法依照6%征收率征收增值税，但不得抵扣其购进自来水取得增值税扣税凭证上注明的增值税税款。

销售自己使用过的旧货和按规定不得抵扣进项税额且未抵扣进项税额的固定资产，按简易办法依4%征收率减半征收增值税。

$$销售额=含税销售额\div(1+4\%)$$

$$应纳税额=销售额\times4\%\div2$$

2.1.4 纳税义务发生时间

纳税人销售商品或提供劳务先开具发票的，纳税义务发生时间为开具发票的当天。进口货物，纳税义务发生时间为报关进口的当天。具体纳税义务发生时间有以下规定：

采取直接收款方式销售货物，不论货物是否发出，均为收到销售额或取得索取销售额的凭据的当天；采取托收承付和委托银行收款方式销售货物，为发出货物并办妥托收手续的当天；采取赊销和分期收款方式销售货物，为书面合同约定的收款日期的当天，无书面合同的或者书面合同没有约定收款日期的，为货物发出的当天；采取预收货款方式销售货物，为货物发出的当天，但生产销售、生产工期超过12个月的大型机械设备、船舶、飞机等货物，为收到预收款或者书面合同约定的收款日期的当天；委托其他纳税人代销货物，为收到代销单位销售的代销清单或者收到全部或者部分货款的当天，未收到代销清单及货款的，其纳税义务发生时间为发出代销货物满 180 天的当天；销售应税劳务，为提供劳务同时收讫销售额或取得索取销售额的凭据的当天；发生视同销售货物行为，为货物移送的当天。

2.1.5　纳税期限

增值税纳税期限为 1 日、3 日、5 日、10 日、15 日、1 个月或 1 季度。以季度为纳税期限的，仅适用于小规模纳税人。不能按照固定期限纳税的，可以按次纳税。小规模纳税人的具体纳税期限，由主管税务机关根据其应纳税额的大小分别核定。

纳税人以 1 个月或者 1 个季度为 1 个纳税期的，自期满之日起 15 日内申报纳税；以 1 日、3 日、5 日、10 日或者 15 日为 1 个纳税期的，自期满之日起 5 日内预缴税款，于次月 1 日起 15 日内申报纳税并结清上月应纳税款。

扣缴义务人解缴税款的期限，依照上述规定执行。

纳税人进口货物，应当自海关填发进口增值税专用缴纳书之日起 15 日内缴纳税款。

2.1.6　纳税地点

为了保证纳税人按期申报纳税，根据企业跨地区经营和搞活商品流通的特点及不同情况，增值税的具体纳税地点如下：

(1)固定业户应当向其机构所在地的主管税务机关申报纳税。总机构和分支机构不在同一县(市)的，应当分别向各自所在地的主管税务机关申报纳税。

(2)固定业户到外县(市)销售货物或者应税劳务，应当向其机构所在地的主管税务机关申请开具外出经营活动税收管理证明，并向其机构所在地的主管税务机关申报纳税；未开具证明的，应当向销售地或者劳务发生地的主管税务机关申报纳税；未向销售地或者劳务发生地的主管税务机关申报纳税的，由其机构所在地的主管税务机关补征税款。

(3)非固定业户销售货物或者应税劳务，应当向销售地或者劳务发生地的主管税务机关申报纳税；未向销售地或者劳务发生地的主管税务机关申报纳税的，由其机构所在地或者居住地的主管税务机关补征税款。

(4)进口货物，应当向报关地海关申报纳税。

(5)扣缴义务人应当向其机构所在地或者居住地的主管税务机关申报缴纳其扣缴的税款。

2.2　增值税应纳税额的计算

我国目前纳税人采用的计税方法是国际上通行的购进扣税法，即先按当期销售额和适用税率计算出销项税额，然后对当期购进项目已经缴纳的税款进行抵扣，从而间接计算出对当期增值额部分的应纳税额。其计算公式为

$$当期应纳税额=当期销项税额-当期进项税额$$

增值税一般纳税人当期应纳税额，取决于当期销项税额和当期进项税额两个因素。而当期销项税额的确定关键在于确定当期销售额。

2.2.1　销项税额的确定

销项税额是指纳税人销售货物或者提供应税劳务，按照销售额或提供应税劳务收入和规定的税率计算并向购买方收取的增值税税额。销项税额的计算公式为

$$销项税额=销售额\times适用税率$$

销项税额的计算取决于销售额和适用税率两个因素。在适用税率既定的前提下，销项税

额的大小主要取决于销售额的大小。

1. 一般销售方式下的销售额

销售额是指纳税人销售货物或者提供应税劳务向购买方(承受应税劳务也视为购买方)收取的全部价款和价外费用。特别需要强调的是,尽管销项税额也是销售方向购买方收取的,但是增值税采用价外计税方式,用不含税价作为计税依据,因而销售额中不包括向购买方收取的销项税额。消费税属于价内税,因此,凡征收消费税的货物在计征增值税额时,其应税销售额应包括消费税税金。

价外费用包括价外向购买方收取的手续费、补贴、基金、集资费、返还利润、奖励费、违约金、滞纳金、延期付款利息、赔偿金、代收款项、代垫款项、包装费、包装物租金、储备费、优质费、运输装卸费以及其他各种性质的价外收费。

但下列项目不包括在内:

(1)受托加工应征消费税的货物,而由受托方代收代缴的消费税。

(2)同时符合以下两个条件的代垫运费:承运部门的运费发票开具给购买方,并且由纳税人将该项发票转交给购买方。

(3)同时符合以下条件代为收取的政府性基金或者行政事业性收费:由国务院或者财政部批准设立的政府性基金,由国务院或者省级人民政府及其财政、价格主管部门批准设立的行政事业性收费;收取时开具省级以上财政部门印制的财政票据;所收款项全额上缴财政。

对增值税一般纳税人(包括纳税人自己或代其他部门)向购买方收取的价外费用和逾期包装物押金,应视为含税收入,在征税时换算成不含税收入再并入销售额。

不含税收入=含税收入÷(1+税率)

按会计制度规定,由于对价外收费一般都不在"产品销售收入"或"商品销售收入"科目中核算,而在"其他应付款"、"其他业务收入"、"营业外收入"等科目中核算。这样,企业在实务中时常出现对价外收费虽在相应科目中作会计核算,但却未核算其销项税额;有的企业则既不按会计核算要求进行收入核算,又不按规定核算销项税额,而是将发生的价外收费直接冲减有关费用科目。这些做法都是逃避纳税的错误行为,是要受到税法处罚的。因此,纳税人对价外收费按税法规定并入销售额计税必须予以高度重视,严格核查各项价外收费,保证做到正确计税和会计核算。

纳税人以人民币以外的货币结算销售额的,应当折合成人民币计算。

2. 特殊销售方式下的销售额

在销售活动中,为了达到促销的目的,有多种销售方式。不同销售方式下,销售者取得的销售额会有所不同。税法对以下几种销售方式分别做了规定:

(1)采取折扣方式销售。折扣销售是指销货方在销售货物或应税劳务时,因购货方购货数量较大等原因而给予购货方的价格优惠。例如,购买5件,销售价格折扣10%;购买10件,折扣20%等。纳税人销售货物并向购买方开具增值税专用发票后,由于购货方在一定时期内累计购买货物达到一定数量,或者由于市场价格下降等原因,销货方给予购货方相应的价格优惠或补偿等折扣行为,销货方可按现行《增值税专用发票使用规定》的有关规定开具红字增值税专用发票。

折扣销售不同于销售折扣。销售折扣是指销货方在销售货物或应税劳务后,为了鼓励购货方及早偿还货款而协议许诺给予购货方的一种折扣优待。例如,10天内付款,货款折扣

2%,20 天内付款,折扣 10%,30 天内全价付款。销售折扣发生在销货之后,是一种融资性质的理财费用,因此,销售折扣不得从销售额中减除。企业在确定销售额时应把折扣销售与销售折扣严格区分开。另外,销售折扣又不同于销售折让。销售折让是指货物销售后,由于其品种、质量等原因购货方未予退货,但销货方需给予购货方的一种价格折让。销售折让与销售折扣相比较,虽然都是在货物销售后发生的,但因为销售折让是由于货物的品种和质量引起销售额的减少,因此,对销售折让可以折让后的货款为销售额。

折扣销售仅限于货物价格的折扣,如果销货者将自产、委托加工和购买的货物用于实物折扣,则该实物款额不能从货物销售额中减除,且该实物应按增值税条例"视同销售货物"中的"赠送他人"计算征收增值税。

(2)采取以旧换新方式销售。采取以旧换新方式销售货物的,应按新货物的同期销售价格确定销售额,不得扣减旧货物的收购价格。考虑到金银首饰以旧换新业务的特殊情况,对金银首饰以旧换新业务,可以按销售方实际收取的不含增值税的全部价款征收增值税。

(3)采取还本销售方式销售。还本销售是指纳税人在销售货物后,到一定期限由销售方一次或分次退还给购货方全部或部分价款。这实际上是一种筹资,是以货物换取资金的使用价值,到期还本不付息的方法。采取还本销售方式销售货物,其销售额就是货物的销售价格,不得从销售额中减除还本支出。

(4)采取以物易物方式销售。以物易物是一种较为特殊的购销活动,是指购销双方不是以货币结算,而是以同等价款的货物相互结算,实现货物购销的一种方式。以物易物双方都应作购销处理,以各自发出的货物核算销售额并计算。

销项税额,以各自收到的货物按规定核算购货额并计算进项税额。在以物易物活动中,应分别开具合法的票据,如收到的货物不能取得相应的增值税专用发票或其他合法票据的,不能抵扣进项税额。

(5)包装物押金。纳税人销售货物时另收取包装物押金,目的是促使购货方及早退回包装物以便周转使用。

纳税人为销售货物而出租出借包装物收取的押金,单独记账核算的,时间在 1 年以内,又未过期的,不并入销售额征税,但对因逾期未收回包装物不再退还的押金,应按所包装货物的适用税率计算销项税额。

在将包装物押金并入销售额征税时,需要先将该押金换算为不含税价,再并入销售额征税。对于个别包装物周转使用期限较长的,报经税务机关确定后,可适当放宽逾期期限。

包装物押金不应混同于包装物租金,包装物租金在销货时作为价外费用并入销售额计算销项税额。

对于销售除啤酒、黄酒外的其他酒类产品而收取的包装物押金,无论是否返还以及会计上如何核算,均应并入当期销售额征税。对销售啤酒、黄酒所收取的押金,按上述一般押金的规定处理。

(6)销售已使用过的固定资产。纳税人销售自己使用过的固定资产(以下简称已使用过的固定资产),应区分不同情形征收增值税:

①销售自己使用过的 2009 年 1 月 1 日以后购进或者自制的固定资产,按照适用税率征收增值税。

②2008 年 12 月 31 日以前未纳入扩大增值税抵扣范围试点的纳税人,销售自己使用过的

2008 年 12 月 31 日以前购进或者自制的固定资产，按照 4%征收率减半征收增值税。

③2008 年 12 月 31 日以前已纳入扩大增值税抵扣范围试点的纳税人，销售自己使用过的在本地区扩大增值税抵扣范围试点以前购进或者自制的固定资产，按照 4%征收率减半征收增值税；销售自己使用过的在本地区扩大增值税抵扣范围试点以后购进或者自制的同定资产，按照适用税率征收增值税。

对于纳税人以使用过的固定资产进行资产交换等视同销售行为，对已使用过的固定资产无法确定销售额的，以固定资产净值为销售额。

(7)对视同销售货物行为的销售额的确定。单位和个体经营者，将货物交付他人代销，将自产、委托加工或购买的货物无偿赠送他人等八种视同销售货物行为中某些行为由于不是以资金的形式反映出来，会出现无销售额的现象。因此，对视同销售征税而无销售额的按下列顺序确定其销售额：

①按纳税人最近时期同类货物的平均销售价格确定。

②按其他纳税人最近时期同类货物的平均销售价格确定。

③按组成计税价格确定。组成计税价格的公式为

$$组成计税价格=成本\times(1+成本利润率)$$

④征收增值税的货物，同时又征收消费税的，其组成计税价格中应加上消费税税额。其组成计税价格公式为

$$组成计税价格=成本\times(1+成本利润率)+消费税税额$$

或

$$组成计税价格=成本\times(1+成本利润率)\div(1-消费税税率)$$

式中，销售自产货物的成本为实际生产成本，销售外购货物的为实际采购成本；成本利润率由国家税务总局确定。但属于应从价定率征收消费税的货物，其组成计税价格公式中的成本利润率，为国家税务总局确定的成本利润率。

2.2.2 进项税额的确定

纳税人购进货物或者接受应税劳务支付或者负担的增值税额，为进项税额。在开具增值税专用发票的情况下，销售方收取的销项税额，就是购买方支付的进项税额。

需要注意的是，并不是纳税人支付的所有进项税额都可以从销项税额中抵扣。当纳税人购进的货物或接受的应税劳务不是用于增值税应税项目，而是用于非应税项目，免税项目或用于集体福利、个人消费等情况时，其支付的进项税额就不能从销项税额中抵扣。

1. 准予抵扣的进项税额

(1)从销售方取得的增值税专用发票上注明的增值税额。

(2)从海关取得的进口增值税专用缴款书上注明的增值税额。纳税人进口货物取得的合法海关完税凭证，是计算增值税进项税额的唯一依据，其进口货物向境外实际支付的货款低于进口报关价格的差额部分以及从境外供应商取得的退还或返还的资金，不作进项税额转出处理。

(3)购进免税农产品。按照农产品收购发票或者销售发票上注明的农产品买价和 13%的扣除率计算进项税额，从当期销项税额中扣除。

$$进项税额=买价\times13\%$$

(4)购进或者销售货物以及在生产经营过程中支付的运输费用。按照运输费用结算单据

上注明的运输费用金额和7%的扣除率计算的进项税额。进项税额计算公式为

进项税额＝运输费用金额×扣除率

准予计算进项税额抵扣的货物运费金额是指运输费用结算单据上注明的运输费用(包括铁路临管线及铁路专线运输费用)、建设基金,不包括装卸费、保险费等其他杂费。

准予作为抵扣凭证的运费结算单据(普通发票),是指国营铁路、民用航空、公路和水上运输单位开具的货票,以及从事货物运输的非国有运输单位开具的套印全国统一发票监制章的货票。

购买或销售免税货物(购进免税农业产品除外)所发生的运输费用,不得计算进项税额抵扣。

2. 不能抵扣的进项税额

纳税人购进货物或者应税劳务,取得的增值税扣税凭证不符合规定的,其进项税额不得从销项税额中抵扣。下列项目的进项税额不得从销项税额中抵扣:

(1)用于特定目标的购进货物或应税劳务。用于特定目标的购进货物或应税劳务主要指纳税人将购入的货物用于非增值税应税项目、免征增值税项目、集体福利或者个人消费的购进货物或者应税劳务,对应的进项税额不允许抵扣。

非增值税应税项目是指纳税人将购入的货物用于提供非增值税应税劳务、转让无形资产、销售不动产和不动产在建工程。

(2)非正常损失。纳税人在经营过程中因管理不善造成存货被盗、丢失、霉烂变质等损失在会计核算时列为营业外支出,属于非正常损失,此部分货物购进时的增值税进项税额不允许抵扣。

(3)纳税人自用消费品。纳税人自用的应征消费税的摩托车、汽车、游艇,其进项税额不得从销项税额中抵扣。

上述货物的运输费用和销售免税货物的运输费用也不得计算进项税额进行抵扣。

(4)一般纳税人兼营的规定。一般纳税人兼营免税项目或者非增值税应税劳务而无法划分不得抵扣的进项税额的,按下列公式计算不得抵扣的进项税额:

不得抵扣的进项税额＝当月无法划分的全部进项税额×不得抵扣比例

$$\text{不得抵扣比例}=\frac{\text{当月免税项目销售额、非增值税应税劳务营业额合计}}{\text{当月全部销售额、营业额合计}}$$

(5)增值税扣税凭证抵扣期限的规定。增值税专用发票、公路内河货物运输业统一发票和机动车销售统一发票,取得开具的海关缴款书,应在开具之日起180日内到税务机关办理认证,并在认证通过的次月申报期内,向主管税务机关申报抵扣进项税额。未在规定期限内到税务机关办理认证、申报抵扣或者申请稽核比对的,不得作为合法的增值税扣税凭证,不得计算进项税额抵扣。

增值税一般纳税人丢失已开具的增值税专用发票或海关缴款书,应在规定期限内,凭相关证明,向主管税务机关提出抵扣申请。

一般纳税人销售货物或者应税劳务,开具增值税专用发票后,发生销售货物退回或者折让、开票有误等情形,应按规定开具红字增值税专用发票。未按规定开具红字增值税专用发票的,增值税额不得从销项税额中扣减。

增值税一般纳税人因销售货物退回或者折让而退还给购买方的增值税额,应从发生销售

货物退回或者折让当期的销项税额中扣减；因购进货物退出或者折让而收回的增值税额，应从发生购进货物退出或者折让当期的进项税额中扣减。

2.2.3 一般纳税人应纳税额计算举例

纳税人在每月申报纳税时如果计算的应纳税额为正数应在规定时间内及时申报增值税并足额缴纳税款。如果计算的应纳税额为负数，由于增值税实行购进扣税法，有时企业当期购进的货物很多，在计算应纳税额时会出现当期销项税额小于当期进项税额不足抵扣的情况。对于当期进项税额不足抵扣的部分税务局不予退税，而是可以结转下期继续抵扣，但当月仍需申报。

【例 2.1】 某生产企业为增值税一般纳税人，适用增值税税率 17%，2012 年 5 月份的有关生产经营业务如下：

(1)销售甲产品给某大商场，开具增值税专用发票，取得不含税销售额 80 万元；另外，开具普通发票，取得销售甲产品的送货运输费收入 5.85 万元。

(2)销售乙产品，开具普通发票，取得含税销售额 29.25 万元。

(3)将试制的一批应税新产品用于本企业基建工程，成本价为 20 万元，成本利润率为 10%，该新产品无同类产品市场销售价格。

(4)销售 2010 年 1 月份购进作为固定资产使用过的进口摩托车 5 辆，开具普通发票，每辆取得含税销售额 1.17 万元，该摩托车原值每辆 0.9 万元。

(5)购进货物取得增值税专用发票，注明支付的货款 60 万元、进项税额 10.2 万元；另外支付购货的运输费用 6 万元，取得运输公司开具的普通发票。

(6)向农业生产者购进免税农产品一批，支付收购价 30 万元，支付给运输单位的运费 5 万元，取得相关的合法票据。本月下旬将购进的农产品的 20% 用于本企业职工福利。

【要求】

以上相关票据均符合税法的规定。请按下列顺序计算该企业 5 月份应缴纳的增值税税额。

(1)计算销售甲产品的销项税额。

(2)计算销售乙产品的销项税额。

(3)计算自用新产品的销项税额。

(4)计算销售使用过的摩托车应纳税额。

(5)计算外购货物应抵扣的进项税额。

(6)计算外购免税农产品应抵扣的进项税额。

(7)计算该企业 5 月份合计应缴纳的增值税税额。

【案例分析】

(1)销售甲产品的销项税额 $=80\times17\%+5.85\div(1+17\%)\times17\%$

$= 14.45$(万元)

(2)销售乙产品的销项税额 $=29.25\div(1+17\%)\times17\% =4.25$(万元)

(3)自用新产品的销项税额 $=20\times(1+10\%)\times17\% =3.74$(万元)

(4)销售使用过的摩托车应纳税额 $=1.17\div(1+17\%)\times17\%\times5 =0.85$(万元)

(5)外购货物应抵扣的进项税额 $=10.2+6\times7\% =10.62$(万元)

(6)外购免税农产品应抵扣的进项税额 $=(30\times13\%+5\times7\%)\times(1-20\%)$

$=3.4$(万元)

(7)该企业5月份应缴纳的增值税额＝14.45＋4.25＋3.74＋0.85－10.62－3.4＝9.27(万元)

【例2.2】 某生产企业(一般纳税人)本期销售自产货物取得不含税销售额700万元，本期购入原材料、零部件，取得专用发票上注明的价款300万元、税额51万元；另外该企业本期用自产货物投资于联营企业，自产货物账面价值120万元，双方协议价款为150万元(不含税价)；本期将上期购入的原料委托加工一批广告性小礼品赠送给客户，取得增值税专用发票注明加工费0.2万元和税金0.034万元，小礼品的不含税价款10万元。购销货物均适用17%的税率，进项税额的抵扣期限符合规定。

【要求】

计算该企业当期应纳增值税额。

【案例分析】

用于投资或赠送自产货物的行为要视同销售；视同销售情况下如何确定计税价格；委托加工如何计征增值税以及委托加工收回的货物再赠送他人如何处理。按税法规定，视同销售时，按纳税人同类同期货物价款计征销项税，不得按成本价格；委托加工收回的货物按自产货物处理，所以赠送时同样视同销售要计销项税，同时委托加工新支付的进项税也可抵扣。

当期销项税额＝(700＋150＋10)×17%＝146.2(万元)

当期进项税额＝51＋0.034＝51.034(万元)

当期应纳增值税额＝146.2－51.034＝95.166(万元)

【例2.3】 某农机生产企业(一般纳税人)2012年5月发生以下业务：

(1)外购原材料，取得普通发票上注明销售额60 000元。

(2)外购农机零配件，取得防伪税控系统增值税专用发票上注明价款100 000元。

(3)生产领用3月份外购的钢材一批，成本为45 000元，本企业工程领用4月外购的钢材一批，成本为60 000元(其中含运输费用1 395元)。

(4)销售农用拖拉机、收割机一批，货已发售，不含税销售额为280 000元，另收取包装费5 000元。

(5)销售农机配件，取得含税销额20 000元。

(6)为农民提供农业机械维修业务，开具普通发票上注明销售额30 000元。

以上发票均通过税务机关的认证并于当月申请抵扣。

【要求】

计算该农机厂2012年5月应纳增值税税额。

【案例分析】

(1)当期销项税额＝[280 000＋5 000÷(1＋13%)]×13%＋
[20 000÷(1＋17%)]×17%＋[30 000÷(1＋17%)]×17%
＝36 975.22＋2 905.98＋4 358.97＝44 240.17(元)

(注：上月预收货款上月不交增值税，本月发货才发生增值税纳税义务，提供增值税应税劳务适用17%税率，销售农机零配件适用17%税率。)

(2)当期进项税额＝100 000×17%－[(60 000－1 395)×17%＋1 395÷(1－7%)×7%]
＝17 000－(9 962.85＋105)＝6 932.15(元)

(注：将外购货物用于非应税项目，应作进项税额转出处理。)

(3)本月应纳增值税＝44 240.17－6 932.15＝37 308.02(元)

【例 2.4】 某工业企业为农副产品加工企业，增值税一般纳税人，生产销售的产品均适用17％的税率，2012 年 7 月份发生如下经济业务：

(1)从国营农场收购免税农产品，收购凭证上注明支付货款 50 万元，支付运费 3 万元，取得运费发票。将收购农产品的 10％作为职工福利，15％的部分捐赠给受灾地区，其余作为生产材料加工食品。

(2)因仓库管理员管理不善，从国营农场收购的免税农产品部分发生霉烂变质，仓库管理员已按存货价值的 5％赔偿了损失 1 500 元。

(3)从个体工商户购进农产品，支付价款 10 万元，取得普通发票，支付运费 1 万元，取得货运发票。

(4)销售使用过的一台设备，取得价款 15 万元，该设备 2005 年购进，原值25 万元。

(5)以库存的货物向甲企业投资，经税务机关核定，库存货物含税价 93.6 万元，已向甲企业开具库存货物的增值税专用发票，但货物没有发运。

(6)当月销售某商品，并负责运输，取得不含税收入 100 万元，收取运费 14 万元，已经分别核算。

以上取得的增值税专用发票均通过税务机关的认证并于当月申请抵扣。

【要求】

(1)计算该企业收购农产品的进项税额。

(2)计算霉烂变质免税农产品的进项税额转出。

(3)计算从个体工商户购进农产品的进项税额。

(4)计算销售使用过的设备应纳增值税。

(5)计算商品对外投资的销项税额。

(6)计算销售商品的销项税额。

【案例分析】

(1)(50×13％＋3×7％)×(1－10％)＝6.04(万元)

(2)0.15÷5％＝3(万元)

3÷[50×(1－13％)＋3×(1－7％)]×(1－10％)×100％＝6％

6.04×6％＝0.36(万元)

(3)10×13％＋1×7％＝1.37(万元)

(4)15÷(1＋4％)＝14.42(万元)

14.42×4％÷2＝0.29(万元)

(5)93.6÷(1＋17％)＝80(万元)

80×17％＝13.6(万元)

(6)[100＋14÷(1＋17％)]×17％＝19.03(万元)

【例 2.5】 某商场为增值税一般纳税人，销售货物的税率为 17％，2012 年 5 月发生以下经济业务：

(1)采用以旧换新方式，销售钻石首饰取得现金收入 12 万元，该批首饰零售价 19.89 万元。

(2)采用“买三送一”活动销售某商品，取得现金收入 15 万元。

(3)销售以旧换新方式换回的电视机,取得现金收入 1 万元。

(4)采用赊销方式向某酒店销售空调 30 台,每台柜台零售价 0.2 万元,货物已发出,未签订书面合同,当月已按约定收取货款 1 万元。

(5)购进小货车一辆,取得增值税专用发票,发票上注明价款 5 万元,增值税款 0.85 万元;购进商品一批,取得增值税专用发票及清单,发票上注明价款 20 万元,增值税款 3.2 万元。

【要求】

(1)计算销售钻石首饰的增值税销项税额。

(2)计算销售某商品的增值税销项税额。

(3)计算销售电视机的应纳增值税额。

(4)计算销售空调的增值税销项税额。

(5)计算购货的增值税进项税额。

(6)计算该商场应纳增值税。

【案例分析】

(1)19.89÷(1+17%)=17(万元)

17×0.17=2.89(万元)

(2)15÷3=5(万元)

5×4÷(1+17%)=17.09(万元)

17.09×17%=2.91(万元)

(3)[1÷(1+4%)]×4%×50%=0.02(万元)

(4)[30×0.2÷(1+17%)]×17%=0.87(万元)

(5)0.85+3.2=4.05(万元)

(6)2.89+2.91+0.02+0.87-4.05=2.64(万元)

2.2.4　小规模纳税人应纳税额计算

1. 应纳税额的计算公式

小规模纳税人销售货物或者应税劳务,实行简易办法按照销售额和规定的征收率计算应纳税额,不得抵扣进项税额。计算公式为

应纳税额=不含税销售额×征收率

小规模纳税人销售货物或提供应税劳务,可以申请由主管税务机关代开增值税发票。

2. 小规模纳税人购进税控收款机的进项税额抵扣

增值税小规模纳税人购置税控收款机,经主管税务机关审核批准后,可凭购进税控收款机取得的增值税专用发票,按照发票上注明的增值税额,抵免当期应纳增值税。或者按照购进税控收款机取得的普通发票上注明的价款,依下列公式计算可抵免的税额:

可抵免的税额=价款÷(1+17%)×17%

【例 2.6】 某商店为增值税小规模纳税人,8 月取得零售收入总额 12.36 万元。计算该商店 8 月应缴纳的增值税税额。

【案例分析】

(1)8 月取得的不含税销售额=12.36÷(1+3%)=12(万元)

(2)8 月应缴纳增值税税额=12×3%=0.36(万元)

2.2.5 进口货物增值税应纳税额

纳税人进口货物，按照组成计税价格和对应税率计算应纳税额。组成计税价格是指在没有实际销售价格时，按照税法规定计算出作为计税依据的价格。进口货物计算增值税组成计税价格和应纳税额计算公式如下：

组成计税价格＝关税完税价格＋关税＋消费税

应纳税额＝组成计税价格×税率

纳税人在计算进口环节的应纳增值税税额时不得抵扣发生在我国境外的各种税金。

【例 2.7】 某商场 10 月进口货物一批。该批货物在国外的买价 40 万元，另该批货物运抵我国海关前发生的包装费、运输费、保险费等共计 20 万元。货物报关后，商场按规定缴纳了进口环节的增值税并取得了海关开具的完税凭证。假定该批进口货物在国内全部销售，取得不含税销售额 80 万元。货物进口关税税率 15%，增值税税率 17%。

【要求】

(1)计算关税的组成计税价格。

(2)计算进口环节应纳的进口关税。

(3)计算进口环节应纳增值税的组成计税价格。

(4)计算进口环节应缴纳增值税的税额。

(5)计算国内销售环节的销项税额。

(6)计算国内销售环节应缴纳增值税税额。

【案例分析】

(1)关税的组成计税价格＝40＋20＝60(万元)

(2)应缴纳进口关税＝60×15%＝9(万元)

(3)进口环节应纳增值税的组成计税价格＝60＋9＝69(万元)

(4)进口环节应缴纳增值税的税额＝69×17%＝11.73(万元)

(5)国内销售环节的销项税额＝80×17%＝13.6(万元)

(6)国内销售环节应缴纳增值税税额＝13.6－11.73 ＝1.87(万元)

【例 2.8】 某外贸公司于 2012 年 8 月进口应征消费税货物一批。该批货物在国外的买价为 90 万元，运抵我国口岸前发生的包装费、运输费、保险费等共计 20 万元。货物已报关纳税并取得了海关开具的完税凭证。应征消费税 30 万元，假定该批进口货物在国内全部销售，取得不含税销售额 300 万元。货物进口关税税率 15%，增值税税率 17%。

【要求】

计算该批货物进口环节、国内销售环节分别应缴纳的增值税税额。

【案例分析】

关税的组成计税价格＝90＋20＝110(万元)

关税＝110×15%＝16.5(万元)

应纳进口增值税＝(110＋16.5＋30)×17%＝26.605(万元)

国内销售应缴增值税＝300×17%－26.605＝24.395(万元)

2.2.6 出口货物退(免)税

我国的出口货物退(免)税是指在国际贸易业务中，对我国报关出口的货物退还或免征其在国内各生产和流转环节按税法规定缴纳的增值税和消费税，即对增值税出口货物实行零税率,对消费税出口货物免税。

增值税出口货物的零税率,从税法上理解有两层含义:一是对本道环节生产或销售货物的增值部分免征增值税;二是对出口货物前道环节所含的进项税额进行退付。

1. 出口货物退(免)税基本政策

世界各国为了鼓励本国货物出口,在遵循 WTO 基本规则的前提下,一般都采取优惠的税收政策。目前,我国的出口货物税收政策分为以下三种形式:

(1)出口免税并退税。出口免税是指对货物在出口销售环节不征增值税、消费税,这是把货物出口环节与出口前的销售环节都同样视为一个征税环节;出口退税是指对货物在出口前实际承担的税收负担,按规定的退税率计算后予以退还。

(2)出口免税不退税。出口免税与上述第 1 项含义相同。出口不退税是指适用这个政策的出口货物因在前一道生产、销售环节或进口环节是免税的,因此,出口时该货物的价格中本身就不含税,也无须退税。

(3)出口不免税也不退税。出口不免税是指对国家限制或禁止出口的某些货物的出口环节视同内销环节,照常征税;出口不退税是指对这些货物出口不退还出口前其所负担的税款。适用这个政策的主要是税法列举限制或禁止出口的货物,如天然牛黄、麝香等。

2. 出口货物的退税率

企业产品出口后,税务部门应按照出口商品的进项税额为企业办理退税,由于税收减免及其国家经济政策等原因,商品的进项税额往往不等于实际负担的税额,如果按出口商品的进项税额退税,就会产生少征多退的问题,于是就有了计算出口商品应退税款的比率——出口退税率。

出口货物的退税率,是出口货物的实际退税额与退税计税依据的比例。现行出口货物的增值税退税率有 17%、15%、14%、13%、11%、9%、8%、6%、5%等。

3. 出口货物应退税额的计算

我国对出口货物规定了两种退税计算办法:第一种办法是“免、抵、退”办法,主要适用于自营和委托出口自产货物的生产企业;第二种办法是“先征后退”办法,目前主要用于收购货物出口的外(工)贸企业。

(1)“免、抵、退”税的计算方法。实行免、抵、退税管理办法的“免”税,是指对生产企业出口的自产货物,在出口时免征本企业生产销售环节增值税;“抵”税,是指生产企业出口自产货物所耗用的原材料、零部件、燃料、动力等所含应予退还的进项税额,抵顶内销货物的应纳税额;“退”税是指生产企业出口的自产货物在当月内应抵顶的进项税额大于应纳税额时,对未抵顶完的部分予以退税。由于出口货物增值税实行零税率,除了出口环节免征增值税即没有销项税额外还需要对为生产出口产品所购进的项目已经缴纳的税款,即进项税额退还给出口企业等纳税人。因此,出口退税并不是退还“销项税额”,而是退还进项税额。如果一个企业完全是出口企业,商品没有内销,则完全采用“免”和“退”的方式,就不存在“抵”税的问题。采用“抵”税的方式其实是为了简化征管手续,即用本来要退还给纳税人的退税额抵顶内销货物应该按规定缴纳的增值税税款。

①具体计算方法与计算公式。

$$\text{当期应纳税额}=\text{当期内销货物的销项税额}-\left(\text{当期进项税额}-\text{当期免抵退税不得免征和抵扣税额}\right)-\text{上期留抵税额}$$

其中：

$$\text{当期免抵退税不得免征和抵扣税额}=\text{出口货物离岸价}\times\text{外汇人民币牌价}\times\left(\text{出口货物征税率}-\text{出口货物退税率}\right)-\text{免抵退税不得免征和抵扣税额抵减额}$$

出口货物离岸价(FOB)以出口发票计算的离岸价为准。

$$\text{免抵退税不得免征和抵扣税额抵减额}=\text{免税购进原材料价格}\times\left(\text{出口货物征税率}-\text{出口货物退税率}\right)$$

进料加工免税进口料件的组成计税价格＝货物到岸价＋海关实征关税和消费税

如果当期没有免税购进原材料价格，前述公式中的免抵退税不得免征和抵扣税额抵减额，以及后面公式中的免抵退税额抵减额，就不用计算。

"免抵退税不得免征和抵扣税额抵减额"与"免抵退税额抵减额"是有区别的。"免抵退税不得免征和抵扣税额抵减额"实质是不予抵免的金额，实际账务处理中是不存在的，但是作为免抵退税这种管理办法的计算思路，必须将这部分予以剔除。而通过前面对计算公式的分析，可以理解为，前面对免税购进原材料也相应计算了不得免征和抵扣的税额，所以单独计算"免抵退税不得免征和抵扣税额抵减额"作为对其的修正。

②免抵退税额的计算。

免抵退税额＝出口货物离岸价×外汇人民币牌价×出口货物退税率－免抵退税额抵减额

其中：

免抵退税额抵减额＝免税购进原材料价格×出口货物退税率

这个公式中计算的"免抵退税额"就是名义应退税额或者免抵退税制度下的可抵顶进项税额。公式最后一个减项"免抵退税额抵减额"的实质含义是，免税购进的原材料本身是不含进项税额的，所以在计算免抵退税额时就不应该退还这部分原本不存在的税额，因此要通过计算予以剔除。

③当期应退税额和免抵税额的计算。

a. 如当期期末留抵税额≤当期免抵退税额，则

当期应退税额＝当期期末留抵税额

当期免抵税额＝当期免抵退税额－当期应退税额

b. 如当期期末留抵税额＞当期免抵退税额，则

当期应退税额＝当期免抵退税额

当期免抵税额＝0

当期期末留抵税额根据当期《增值税纳税申报表》中"期末留抵税额"确定。

这里的"当期期末留抵税额"实际上是名义留抵额。因为

最终的实际期末留抵额＝名义留抵额－当期实际退税额

【例 2.9】 某自营出口的生产企业为增值税一般纳税人，出口货物的征税税率为 17%，退税税率为 13%。2012 年 4 月的有关经营业务为：购进原材料一批，取得的增值税专用发票注明的价款 200 万元，外购货物准予抵扣的进项税额 34 万元通过认证。上月末留抵税款 3 万元，本月内销货物不含税销售额 100 万元，收款 117 万元存入银行，本月出口货物的销售额折合人民币 200 万元。试计算该企业当期的"免、抵、退"税额。

【案例分析】

①当期免抵退税不得免征和抵扣税额＝200×(17% －13%)＝8(万元)

②当期应纳税额＝100×17％－(34－8)－3＝17－26－3＝－12(万元)

③出口货物“免、抵、退”税额＝200×13％ ＝26(万元)

④按规定，如当期期末留抵税额≤当期免抵退税额时

当期应退税额＝当期期末留抵税额

即该企业当期应退税额＝12(万元)

⑤当期免抵税额＝当期免抵退税额－当期应退税额

＝26－12＝14(万元)

【例 2.10】 某自营出口的生产企业为增值税一般纳税人，出口货物的征税税率为17％，退税税率为13％。2012 年 6 月有关经营业务为：购原材料一批，取得的增值税专用发票注明的价款 400 万元，外购货物准予抵扣的进项税额 68 万元通过认证。上期期末留抵税款 5 万元。本月内销货物不含税销售额 100 万元，收款 117 万元存入银行。本月出口货物的销售额折合人民币 200 万元。试计算该企业当期的“免、抵、退”税额。

【案例分析】

①当期免抵退税不得免征和抵扣税额＝200×(17％ －13％)＝8(万元)

②当期应纳税额＝100×17％－(68－8)－5＝17－60－5＝－48(万元)

③出口货物“免、抵、退”税额＝200×13％＝26(万元)

④按规定，如当期期末留抵税额＞当期免抵退税额时

当期应退税额＝当期免抵退税额

即 该企业当期应退税额＝26(万元)

⑤当期免抵税额＝当期免抵退税额－当期应退税额，即

该企业当期免抵税额＝26－26＝0(万元)

⑥6 月期末留抵结转下期继续抵扣税额为 22(48－26)万元。

【例 2.11】 某自营出口生产企业是增值税一般纳税人，出口货物的征税税率为 17％，退税税率为 13％。2012 年 8 月有关经营业务为：购原材料一批，取得的增值税专用发票注明的价款 200 万元，外购货物准予抵扣进项税额 34 万元通过认证。当月进料加工免税进口料件的组成计税价格 100 万元。上期末留抵税款 6 万元。本月内销货物不含税销售额 100 万元。收款 117 万元存入银行。本月出口货物销售额折合人民币 200 万元。试计算该企业当期的“免、抵、退”税额。

【案例分析】

①免抵退税不得免征和抵扣税额抵减额＝免税进口料件的组成计税价格×(出口货物征税率－出口货物退税率)＝100×(17％－13％)＝4(万元)

②免抵退税不得免征和抵扣税额

＝当期出口货物离岸价×外汇人民币牌价×(出口货物征税率－出口货物退税率)－免抵退税不得免征和抵扣税额抵减额

＝ 200×(17％ －13％)－4 ＝8－4＝4(万元)

③当期应纳税额＝100×17％－(34－4)－6＝17－30－6＝－19(万元)

④免抵退税额抵减额＝免税购进原材料价格×出口货物退税率

＝100×13％＝13(万元)

⑤出口货物“免、抵、退”税额＝200×13％－13＝13(万元)

⑥按规定，如当期期末留抵税额＞当期免抵退税额时，当期应退税额＝当期免抵退税额，即

该企业应退税额＝13(万元)

⑦当期免抵税额＝当期免抵退税额－当期应退税额，即

当期该企业免抵税额＝13－13＝0(万元)

⑧8 月期末留抵结转下期继续抵扣税额＝19－13＝6(万元)

(2)“先征后退”的计算方法。外贸企业以及实行外贸企业财务制度的工贸企业收购货物出口，其出口销售环节的增值税免征；其收购货物的成本部分，因外贸企业在支付收购货款的同时也支付了生产经营该类商品的企业已纳的增值税款，因此，在货物出口后按收购成本与退税税率计算退税退还给外贸企业，征、退税之差计入企业成本。

外贸企业出口货物增值税应依据购进出口货物增值税专用发票上所注明的进项金额和退税税率计算。

应退税额＝外贸收购不含增值税购进金额×退税税率

外贸企业收购小规模纳税人出口货物增值税的退税规定：

凡从小规模纳税人购进持普通发票特准退税的出口货物，同样实行销售出口货物的收入免税，并退还出口货物进项税额的办法。其计算公式为

应退税额＝[普通发票所列(含增值税)销售金额÷(1＋征收率)]×6%(5%)

【例 2.12】 某进出口公司 2012 年 8 月出口美国平纹布 2 000 平方米，进货增值税专用发票列明单价 20 元/平方米，计税金额 40 000 元，退税税率 13%，其应退税额为

2 000×20×13%＝5 200(元)

【例 2.13】 某进出口公司 2012 年 8 月购进某小规模纳税人抽纱工艺品 200 打(套)全部出口，普通发票注明金额 6 000 元；购进另一小规模纳税人西服 500 套全部出口，取得税务机关代开的增值税专用发票，发票注明金额 5 000 元，退税税率 6%，该企业的应退税额为

6 000÷(1＋6%)×6%＋5 000×6%＝639.62(元)

【例 2.14】 某进出口公司 2012 年 6 月购进牛仔布委托加工成服装出口，取得牛仔布增值税专用发票一张，注明计税金额 10 000 元(退税税率 13%)，取得服装加工费计税金额 2 000 元(退税税率 17%)，该企业的应退税额为

10 000×13%＋2 000×17% ＝1 640(元)

【例 2.15】 某化工生产企业为一般纳税人，兼营出口业务与内销业务。

2011 年 9 月份发生业务如下：

①国内购进原材料，取得的防伪税控系统增值税专用发票上注明价款 100 万元。

②内销货物不含税收入 50 万元，出口货物离岸价格 180 万元，支付销货运费 2 万元，取得运输企业开具的普通发票。

③另有上期留抵税额 6 万元。

10 月份发生业务如下：

①国内采购原料，取得的防伪税控系统增值税专用发票上注明价款 100 万元，货已入库。

②进料加工免税进口料件到岸价格 40 万元，海关实征关税 10 万元。

③内销货物不含税收入 80 万元，出口货物离岸价 120 万元。

(以上各环节涉及的票据符合规定并经过税务机关认证，出口货物原征税率 17%，退税率

为13%)

【要求】

①计算该企业9月份出口退税额和免抵税额。

②计算该企业10月份出口退税额和免抵税额。

【案例分析】

9月份:

①当期免抵退税不得免征和抵扣税额=180×(17%−13%)=7.2(万元)

②当期应纳税额=50×17%−(100×17%+2×7%−7.2)−6=8.5−9.94−6
=−7.44(万元)

③当期免抵退税额=180×13%=23.4(万元)

④当期应退税额=7.44(万元)

⑤当期免抵税额=当期免抵退税额−当期应退税额=23.4−7.44=15.96(万元)

10月份:

①当期免抵退税不得免征和抵扣税额抵减额=(40+10)×(17%−13%)=2(万元)

②当期免抵退税不得免征和抵扣税额=120×(17%−13%)−2=2.8(万元)

③当期应纳税额=80×17%−(17−2.8)=−0.6(万元)

④免抵退税额抵减额=(40+10)×13%=6.5(万元)

⑤出口货物"免、抵、退"税额=120×13%−6.5=9.1(万元)

⑥该企业当期应退税额=0.6(万元)

⑦当期免抵税额=9.1−0.6=8.5(万元)

2.3　增值税专用发票的使用与管理

增值税实行凭国家印发的增值税专用发票注明的税款进行抵扣的制度。增值税专用发票(以下简称专用发票)不仅是纳税人经济活动中的重要商业凭证,而且是兼记销货方销项税额和购货方进项税额进行税款抵扣的凭证,对增值税的计算和管理起着决定性的作用。

一般纳税人应通过增值税防伪税控系统(以下简称防伪税控系统)使用专用发票。包括领购、开具、缴销、认证纸质专用发票及其相应的数据电文都必须通过计算机进行。

防伪税控系统,是指经国务院同意推行的,使用专用设备和通用设备、运用数字密码和电子存储技术管理专用发票的计算机管理系统。"专用设备"是指金税卡、IC卡、读卡器和其他设备。"通用设备"是指计算机、打印机、扫描器具和其他设备。

2.3.1　专用发票的联次

专用发票由基本联次或者基本联次附加其他联次构成,基本联次为三联:发票联、抵扣联和记账联。发票联,作为购买方核算采购成本和增值税进项税额的记账凭证;抵扣联,作为购买方报送主管税务机关认证和留存备查的凭证;记账联,作为销售方核算销售收入和增值税销项税额的记账凭证。其他联次用途由一般纳税人自行确定。增值税发票基本样式如图2.1所示。

120057720　　**黑龙江省增值税专用发票**　　№ 07487986

黑龙江

开票日期：　　年　月　日

购货单位	名　　称： 纳税人识别号： 地 址 、电 话： 开户行及账号：			密码区			
货物及应税劳务名称	规格型号	单位	数量	单价	金额	税率	税额
合　计							
价税合计（大写）				(小写)￥			
销货单位				备注			

收款人：　　复核：　　开票人：　　销货单位(章)：

第三联：记账联　销货方记账凭证

图 2.1　增值税发票样式

2.3.2　发票的领购流程

发票领购应先填写发票验旧报告表（见表 2.1），按规定项目填写。具体项目填写方法如下：

(1)纳税识别号：填写企业纳税人登记号（国税）。

(2)纳税人名称：填写企业名称。

(3)纳税人类型：填写商业企业、工业企业或其他。

(4)增值税企业类型：填写一般纳税人。

(5)验旧结果：填写正常填开。

(6)发票种类：增值税发票。

(7)下方验旧结果：填写冲红发票或者作废发票。

其他项目一律按增值税发票票面内容填写。本表填写发票开始为本月抄完税之后开具的发票，正常的发票按起始和终止填写在一行，非正常的逐笔填写。填写一式两份，左上角盖上企业公章。

表 2.1　发票验旧报告表

纳税识别号：

纳税人名称：　　　　　　　　　　　　纳税人类型：　　　　　　　　　　　　增值税企业类型：

	验旧结果	发票种类	发票代码	本数	份数	起始号码	终止号码	开票日期起	开票日期止	金额	税额
验旧正常的发票号码											
	验旧结果	发票种类	发票代码	本数	份数	起始号码	终止号码	开票日期起	开票日期止	金额	税额
验旧非正常的发票号码											

税务负责人：　　　　　　　　　　　　税务经办人：　　　　　　　　　　　　年　月　日

领购发票需携带的材料如下：

(1)发票验旧报告表。

(2)已开具的最后一张发票及冲红发票。

(3)税务登记证。

(4)抄税表(即每月抄税后打印的发票明细表)。

(5)税卡。

(6)发票领购簿。

(7)领购人身份证原件。

携带准备好的资料到税务局，先到企业专管员那里，录入系统后，再到税务大厅买发票窗口购买发票并缴纳发票工本费。

2.3.3　发票填开要求

1. 基本规定

任何填开发票的单位和个人必须在发生经营业务并确认营业收入时，才能开具发票，未发生经营业务一律不得开具发票；不得转借、转让或者代开发票；未经税务机关批准，不得拆本使用发票，也就是说不能将一本发票拆成一份一份使用。

2. 开具对象限制

纳税人不得将增值税专用发票开给非增值税一般纳税人。如商业企业一般纳税人零售的烟、酒、食品、服装、鞋帽(不包括劳保专用部分)、化妆品等消费品不得开具专用发票给消费者个人。

3. 小规模纳税人开具专用发票

增值税小规模纳税人需要开具专用发票的,可向主管税务机关申请代开。销售免税货物不得开具专用发票,法律、法规另有规定的除外。

4. 汇总开具专用发票

一般纳税人销售货物或者提供应税劳务可汇总开具专用发票。汇总开具专用发票的,同时使用防伪税控系统开具《销售货物或者提供应税劳务清单》(见表2.2),并加盖财务专用章或者发票专用章。

表2.2 销售货物或者提供应税劳务清单

购买方名称:

销售方名称:

所属增值税专用发票代码: 号码: 共 页 第 页

序号	货物(劳务)名称	规格型号	单位	数量	单价	金额	税率	税额
备注								

填开日期: 年 月 日

注:本清单一式两联:第一联,销售方留存;第二联,销售方送交购买方。

5. 发票的作废及冲红

用票单位和个人开具发票发生错填、误填等需要重新开具发票的,如果发生在开票当月,可以直接在开票系统作废,并将作废发票各联次注明"作废"字样后,重新开具发票即可;如果一般纳税人取得专用发票后,发生销货退回、开票有误等情形但不符合作废条件的(比如已经跨月),或者因销货部分退回及发生销售折让的,购买方应向主管税务机关填报《开具红字增值税专用发票申请单》,见表2.3。《申请单》所对应的蓝字专用发票应经税务机关认证。

表2.3 开具红字增值税专用发票申请单

销售方	名称		购买方	名称	
	税务登记代码			税务登记代码	
开具红字专用发票内容	货物(劳务)名称	单价	数量	金额	税额
	合计				
说明	需要作进项税额转出□: 不需要作进项税额转出□ 纳税人识别号认证不符□ 专用发票代码、号码认证不符□ 对应蓝字专用发票密码区内打印的代码: 号码: 开具红字专用发票理由:				

申明:我单位提供的申请单内容真实,否则将承担相关法律责任。

购买经办人: 购买方名称(印章):

主管税务机关对一般纳税人填报的《申请单》进行审核后，出具《开具红字增值税专用发票通知单》，见表2.4。《通知单》应与《申请单》一一对应。《通知单》一式三联：第一联由购买方主管税务机关留存；第二联由购买方送交销售方留存；第三联由购买方留存。《通知单》应加盖主管税务机关印章。购买方必须暂依《通知单》所列增值税税额从当期进项税额中转出，未抵扣增值税进项税额的可列入当期进项税额，待取得销售方开具的红字专用发票后，与留存的《通知单》一并作为记账凭证。红字发票做冲减进项税额凭证，不需要认证。打开申报系统—增值税纳税申报附表二，即本期进项税额明细表—进项税额转出额—红字专用发票通知单注明的进项税额—确定。而销货方可以根据购买方邮寄回的经税务机关盖章批准的《开具红字增值税专用发票通知单》，在发票开具系统开具红字发票及正确的蓝字发票。

表2.4　开具红字增值税专用发票通知单

填开日期：　　年　月　日

<table>
<tr><td rowspan="2">销售方</td><td>名称</td><td></td><td rowspan="2">购买方</td><td>名称</td><td></td></tr>
<tr><td>税务登记代码</td><td></td><td>税务登记代码</td><td></td></tr>
<tr><td rowspan="3">开具红字专用发票内容</td><td>货物(劳务)名称</td><td>单价</td><td>数量</td><td>金额</td><td>税额</td></tr>
<tr><td></td><td></td><td></td><td></td><td></td></tr>
<tr><td>合计</td><td></td><td></td><td></td><td></td></tr>
<tr><td>说明</td><td colspan="5">需要作进项税额转出□
不需要作进项税额转出□
纳税人识别号认证不符□
专用发票代码、号码认证不符□
对应蓝字专用发票密码区内打印的代码：
号码：
开具红字专用发票理由：</td></tr>
</table>

经办人：　　负责人：　　主管税务机关名称(印章)：

注：1. 本通知单一式三联，第一联购买方主管税务机关留存，第二联购买方送交销售方留存，第三联购买方留存。
2. 通知单应与申请单一一对应。
3. 销售方应在开具红字专用发票后到主管税务机关进行核销。

6. 对丢失已开具专用发票的发票联和抵扣联的处理

一般纳税人丢失已开具专用发票的发票联和抵扣联，如果丢失前已认证相符的，购买方凭销售方提供的相应专用发票记账联复印件及销售方所在地主管税务机关出具的丢失增值税专用发票已报税证明单(见表2.5)，经购买方主管税务机关审核同意后，可作为增值税进项税额的抵扣凭证。

表2.5　丢失增值税专用发票已报税证明单

<table>
<tr><td rowspan="2">销售方</td><td>名　称</td><td colspan="2"></td><td rowspan="2">购买方</td><td>名　称</td><td colspan="2"></td></tr>
<tr><td>税务登记代码</td><td colspan="2"></td><td>税务登记代码</td><td colspan="2"></td></tr>
<tr><td rowspan="2">丢失增值税专用发票</td><td>发票代码</td><td>发票号码</td><td>货物(劳务)名称</td><td>单价</td><td>数量</td><td>金额</td><td>税额</td></tr>
<tr><td></td><td></td><td></td><td></td><td></td><td></td><td></td></tr>
</table>

续表

报税及纳税申报情况	报税时间： 纳税申报时间： 经办人：　　　　　　　　负责人： 主管税务机关名称(印章)： 年　月　日
备注	

注：本证明单一式三联：第一联，销售方主管税务机关留存；第二联，销售方留存；第三联，购买方主管税务机关留存。

如果丢失前未认证的，购买方凭销售方提供的相应专用发票记账联复印件到主管税务机关进行认证，认证相符的凭该专用发票记账联复印件及销售方所在地主管税务机关出具的丢失增值税专用发票已报税证明单，经购买方主管税务机关审核同意后，可作为增值税进项税额的抵扣凭证。

一般纳税人丢失已开具专用发票的抵扣联，如果丢失前已认证相符的，可使用专用发票发票联复印件留存备查。如果丢失前未认证的，可使用专用发票的发票联到主管税务机关认证，专用发票的发票联复印件留存备查。

一般纳税人丢失已开具专用发票的发票联，可将专用发票抵扣联作为记账凭证，专用发票抵扣联复印件留存备查。

2.4　增值税纳税申报

增值税纳税申报采用网上申报和纸质申报相结合的方式。

由于我国各省市增值税所使用的申报软件是由不同公司开发的，因此申报界面不尽相同，但基本申报程序是一致的。一般情况下，网上申报过程如下：

1. 进入系统

首先安装发票结报纳税申报系统。点击进入“输入用户名及密码进入申报”界面，进行纳税申报表填制。界面如图 2.2 所示。

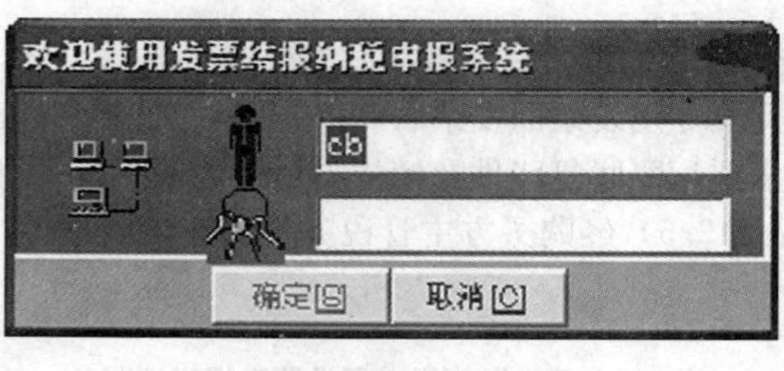

图 2.2　发票结报纳税申报系统界面

进入系统后，填写相应表格，填表顺序依次为增值税纳税申报附表二、增值税纳税申报附表一、增值税纳税申报表(新)、固定资产进项税额抵扣情况表、资产负债表(新)、损益表(新)。填写完毕之后依次选择“数据接口”|“电子申报接口”|“国税电子申报”|“保存到桌面”(或者其他位置)选项。

增值税纳税申报表的主页面如图 2.3 所示。

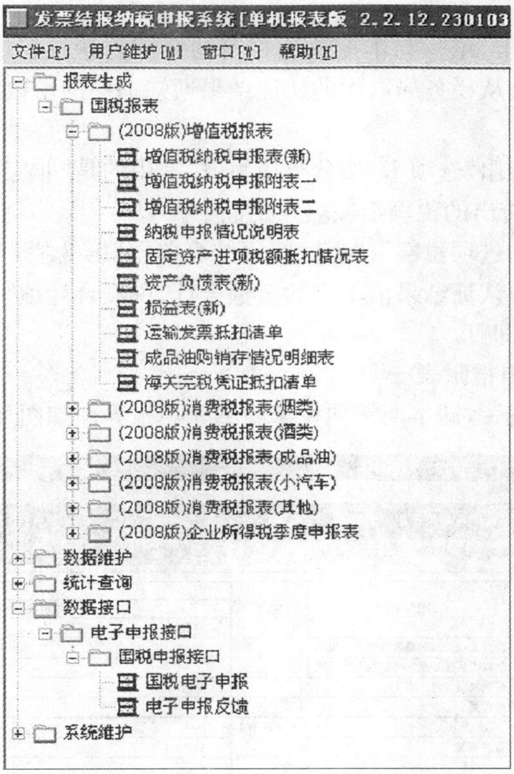

图 2.3　增值税纳税申报表主页面

2. 填报增值税纳税申报附表二

增值税纳税申报附表二，即本期进项税额明细表填报界面如图 2.4 所示。

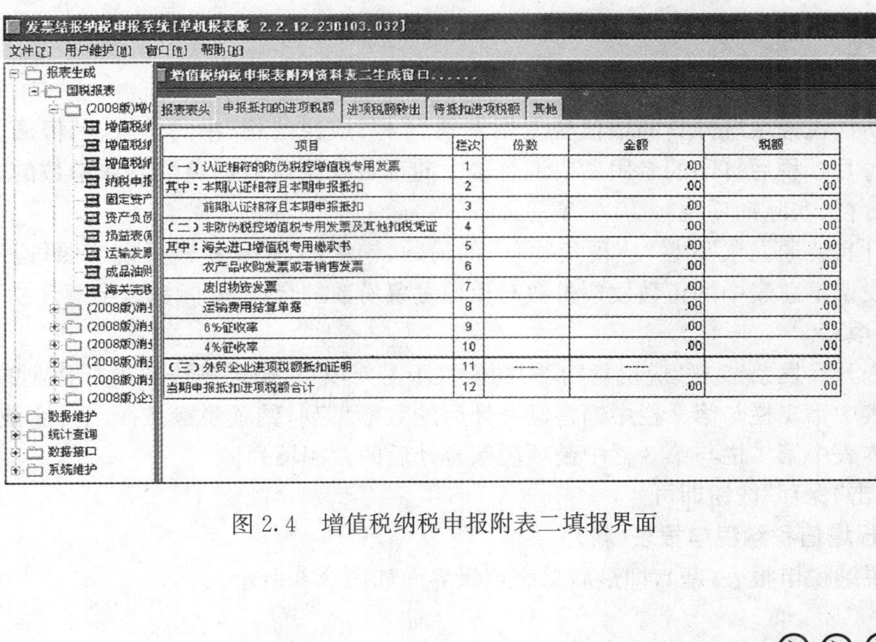

项目	栏次	份数	金额	税额
(一)认证相符的防伪税控增值税专用发票	1		.00	.00
其中：本期认证相符且本期申报抵扣	2		.00	.00
前期认证相符且本期申报抵扣	3		.00	.00
(二)非防伪税控增值税专用发票及其他扣税凭证	4		.00	.00
其中：海关进口增值税专用缴款书	5		.00	.00
农产品收购发票或者销售发票	6		.00	.00
废旧物资发票	7		.00	.00
运输费用结算单据	8		.00	.00
6%征收率	9		.00	.00
4%征收率	10		.00	.00
(三)外贸企业进项税额抵扣证明	11	------	------	.00
当期申报抵扣进项税额合计	12		.00	.00

图 2.4　增值税纳税申报附表二填报界面

填写步骤如下：

(1)点击“其他”选项卡，填写与本期认证相符的全部防伪税控增值税专用发票“份数、金额、税额”第 1 栏。分别按从税务局取得的认证结果通知书中的份数和认证结果清单中的合计金额、合计税额填写。

(2)点击“进项税额转出”选项卡，按分类填写，最常用的是“非应税项目用、集体福利、个人消费”15 栏，把实际需要转出的税额金额填入税额中。

(3)点击“申报抵扣的进项税额”|“运输费用结算单据”第 8 栏，金额和税额按公路内河货物运输发票税控系统发票认证结果清单中的金额合计、税额合计填写。

(4)点击“保存”按钮即可。

3. 填报增值税纳税申报附表一

增值税纳税申报附表一，即本期销项税额明细表填报界面如图 2.5 所示。

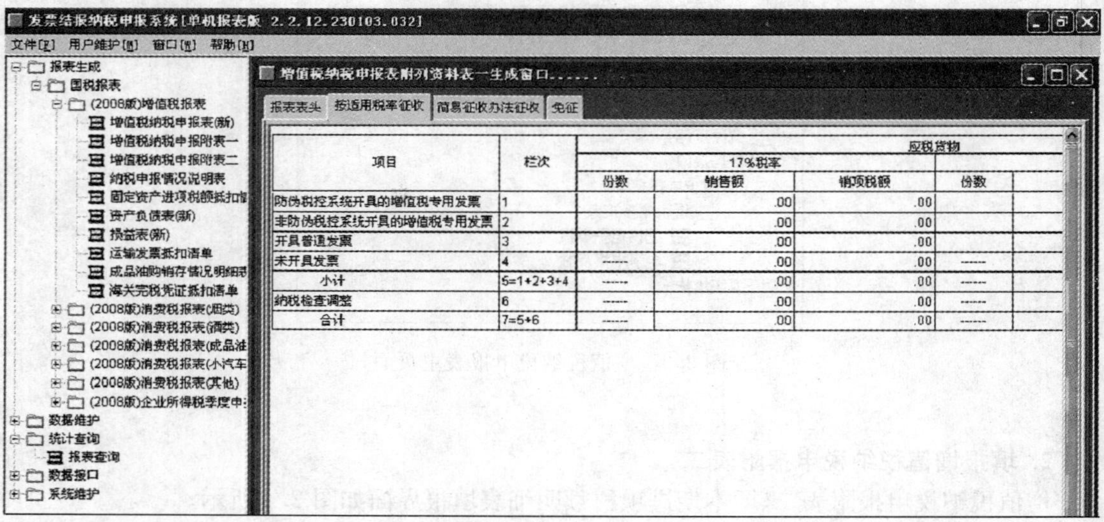

图 2.5 增值税纳税申报附表一填报界面

填写步骤如下：

(1)“防伪税控系统开具的增值税专用发票”1 栏“应税货物”中的份数、销售额、销项税额分别按照每月抄税后打印的专用发票汇总表中的正数发票份数与负数发票份数的合计，实际销售金额 5 栏、实际销项税额 10 栏填写。

(2)“开具普通发票”3 栏“应税货物”中的份数、销售额、销项税额分别按照每月抄税后打印的普通发票汇总表中的正数发票份数与负数发票份数的合计，实际销售金额 5 栏、实际销项税额 10 栏填写。

(3)“未开具发票”4 栏“应税货物”中的份数不需要填写，销售额按照当月企业的总销售收入扣减本表中第 1 栏与第 3 栏中销售额合计后的数额填列，销项税额按照当月企业的总销项税额扣减本表中第 1 栏与第 3 栏中销项税额合计后的数额填列。

(4)点击“保存”按钮即可。

4. 填报增值税纳税申报表(新)

增值税纳税申报表(新)，即最后总表填报界面如图 2.6 所示。

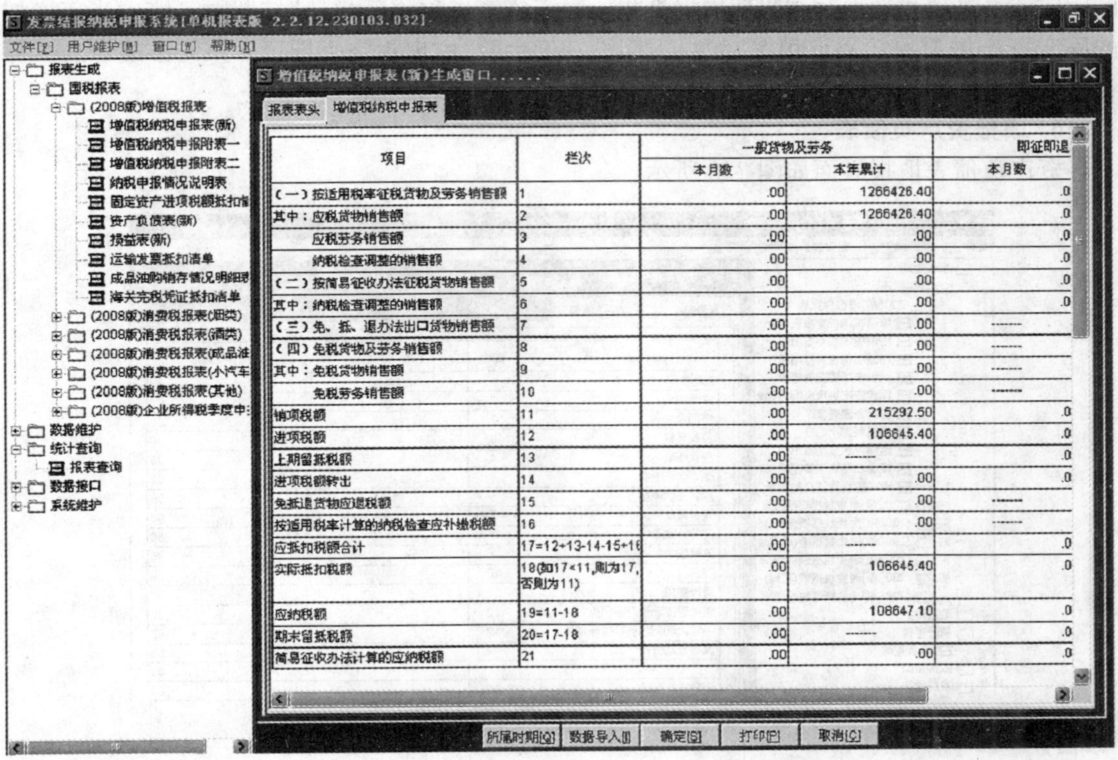

图 2.6　增值税纳税申报表(新)填报界面

填写步骤如下：

本表中只需填写第 30 栏“本期缴纳上期应纳税额”，按照本期实际缴纳上期应缴的税额填列，通常应该与第 25 栏“期初未缴税额”保持一致。本表填写虽然简单，但前提是附表二与附表一必须填写准确。核对完毕点击“保存”按钮即可。

5. 填报固定资产进项税额抵扣情况表

固定资产进项税额抵扣情况表填报界面如图 2.7 所示。

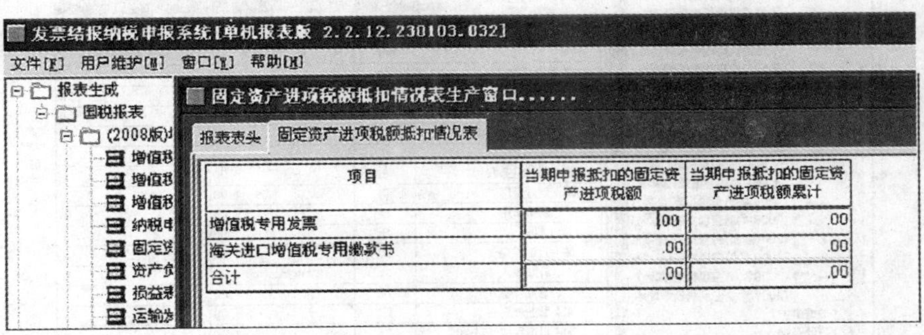

图 2.7　固定资产进项税额抵扣情况表填报界面

填写步骤如下：

本表中“增值税专用发票”中“当期申报抵扣的固定资产进项税额”按照财务账中当月增加

的固定资产进项税额填写,“当期申报抵扣的固定资产进项税额累计”按照财务账中当年增加的固定资产进项税额累计填写,如果本期没有发生数,则申报空表即可。核对准确,点击“保存”按钮即可。

6. 填报资产负债表

资产负债表填报界面如图 2.8 所示。

图 2.8 资产负债表填报界面

填写步骤如下:

本表只需按照财务每月的资产负债表填列即可,“资产部分”填写完毕,再填写“负债部分”,都填写正确后,点击“保存”按钮即可。

7. 填报损益表

损益表填报界面如图 2.9 所示。

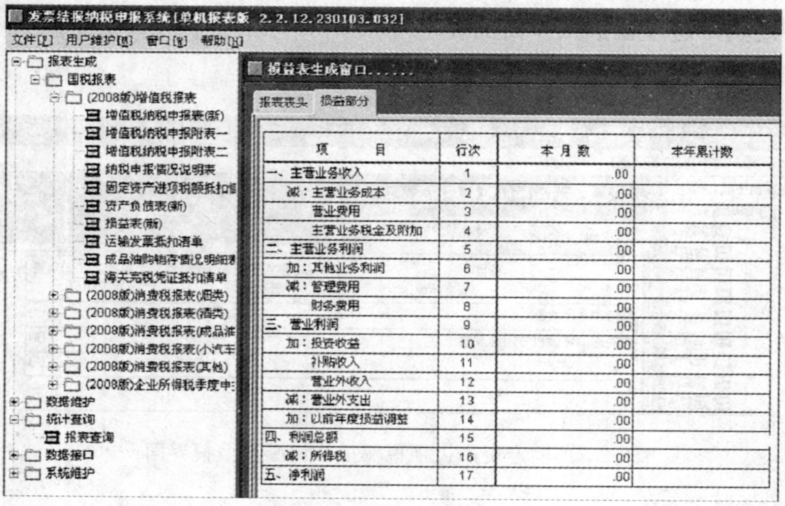

图 2.9 损益表填报界面

填写步骤如下：

本表只需按照财务每月的损益表填列即可，注意本表与财务中的损益表的顺序不一定一致，其中的“主营业务利润”、“营业利润”、“利润总额”、“净利润”需按本表所列顺序计算取得，填写完毕，核对好“净利润金额”，确认无误后，单击“保存”按钮即可。

8. 进行纳税申报

以上报表填写完毕后，开始进行申报，申报界面如图 2.10 所示。

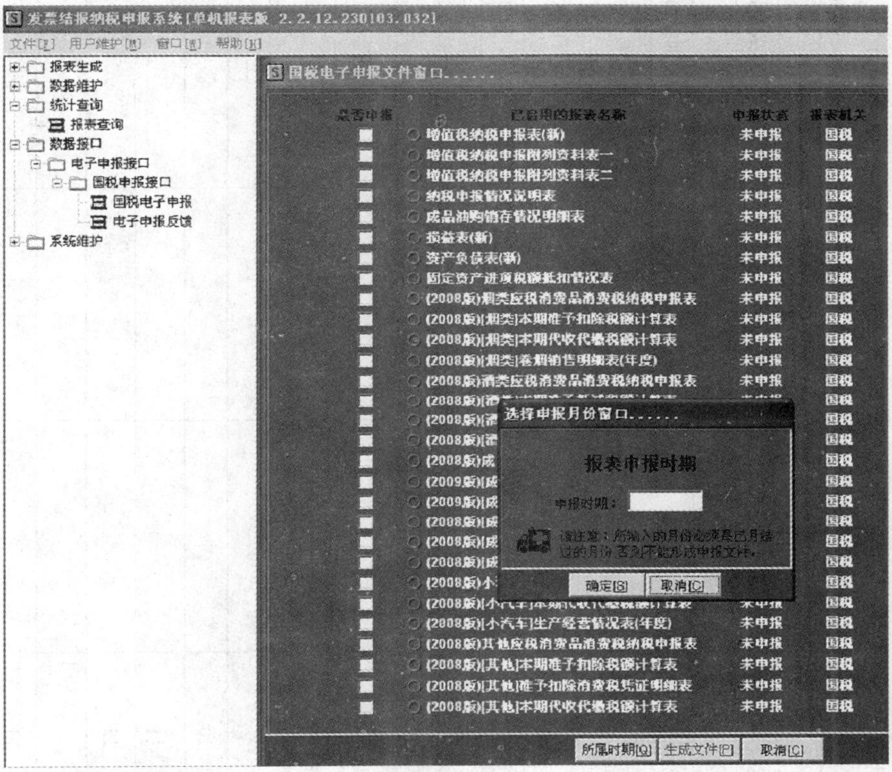

图 2.10　纳税申报界面

选择上表中左方“数据接口”|“电子申报接口”|“国税电子申报”选项，然后单击“确定”|“生成文件”按钮，再选择存储位置即可。此位置一定要记清楚，下一步网上申报时需要把此文件进行上传。

9. 网上申报

(1)方式一：把生成的文件存储在 U 盘上，到税务局申报大厅报税。

(2)方式二：用税务局给的专门用于申报的类似 U 盘形状的卡，此卡只能报税，不能存储文件。把卡插入计算机插口，自动出现申报界面，输入用户名和密码，申报文件按提示一步一步操作，直到划款成功，整个报税过程全部结束。

每月除向主管税务机关报送上述报表的电子数据外，还需报送纸质的《增值税纳税申报表(适用于一般纳税人)》(主表及附表)。增值税纳税申报表(主表及附表)格式见表 2.6、表 2.7 和表 2.8)

表 2.6　增值税纳税申报表

（适用于增值税一般纳税人）

根据《中华人民共和国增值税暂行条例》第二十二条和第二十三条的规定制定本表。纳税人不论有无销售额，均应按主管税务机关核定的纳税期限按期填报本表，并于次月1日起15日内，向当地税务机关申报。

税款所属时间：自　　年　月　日至　　年　月　日　　填表日期：　　年　月　日　　金额单位：元（列至角分）

纳税人识别号						所属行业	
纳税人名称	（公章）	法定代表人姓名		注册地址		营业地址	
开户银行及账号			企业登记注册类型		电话号码		

项目		栏次	一般货物及劳务		即征即退货物及劳务	
			本月数	本年累计	本月数	本年累计
销售额	（一）按适用税率征税货物及劳务销售额	1				
	其中：应税货物销售额	2				
	应税劳务销售额	3				
	纳税检查调整的销售额	4				
	（二）按简易征收办法征税货物销售额	5				
	其中：纳税检查调整的销售额	6				
	（三）免、抵、退办法出口货物销售额	7			—	—
	（四）免税货物及劳务销售额	8			—	—
	其中：免税货物销售额	9			—	—
	免税劳务销售额	10			—	—
税款计算	销项税额	11				
	进项税额	12				
	上期留抵税额	13		—		—
	进项税额转出	14				
	免抵退货物应退税额	15			—	—
	按适用税率计算的纳税检查应补缴税额	16			—	—

续表

项目		栏次	一般货物及劳务		即征即退货物及劳务	
			本月数	本年累计	本月数	本年累计
税款计算	应抵扣税额合计	17=12+13−14−15+16		—		—
	实际抵扣税额	18（如17<11，则为17，否则为11）				
	应纳税额	19=11−18				
	期末留抵税额	20=17−18		—		—
	简易征收办法计算的应纳税额	21				
	按简易征收办法计算的纳税检查应补缴税额	22			—	—
	应纳税额减征额	23				
	应纳税额合计	24=19+21−23				
税款缴纳	期初未缴税额（多缴为负数）	25				
	实收出口开具专用缴款书退税额	26			—	—
	本期已缴税额	27=28+29+30+31				
	（1）分次预缴税额	28		—		—
	（2）出口开具专用缴款书预缴税额	29		—	—	—
	（3）本期交纳上期应纳税额	30				
	（4）本期缴纳欠缴税额	31				
	期末未缴税额（多缴为负数）	32=24+25+26−27				
	其中：欠缴税额（≥0）	33=25+26−27		—		—
	本期应补（退）税额	34=24−28−29		—		—
	即征即退实际退税额	35	—	—		
	期初未缴查补税额	36			—	—
	本期入库查补税额	37			—	—
	期末未缴查补税额	38=16+22+36−37			—	—

续表

授权声明	如果你已委托代理人申报，请填写以下资料： 为代理一切税务事宜，现授权 （地址） 为本纳税人的代理申报人，任何与本申报表有关的往来文件，都可寄予此人。 授权人签字：	申报人声明	此纳税申报表是根据《中华人民共和国增值税暂行条例》的规定填报的，我相信它是真实的、可靠的、完整的。 声明人签字：

表 2.7　增值税纳税申报表附列资料（表一）

（本期销售情况明细）

税款所属时间：　年　月

纳税人名称（公章）：　　填表日期：　年　月　日　　金额单位：元（列至角分）

一、按适用税率征收增值税货物及劳务的销售额和销项税额明细

项目	栏次	应税货物						应税劳务			小计		
		17%税率			13%税率								
		份数	销售额	销项税额	份数	销售额	销项税额	份数	销售额	销项税额	份数	销售额	销项税额
防伪税控系统开具的增值税专用发票	1												
非防伪税控系统开具的增值税专用发票	2												
开具普通发票	3												
未开具发票	4	—			—			—			—		
小计	5=1+2+3+4	—			—			—			—		
纳税检查调整	6	—			—			—			—		
合计	7=5+6	—			—			—			—		

续表

二、简易征收办法征收增值税货物的销售额和应纳税额明细

项　目	栏　次	6%征收率			4%征收率			小　计		
		份数	销售额	应纳税额	份数	销售额	应纳税额	份数	销售额	应纳税额
防伪税控系统开具的增值税专用发票	8									
非防伪税控系统开具的增值税专用发票	9									
开具普通发票	10									
未开具发票	11	—			—			—		
小　计	12=8+9+10+11	—			—			—		
纳税检查调整	13	—			—			—		
合　计	14=12+13	—			—			—		

三、免征增值税货物及劳务销售额明细

项　目	栏　次	免税货物			免税劳务			小　计		
		份数	销售额	税　额	份数	销售额	税　额	份数	销售额	税　额
防伪税控系统开具的增值税专用发票	15				—	—	—			
开具普通发票	16			—			—			—
未开具发票	17	—		—	—		—	—		—
合　计	18=15+16+17	—			—		—	—		

表 2.8　增值税纳税申报表附列资料(表二)

(本期进项税额明细)

税款所属时间：　　年　　月

纳税人名称(公章)：　　　填表日期：　　年　　月　　日　　　金额单位:元(列至角分)

项　　目	栏次	份数	金额	税额
一、申报抵扣的进项税额				
项　　目	栏次	份数	金额	税额
(一)认证相符的防伪税控增值税专用发票	1			
其中:本期认证相符且本期申报抵扣	2			
前期认证相符且本期申报抵扣	3			
(二)非防伪税控增值税专用发票及其他扣税凭证	4			
其中:海关完税凭证	5			
农产品收购凭证及普通发票	6			
废旧物资发票	7			
运输发票	8			
6%征收率	9			
4%征收率	10			
(三)期初已征税款	11	—	—	
当期申报抵扣进项税额合计	12			
二、进项税额转出额				
项　　目	栏次	税额		
本期进项税转出额	13			
其中:免税货物用	14			
非应税项目用	15			
非正常损失	16			
按简易征收办法征税货物用	17			
免抵退税办法出口货物不得抵扣进项税额	18			
纳税检查调减进项税额	19			
未经认证已抵扣的进项税额	20			
红字专用发票通知单注明的进项税额	21			
三、待抵扣进项税额				
项　　目	栏次	份数	金额	税额
(一)认证相符的防伪税控增值税专用发票	22	—	—	—
期初已认证相符但未申报抵扣	23			
本期认证相符且本期未申报抵扣	24			
期末已认证相符但未申报抵扣	25			
其中:按照税法规定不允许抵扣	26			
(二)非防伪税控增值税专用发票及其他扣税凭证	27			
其中:17%税率	28			

续表

三、待抵扣进项税额				
项　　目	栏次	份数	金额	税额
13%税率或扣除率	29			
10%扣除率	30			
7%扣除率	31			
6%征收率	32			
4%征收率	33			
	34			
四、其他				
项　　目	栏次	份数	金额	税额
本期认证相符的全部防伪税控增值税专用发票	35			
期初已征税款挂账额	36	—	—	
期初已征税款余额	37	—	—	
代扣代缴税额	38	—	—	

注：第1栏＝第2栏＋第3栏＝第23栏＋第35栏－第25栏；第2栏＝第35栏－第24栏；第3栏＝第23栏＋第24栏－第25栏；第4栏等于第5栏至第10栏之和；第12栏＝第1栏＋第4栏＋第11栏；第13栏等于第14栏至第21栏之和；第27栏等于第28栏至第34栏之和。

10. 申报期限

纳税人应按月进行纳税申报，申报期为次月1日起至15日止，遇最后一日为法定节假日的，顺延1日；在每月1日起至15日内有连续3日以上法定休假日的，按休假日天数顺延。

2.5　增值税纳税申报表填报说明

2.5.1　一般纳税人纳税申报表填报说明

表2.6适用于增值税一般纳税人填报。增值税一般纳税人销售按简易办法缴纳增值税的货物，也适用本表。

(1)本表“税款所属时间”是指纳税人申报的增值税应纳税额的所属时间，应填写具体的起止年、月、日。

(2)本表“填表日期”指纳税人填写本表的具体日期。

(3)本表“纳税人识别号”栏，填写税务机关为纳税人确定的识别号，即税务登记证号码。

(4)本表“所属行业”栏，按照国民经济行业分类与代码中的最细项(小类)进行填写(国民经济行业分类与代码略)，仅填写行业代码。

(5)本表“纳税人名称”栏，填写纳税人单位名称全称，不得填写简称。

(6)本表“法定代表人姓名”栏，填写纳税人法人代表的姓名。

(7)本表“注册地址”栏，填写纳税人税务登记证所注明的详细地址。

(8)本表“营业地址”栏，填写纳税人营业地的详细地址。

(9)本表“开户银行及账号”栏，填写纳税人开户银行的名称和纳税人在该银行的结算账户号码。

(10)本表“企业登记注册类型”栏，按税务登记证填写。

(11)本表“电话号码”栏，填写纳税人注册地和经营地的电话号码。

(12)表中“一般货物及劳务”是指享受即征即退的货物及劳务以外的其他货物及劳务。

(13)表中“即征即退货物及劳务”是指纳税人按照税法规定享受即征即退税收优惠政策的货物及劳务。

(14)本表第1项“(一)按适用税率征税货物及劳务销售额”栏数据，填写纳税人本期按适用税率缴纳增值税的应税货物和应税劳务的销售额(销货退回的销售额用负数表示)。包括在财务上不作销售但按税法规定应缴纳增值税的视同销售货物和价外费用销售额，外贸企业作价销售进料加工复出口的货物，税务、财政、审计部门检查按适用税率计算调整的销售额。“一般货物及劳务”的“本月数”栏数据与“即征即退货物及劳务”的“本月数”栏数据之和，应等于《附列表一》第7栏的“小计”中的“销售额”数。“本年累计”栏数据，应为年度内各月数之和。

(15)本表第2项“应税货物销售额”栏数据，填写纳税人本期按适用税率缴纳增值税的应税货物的销售额(销货退回的销售额用负数表示)。包括在财务上不作销售但按税法规定应缴纳增值税的视同销售货物和价外费用销售额，以及外贸企业作价销售进料加工复出口的货物。“一般货物及劳务”的“本月数”栏数据与“即征即退货物及劳务”的“本月数”栏数据之和，应等于《附列表一》第5栏的“应税货物”中17%税率“销售额”与13%税率“销售额”的合计数。“本年累计”栏数据，应为年度内各月数之和。

(16)本表第3项“应税劳务销售额”栏数据，填写纳税人本期按适用税率缴纳增值税的应税劳务的销售额。“一般货物及劳务”的“本月数”栏数据与“即征即退货物及劳务”的“本月数”栏数据之和，应等于《附列表一》第5栏的“应税劳务”中的“销售额”数。“本年累计”栏数据，应为年度内各月数之和。

(17)本表第4项“纳税检查调整的销售额”栏数据，填写纳税人本期因税务、财政、审计部门检查并按适用税率计算调整的应税货物和应税劳务的销售额。但享受即征即退税收优惠政策的货物及劳务经税务稽查发现偷税的，不得填入“即征即退货物及劳务”部分，而应将本部分销售额在“一般货物及劳务”栏中反映。“一般货物及劳务”的“本月数”栏数据与“即征即退货物及劳务”的“本月数”栏数据之和，应等于《附列表一》第6栏的“小计”中的“销售额”数。“本年累计”栏数据，应为年度内各月数之和。

(18)本表第5项“按简易征收办法征税货物销售额”栏数据，填写纳税人本期按简易征收办法征收增值税货物的销售额(销货退回的销售额用负数表示)。包括税务、财政、审计部门检查并按简易征收办法计算调整的销售额。“一般货物及劳务”的“本月数”栏数据与“即征即退货物及劳务”的“本月数”栏数据之和，应等于《附列表一》第14栏的“小计”中的“销售额”数。“本年累计”栏数据，应为年度内各月数之和。

(19)本表第6项“纳税检查调整的销售额”栏数据，填写纳税人本期因税务、财政、审计部门检查并按简易征收办法计算调整的销售额。但享受即征即退税收优惠政策的货物及劳务经税务稽查发现偷税的，不得填入“即征即退货物及劳务”部分，而应将本部分销售额在“一般货物及劳务”栏中反映。“一般货物及劳务”的“本月数”栏数据与“即征即退货物及劳务”的“本月数”栏数据之和，应等于《附列表一》第13栏的“小计”中的“销售额”数。“本年累计”栏数据，应为年度内各月数之和。

(20)本表第7项“免、抵、退办法出口货物销售额”栏数据，填写纳税人本期执行免、抵、退办法出口货物的销售额（销货退回的销售额用负数表示）。“本年累计”栏数据，应为年度内各月数之和。

（21）本表第8项“免税货物及劳务销售额”栏数据，填写纳税人本期按照税法规定直接免征增值税的货物及劳务的销售额及适用零税率的货物及劳务的销售额（销货退回的销售额用负数表示），但不包括适用免、抵、退办法出口货物的销售额。“一般货物及劳务”的“本月数”栏数据，应等于《附列表一》第18栏的“小计”中的“销售额”数。“本年累计”栏数据，应为年度内各月数之和。

（22）本表第9项“免税货物销售额”栏数据，填写纳税人本期按照税法规定直接免征增值税货物的销售额及适用零税率货物的销售额（销货退回的销售额用负数表示），但不包括适用免、抵、退办法出口货物的销售额。“一般货物及劳务” 的“本月数”栏数据，应等于《附列表一》第18栏的“免税货物”中的“销售额”数。“本年累计”栏数据，应为年度内各月数之和。

（23）本表第10项“免税劳务销售额”栏数据，填写纳税人本期按照税法规定直接免征增值税劳务的销售额及适用零税率劳务的销售额（销货退回的销售额用负数表示）。“一般货物及劳务”的“本月数”栏数据，应等于《附列表一》第18栏的“免税劳务”中的“销售额”数。“本年累计”栏数据，应为年度内各月数之和。

（24）本表第11项“销项税额”栏数据，填写纳税人本期按适用税率计征的销项税额。该数据应与“应交税金——应交增值税”明细科目贷方“销项税额”专栏本期发生数一致。“一般货物及劳务”的“本月数”栏数据与“即征即退货物及劳务”的“本月数”栏数据之和，应等于《附列表一》第7栏的“小计”中的“销项税额”数。“本年累计”栏数据，应为年度内各月数之和。

（25）本表第12项“进项税额”栏数据，填写纳税人本期申报抵扣的进项税额。该数据应与“应交税金——应交增值税”明细科目借方“进项税额”专栏本期发生数一致。“一般货物及劳务”的“本月数”栏数据与“即征即退货物及劳务”的“本月数”栏数据之和，应等于《附列表二》第12栏中的“税额”数。“本年累计”栏数据，应为年度内各月数之和。

（26）本表第13项“上期留抵税额”栏数据，为纳税人前一申报期的“期末留抵税额”数，该数据应与“应交税金——应交增值税”明细科目借方月初余额一致。

（27）本表第14项“进项税额转出”栏数据，填写纳税人已经抵扣但按税法规定应作进项税转出的进项税额总数，但不包括销售折扣、折让，进货退出等应负数冲减当期进项税额的数额。该数据应与“应交税金——应交增值税”明细科目贷方“进项税额转出”专栏本期发生数一致。“一般货物及劳务”的“本月数”栏数据与“即征即退货物及劳务”的“本月数”栏数据之和，应等于《附列表二》第13栏中的“税额”数。“本年累计”栏数据，应为年度内各月数之和。

（28）本表第15项“免、抵、退货物应退税额”栏数据，填写退税机关按照出口货物免、抵、退办法审批的应退税额。“本年累计”栏数据，应为年度内各月数之和。

（29）本表第16项“按适用税率计算的纳税检查应补缴税额”栏数据，填写纳税人本期因税务、财政、审计部门检查按适用税率计算的纳税检查应补缴税额。“本年累计”栏数据，应为年度内各月数之和。

（30）本表第17项“应抵扣税额合计”栏数据，填写纳税人本期应抵扣进项税额的合计数。

（31）本表第18项“实际抵扣税额”栏数据，填写纳税人本期实际抵扣的进项税额。“本年累计”栏数据，应为年度内各月数之和。

（32）本表第19项按适用税率计算的“应纳税额”栏数据，填写纳税人本期按适用税率计算并应缴纳的增值税额。“本年累计”栏数据，应为年度内各月数之和。

(33)本表第20项“期末留抵税额”栏数据，为纳税人在本期销项税额中尚未抵扣完，留待下期继续抵扣的进项税额。该数据应与“应交税金——应交增值税”明细科目借方月末余额一致。

(34)本表第21项“按简易征收办法计算的应纳税额”栏数据，填写纳税人本期按简易征收办法计算并应缴纳的增值税额，但不包括按简易征收办法计算的纳税检查应补缴税额。“一般货物及劳务”的“本月数”栏数据与“即征即退货物及劳务”的“本月数”栏数据之和，应等于《附列表一》第12栏的“小计”中的“应纳税 额”数。“本年累计”栏数据，应为年度内各月数之和。

(35)本表第22项“按简易征收办法计算的纳税检查应补缴税额”栏数据，填写纳税人本期因税务、财政、审计部门检查并按简易征收办法计算的纳税检查应补缴税额。“一般货物及劳务”的“本月数”栏数据与“即征即退货物及劳务”的“本月数”栏数据之和，应等于《附列表一》第13栏的“小计”中的“应纳税额”数。“本年累计”栏数据，应为年度内各月数之和。

(36)本表第23项“应纳税额减征额”栏数据，填写纳税人本期按照税法规定减征的增值税应纳税额。“本年累计”栏数据，应为年度内各月数之和。

(37)本表第24项“应纳税额合计”栏数据，填写纳税人本期应缴增值税的合计数。“本年累计”栏数据，应为年度内各月数之和。

(38)本表第25项“期初未缴税额(多缴为负数)”栏数据，为纳税人前一申报期的“期末未缴税额(多缴为负数)”。

(39)本表第26项“实收出口开具专用缴款书退税额”栏数据，填写纳税人本期实际收到税务机关退回的，因开具出口货物税收专用缴款书而多缴的增值税款。该数据应根据“应交税金——未交增值税”明细科目贷方本期发生额中“收到税务机关退回的多缴增值税款”数据填列。“本年累计”栏数据，为年度内各月数之和。

(40)本表第27项“本期已缴税额”栏数据，是指纳税人本期实际缴纳的增值税额，但不包括本期入库的查补税款。“本年累计”栏数据，为年度内各月数之和。

(41)本表第28项“①分次预缴税额”栏数据，填写纳税人本期分次预缴的增值税额。

(42)本表第29项“②出口开具专用缴款书预缴税额”栏数据，填写纳税人本期销售出口货物而开具专用缴款书向主管税务机关预缴的增值税额。

(43)本表第30项“③本期缴纳上期应纳税额”栏数据，填写纳税人本期上缴上期应缴未缴的增值税款，包括缴纳上期按简易征收办法计提的应缴未缴的增值税额。“本年累计”栏数据，为年度内各月数之和。

(44)本表第31项“④本期缴纳欠缴税额”栏数据，填写纳税人本期实际缴纳的增值税欠税额，但不包括缴纳入库的查补增值税额。“本年累计”栏数据，为年度内各月数之和。

(45)本表第32项“期末未缴税额(多缴为负数)”栏数据，为纳税人本期期末应缴未缴的增值税额，但不包括纳税检查应缴未缴的税额。“本年累计”栏与“本月数”栏数据相同。

(46)本表第33项“欠缴税额(≥0)”栏数据，为纳税人按照税法规定已形成欠税的数额。

(47)本表第34项“本期应补(退)税额”栏数据，为纳税人本期应纳税额中应补缴或应退回的数额。

(48)本表第35项“即征即退实际退税额”栏数据，填写纳税人本期因符合增值税即征即退优惠政策规定，而实际收到的税务机关返还的增值税额。“本年累计”栏数据，为年度内各月数之和。

(49)本表第36项"期初未缴查补税额"栏数据，为纳税人前一申报期的"期末未缴查补税额"。该数据与本表第25项"期初未缴税额(多缴为负数)"栏数据之和，应与"应交税金——未交增值税"明细科目期初余额一致。"本年累计"栏数据应填写纳税人上年度末的"期末未缴查补税额"数。

(50)本表第37项"本期入库查补税额"栏数据，填写纳税人本期因税务、财政、审计部门检查而实际入库的增值税款，包括：

①按适用税率计算并实际缴纳的查补增值税款。

②按简易征收办法计算并实际缴纳的查补增值税款。"本年累计"栏数据，为年度内各月数之和。

(51)本表第38项"期末未缴查补税额"栏数据，为纳税人纳税检查本期期末应缴未缴的增值税额。该数据与本表第32项"期末未缴税额(多缴为负数)"栏数据之和，应与"应交税金——未交增值税"明细科目期初余额一致。"本年累计"栏与"本月数"栏数据相同。

2.5.2　增值税纳税申报表附列资料(表2.7)填表说明

(1)本表"税款所属时间"是指纳税人申报的增值税应纳税额的所属时间，应填写具体的起止年、月。

(2)本表"填表日期"指纳税人填写本表的具体日期。

(3)本表"纳税人名称"栏，应加盖纳税人单位公章。

(4)本表"一、按适用税率征收增值税货物及劳务的销售额和销项税额明细"和"二、简易征收办法征收增值税货物的销售额和应纳税额明细"部分中"防伪税控系统开具的增值税专用发票"、"非防伪税控系统开具的增值税专用发票"、"开具普通发票"、"未开具发票"各栏数据均应包括销货退回或折让、视同销售货物、价外费用的销售额和销项税额，但不包括免税货物及劳务的销售额，适用零税率货物及劳务的销售额和出口执行免、抵、退办法的销售额以及税务、财政、审计部门检查并调整的销售额、销项税额或应纳税额。

(5)本表"一、按适用税率征收增值税货物及劳务的销售额和销项税额明细"和"二、简易征收办法征收增值税货物的销售额和应纳税额明细"部分中"纳税检查调整"栏数据应填写纳税人本期因税务、财政、审计部门检查计算调整的应税货物、应税劳务的销售额、销项税额或应纳税额。

(6)本表"三、免征增值税货物及劳务销售额明细"部分中"防伪税控系统开具的增值税专用发票"栏数据，填写本期因销售免税货物而使用防伪税控系统开具的增值税专用发票的份数、销售额和税额，包括国有粮食收储企业销售的免税粮食、政府储备食用植物油等。

2.5.3　增值税纳税申报表附列资料(表2.8)填表说明

(1)第1～3、22～26、35栏均包含机动车销售统一发票和税务机关代开的增值税专用发票数据。

(2)第3栏"前期认证相符且本期申报抵扣"。与第23栏"期初已认证相符但未申报抵扣"加第24栏"本期已认证相符且本期未申报抵扣"减第25栏"期末已认证相符但未申报抵扣"后数据相等。

(3)辅导期纳税人第5栏填写本月税务机关告知的稽核比对结果通知书及其明细清单注

明的稽核相符海关进口增值税专用缴款书、核查结果中允许抵扣的海关进口增值税专用缴款书的份数、金额、税额。

(4)辅导期纳税人第8栏填写税务机关告知的稽核比对结果通知书及其明细清单注明的稽核相符运输费用结算单据、核查结果中允许抵扣的运输费用结算单据的份数、金额、税额。

(5)自2012年5月1日起,第7栏“废旧物资发票”不再填写。

(6)第9栏“6%征收率”及第10栏“4%征收率”不再填写。

(7)第11栏“税额”栏填写税务机关出口退税部门开具的外贸企业出口视同内销征税货物进项税额抵扣证明允许抵扣的进项税额。

(8)第15栏填写用于非增值税应税项目、集体福利或者个人消费的购进货物或者应税劳务转出的进项税额。

(9)第21栏填写纳税人按照主管税务机关开具的开具红字增值税专用发票通知单中“需要做进项税额转出”的税额。

(10)第23栏填写前期认证相符、但按照税法规定暂不予抵扣、结存至本期的防伪税控增值税专用发票和机动车销售统一发票,辅导期纳税人认证相符但未收到稽核比对结果的防伪税控增值税专用发票和机动车销售统一发票月初余额数。该项应与上期“期末已认证相符但未申报抵扣”栏数据相等。

(11)第24栏填写为截至本期期末、按照税法规定仍暂不予抵扣及按照税法规定不允许抵扣且已认证相符的防伪税控增值税专用发票和机动车销售统一发票情况;辅导期纳税人填写已认证相符但未收到稽核比对结果的防伪税控增值税专用发票和机动车销售统一发票月末余额数。

(12)第26栏“其中:按照税法规定不允许抵扣”,填写期末已认证相符但未申报抵扣的防伪税控增值税专用发票和机动车销售统一发票,按照税法规定不允许抵扣,而只能作为出口退税凭证或应列入成本、资产等项目的防伪税控增值税专用发票和机动车销售统一发票。包括外贸出口企业用于出口而采购货物的防伪税控增值税专用发票。

(13)辅导期纳税人第28栏填写本月未收到稽核比对结果的海关进口增值税专用缴款书。

(14)自2012年5月1日起,第30栏“废旧物资发票”不再填写。

(15)辅导期纳税人第31栏填写本月未收到稽核比对结果的运输费用结算单据数据。

(16)第32栏“6%征收率”及第33栏“4%征收率”不再填写。

(17)第38栏“代扣代缴税额”项指标的填写依据为《中华人民共和国增值税暂行条例》第十八条。

(18)增值税纳税申报表附列资料(表2.8)所称的“本期进项税额明细”均包括固定资产进项税额。

2.5.4　增值税小规模纳税人申报表及填报说明

1. 增值税小规模纳税人申报表(表 2.9)

表 2.9　增值税纳税申报表(适用小规模纳税人)

纳税人识别号：

纳税人名称(公章)：　　　　　　　　　　　　金额单位:元(列至角分)

税款所属期：　　年　　月　　日至　　年　　月　　日　　　　填表日期：　　年　　月　　日

	项　目	栏次	本月数	本年累计
一、计税依据	(一)应征增值税货物及劳务不含税销售额	1		
	其中:税务机关代开的增值税专用发票不含税销售额	2		
	税控器具开具的普通发票不含税销售额	3		
	(二)销售使用过的应税固定资产不含税销售额	4		
	其中:税控器具开具的普通发票不含税销售额	5		
	(三)免税货物及劳务销售额	6		
	其中:税控器具开具的普通发票销售额	7		
	(四)出口免税货物销售额	8		
	其中:税控器具开具的普通发票销售额	9		
	直接出口货物免税销售额	10		
二、税款计算	本期应纳税额	11		
	本期应纳税额减征额	12		
	应纳税额合计	13=11-12		
	本期预缴税额	14		—
	本期应补(退)税额	15=13-14		—
纳税人或代理人声明：此纳税申报表是根据国家税收法律的规定填报的,我确定它是真实的、可靠的、完整的。	如纳税人填报,由纳税人填写以下各栏： 办税人员(签章)：　　财务负责人(签章)： 法定代表人(签章)：　　联系电话：			
	如委托代理人填报,由代理人填写以下各栏： 代理人名称：　　经办人(签章)： 代理人(公章)：　　联系电话：			

受理人：　　　　受理日期：　　年　　月　　日　　　　受理税务机关(签章)：

注:本表为 A3 竖式一式三份,一份纳税人留存,一份主管税务机关留存,一份征收部门留存。

2. 填表要求

(1)《申报表(适用小规模纳税人)》的“本月数”调整为“本期数”。《小规模纳税人申报表》说明中涉及“本月数”的均改为“本期数”。

(2)《申报表(适用小规模纳税人)》第 4、5 栏不再填写,其对应的填表说明一并取消。

2.6 增值税会计核算

2.6.1 “应交增值税”明细科目

现行税制实施以后，“应交增值税”明细科目的借、贷方增加了很多经济内容，借方既要反映进项税额，又要反映预缴的税金；贷方既要反映销项税额，又要反映出口退税、进项税额转出等情况。“应交增值税”明细科目增加核算内容后，如果仍沿用三栏式账户，很难完整反映企业增值税的抵扣、缴纳、退税等情况。因此，在账户设置上采用了多栏式账户的方式，在“应交税费——应交增值税”账户中的借方和贷方各设了若干个专栏加以反映。

(1)“进项税额”专栏，记录企业购入货物或接受应税劳务而支付的、准予从销项税额中抵扣的增值税额。企业购入货物或接受应税劳务支付的进项税额，用蓝字登记；退回所购货物应冲销的进项税额，用红字登记。

(2)“已交税金”专栏，核算企业当月缴纳本月增值税额。

(3)“减免税款”专栏，反映企业按规定减免的增值税款。企业按规定直接减免的增值税额借记本科目，贷记“营业外收入”科目。

(4)“出口抵减内销产品应纳税额”专栏，反映出口企业销售出口货物后，向税务机关办理免、抵、退税申报，按规定计算的应免抵税额，借记本科目，贷记“应交税费——应交增值税(出口退税)”科目。应免抵税额的计算确定有两种方法：

①在取得国税机关《生产企业出口货物免抵退税审批通知单》后进行免抵和退税的会计处理，即按批准数进行会计处理。按《生产企业出口货物免抵退税审批通知单》批准的免抵税额，借记本科目，贷记“应交税费——应交增值税(出口退税)”科目。

②出口企业进行退税申报时，按退税申报数进行会计处理。根据当期《生产企业出口货物“免、抵、退”税汇总申报表》的免抵税额借记本科目，贷记“应交税费——应交增值税(出口退税)”科目。

(5)“转出未交增值税”专栏，核算企业月终转出应缴未缴的增值税。月末企业“应交税费——应交增值税”明细账出现贷方余额时，根据余额借记本科目，贷记“应交税费——未交增值税”科目。

(6)“销项税额”专栏，记录企业销售货物或提供应税劳务应收取的增值税额。企业销售货物或提供应税劳务应收取的销项税额，用蓝字登记；退回销售货物应冲销的销项税额，用红字登记。现行出口退税政策规定，实行“免、抵、退”税的生产企业，出口货物销售收入不计征销项税额，对经审核确认不予退税的货物，应按规定征税率计征销项税额。

(7)“出口退税”专栏，记录企业出口适用零税率的货物，向海关办理报关出口手续后，凭出口报关单等有关凭证，向税务机关申报办理出口退税而收到退回的税款。出口货物退回的增值税额，用蓝字登记；出口货物办理退税后发生退货或者退关而补缴已退的税款，用红字登记。出口企业当期按规定应退税额、应免抵税额后，借记“其他应收款——应收出口退税款——增值税”科目、“应交税费——应交增值税(出口抵减内销产品应纳税)”科目，贷记本科目。

(8)“进项税额转出”专栏，记录企业的购进货物，在产品、产成品等发生非正常损失以及其他原因而不应从销项税额中抵扣，按规定转出的进项税额。按税法规定，对出口货物不得抵扣税额的部分，应在借记“主营业务成本”科目的同时，贷记本科目。企业在核算出口货物免税收入的同时，对出口货物免税收入按征退税率之差计算出的“不得抵扣税额”，借记“主营业务成本”科目，贷记本科目，当月“不得抵扣税额”累计发生额应与本月免税申报的《生产企业出口货物免税明细申报表》中“不得抵扣税额”合计数一致。出口企业收到主管税务机关出具的《生产企业进料加工贸易免税证明》和《生产企业进料加工贸易免税核销证明》后，按证明上注明的“不得抵扣税额抵减额”用红字贷记本科目，同时以红字借记“主营业务成本”科目。生产企业发生国外运费、保险、佣金费用支付时，按出口货物征退税率之差分摊计算，并冲减“不得抵扣税额”，用红字贷记本科目，同时以红字借记“主营业务成本”科目。

(9)“转出多交增值税”专栏，核算一般纳税人月终转出多缴的增值税。月末企业“应交税费——应交增值税”明细账出现借方余额时，根据余额借记“应交税费——未交增值税”科目，贷记本科目。对按批准数进行会计处理的，本科目月末转出数为当期期末留抵税额；对按退税申报数进行会计处理的，本科目月末转出数为计算“免、抵、退”税公式计算的“结转下期继续抵扣的进项税额”。

“销项税额”、“出口退税”、“进项税额转出”、“转出多交增值税”四个专栏在“应交增值税”明细账的贷方。

需要说明的是，增值税小规模纳税人，其销售收入的核算与一般纳税人相同，也是不含增值税应税销售额，其应纳增值税额，也要通过“应交税费——应交增值税”明细科目核算，只是由于小规模纳税人不得抵扣进项税额，不需在“应交税费——应交增值税”科目的借、贷方设置若干专栏。小规模纳税人“应交税费——应交增值税”科目的借方发生额，反映已缴的增值税额，贷方发生额反映应缴增值税额；期末借方余额，反映多缴的增值税额；期末贷方余额，反映尚未缴纳的增值税额。

2.6.2 “未交增值税”明细科目

为了分别反映企业欠缴增值税税款和待抵扣增值税情况，企业应在“应交税费”科目下设置“未交增值税”明细科目，核算一般纳税人月终时转入的应缴未缴增值税额(包括一般纳税人按征收率计算出的应纳税款)，转入多缴的增值税也在本明细科目核算。

月份终了，企业应将当月发生的应缴增值税额自“应交税费——应交增值税”科目转入“未交增值税”明细科目。会计分录为

借:应交税费——应交增值税(转出未交增值税)

　　贷:应交税费——未交增值税

月份终了，企业将本月多缴的增值税自“应交税费——应交增值税”科目转入“未交增值税”明细科目。会计分录为

借:应交税费——未交增值税

　　贷:应交税费——应交增值税(转出多交增值税)

企业当月上缴上月应缴未缴的增值税时，借记“应交税费——未交增值税”科目，贷记“银行存款”科目。

月末，本科目的借方余额反映的是企业期末留抵税额和专用税票预缴等多缴的增值税款，贷方余额反映的是期末结转下期应缴的增值税。

2.6.3 “增值税检查调整”专门账户

根据国家税务总局《增值税日常稽查办法》的规定，增值税一般纳税人在税务机关对其增值税纳税情况进行检查后，凡涉及增值税涉税账务调整的，应设立“应交税费——增值税检查调整”专门账户。凡检查后应调减账面进项税额或调增销项税额和进项税额转出的数额，借记有关科目，贷记本科目；凡检查后应调增账面进项税额或调减销项税额和进项税额转出的数额，借记本科目，贷记有关科目；全部调账事项入账后，应结出本账户的余额，并对该余额进行

处理。处理之后，本账户无余额。

2.6.4 出口退税会计处理

生产企业实行“免、抵、退”税后，退税的前提必须是当期期末有留抵税额，而当期期末留抵税额在月末须从“应交税费——应交增值税(转出多交增值税)”明细科目转入本科目，退税实际上是退的本科目借方余额中的一部分。在出口退税的处理上，计算应退税时借记“应收补贴款”科目，贷记“应交税费——应交增值税(出口退税)”科目，收到退税时借记“银行存款”科目，贷记“应收补贴款”科目。

为了加强管理，及时追缴欠税，解决增值税一般纳税人既欠缴增值税，又有增值税留抵税额的问题，国税发[2004]112 号文件将纳税人用进项留抵税额抵减增值税欠税的有关问题作了进一步明确：

(1)对纳税人因销项税额小于进项税额而产生期末留抵税额的，应以期末留抵税额抵减增值税欠税。

(2)纳税人用进项留抵税额抵减增值税欠税时，按以下方法进行会计处理：

①增值税欠税税额大于期末留抵税额，按期末留抵税额红字借记“应交税费——应交增值税(进项税额)”科目，贷记“应交税费——未交增值税”科目。

②若增值税欠税税额小于期末留抵税额，按增值税欠税税额红字借记“应交税费——应交增值税(进项税额)”科目，贷记“应交税费——未交增值税”科目。

如果从会计制度看，上述“免抵退税”的计算原理更加清晰。根据企业会计制度的规定，对于实行“免抵退”方法的生产企业，在会计上应当增设如下增值税专栏：

a.“出口抵减内销产品应纳税额”借方专栏

b.“出口退税”贷方专栏

另外，以“进项税额转出”贷方专栏核算“当期免抵退税不得免征和抵扣税额”，以“其他应收款——应收补贴款”科目核算“当期应退税额”。相关会计处理为

a. 根据“当期免抵退税不得免征和抵扣税额”

借：主营业务成本

　　贷：应交税费——应交增值税(进项税额转出)

b. 根据“当期免抵税额”

借：应交税费——应交增值税(出口抵减内销产品应纳税额)

　　贷：应交税费——应交增值税(出口退税)

c. 根据“当期应退税额”

借：其他应收款——应收补贴款

　　贷：应交税费——应交增值税(出口退税)

根据“当期应退税额”的计算过程可得知，退的是期末未抵扣完的留抵进项税额。由此可见，“出口退税”贷方专栏核算的是“当期免抵税额”与“当期应退税额”之和，即税法中规定的“当期免抵退税额”(即出口销售额×退税率)。

而出口货物实际执行的“超低税率”计算的“销项税额”被计入了“进项税额转出”贷方专栏。如果将该部分数额与“出口退税”贷方专栏数额相加，其实也就是内销情况下，应当交纳的销项税额。所以，“出口退税”贷方专栏反映的并非真正的退税，而是出口货物较内销货物因执行税率的不同而少交的增值税“销项税额”。

模块任务

1. 计算本月应纳增值税税额

龙华股份有限公司为增值税一般纳税人，2012 年 6 月发生以下业务：

业务一：从农业生产者手中收购玉米 40 吨，每吨收购价 3 000 元，共计支付收购价款 120 000元。企业将收购的玉米从收购地直接运往异地的某酒厂生产加工药酒，酒厂在加工过程中代垫辅助材料款 15 000 元。药酒加工完毕，企业收回药酒时取得酒厂开具的增值税专用发票，注明加工费 30 000 元、增值税额 5 100 元，加工的药酒当地无同类产品市场价格。本月内企业将收回的药酒批发售出，取得不含税销售额 260 000 元。另外支付给运输单位的销货运输费用 12 000 元，取得普通发票。

业务二：购进货物取得增值税专用发票，注明金额 450 000 元、增值税额 76 500 元；支付给运输单位的购货运输费用 22 500 元，取得普通发票。本月将已验收入库货物的 80％零售，取得含税销售额 585 000 元，20％用于本企业集体福利。

业务三：购进原材料取得增值税专用发票，注明金额 160 000 元、增值税额 27 200 元，材料验收入库。本月生产加工一批新产品 450 件，每件成本价 380 元（无同类产品市场价格），全部售给子公司，取得不含税销售额 171 000 元。月末盘存发现上月购进的原材料被盗，金额 50 000元（其中含分摊的运输费用 4 650 元）。

业务四：销售使用过的摩托车 3 辆（2008 年 6 月购买），取得含税销售额 20 800 元。

业务五：当月发生逾期押金收入 12 870 元。

请计算上述业务应交纳的增值税和本月应交纳的增值税，完成表 2.10 及有关增值税纳税申报表（见表 2.11 和表 2.12）的填写，假设填报日期为 2012 年 7 月 2 日。

【解析】

(1)计算业务一中应缴纳的增值税：

销项税额＝260 000×17％＝44 200(元)

应抵扣的进项税额＝120 000×13％＋5 100＋12 000×7％＝21 540(元)

应纳增值税税额＝44 200－21 540＝22 660(元)

(2)计算业务二中应缴纳的增值税：

销项税额＝585 000/(1＋17％)×17％＝85 000(元)

应抵扣的进项税额＝(76 500＋22 500×7％)×80％＝62 460(元)

应纳增值税税额＝85 000－62 460＝22 540(元)

(3)计算业务三中应缴纳的增值税：

销项税额＝450×380×(1＋10％)×17％＝31 977(元)

进项税额转出＝(50 000－4 650)×17％＋4 650/(1－7％)×7％＝8 060(元)

应抵扣的进项税额＝27 200－8 060＝19 140(元)

应纳增值税税额＝31 977－19 140＝12 837(元)

(4)计算业务四中应缴纳的增值税：

销售摩托车应纳增值税＝20 800/(1＋4％)×4％×1/2＝400(元)

(5)计算业务五中应缴纳的增值税：

押金收入应纳增值税税额＝12 870/(1＋17％)×17％＝1 870(元)

(6)该企业 6 月份应纳增值税税额为

22 660＋22 540＋12 837＋400＋1 870＝60 307(元)

2. 填写增值税纳税申报表

为方便大家理解，本申报表填报仍以龙华股份有限公司 2012 年 6 月份发生的如上业务为前提，该公司在 2012 年 1～5 月的相关资料如下：2012 年 1～5 月累计出售产品销售收入为 4 889 093.47元，出售旧车收入 17 500 元，销项税额为 831 145.84 元，进项税额为 282 957.72 元，进项税额转出为 8 853.5 元，实际抵扣税额为 314 229.25 元，5 月末应缴增值税为 50 000 元，并于 6 月份已全额缴纳。

在进行 2012 年 6 月份纳税申报时，固定资产进项税额抵扣情况表只需填写当期和累计固定资产相关进项税额，资产负债表和损益表只需按当月实际报表项目一一填列即可。这里重点介绍以下三个申报表：

(1)增值税纳税申报表附列资料(表一)，即本期销售情况明细，填写依据为 2012 年 6 月份抄税表中的数据。

专用发票汇总表中：

正数发票份数：30 份

实际销售金额：948 100(260 000＋585 000/1.17＋188 100)

实际销项税额：161 177(44 200＋85 000＋31 977)

普通发票汇总表中：

正数发票份数：1 份

实际销售金额：20 000(20 800/1.04)

实际销项税额：800

未开票销售金额：11 000(12 870/1.17)

实际销项税额：1 870

(2)填报增值税纳税申报表附列资料(表二)，即本期进项税额明细表，填写依据为 2012 年 6 月份增值税抵扣发票认证结果清单。

发票认证结果清单：

份数 20 份，金额为 760 000(120 000＋30 000＋450 000＋160 000)

税额为 124 400(120 000×13％＋5 100＋76 500＋27 200)

货运发票认证清单：

份数 5 份，金额为 34 500(12 000＋22 500)

税额为 2 415(34 500×7％)

进项税额转出为 23 675(8 060＋(76 500＋22 500×7％)×20％)

(3)填报增值税纳税申报表总表。

填写第 30 行“本期缴纳上期应纳税额”50 000 元。

填写第 23 行“应纳税额减征额”400 元，实际为销售使用过的旧摩托车，应按照 4％的征收率减半征收增值税。这里减半就应该为 800×1/2＝400 元，在“应纳税额减征额”中体现。

其他各项一律在填报时自动生成，本年累计为 2012 年 1 月 1 日至 6 月 30 日累计发生额与 2012 年 6 月份发生额的合计数。填写完毕后，申报表见表 2.10、表 2.11 和表 2.12。

表 2.10 增值税纳税申报表

（适用于增值税一般纳税人）

根据《中华人民共和国增值税暂行条例》第二十二条和第二十三条的规定制定本表。纳税人不论有无销售额，均应按主管税务机关核定的纳税期限按期填报本表，并于次月 1 日起 15 日内，向当地税务机关申报。

税款所属时间：自 2012 年 6 月 1 日至 2012 年 6 月 30 日　　填表日期：2012 年 7 月 2 日　　金额单位：元(列至角分)

纳税人识别号						所属行业	
纳税人名称	（公章）	法定代表人姓名		注册地址		营业地址	
开户银行及账号			企业登记注册类型			电话号码	

	项　目	栏次	一般货物及劳务		即征即退货物及劳务	
			本月数	本年累计	本月数	本年累计
销售额	(一)按适用税率征税货物及劳务销售额	1	959 100	5 848 193.47		
	其中：应税货物销售额	2	959 100	5 848 193.47		
	应税劳务销售额	3				
	纳税检查调整的销售额	4				
	(二)按简易征收办法征税货物销售额	5	20 000	37 500		
	其中：纳税检查调整的销售额	6				
	(三)免、抵、退办法出口货物销售额	7			—	—
	(四)免税货物及劳务销售额	8			—	—
	其中：免税货物销售额	9			—	—
	免税劳务销售额	10			—	—
税款计算	销项税额	11	163 047	994 192.84		
	进项税额	12	126 815	409 772.72		
	上期留抵税额	13		—		—
	进项税额转出	14	23 675	32 528.5		
	免抵退货物应退税额	15			—	—
	按适用税率计算的纳税检查应补缴税额	16			—	—

续表

项目		栏次	一般货物及劳务		即征即退货物及劳务	
			本月数	本年累计	本月数	本年累计
税款计算	应抵扣税额合计	17=12+13−14−15+16	103 140	—		—
	实际抵扣税额	18（如17<11，则为17,否则为11）	103 140	417 369.25		
	应纳税额	19=11−18	59 907	576 823.59		
	期末留抵税额	20=17−18		—		—
	简易征收办法计算的应纳税额	21	800	1 500		
	按简易征收办法计算的纳税检查应补缴税额	22			—	—
	应纳税额减征额	23	400	750		
	应纳税额合计	24=19+21−23	60 307	577 573.59		
税款缴纳	期初未缴税额(多缴为负数)	25	50 000			
	实收出口开具专用缴款书退税额	26			—	—
	本期已缴税额	27=28+29+30+31	50 000	517 266.59		
	(1)分次预缴税额	28		—		—
	(2)出口开具专用缴款书预缴税额	29		—	—	—
	(3)本期交纳上期应纳税额	30	50 000			
	(4)本期缴纳欠缴税额	31				
	期末未缴税额(多缴为负数)	32=24+25+26−27	60 307	60 307		
	其中:欠缴税额(≥0)	33=25+26−27		—		—
	本期应补(退)税额	34=24−28−29	60 307	—		—
	即征即退实际退税额	35	—	—		
	期初未缴查补税额	36			—	—
	本期入库查补税额	37			—	—
	期末未缴查补税额	38=16+22+36−37			—	—

续表

授权声明	如果你已委托代理人申报，请填写以下资料： 为代理一切税务事宜，现授权 （地址） 为本纳税人的代理申报人，任何与本申报表有关的往来文件，都可寄予此人。 授权人签字：	申报人声明	此纳税申报表是根据《中华人民共和国增值税暂行条例》的规定填报的，我相信它是真实的、可靠的、完整的。 声明人签字：

表 2.11　增值税纳税申报表附列资料(表一)

(本期销售情况明细)

税款所属时间：2012 年 6 月

纳税人名称(公章)：　　填表日期:2012 年 7 月 2 日　　金额单位:元(列至角分)

一、按适用税率征收增值税货物及劳务的销售额和销项税额明细

项目	栏次	应税货物						应税劳务			小计		
		17%税率			13%税率								
		份数	销售额	销项税额	份数	销售额	销项税额	份数	销售额	销项税额	份数	销售额	销项税额
防伪税控系统开具的增值税专用发票	1	30	948 100	161 177							30	948 100	161 177
非防伪税控系统开具的增值税专用发票	2												
开具普通发票	3												
未开具发票	4	—	11 000	1 870	—			—			—	11 000	1 870
小　计	5=1+2+3+4	—	959 100	163 047	—			—			—	959 100	163 047
纳税检查调整	6	—			—			—			—		
合　计	7=5+6	—	959 100	163 047	—			—			—	959 100	163 047

续表

二、简易征收办法征收增值税货物的销售额和应纳税额明细

项目	栏次	6%征收率			4%征收率			小计		
		份数	销售额	应纳税额	份数	销售额	应纳税额	份数	销售额	应纳税额
防伪税控系统开具的增值税专用发票	8									
非防伪税控系统开具的增值税专用发票	9									
开具普通发票	10				1	20 000	800	1	20 000	800
未开具发票	11	—			—			—		
小计	12=8+9+10+11	—			—	20 000	800	—	20 000	800
纳税检查调整	13	—			—			—		
合计	14=12+13	—			—	20 000	800	—	20 000	800

三、免征增值税货物及劳务销售额明细

项目	栏次	免税货物			免税劳务			小计		
		份数	销售额	税额	份数	销售额	税额	份数	销售额	税额
防伪税控系统开具的增值税专用发票	15				—	—	—			
开具普通发票	16			—			—			—
未开具发票	17	—		—	—		—	—		—
合计	18=15+16+17	—			—		—	—		

表 2.12　增值税纳税申报表附列资料(表二)

(本期进项税额明细)

税款所属时间:2012 年 6 月

纳税人名称(公章):　　填表日期:2012 年 7 月 2 日　　金额单位:元(列至角分)

一、申报抵扣的进项税额

项　　目	栏次	份数	金额	税额
(一)认证相符的防伪税控增值税专用发票	1	20	760 000	124 400
其中:本期认证相符且本期申报抵扣	2	20	760 000	124 400
前期认证相符且本期申报抵扣	3			
(二)非防伪税控增值税专用发票及其他扣税凭证	4	5	34 500	2 415
其中:海关完税凭证	5			
农产品收购凭证及普通发票	6			
废旧物资发票	7			
运输发票	8	5	34 500	2 415
6%征收率	9			
4%征收率	10			
(三)期初已征税款	11	—	—	
当期申报抵扣进项税额合计	12	25	794 500	126 815

二、进项税额转出额

项　　目	栏次	税额
本期进项税转出额	13	23 675
其中:免税货物用	14	
非应税项目用、集体福利、个人消费	15	15 615
非正常损失	16	8 060
按简易征收办法征税货物用	17	
免抵退税办法出口货物不得抵扣进项税额	18	
纳税检查调减进项税额	19	
未经认证已抵扣的进项税额	20	
红字专用发票通知单注明的进项税额	21	

三、待抵扣进项税额

项　　目	栏次	份数	金额	税额
(一)认证相符的防伪税控增值税专用发票	22	—		—
期初已认证相符但未申报抵扣	23			
本期认证相符且本期未申报抵扣	24			
期末已认证相符但未申报抵扣	25			
其中:按照税法规定不允许抵扣	26			
(二)非防伪税控增值税专用发票及其他扣税凭证	27			
其中:17%税率	28			

续表

三、待抵扣进项税额				
项　　目	栏次	份数	金额	税额
13%税率或扣除率	29			
10%扣除率	30			
7%扣除率	31			
6%征收率	32			
4%征收率	33			
	34			
四、其他				
项　　目	栏次	份数	金额	税额
本期认证相符的全部防伪税控增值税专用发票	35			
期初已征税款挂账额	36	—	—	
期初已征税款余额	37	—	—	
代扣代缴税额	38	—	—	

注:第1栏=第2栏+第3栏=第23栏+第35栏-第25栏;第2栏=第35栏-第24栏;第3栏=第23栏+第24栏-第25栏;第4栏等于第5栏至第10栏之和;第12栏=第1栏+第4栏+第11栏;第13栏等于第14栏至第21栏之和;第27栏等于第28栏至第34栏之和。

纳税筹划案例

消费型增值税十个纳税筹划点

1. 用选择纳税人身份进行纳税筹划是否可行

增值税纳税人可分为一般纳税人和小规模纳税人。增值税转型前企业为了减轻增值税税负,需要综合考虑各种因素,从而在一般纳税人和小规模纳税人之间做出选择。新增值税暂行条例对小规模纳税人不再设置工业和商业两档征收率,将征收率统一降至3%,那么,在这种情况下是否还可以利用选择纳税人身份来进行纳税筹划呢?

【例1】 盛装制造公司属于生产企业,全年应纳增值税的销售额为270万元,会计制度比较健全,属于一般纳税人,适合税率为17%。但是该企业在生产过程中,准予从销项税额中抵扣的进项税额很少,只有销项税额的10%,作为一般纳税人的税负远远大于小规模纳税人。目前企业有两个纳税筹划方案可供选择:

方案一:继续以一般纳税人的身份存在。

方案二:将企业一分为二,以两个小规模纳税人身份存在。

在方案一的情形下:

企业销项税额=270×17%=45.9(万元)

进项税额=45.9×10%=4.59(万元)

应缴纳增值税=45.9-4.59=41.31(万元)。

在方案二的情形下:可以将该企业按照生产和销售两个环节分设为甲、乙两个独立核算的企业，甲企业为生产企业，年销售额为 90 万元，乙企业为销售企业，批发零售兼营，年销售额为 180 万元。两个企业符合小规模纳税人的条件，可以按照小规模纳税人的征收率征税。

甲企业应纳增值税＝90×3%＝2.7（万元）

乙企业应纳增值税＝180×3%＝5.4（万元）

甲企业应纳增值税＋乙企业应纳增值税＝2.7＋5.4＝8.1（万元）

可见，选择小规模纳税人对企业比较有利，利用选择纳税人身份进行纳税筹划仍然是可行的。

2. 对不同供应商做出选择是否可以降低增值税税负

增值税一般纳税人可以开具增值税专用发票，而小规模纳税人不能开具增值税专用发票，这不仅影响到企业自身的纳税金额，同时对其产品的使用者也会产生税负的影响。由此对不同纳税人身份的供货人的选择，也会影响增值税税负。

【例 2】 环宇机器制造企业属于一般纳税人，使用的原材料有以下两种进货渠道：

方案一：从一般纳税人处进货，价格为每件 12 元，可以开具增值税专用发票。

方案二：从小规模纳税人处进货，价格为每件 9 元，不能开具增值税专用发票。

若该企业 2012 年度总共需要此种原材料 15 万件。

方案一：进货总价款＝12×15＝180（万元）

进项税额＝180×17%＝30.6（万元）

进货成本＝180－30.6＝149.4（万元）

方案二：进货总价款即为进货成本，即 9×15＝135（万元）

可见，应该选择小规模纳税人作为供应商。

3. 增值税转型后，以前的税收优惠政策是否还可利用

增值税转型本身不会对以前的税收优惠政策产生影响。但是，企业应该关注国务院及财政、税务主管部门可能会对相关税收优惠政策进行的调整，或者废除相关的优惠政策，或者重新出台一些新的优惠政策。这里需要注意的是，如果纳税人既从事普通应税项目，又兼营免税项目或者减税项目，为了正确计算应纳税额，必须分别核算，如果不分别核算，就无法享受减免税优惠。

4. 企业运输费用如何进行纳税筹划

在生产经营过程中，有条件的企业可以选择自己购买车辆运输货物，也可以选择成立专门的运输公司来完成运输。增值税转型前，企业购买车辆属于固定资产投资，其中包含的增值税不能抵扣，因此，企业往往通过单独成立运输子公司，通过抵扣相关税款来进行纳税筹划。增值税转型后，同样情况下，企业运输费用的纳税筹划是否有所改变呢？

【例 3】 某公司每月都有大量的运输任务，经过相关测算，如果公司自行购买车辆，则购车成本为 164 万元，增值税进项税额为 27.88 万元，每月需要耗费的燃油、配件和发生的修理费用总计 5 000 元，支付司机工资 18 000 元。

方案一：不成立子公司，由企业自行运输。根据现行增值税政策，该企业购买设备的 164 万元作为固定资产，按照 4 年计提折旧，假设车辆净残值为 0，企业纳税情况如下：

（1）车辆每月折旧费＝1 640 000÷4÷12＝34 167（元）

（2）每月可以抵扣的增值税进项税额＝278 800÷4÷12＝5 808（元）

（3）累计运输成本＝34 167＋5 000＋18 000－5 808＝51 359（元）

方案二：假设成立专门负责运输的子公司，且子公司各项费用开支和上述情况基本相同，总公司向子公司每月支付75 000元运输费用，基本符合市场正常交易原则。企业纳税情况如下：

(1)子公司运输成本=34 167+5 000+18 000-5 808+75 000×3.3%=53 834(元)

(2)母公司抵扣税款=75 000×7%=5 250(元)

(3)集团公司支付运输成本=53 834-5 250=48 584(元)

由上述分析可见，方案二的运输成本比方案一节约了2 775(51 359-48 584)元，这主要是子公司运输收入所缴纳的营业税和母公司运输费允许抵扣税款之间的差额。因此，运输费用的纳税筹划不会因为实行消费型增值税而改变。

5. 实行商业折扣销售的情况下如何进行纳税筹划

根据我国增值税法规定，如果销货方的销售额和折扣额在同一发票上分别注明，可以按照折扣后的销售额征收增值税；如果折扣额另开发票，不论在财务上如何处理，均不得从销售额中扣除。所以，企业只有充分利用开具同一发票可以按折扣额纳税的政策，才能达到节约税款的效果。在这一点上，消费型增值税和生产型增值税是一致的。

6. 实行现金折扣销售的情况下如何进行纳税筹划

现金折扣发生在企业销售货物以后，本身不属于销售行为，而是一种融资行为，因此，现金折扣不得从销售额中扣除，企业应该按照全部销售额计算和缴纳增值税。但是，从企业税负角度考虑，商业折扣方式优于现金折扣，如果企业面对的是一个资金信用比较好的用户，货款收回的把握比较大，那么企业可以通过修改合同，将现金折扣改为商业折扣，并把销售额和折扣额分别写在同一张发票上，这样，企业就可以获得和商业折扣下同样的纳税筹划效益。

【例4】 某公司和一个信誉很好的客户签订了10万元的供货合同，合同规定付款期限是30天，付款条件是3/20，现在有两个方案可以选择：

方案一：按照常规处理，在发票上注明付款条件。

方案二：企业主动压低价格，将合同金额定为9.7万元，同时在合同中约定，超过20天付款加收3 000元滞纳金。

在方案一的情形下：企业需要按照10万元的销售额计算和缴纳增值税17 000元。

在方案二的情形下：企业可以将上面所谈到的折扣额和销售额同时开在一张发票上，使得企业可以按照折扣后的销售额计算销项税额，即

97 000×17%=16 490(元)

7. 如何利用不同的促销方式进行纳税筹划

在企业营销工作中，开展不同的促销活动是比较常见的。作为企业的财务人员，应该考虑利用不同的促销方式进行纳税筹划。比如，在增值税法中规定，赠送行为视同销售行为需要征收增值税，如果在销售主营产品的同时，赠送其他产品一样需要缴纳增值税，则可以考虑采取“加量不加价”的促销方式，在不多缴纳增值税的情况下多销售本企业的主营产品。企业的主营产品在名义上没有降价，只要打开销路以后取消“加量”就可以了，不会影响企业产品的定价，也不会引起同行业的不良竞争。

8. 如何利用购进扣税法进行纳税筹划

按照增值税法规定，在企业购进货物验收入库以后，就可以申报抵扣进项税。如果企业尽量在年初购进原材料，这样就可以在起初的几个月不用缴纳或者少缴纳增值税。尽管从总体

上看，企业的税负不会减少，但是可以暂缓纳税。

9. 收回抵债的固定资产如何进行纳税筹划

在企业经营过程中，经常会遇到应收账款无法收回现金的情况。此时，购货方可能会选择用自己的固定资产来抵债。然而，企业收回的固定资产往往不是自己生产所需要的，还需要销售后变现。根据《财政部、国家税务总局关于旧货和旧机动车增值税政策的通知》，纳税人销售旧货（包括旧货经营单位销售旧货和纳税人销售自己使用过的固定资产），一律按4%的征收率减半征收增值税，不得抵扣进项税。纳税人销售自己使用过的应征消费税的机动车、摩托车、游艇，售价超过原值的，按照4%的征收率减半征收增值税；售价未超过原值的，免征增值税。

那么，收回抵债的固定资产如何才能享受免征增值税的待遇呢？如某企业收到抵债机动车一批，价值300万元。如果直接销售按照2%缴纳增值税。如果首先列入该企业固定资产，使用一段时间以后再销售，并且销售价格不超过原值，则可以免征增值税。

10. 软件企业产品如何进行纳税筹划

根据《财政部、国家税务总局关于鼓励软件产业和集成电路产业发展有关税收政策问题的通知》的规定，自2000年6月24日至2010年底以前，对增值税一般纳税人自行开发的软件产品按17%的法定税率征收增值税以后，对其增值税实际税负超过3%的部分实行即征即退政策；集成电路按17%的法定税率征收增值税以后，对其增值税实际税负超过6%的部分实行即征即退的政策。

【例5】 华电软件公司属于增值税一般纳税人，2012年自行开发并销售软件产品2 000万元，收取提供安装服务、修理培训费用300万元。有两个方案可以选择：一是在软件产品交付使用并结算以后分期收取安装服务费用；二是软件产品及其安装服务费用一起收回。

若执行方案一：

退税额＝2 000×17%－2 000×3%＝280（万元）

实际缴纳增值税款＝2 000×17%－280＝60（万元）

缴纳营业税及其附加＝300×5.5%＝16.5（万元）

合计税收负担＝76.5（万元）

执行方案二：

退税额＝2 300×17%－2 300×3%＝322（万元）

实际缴纳增值税＝2 300×17%－322＝69（万元）

由于安装服务费用和软件一起计算收入，只需要计算增值税，不需要计算营业税及其附加费，将比方案一减轻税负7.5万元。

（资料来源：王云萍．商业会计．2010(05).）

【模块小结】

1. 增值税是对在我国境内销售货物或者提供加工、修理修配劳务以及进口货物的企业单位和个人，就其货物销售或提供劳务的增值额和货物进口金额为计税依据而课征的一种流转税。依据实行增值税的各个国家允许抵扣已纳税款的扣除项目范围的大小，增值税分为生产型增值税、收入型增值税、消费型增值税三种类型。

2. 征税范围一般规定是销售或者进口的货物和提供的加工、修理修配劳务的具体规定，分别对特殊项目、特殊行为、混合销售行为、兼营非增值税应税劳务的行为和免税项目进行了规定。

3. 增值税纳税人分为纳税义务人和扣缴义务人，纳税义务人又包括一般纳税人和小规模纳税人，对二者采用不同的方法进行管理。

4. 我国增值税采用比例税率，按照一定的比例征收。包括基本税率 17%、低税率 13%、零税率和征收率。对小规模纳税人和一般纳税人销售特殊商品采用征收率方式确定应纳税额。

5. 增值税纳税人应在纳税义务发生的法定时间、法定地点进行纳税申报，某期应纳税额为零时也应进行纳税申报。

6. 增值税一般纳税人销售货物或者提供应税劳务的应纳税额，应该等于当期销项税额抵扣当期进项税额后的余额。小规模纳税人销售货物或者提供应税劳务，实行简易办法按照销售额和规定的征收率计算应纳税额，不得抵扣进项税额。纳税人进口货物，按照组成计税价格和《中华人民共和国增值税暂行条例》规定的税率计算应纳税额。

7. 我国的出口货物退(免)税是指在国际贸易业务中，对我国报关出口的货物退还或免征其在国内各生产和流转环节按税法规定缴纳的增值税和消费税，即对增值税出口货物实行零税率，对消费税出口货物免税。

8. 增值税实行凭国家印发的增值税专用发票注明的税款进行抵扣的制度。一般纳税人应通过增值税防伪税控系统(以下简称防伪税控系统)使用专用发票。领购、开具、缴销、认证纸质专用发票及其相应的数据电文都必须通过计算机进行。

9. 增值税纳税申报采用网上申报和纸质申报相结合的方式。

10. 增值税在账户设置上采用了多栏式账户的方式，在“应交税费——应交增值税”账户中的借方和贷方各设了若干个专栏加以反映，以完整反映企业增值税的抵扣、缴纳、退税等情况。

综合训练

一、单项选择题

1. 新的《增值税暂行条例》中规定，自 2012 年 1 月 1 日起，允许增值税一般纳税人抵扣固定资产的进项税额。这种类型的增值税被称为(　　)。

A. 生产型增值税　　B. 收入型增值税

C. 消费型增值税　　D. 积累型增值税

2. 下列表述中，符合现行增值税有关规定的是(　　)。

A. 从事建筑安装业务的企业附设工厂生产的水泥预制构件，凡用于本单位建筑工程的，均应计算缴纳增值税

B. 工厂自采地下水用于生产，应计算缴纳增值税

C. 国家行政管理部门行使其管理职能，发放执照、牌照和有关证书等取得的工本费收入，不征收增值税

D. 体育彩票的发行收入征收增值税

3. 下列关于软件产品的税务处理中，不正确的是(　　)。

A. 纳税人转让计算机软件著作权取得的收入应征收增值税

B. 纳税人随同软件产品销售一并收取的维护费应征收增值税

C. 软件产品交付使用后，纳税人按期收取的维护费收入应征收营业税

D. 纳税人受托开发软件产品且著作权属于受托方的，其收入应征收增值税

4. 单位或个体经营者的下列业务，应视同销售征收增值税的是(　　)。

A. 个体商店代销鲜奶

B. 电信部门安装电话并提供电话机

C. 商场将购买的商品发给职工

D. 饭店购进啤酒用于餐饮服务

5. 下列各项中，属于增值税征收范围的有(　　)。

A. 纳税人随同销售软件一并收取的软件培训费收入

B. 纳税人委托开发的委托方拥有著作权的软件所得的收入

C. 纳税人销售货物同时代办保险而向购买方收取的保险费收入

D. 印刷企业接受出版单位委托印刷有国家统一刊号的图书取得的收入

6. 下列符合增值税有关政策的有(　　)。

A. 一般纳税人销售 2008 年 12 月 31 日以前购进或者自制的固定资产，按简易办法依照 4%征收率减半征收增值税

B. 一般纳税人销售 2008 年 12 月 31 日以后购进或者自制的固定资产，按简易办法依 4%征收率减半征收增值税

C. 小规模纳税人销售自己使用过的固定资产，按简易办法依 4%征收率减半征收增值税

D. 小规模纳税人销售自己使用过的除固定资产以外的物品，按 3%征收率减半征收增值税

7. 一般纳税人销售货物，可选择按简易办法依照 6%征收率计算缴纳增值税的有(　　)。

A. 典当业销售死当物品　　B. 自来水

C. 寄售商店代销居民个人寄售的物品　　D. 混凝土

8. 军队军工系统的下列业务中，应当征收增值税的是(　　)。

A. 军队系统企业为部队生产弹药

B. 军需工厂对民众销售服装

C. 军工工厂为生产军需品而相互提供模具

D. 军队系统企业生产并按军品作价原则在系统内部销售钢材

9. 下列出口货物，可享受增值税“免税并退税”待遇的有(　　)。

A. 加工企业来料加工复出口的货物

B. 对外承包工程公司运出境外用于境外承包项目的货物

C. 属于小规模纳税人的生产性企业自营出口的自产货物

D. 外贸企业从小规模纳税人购进并持有普通发票的出口货物

10. 某生产企业(增值税一般纳税人)，2008 年 7 月销售化工产品取得含税销售额 793.26 万元，为销售货物出借包装物收取押金 15.21 万元，约定 3 个月内返还；当月没收逾期未退还

包装物的押金1.3万元。该企业2008年7月上述业务计税销售额为(　　)万元。

A. 679.11　　B. 691　　C. 692.11　　D. 794.56

二、多项选择题

1. 下列符合增值税纳税人认定管理规定的有(　　)。

A. 个体经营者不得认定为一般纳税人

B. 年应税销售额未超过规定的小规模纳税人标准以及新开业的纳税人,可以申请一般纳税人资格认定

C. 非企业性单位可选择按小规模纳税人纳税

D. 纳税人一经正式认定为一般纳税人,不得再转为小规模纳税人

E. 新认定为一般纳税人的小型商贸批发企业实行纳税辅导期管理的期限为6个月

2. 依据增值税的有关规定,境外单位或个人在境内发生增值税应税劳务而在境内未设立经营机构的,增值税的扣缴义务人有(　　)。

A. 代理人　　B. 银行　　C. 购买者　　D. 境外单位

E. 境外个人

3. 下列各项业务应当征收增值税的有(　　)。

A. 货物期货　　B. 银行销售金银

C. 邮政部门销售集邮商品　　D. 印刷图书、报纸、杂志

E. 受托开发软件产品,著作权属于双方共同拥有

4. 下列各项中,属于增值税征收范围的有(　　)。

A. 纳税人随同销售软件一并收取的软件培训费收入

B. 纳税人委托开发的委托方拥有著作权的软件所得的收入

C. 纳税人销售货物同时代办保险而向购买方收取的保险费收入

D. 印刷企业接受出版单位委托印刷有国家统一刊号的图书取得的收入

E. 纳税人随同软件产品销售一并收取的维护费

5. 关于促进残疾人就业的税收优惠政策,下列表述正确的有(　　)。

A. 增值税实行限额即征即退的办法,按月办理退还

B. 实际安置的每位残疾人每年可退还的增值税的具体限额,按当地平均工资标准的6倍确定

C. 兼营享受增值税和营业税优惠业务的企业,可自行选择退还增值税或减征营业税

D. 对于不能分别核算可享受与不得享受优惠政策业务销售收入的企业,由税务机关核定其税款退还限额

E. 促进残疾人就业的税收优惠政策可与下岗再就业的优惠政策同时享用

6. 企业出口的下列货物,除另有规定外,应视同内销货物计提销项税额或征收增值税的有(　　)。

A. 国家明确规定不予退(免)增值税的货物

B. 出口企业未在规定期限内申报退(免)税的货物

C. 出口企业虽已申报退(免)税但未在规定期限内向税务机关补齐有关凭证的货物

D. 出口企业未在规定期限内申报开具《代理出口货物证明》的货物

E. 生产企业出口的四类视同自产产品的外购货物

7. 关于增值税一般纳税人放弃免税权的说法，正确的有（　　）。

A. 纳税人可选择某一免税项目放弃免税权

B. 纳税人应当以书面形式提交放弃免税权声明

C. 纳税人可根据不同的销售对象选择部分货物或劳务放弃免税权

D. 纳税人自税务机关受理放弃免税权声明的次月起5年内不得申请免税

E. 纳税人在免税期内购进用于免税项目的货物所取得的增值税扣税凭证一律不得抵扣

8. 下列情形中，销售方应在开具红字增值税专用发票后将该笔业务的相应记账凭证复印件报送主管税务机关备案的有（　　）。

A. 销售货退回　　B. 销售折让　　C. 销售折扣　　D. 开票有误

E. 无法认证

9. 根据增值税现行规定，下列企业可享受出口货物退（免）税政策的有（　　）。

A. 经国家商务主管部门及其授权单位批准的有进出口经营权的外贸企业

B. 经国家商务主管部门及其授权单位批准的有进出口经营权的自营生产企业

C. 外商投资企业

D. 委托外贸企业代理出口的生产企业

E. 借出口经营权、挂靠出口货物的企业

10. 关于增值税一般纳税人的认定，下列说法正确的是（　　）。

A. 某纳税人实行总分机构统一核算，总机构年销售额1 600万元，为一般纳税人，分支机构（非商业性质）年销售额28万元，为此，分支机构可以申请认定为一般纳税人

B. 某个体户年销售建筑材料200万元，可以申请认定为一般纳税人

C. 注册资金300万元，人员为55人的新办大中型商贸企业，可以直接按照正常的一般纳税人管理

D. 某零售商店财务核算健全，年销售额100万元，可以申请认定为一般纳税人

E. 某小酒厂财务核算精密，能按规定报送税务资料，年销售额33万元，经申请，税务机关可以将其认定为一般纳税人

三、判断题

1. 未经批准从事融资租赁业务，征收增值税；经批准从事融资租赁的企业，征收营业税。（　　）

2. 对注册资本在500万元以上、人员在50人以上的新办大中型商贸企业，在进行税务登记时提出增值税一般纳税人资格申请的，可直接认定为正式一般纳税人并进行管理。（　　）

3. 现行政策规定，对商业企业向供货方收取的与商品销售数量挂钩的各种返还收入，均应按照平销返利行为的规定冲减当期增值税进项税金。（　　）

4. 出口货物增值税退税率是出口货物的实际增值税征税额与退税计税依据的比例。（　　）

5. 根据一般纳税人的认定办法，对从事成品油销售的加油站，年销售额低于180万的，不得认定为一般纳税人，按小规模纳税人征税。（　　）

四、案例研讨

1. 某生产企业为增值税一般纳税人，适用增值税税率17%，2012年5月份的有关生产经营业务如下：

(1)销售甲产品给某大商场，开具增值税专用发票，取得不含税销售额 80 万元；另外，开具普通发票，取得销售甲产品的送货运输费收入 5.85 万元。

(2)销售乙产品，开具普通发票，取得含税销售额 29.25 万元。

(3)将试制的一批应税新产品用于本企业基建工程，成本价为 20 万元，成本利润率为 10%，该新产品无同类产品市场销售价格。

(4)销售 2010 年 1 月份购进作为固定资产使用过的进口摩托车 5 辆，开具普通发票，每辆取得含税销售额 1.17 万元，该摩托车原值每辆 0.9 万元。

(5)购进货物取得增值税专用发票，注明支付的货款 60 万元、进项税额 10.2 万元；另外支付购货的运输费用 6 万元，取得运输公司开具的普通发票。

(6)向农业生产者购进免税农产品一批，支付收购价 30 万元，支付给运输单位的运费 5 万元，取得相关的合法票据。本月下旬将购进的农产品的 20%用于本企业职工福利。

以上相关票据均符合税法的规定。

【要求】 按下列顺序计算该企业 5 月份应缴纳的增值税税额：

(1)计算销售甲产品的销项税额。

(2)计算销售乙产品的销项税额。

(3)计算自用新产品的销项税额。

(4)计算销售使用过的摩托车应纳税额。

(5)计算外购货物应抵扣的进项税额。

(6)计算外购免税农产品应抵扣的进项税额。

(7)计算该企业 5 月份合计应缴纳的增值税税额。

2. 某百货商场(增值税一般纳税人)某月份购销业务如下：

(1)销售服装一批，含税销售额 36 万元。

(2)购入空调 100 台，货款已付，取得的专用发票上注明价、税款分别为 64 万元、10.88 万元。

(3)根据当地税务局安排该商场使用税控机 50 台，取得增值税发票，每台含税 2 340 元。

(4)购入化妆品一批，取得的专用发票上注明价、税款分别是 60 万元、10.2 万元，后由于销量一般，经厂家同意，在当地主管税务机关开具进货退出证明单的情况下，遂将进货的一半退回厂家，并已取得厂家开具的红字专用发票。

(5)将商场正在销售的 10 台空调在自己的办公室使用。

(6)采取以旧换新方式销售电冰箱 136 台，每台冰箱零售价 3 000 元，对以旧换新者以每台 2 700 元的价格出售，不再支付旧冰箱收购款。

(7)销售自用的应交消费税的旧轿车一部，销售价格 5 万元，原购入价格 4.5 万元，已经计提折旧 1 万元。

(8)销售化妆品含税金额 40 万元，同时收取包装费 5 万元。

(9)除以上各项业务外，该百货商场本月其他商品零售总额为 168 万元。

【要求】 计算应交纳的该商场本月增值税(已知：相关发票已经通过税务机关认证)。

3. 某手机厂(一般纳税人)为了占领市场，以不含税价 1 000 元/部出售自产手机，该企业 2012 年 4 月发生下列经济业务：

(1)向本市各商家销售 6 000 部，手机厂均给予了 2%的折扣销售，但对折扣额另开红字发票入账。

(2)售给外地其他商场 2 000 部，并支付运杂费 1.5 万元。运输单位开具的货票上注明运费 1.2 万元，装卸及保险费 0.3 万元。

(3)根据政府有关规定，对外地企业销售，除收取货款和税金外，还应当按每部 10 元代政府收取基金，此款已收到。

(4)为扩大销售，厂商决定，任何品牌的手机都可以以旧换新，旧手机收购价为 80 元/部，本月以旧换新销售手机 400 部。

(5)为奖励某体育代表队，该厂商决定给每位队员赠送手机，共赠 30 部。

(6)购进生产用原材料，取得的防伪税控系统增值税专用发票上注明的税额为 51 万元。

(7)从国外进口一台手机检测设备，完税凭证上注明的增值税额为 20 万元。

(8)本厂新成立一销售公司，由于尚未办理税务登记，本月销售的 50 部手机由手机厂代开增值税专用发票。

该单位的会计人员计算当月的应纳增值税额为

当月销项税额＝[6 000×1 000×(1－2%)＋2 000×1 000＋(1 000－80)×400]×17%/10 000
＝140.216(万元)

当月进项税额＝51＋20＋1.5×7%＋0.008×10%×400＝71.425(万元)

当月应纳税额＝140.216－71.425＝68.791(万元)

【要求】 根据以上资料，依据增值税法有关规定分析该厂商应纳增值税的计算是否正确，若不正确，错误何在？并正确计算应纳增值税额。

4. 某制药厂(一般纳税人)生产各类药品，2011 年 10 月份的经济业务如下：

(1)销售应税药品，开出增值税专用发票上注明价款 60 万元，税款 10.2 万元。

(2)向一家医院销售应税药品，开出普通发票，注明销售额 35.1 万元，由该制药厂运输，共收取运输费用 1.17 万元，开出普通发票。

(3)由非独立核算的门市部销售应税药品，取得零售收入 46.8 万元；销售免税药品取得零售收入 10 万元。

(4)当月就某保健品采取促销活动，以实物作为折扣销售，共取得零售收入 15.21 万元，并发出作为折扣销售的保健品 2.34 万元。

(5)以自产药品与某生产企业换购货物，各自开出的增值税发票上注明的税额为 1.7 万元，制药厂将换购的货物全部作为国庆节的福利发放给职工。

(6)本月购进药品的生产材料及换购货物，取得增值税专用发票注明价款 50 万元，税款共计 8.5 万元。

以上相关发票当月均通过税务机关的认证，当月申请抵扣。

【要求】 请根据以上资料计算该制药厂 2011 年 10 月份应纳增值税。

5. 某生产企业为增值税一般纳税人，2012 年 4 月发生以下业务：

(1)销售货物给某商场，取得不含税销售收入 100 万元，同时取得单独计账的货物包装物押金 10 万元和包装物租金 7.02 万元。

(2)受托加工应税消费品一批，取得加工费 3 万元，开具普通发票，并代扣代缴消费税 2 万元。

(3)折扣销售甲产品给 A 商场，在同一张增值税专用发票上注明原销售额 80 万元、折扣额 8 万元；另外，销售给 A 商场乙产品 240 件，采取“买一送一”方式，乙产品不含税每件 3 600 元，所赠送产品的每件不含税价 240 元。

(4)采取以旧换新方式销售丙产品 100 件，每件不含税单价为 6 600 元，另支付给顾客每件旧产品收购款 600 元。

(5)将新研制的一批应税消费品赠送给客户，成本价 20 万元，成本利润率为 10%，消费税税率为 10%，该新产品无同类产品市场销售价格。

(6)售给本企业职工外观损伤的乙产品 20 件，每件不含税售价 2 000 元。

(7)将价值 33 万元(不含税)的丙产品投资于 B 企业，另无偿赠送给 B 企业价值 7 万元(不含税)的丙产品。

(8)外购原材料一批，取得的增值税专用发票注明价款 200 万元、增值税 34 万元，支付运输费 20 万元，取得货运发票，当月基建工程领用外购材料 20%。

(9)从小规模纳税人处购进一批耗材，取得普通发票，注明价款 6 万元；从另一小规模纳税人处购进一批手套作劳保用品，取得税务机关代开的增值税专用发票，注明税额 2 000 元。

以上相关发票均已通过税务机关认证，并于当月申请抵扣。

【要求】 请计算该企业 2012 年 4 月份应缴纳的增值税。

6. 某生产企业为增值税一般纳税人，2012 年 3 月份发生以下业务：

(1)销售货物给某商场，开具的增值税专用发票上注明销售额 220 万元、税额 37.4 万元，该商场尚未付款提货。

(2)购进生产用原材料，取得的增值税专用发票上注明销售额 100 万元、税额 17 万元；支付运杂费 3 万元，其中运费金额 2.4 万元，保险费 0.2 万元，建设基金 0.1 万元，装卸费 0.3 万元。

(3)定制货物，作为礼品赠送给客户，取得的增值税专用发票上注明销售额 10 万元、税金 1.7 万元。

(4)因质量问题客户退回上月从本厂购进的货物 200 件，每件不含税价格 500 元，客户通知已取得当地税务机关开具的退货证明单。

(5)批发销售货物，开具的增值税专用发票上注明销售额 80 万元、税额 13.6 万元。由于是协作单位，所以给予 10%的价格折扣，并开具红字发票。

(6)销售给商场货物一批，开具的增值税专用发票上注明的销售额 30 万元、税额 5.1 万元。

以上相关发票均已通过税务机关认证，并于当月申请抵扣。

【要求】 请计算该企业 2012 年 3 月份应缴纳的增值税。

模块三　消费税纳税实务

学习目标

内　容	消费税纳税实务
知识目标	1. 了解消费税纳税对象,税率,纳税申报时间、地点 2. 理解消费税纳税规定与管理、纳税申报流程与方法及会计核算方法 3. 掌握消费税应纳税额的计算
能力目标	1. 能够准确进行应纳税额计算 2. 能够独立进行消费税纳税申报

案例引导

恒生轮胎厂经营各种型号的汽车轮胎,随着轮胎生产厂家的日益增多,轮胎市场的竞争日趋激烈。该厂在提高自身产品品质,开拓新的消费市场的同时,力求尽可能降低成本,以增加产品的竞争力。1999 年 4 月,企业销售 1 000 个汽车轮胎,每个价值 2 000 元,其中包含包装物价值 200 元,该月销售额为 2 000 000 元(2 000×1 000),汽车轮胎的消费税税率为 10%,因此该月应纳消费税税额为 200 000 元(2 000 000×10%)。该厂领导经过分析,认为税收成本过高,因此要求财务人员采取措施,减少企业的应纳税额。

【案例分析】

根据恒生轮胎厂的情况,财务人员可以在包装物上“做文章”,寻求节税的途径。其关键是包装物不作价随同产品出售,而是采取收取押金的方式。这样做,可以给企业带来三个好处:

一是可以促使购货方及早退回包装物以便周转使用,从而在一定程度上节约了生产包装物的人力、物力,降低了产品成本。

二是在产品的售价中可以扣除原来包装物的价值,从而降低了产品的售价,有利于增强产品的竞争力。

三是可以节税。

对于包装物,企业可以采取三种处理方法:一是连同应税消费品出售;二是收取租金;三是收取押金。这三种处理方法的征税情况有所不同。

(1)税法规定:应税消费品连同包装物出售的,无论是否单独作价,均应并入销售额中计算消费税。

(2)包装物租金属于价外费用。所谓"价外费用"是指价外向购买方收取的手续费、补贴、基金、集资费、返还利润、奖励费、违约金延期付款利息、包装费、包装物租金、储备费、优质费、运输装卸费、代收款项、代垫款项及其他各种性质的价外费用。但不包括同时符合下列条件的代垫运费:

一是承运者的运费发票开具给购货方的;二是纳税人将该项发票转交给购货方的。现行税法规定:凡随同销售应税消费品由购买方收取的价外费用,无论其会计制度如何核算,均应并入销售额计算应纳税额。值得注意的是,对增值税一般纳税人向购买方收取的价外费用,应视为含增值税收入,在征税时应换算为不含税收入再并入销售额。

因此,纳税人采用收取包装物租金的方式,应将包装物租金换算成不含增值税收入后,并入销售额计缴消费税及增值税。

(3)包装物押金不并入销售额计税。根据税法规定,纳税人为销售货物而出租出借收取的押金单独计账核算的,不并入销售额征税。但对因逾期未收回包装物不再退还的押金,应按所包装货物的适用税率计算应纳税额。"逾期"一般以一年为限。在将包装物押金并入销售额征税时,需先将该押金换算为不含增值税的价格,再并入销售额征税。

根据上述规定可以看出,由于押金不并入销售额计算消费税额,因此采用收取押金的方式有利于节税。

在此案例中,如果恒生轮胎厂采用单独收取包装物押金的方法,则既可以降低轮胎售价,每个售价 1 800 元,又可节税 20 000 元。此时,该厂应纳消费税为

1 000×1 800×10%=180 000(元)

减少税收就能降低企业的经营成本。在市场竞争越来越激烈的今天,企业税收成本的高低可能直接关系到企业的发展。这更加强调了税收筹划的重要性。因此掌握相应的消费税法律知识具有非常重要的意义。

相关知识

3.1 消费税法律常识

3.1.1 消费税概念

消费税是指对消费品和特定的消费行为按消费流转额征收的一种商品税。消费税可分为一般消费税和特别消费税,前者主要是指对所有消费品包括必需品和日用品普遍课税,后者主要是指对特定消费品或特定消费行为如奢侈品等课税。

3.1.2 纳税义务人

在中华人民共和国境内生产、委托加工和进口《消费税暂行条例》规定的消费品的单位和个人,为消费税的纳税人,应当依照《消费税暂行条例》缴纳消费税。

在中华人民共和国境内，是指生产、委托加工和进口属于应当缴纳消费税的消费品的起运地或者所在地在境内。

3.1.3 我国消费税征税范围

1. 生产应税消费品

生产应税消费品的销售是消费税征收的主要环节。因消费税具有单一环节征税的特点，在生产销售环节征税以后，货物在流通环节无论再转销多少次，不用再缴纳消费税。生产应税消费品除了直接对外销售应征收消费税外，纳税人将生产的应税消费品换取生产资料、消费资料、投资入股、偿还债务以及用于继续生产应税消费品以外的其他方面都应缴纳消费税。

2. 委托加工应税消费品

委托加工应税消费品是指委托方提供原料和主要材料，受托方只收取加工费和代垫部分辅助材料加工的应税消费品。由受托方提供原材料或其他情形的一律不能视同加工应税消费品。委托加工的应税消费品收回后，再继续用于生产应税消费品销售的，其加工环节缴纳的消费税款可以扣除。

3. 进口应税消费品

单位和个人进口货物属于消费税征税范围的，在进口环节也要缴纳消费税。为了减少征税成本，进口环节缴纳的消费税由海关代征。

4. 零售应税消费品

金银首饰消费税由生产销售环节征收改为零售环节征收。改在零售环节征收消费税的金银首饰仅限于金基、银基合金首饰以及金、银和金基、银基合金的镶嵌首饰。在纳税人销售金银首饰、钻石及钻石饰品时征收。

3.1.4 税目与税率

按照《消费税暂行条例》的规定，2006 年 3 月调整后，确定征收消费税的只有烟、酒、化妆品等 14 个税目，有的税目还进一步划分了若干子目。

1. 税目

(1)烟。凡是以烟叶为原料加工生产的产品，不论使用何种辅料，均属于本税目的征收范围。包括卷烟(进口卷烟、白包卷烟、手工卷烟和未经国务院批准纳入计划的企业及个人生产的卷烟)、雪茄烟和烟丝。

(2)酒及酒精。酒类包括粮食白酒、薯类白酒、黄酒、啤酒、果啤和其他酒。酒精包括各种工业酒精、医用酒精和食用酒精。

对饮食业、商业、娱乐业举办的啤酒屋(啤酒坊)利用啤酒生产设备生产的啤酒，应当征收消费税。

(3)化妆品。包括各类美容修饰类化妆品、高档护肤类化妆品和成套化妆品。

舞台、戏剧、影视演员化妆用的上妆油、卸装油、油彩不属于本税目的征收范围。

(4)贵重首饰及珠宝玉石。凡以金、银、白金、宝石、珍珠、钻石、翡翠、珊瑚、玛瑙等高贵稀有物质以及其他金属、人造宝石等制作的各种纯金银首饰及镶嵌首饰和经采掘、打磨、加工的各种珠宝玉石。对出国人员免税商店销售的金银首饰征收消费税。

(5)鞭炮、焰火。各种鞭炮、焰火。体育上用的发令纸、鞭炮药引线，不按本税目征收。

(6)成品油。包括汽油、柴油、石脑油、溶剂油、航空煤油、润滑油、燃料油 7 个子目。

(7)汽车轮胎。汽车轮胎是指用于各种汽车、挂车、专用车和其他机动车上的内、外轮胎。

不包括农用拖拉机、收割机、手扶拖拉机的专用轮胎。子午线轮胎免征消费税，翻新轮胎停止征收消费税。

(8)小汽车。包括含驾驶员座位在内最多不超过9个座位(含)的，在设计和技术特性上用于载运乘客和货物的各类乘用车和含驾驶员座位在内的座位数在10～23座(含23座)的在设计和技术特性上用于载运乘客和货物的各类中轻型商用客车。

电动汽车不属于本税目征收范围。车身长度大于7米(含)，并且座位在10～23座(含)以下的商用客车，不属于中轻型商用客车征税范围，不征收消费税。沙滩车、雪地车、卡丁车、高尔夫车不属于消费税征收范围，不征收消费税。

(9)摩托车。包括轻便摩托车和摩托车两种。对最大设计车速不超过50km/h，发动机汽缸总工作容量不超过50ml的三轮摩托车不征收消费税。

(10)高尔夫球及球具。包括高尔夫球、高尔夫球杆、高尔夫球包(袋)。高尔夫球杆的杆头、杆身和握把属于本税目的征收范围。

(11)高档手表。高档手表是指销售价格(不含增值税)每只在10 000元(含)以上的各类手表。本税目征收范围包括符合以上标准的各类手表。

(12)游艇。包括艇身长度大于8米(含)小于90米(含)，内置发动机，可以在水上移动，一般为私人或团体购置，主要用于水上运动和休闲娱乐等非牟利活动的各类机动艇。

(13)木制一次性筷子。包括各种规格的木制一次性筷子。未经打磨、倒角的木制一次性筷子属于本税目征税范围。

(14)实木地板。各类规格的实木地板、实木指接地板、实木复合地板及用于装饰墙壁、天棚的侧端面为榫、槽的实木装饰板。未经涂饰的素板也属于本税目征税范围。

2. 税率

消费税采用比例税率和定额税率两种形式，以适应不同应税消费品的实际情况。

消费税根据不同的税目或子目确定相应的税率或单位税额。例如，粮食白酒税率为20%，摩托车税率为3%等；黄酒、啤酒、汽油、柴油等分别按单位重量或单位体积确定单位税额。经整理汇总的消费税税目、税率(税额)见表3.1。

表3.1　消费税税目、税率

税　目	税　率
一、烟	
1. 卷烟	
(1)甲类卷烟	56%加0.003元/支
(2)乙类卷烟	36%加0.003元/支
(3)批发环节	5%
2. 雪茄烟	36%
3. 烟丝	30%
二、酒及酒精	
1. 白酒	20%加0.5元/500克(或者500毫升)
2. 黄酒	240元/吨
3. 啤酒	
(1)甲类啤酒	250元/吨
(2)乙类啤酒	220元/吨
4. 其他酒	10%
5. 酒精	5%
三、化妆品	30%

续表

税　　目	税　　率
四、贵重首饰及珠宝玉石	
1. 金银首饰、铂金首饰和钻石及钻石饰品	5%
2. 其他贵重首饰和珠宝玉石	10%
五、鞭炮、焰火	15%
六、成品油	
1. 汽油	
(1)含铅汽油	1.40元/升
(2)无铅汽油	1.00元/升
2. 柴油	0.80元/升
3. 航空煤油	0.80元/升
4. 石脑油	1.00元/升
5. 溶剂油	1.00元/升
6. 润滑油	1.00元/升
7. 燃料油	0.80元/升
七、汽车轮胎	3%
八、摩托车	
1. 气缸容量(排气量,下同)在250毫升(含250毫升)以下的	3%
2. 气缸容量在250毫升以上的	10%
九、小汽车	
1. 乘用车	
(1)气缸容量(排气量,下同)在1.0升(含1.0升)以下的	1%
(2)气缸容量在1.0升以上至1.5升(含1.5升)的	3%
(3)气缸容量在1.5升以上至2.0升(含2.0升)的	5%
(4)气缸容量在2.0升以上至2.5升(含2.5升)的	9%
(5)气缸容量在2.5升以上至3.0升(含3.0升)的	12%
(6)气缸容量在3.0升以上至4.0升(含4.0升)的	25%
(7)气缸容量在4.0升以上的	40%
2. 中轻型商用客车	5%
十、高尔夫球及球具	10%
十一、高档手表	20%
十二、游艇	10%
十三、木制一次性筷子	5%
十四、实木地板	5%

说明：

自2009年5月1日起,经国务院批准,调整烟产品消费税政策如下：

(1)甲类卷烟,即每标准条(200支,下同)调拨价格在70元(不含增值税)以上(含70元)的卷烟,生产环节(含进口)的税率调整为56%。

(2)乙类卷烟,即每标准条调拨价格在70元(不含增值税)以下的卷烟,生产环节(含进口)的税率调整为36%。

(3)卷烟的从量定额税率不变,即0.003元/支。

(4)将雪茄烟生产环节(含进口)的税率调整为36%。

(5)在卷烟批发环节加征一道从价税,在中华人民共和国境内从事卷烟批发业务的单位和个人,批发销售的所有牌号规格的卷烟,按其销售额(不含增值税)征收5%的消费税。纳税人应将卷烟销售额与其他商品销售额分开核算,未分开核算的,一并征收消费税。纳税人之间销售的卷烟不缴纳消费税。

3.2 消费税计算

3.2.1 计税依据

按照现行消费税法的基本规定，消费税应纳税额的计算主要分为从价计征、从量计征和从价从量复合计征三种方法。

1. 从价计征方法

在从价定率计算方法下，应纳税额等于应税消费品的销售额乘以适用税率，应纳税额的多少取决于应税消费品的销售额和适用税率两个因素。

销售额为纳税人销售应税消费品向购买方收取的全部价款和价外费用。价外费用包括的项目及其原理与增值税相同。

纳税人销售的应税消费品，以外汇结算销售额的，其销售额的人民币折合率可以选择结算的当天或者当月1日的国家外汇牌价(原则上为中间价)。纳税人应在事先确定采取何种折合率，确定后1年内不得变更。

应税消费品在缴纳消费税的同时，与一般货物一样，还应缴纳增值税。应税消费品的销售额，不包括应向购货方收取的增值税税款。如果纳税人应税消费品的销售额中未扣除增值税税款或者因不得开具增值税专用发票而发生价款和增值税税款合并收取的，在计算消费税时，应将含增值税的销售额换算为不含增值税税款的销售额。

2. 从量计征方法

在从量定额计算方法下，应纳税额等于应税消费品的销售数量乘以单位税额，应纳税额的多少取决于应税消费品的销售数量和单位税额两个因素。

(1)销售数量的确定。销售数量是指纳税人生产、加工和进口应税消费品的数量。具体规定为:销售应税消费品的，为应税消费品的销售数量;自产自用应税消费品的，为应税消费品的移送使用数量;委托加工应税消费品的，为纳税人收回的应税消费品数量;进口的应税消费品，为海关核定的应税消费品进口征税数量。

(2)计量单位的换算标准。《消费税暂行条例》规定，黄酒、啤酒以吨为税额单位;汽油、柴油以升为税额单位。但是，考虑到在实际销售过程中，一些纳税人会把吨或升这两个计量单位混用，为了规范不同产品的计量单位，以准确计算应纳税额，吨与升两个计量单位的换算标准见表3.2。

表3.2 吨、升换算标准

1	黄酒	1吨=962升
2	啤酒	1吨=988升
3	汽油	1吨=1 388升
4	柴油	1吨=1 176升
5	航空煤油	1吨=1 246升
6	石脑油	1吨=1 385升
7	溶剂油	1吨=1 282升
8	润滑油	1吨=1 126升
9	燃料油	1吨=1 015升

3. 从价从量复合计征方法

现行消费税的征税范围中，只有卷烟、粮食白酒、薯类白酒采用复合计征方法。应纳税额等于应税销售数量乘以定额税率再加上应税销售额乘以比例税率。

生产销售卷烟、粮食白酒、薯类白酒从量定额计税依据为实际销售数量。进口、委托加工、自产自用卷烟、粮食白酒、薯类白酒从量定额计税依据分别为海关核定的进口征税数量、委托方收回数量、移送使用数量。

3.2.2　计税依据的其他规定

1. 卷烟从价定率计税办法的计税依据为调拨价格或核定价格

调拨价格是指卷烟生产企业通过卷烟交易市场与购货方签订的卷烟交易价格。核定价格是指由税务机关按其零售价倒算一定比例的办法核定计税价格。核定价格的计算公式为

某牌号规格卷烟消费税计税价格＝该牌号规格卷烟市场零售价格÷(1＋56%)

不进入省和省以上烟草交易场所交易、没有调拨价格的卷烟，消费税计税价格由省国家税务局按照下列公式核定：

没有调拨价格的某牌号规格卷烟计税价格＝该牌号规格卷烟市场零售价格÷(1＋35%)

实际销售价格高于计税价格和核定价格的卷烟，按实际销售价格征收消费税；实际销售价格低于计税价格和核定价格的卷烟，按计税价格或核定价格征收消费税。

非标准条包装卷烟应当折算成标准包装卷烟的数量，依其实际销售收入计算确定其折算成标准条包装后的实际销售价格，并确定适用的比例税率。

2. 纳税人用应税消费品换取资产

生产资料和消费资料、投资入股和抵偿债务等方面的应税消费品，应当以纳税人同类应税消费品的最高销售价格作为计税依据计算消费税。

3. 酒类关联企业间关联交易消费税问题的处理

纳税人与关联企业之间的购销业务，不按照独立企业之间的业务往来作价的，税务机关可以按照下列方法调整其计税收入额或者所得额，核定其应纳税额：

(1)按照独立企业之间进行相关或者类似业务活动的价格。

(2)按照再销售给无关联关系的第三者的价格所取得的收入和利润水平。

(3)按照成本加合理的费用和利润。

(4)按照其他合理的方法。

白酒生产企业向商业销售单位收取的“品牌使用费”是随着应税白酒的销售而向购货方收取的，属于应税白酒销售价款的组成部分，因此，不论企业采取何种方式或以何种名义收取价款，均应并入白酒的销售额中缴纳消费税。

4. 兼营不同税率应税消费品的计税依据

纳税人兼营不同税率的应税消费品，应当分别核算不同税率应税消费品的销售额、销售数量。未分别核算销售额、销售数量，或者将不同税率的应税消费品组成成套消费品销售的，从高适用税率。

对既销售金银首饰，又销售非金银首饰的生产、经营单位，应将两类商品划分清楚，分别核算销售额。凡划分不清楚或不能分别核算的并在生产环节销售的，一律从高适用税率征收消费税；金银首饰与其他产品组成成套消费品销售的，应按销售额全额征收消费税。金银首饰连同包装物销售的，无论包装是否单独计价，也无论会计上如何核算，均应并入金银首饰的销售

额，计征消费税。带料加工的金银首饰，应按受托方销售同类金银首饰的销售价格确定计税依据征收消费税。没有同类金银首饰销售价格的，按照组成计税价格计算纳税。纳税人采用以旧换新（含翻新改制）方式销售的金银首饰，应按实际收取的不含增值税的全部价款确定计税依据征收消费税。

3.2.3 应纳税额的计算

1. 生产销售环节应纳消费税的计算

纳税人在生产销售环节应缴纳的消费税，包括直接对外销售应税消费品应缴纳的消费税和自产自用应税消费品应缴纳的消费税。

（1）直接对外销售应纳消费税的计算。直接对外销售应税消费品可能涉及三种计算方法：

①从价定率计算。在从价定率计算方法下，应纳消费税额等于销售额乘以适用比例税率。基本计算公式为

应纳税额＝应税消费品的销售额×比例税率

【例 3.1】 某化妆品生产企业为增值税一般纳税人。2012 年 6 月 10 日向某大型商场销售化妆品一批，开具增值税专用发票，取得不含增值税销售额 40 万元，增值税额 6.8 万元；6 月 20 日向某单位销售化妆品一批，开具普通发票，取得含增值税销售额 4.68 万元。计算该化妆品生产企业上述业务应缴纳的消费税额。

【案例分析】

化妆品适用消费税税率为 30%。

化妆品的应税销售额＝40＋4.68÷(1＋17%)＝44(万元)

应缴纳的消费税额＝44×30% ＝13.2(万元)

【例 3.2】 某日化厂为一般纳税人，2012 年 6 月份，销售洗发膏 1.5 吨，洗发膏单价 24 元/千克(不含税)，使用包装罐 300 只，每只均装洗发膏 5 千克。其中：100 只包装罐随洗发膏销售，合计单价 145 元/罐(不含税)；100 只包装罐不作价随产品销售而向客户收取 30 元/只押金；100 只包装罐作价 25 元/只(不含税)随同产品销售，同时又按 30 元/只向客户收取押金。另企业有关账户反映，2008 年 9 月份收取的洗发膏包装罐押金 37 500 元，尚有余额 26 500元未退给客户。根据上述资料，计算该厂 2012 年 6 月份应纳消费税。(假定洗发膏消费税税率按 17%计算)

【案例分析】

(1)连同包装罐销售的洗发膏应纳消费税

(100×145)×17%＝2 465(元)

(2)包装罐不作价装售的洗发膏应纳消费税

5×100×24×17%＝2 040(元)

(3)既作价又收取押金的包装罐装售的洗发膏应纳消费税

(100×25＋5×100×24)×17%＝2 465(元)

(4)收取包装罐押金超过 1 年未退还的，按应税消费品适用税率计征消费税

26 500/(1＋17%)×17%＝3 850.43(元)

2012 年 6 月该厂应纳消费税＝2 465＋2 040＋2 465＋3 850.43＝10 820.43(元)

②从量定额计算。在从量定额计算方法下，应纳税额等于应税消费品的销售数量乘以定额税率。基本计算公式为

应纳税额=应税消费品的销售数量×定额税率

【例 3.3】　某啤酒厂 2008 年 5 月份销售乙类啤酒 100 吨，每吨出厂价格 2 800 元。计算 5 月该啤酒厂应纳消费税税额。

【案例分析】

销售乙类啤酒，适用定额税率 220 元。

应纳税额=销售数量×定额税率=100×220=22 000(元)

③从价定率和从量定额复合计算。现行消费税的征税范围中，只有卷烟、白酒、薯类白酒采用复合计算方法。基本计算公式为

应纳税额=应税销售数量×定额税率+应税销售额×比例税率

【例 3.4】　某白酒生产企业为增值税一般纳税人，2012 年 7 月份销售粮食白酒 50 吨，取得不含增值税的销售额 150 万元。计算白酒企业 7 月应缴纳的消费税额。

【案例分析】

确定白酒适用比例税率 20%，定额税率每 500 克 0.5 元。

应纳税额=50×2 000×0.5÷10 000+150×20%

=35(万元)

(2)自产自用应纳消费税的计算。自产自用是指纳税人生产应税消费品后，不是用于直接对外销售，而是用于自己连续生产应税消费品或其他方面。例如，有的企业把自己生产的应税消费品以福利或奖励等形式发给本厂职工，以为不是对外销售，不必计入销售额，无须纳税。这样就出现了漏缴税款的现象。

①用于连续生产应税消费品。纳税人自产自用的应税消费品，用于连续生产应税消费品的，不纳税。例如，卷烟厂生产出烟丝，烟丝已是应税消费品，卷烟厂再用生产出的烟丝连续生产卷烟，这样，用于连续生产卷烟的烟丝就不缴纳消费税，只对生产的卷烟征收消费税。当然，生产出的烟丝如果是直接销售的，则烟丝还是要缴纳消费税的。

②用于其他方面的应税消费品。纳税人自产自用的应税消费品，除用于连续生产应税消费品外，凡用于其他方面的，于移送使用时纳税。比如纳税人用于生产非应税消费品、在建工程、管理部门、非生产机构、提供劳务，以及用于馈赠、赞助、集资、广告、样品、职工福利、奖励等方面。

③组成计税价格及税额的计算。纳税人自产自用的应税消费品，凡用于其他方面，应当纳税的，按照纳税人生产的同类消费品的销售价格计算纳税。同类消费品的销售价格是指纳税人当月销售的同类消费品的销售价格，如果当月同类消费品各期销售价格高低不同，应按销售数量加权平均计算。但销售的应税消费品有下列情况之一的，不得列入加权平均计算：销售价格明显偏低又无正当理由的；无销售价格的。

如果当月无销售或者当月未完结，应按照同类消费品上月或者最近月份的销售价格计算纳税。

没有同类消费品销售价格的，按照组成计税价格计算纳税。

实行从价定率办法计算纳税的组成计税价格计算公式为

组成计税价格=(成本+利润)÷(1-比例税率)

应纳税额=组成计税价格×比例税率

实行复合计税办法计算纳税的组成计税价格计算公式为

组成计税价格=(成本+利润+自产自用数量×定额税率)÷(1-比例税率)

应纳税额=组成计税价格×比例税率+自产自用数量×定额税率

其中,"成本"为应税消费品的产品生产成本;"利润"为根据应税消费品的全国平均成本利润率计算的利润。应税消费品全国平均成本利润率由国家税务总局确定。应税消费品全国平均成本利润率见表3.3。

表3.3 平均成本利润率

单位:%

货物名称	利润率	货物名称	利润率
1. 甲类卷烟	10	11. 贵重首饰及珠宝玉石	6
2. 乙类卷烟	5	12. 汽车轮胎	5
3. 雪茄烟	5	13. 摩托车	6
4. 烟丝	5	14. 高尔夫球及球具	10
5. 粮食白酒	10	15. 高档手表	20
6. 薯类白酒	5	16. 游艇	10
7. 其他酒	5	17. 木制一次性筷子	5
8. 酒精	5	18. 实木地板	5
9. 化妆品	5	19. 乘用车	8
10. 鞭炮、焰火	5	20. 中轻型商用客车	5

【例3.5】 某酒厂2012年7月份发生如下经济业务:

(1)销售粮食白酒20吨,不含税单价6 000元/吨,销售散装白酒8吨,不含税单价4 500元/吨,款项全部存入银行。

(2)销售以外购薯类白酒和自产糠麸白酒勾兑的散装白酒4吨,不含税单价3 200元/吨,货款已收回。

(3)用自产的散装白酒10吨,从农民手中换玉米,玉米已验收入库,开出收购专用发票。

(4)该厂委托某酒厂为其加工酒精,收回的酒精全部用于连续生产套装礼品白酒6吨,每吨不含税单价为8 000元。

计算该酒厂当月应纳消费税税额。(注:粮食白酒定额税率0.5元/500克;比例税率为20%)

【案例分析】

(1)第1笔业务应纳消费税

(20×6 000+8×4 500)×20%+(20×2 000+8×2 000)×0.5=31 200+28 000
=59 200(元)

(2)第2笔业务,应按薯类白酒征税,应纳消费税

4×3 200×20%+4×2 000×0.5=2 560+4 000=6 560(元)

(3)第3笔业务,视同销售,应纳消费税

10×4 500×20%+10×2 000×0.5=9 000+10 000
=19 000(元)

(4)第4笔业务,按酒类最高税率计算,应纳消费税

6×8 000×20%+6×2 000×0.5=9 600+6 000

=15 600(元)

(5)当月合计应纳消费税税额

59 200+6 560+19 000+15 600=100 360(元)

【例 3.6】 某化妆品公司将一批自产的化妆品用作职工福利,化妆品的成本 8 000 元,该化妆品无同类产品市场销售价格,但已知其成本利润率为 5%,消费税税率为 30%。计算该批化妆品应缴纳的消费税税额。

【案例分析】

组成计税价格=成本×(1+成本利润率)÷(1-消费税税率)

=8 000×(1+5%)÷(1-30%)

=8 400÷0.7=12 000(元)

应纳税额=12 000×30%=3 600(元)

2. 委托加工环节应税消费品应纳税额的计算

企业、单位或个人由于设备、技术、人力等方面的局限,或其他方面的原因,常常要委托其他单位代为加工应税消费品,然后,将加工好的应税消费品收回,直接销售或自己使用。这是生产应税消费品的另一种形式,也需要纳入征收消费税的范围。例如,某企业将购来的小客车底盘和零部件提供给某汽车改装厂,加工组装成小客车供自己使用,则加工、组装成的小客车就需要缴纳消费税。按照规定,委托加工的应税消费品,由受托方在向委托方交货时代收代缴税款。

(1)委托加工应税消费品的确定。委托加工的应税消费品是指由委托方提供原料和主要材料,受托方只收取加工费和代垫部分辅助材料加工的应税消费品。对于由受托方提供原材料生产的应税消费品,或者受托方先将原材料卖给委托方,然后再接受加工的应税消费品,以及由受托方以委托方名义购进原材料生产的应税消费品,不论纳税人在财务上是否作销售处理,都不得作为委托加工应税消费品,而应当按照销售自制应税消费品缴纳消费税。

(2)代收代缴税款的规定。对于确实属于委托方提供原料和主要材料,受托方只收取加工费和代垫部分辅助材料加工的应税消费品,由受托方在向委托方交货时代收代缴消费税。受托方是法定的代收代缴义务人。如果受托方对委托加工的应税消费品没有代收代缴或少代收代缴消费税,就要按照税收征收管理法的规定,承担代收代缴的法律责任。但对委托个体经营者加工应税消费品纳税由委托方收回后在委托方所在地缴纳消费税。

委托加工的应税消费品,受托方在交货时已代收代缴消费税,委托方收回后直接销售的,不再征收消费税。

(3)组成计税价格及应纳税额的计算。委托加工的应税消费品,按照受托方的同类消费品的销售价格计算纳税,同类消费品的销售价格是指受托方(即代收代缴义务人)当月销售的同类消费品的销售价格,如果当月同类消费品各期销售价格高低不同,应按销售数量加权平均计算。

如果当月无销售或者当月未完结,应按照同类消费品上月或最近月份的销售价格计算纳税。没有同类消费品销售价格的,按照组成计税价格计算纳税。组成计税价格的计算公式按不同计税方法可表示如下:

实行从价定率办法计算纳税的组成计税价格计算公式为

组成计税价格＝(材料成本＋加工费)÷(1－比例税率)

实行复合计税办法计算纳税的组成计税价格计算公式为

组成计税价格＝(材料成本＋加工费＋委托加工数量×定额税率)÷(1－比例税率)

材料成本是指委托方所提供加工材料的实际成本。

加工费是指受托方加工应税消费品向委托方所收取的全部费用(包括代垫辅助材料的实际成本,不包括增值税税金)。

【例 3.7】 某鞭炮企业 2012 年 4 月受托为某单位加工一批鞭炮,委托单位提供的原材料金额为 30 万元,收取委托单位不含增值税的加工费 4 万元,鞭炮企业当地无加工鞭炮的同类产品市场价格。计算鞭炮企业应代收代缴的消费税。

【案例分析】

鞭炮的适用税率 15%。

组成计税价格＝(30＋4)÷(1－15%)＝40(万元)

应代收代缴消费税＝40×15% ＝6(万元)

【例 3.8】 某酒厂向某化工厂提供粮食 710 吨,每吨粮食成本 1 042 元,委托其加工酒精 200 吨,支付加工费 300 元/吨(不含税),辅料成本 136 元/吨。酒厂按合同规定收回已完工酒精 100 吨,另 100 吨酒精尚未完工。假定化工厂未生产销售过酒精,计算化工厂应代收代缴消费税。

【案例分析】

(1)确定组成计税价格

组成计税价格＝(710×1 042÷200＋300＋136)÷(1－5%)

＝4 352.74(元/吨)

注:710×1 042÷200 是计算每吨的粮食成本。

(2)确定应税销售额

应税销售额＝4 352.74×100＝435 274(元)

(3)计算应代收代缴消费税

代收代缴消费税＝435 274×5%＝21 763.70(元)

若化工厂当月生产销售过酒精,且加权平均销售单价为 5 400 元/吨(不含税),则化工厂代收代缴的消费税为

代收代缴消费税＝100×5 400×5%＝27 000(元)

【例 3.9】 某轮胎厂系增值税一般纳税人,流转税纳税期限为 1 个月。该厂 4 月份发出橡胶一批,实际成本 36 000 元,委托某橡胶制品厂加工车用内胎,收回后将与自制外胎生产卡车轮胎。该厂 5 月份有关情况如下:

(1)收回委托加工的车用内胎 1 000 个,支付加工费 22 500 元,增值税 3 825 元,取得对方开具的增值税专用发票;同时,按规定向橡胶制品厂足额支付了消费税(该橡胶制品厂没有同类车用内胎的销售价格),并取得对方开具的代收代缴税款凭证。

(2)生产车间领用委托加工收回的车用内胎 500 个,与自制外胎生产卡车轮胎。

(3)销售委托加工收回的车用内胎 400 个,开具普通发票,发票上列明的金额为32 760元。

(4)销售卡车轮胎 450 个,开具的增值税专用发票上列明的销售额为 180 000 元。发生运

杂费 2 340 元，其中：运费 2 100 元、装卸费 240 元，取得由运输部门开具给该轮胎厂的运输发票。

要求：根据税法规定，计算该轮胎厂本期应纳的消费税。

【案例分析】

(1)计算委托加工环节应纳的消费税

应支付的消费税＝(36 000＋22 500)÷(1－3％)×3％＝1 809.28(元)

(2)计算生产销售环节应纳的消费税

当期准予扣除的委托加工车用内胎的已纳税额＝1 809.28×500÷1 000＝904.64(元)

应纳税额＝180 000×3％－904.64＝4 495.36(元)

3. 进口环节应纳消费税的计算

进口的应税消费品，于报关进口时缴纳消费税；消费税由海关代征，由进口人或者其代理人向报关地海关申报纳税；纳税人进口应税消费品，应当自海关填发海关进口消费税专用缴款书之日起 15 日内缴纳税款。

纳税人进口应税消费品，按照组成计税价格和规定的税率计算应纳税额。计算方法如下：

(1)进口一般货物应纳消费税的计算。

①从价定率计征应纳税额的计算公式。

组成计税价格＝(关税完税价格＋关税)÷(1－消费税比例税率)

应纳税额＝组成计税价格×消费税比例税率

【例 3.10】 某商贸公司，2012 年 7 月从国外进口一批应税消费品，已知该批应税消费品的关税完税价格为 90 万元，按规定应缴纳关税 18 万元。假定进口的应税消费品的消费税税率为 10％。请计算该批消费品进口环节应缴纳的消费税税额。

【案例分析】

第一步：确定组成计税价格＝(90＋18)÷(1－10％) ＝120(万元)

第二步：确定应缴纳消费税税额＝120×10％ ＝12(万元)

②实行从量定额计征应纳税额的计算公式。

应纳税额＝应税消费品数量×消费税定额税率

③实行从价定率和从量定额复合计税办法计征应纳税额的计算公式

$$组成计税价格=\frac{关税完税价格+关税+进口数量\times消费税定额税率}{1-消费税比例税率}$$

应纳税额＝组成计税价格×消费税税率＋应税消费品进口数量×消费税定额税率

进口环节消费税除国务院另有规定者外，一律不得给予减税、免税。

(2)进口卷烟应纳消费税额的计算。

①为统一进口卷烟与国产卷烟的消费税政策，进口卷烟消费税适用比例税率按以下办法确定：

$$\begin{array}{c}每标准条进口卷烟(200支)确定\\消费税适用比例税率的价格\end{array}=\frac{关税完税价格+关税+消费税定额税率}{1-消费税税率}$$

式中：关税完税价格和关税为每标准条的关税完税价格及关税税额；消费税定额税率为每标准条(200 支)0.6 元(依据现行消费税定额税率折算而成)；消费税税率固定为 30％。

每标准条进口卷烟(200 支)确定消费税适用比例税率的价格≥70 元人民币的，适用比例税率为 56%；每标准条进口卷烟(200 支)确定消费税适用比例税率的价格<70 元人民币的，适用比例税率为 36%。

②依据上述确定的消费税适用比例税率，计算进口卷烟消费税组成计税价格和应纳消费税税额。

$$\text{进口卷烟消费税组成计税价格}=\frac{\text{关税完税价格}+\text{关税}+\text{消费税定额税}}{1-\text{进口卷烟消费税适用比例税率}}$$

应纳消费税税额=进口卷烟消费税组成计税价格×进口卷烟消费税适用比例税率+消费税定额税

其中：

消费税定额税=海关核定的进口卷烟数量×消费税定额税率

与国内相同，每标准箱为(50 000 支)150 元。

【例 3.11】 有进出口经营权的某外贸公司，2012 年 7 月从国外进口卷烟 320 箱(每箱 250 条，每条 200 支)，支付买价 2 000 000 元，支付到达我国海关前的运输费用 120 000 元、保险费用 80 000 元。已知进口卷烟的关税税率为 20%。请计算卷烟在进口环节应缴纳的消费税。

【案例分析】

每条进口卷烟消费税适用比例税率的价格

[(2 000 000+120 000+80 000)÷(320×250)×(1+20%) +0.6]÷(1−36%)

=52.5(元)

单条卷烟价格小于 70 元，适用消费税税率为 36%。

320×250=80 000(条)

进口卷烟应缴纳的消费税=80 000×52.5×36%+80 000×0.6 =1 560 000(元)

4. 已纳消费税扣除的计算

纳税人将外购应税消费品和委托加工收回的应税消费品继续生产应税消费品销售的，可以将外购应税消费品和委托加工收回应税消费品已缴纳的消费税给予扣除。

(1)外购应税消费品已纳税款的扣除。由于某些应税消费品是用外购已缴纳消费税的应税消费品连续生产出来的，在对这些连续生产出来的应税消费品计算征税时，应按当期生产领用数量计算准予扣除外购的应税消费品已纳的消费税税款。扣除范围包括：

外购已税烟丝生产的卷烟；外购已税化妆品原料生产的化妆品；外购已税珠宝、玉石原料生产的贵重首饰及珠宝、玉石；外购已税鞭炮、焰火原料生产的鞭炮、焰火；外购已税汽车轮胎(内胎和外胎)原料生产的汽车轮胎；外购已税摩托车零件生产的摩托车(如用外购两轮摩托车改装三轮摩托车)；外购已税杆头、杆身和握把为原料生产的高尔夫球杆；外购已税木制一次性筷子原料生产的木制一次性筷子；外购已税实木地板原料生产的实木地板；外购已税石脑油为原料生产的应税消费品；外购已税润滑油原料生产的润滑油。

上述当期准予扣除外购应税消费品已纳消费税税款的计算公式为

$$\begin{matrix}\text{当期准予扣除的外购}\\\text{应税消费品已纳税款}\end{matrix}=\begin{matrix}\text{当期准予扣除的外}\\\text{购应税消费品买价}\end{matrix}\times\begin{matrix}\text{外购应税消费}\\\text{品适用税率}\end{matrix}$$

$$\begin{matrix}\text{当期准予扣除的外}\\\text{购应税消费品买价}\end{matrix}=\begin{matrix}\text{期初库存的外购}\\\text{应税消费品的买价}\end{matrix}+\begin{matrix}\text{当期购进的应税}\\\text{消费品的买价}\end{matrix}-\begin{matrix}\text{期末库存的外购}\\\text{应税消费品的买价}\end{matrix}$$

外购已税消费品的买价是指购货发票上注明的销售额(不包括增值税税款)。

需要说明的是,纳税人用外购的已税珠宝、玉石原料生产的改在零售环节征收消费税的金银首饰(镶嵌首饰),在计税时一律不得扣除外购珠宝、玉石的已纳税款。

对自己不生产应税消费品,而只是购进后再销售应税消费品的工业企业,其销售的化妆品、鞭炮、焰火和珠宝、玉石,凡不能构成最终消费品直接进入消费品市场,而需进一步生产加工的,应当征收消费税,同时允许扣除上述外购应税消费品的已纳税款。

允许扣除已纳税款的应税消费品只限于从工业企业购进的应税消费品和进口环节已缴纳消费税的应税消费品,对从境内商业企业购进应税消费品的已纳税款一律不得扣除。

【例 3.12】 某卷烟生产企业,某月初库存外购应税烟丝金额 20 万元,当月又外购应税烟丝金额 50 万元(不含增值税),月末库存烟丝金额 10 万元,其余被当月生产卷烟领用。请计算卷烟厂当月准许扣除的外购烟丝已缴纳的消费税税额。

【案例分析】

烟丝适用的消费税税率为 30%。

当期准许扣除的外购烟丝买价=20+50−10=60(万元)

当月准许扣除的外购烟丝已缴纳的消费税税额=60×30%=18(万元)

(2)委托加工收回的应税消费品已纳税款的扣除。委托加工的应税消费品因为已由受托方代收代缴消费税,因此,委托方收回货物后用于连续生产应税消费品的,其已纳税款准予按照规定从连续生产的应税消费品应纳消费税税额中抵扣。允许扣除范围与外购已税消费品允许扣除的范围相同。

3.3　消费税纳税申报

消费税纳税申报包括销售自产应税消费品的纳税申报、委托加工应税消费品代收代缴申报。

3.3.1　纳税申报种类

1. 自产应税消费品

自产应税消费品于销售环节纳税,自产自用的于移送使用时纳税。进行自产应税消费品纳税申报应首先确定应税消费品适用的税目税率,核实计税依据,在规定的期限内向主管税务机关报送消费税纳税申报表。

2. 委托加工应税消费品

委托加工应税消费品由受托方办理代收代缴消费税申报。首先应确定双方是否为委托加工业务,核查组成计税价格的计算,如为受托方代理申报应向主管税务机关报送代收代缴申报表;如为委托方代理申报,应向主管税务机关提供已由受托方代收代缴税款的完税证明。

3.3.2　纳税申报期限

消费税的纳税期限分别为 1 日、3 日、5 日、10 日、15 日、1 个月或者 1 个季度;纳税人的具体纳税期限,由主管税务机关根据纳税人应纳税额的大小分别核定;不能按照固定期限纳税的,可以按次纳税。

纳税人以 1 个月或 1 个季度为一期纳税的,自期满之日起 15 日内申报纳税;以 1 日、3 日、5 日、10 日或者 15 日为一期纳税的,自期满之日起 5 日内预缴税款,于次月 1 日起至

15 日内申报纳税并结清上月应纳税款。

纳税人进口应税消费品，应当自海关填发海关进口消费税专用缴款书之日起 15 日内缴纳税款。

3.3.3 纳税申报地点

纳税人销售的应税消费品，以及自产自用的应税消费品，除国家另有规定的外，应当向纳税人核算地主管税务机关申报纳税。纳税人到外县（市）销售或者委托外县（市）代销自产应税消费品的，于应税消费品销售后，向机构所在地或者居住地主管税务机关申报纳税。纳税人的总机构与分支机构不在同一县（市）的，应当分别向各自机构所在地的主管税务机关申报纳税；经财政部、国家税务总局或者其授权的财政、税务机关批准，可以由总机构汇总向总机构所在地的主管税务机关申报纳税。

委托个人加工的应税消费品，由委托方向其机构所在地或者居住地主管税务机关申报纳税。除此之外，由受托方向所在地主管税务机关代收代缴消费税税款。

进口的应税消费品，由进口人或者其代理人向报关地海关申报纳税。

3.3.4 消费税纳税申报表

为了在全国范围内统一、规范消费税纳税申报资料，加强消费税管理的基础工作，国家税务总局制定了《烟类应税消费品消费税纳税申报表》、《酒及酒精消费税纳税申报表》、《成品油消费税纳税申报表》、《小汽车消费税纳税申报表》、《其他应税消费品消费税纳税申报表》，消费税纳税申报表格基本格式见表 3.4。

表 3.4 消费税纳税申报表

填表日期：　　年　　月　　日

纳税人识别号：　　　　　　　　　　　　　　　　　金额单位：元（列至角分）

应税消费品名称	适用税目	应税销售额（数量）	适用税率（单位税额）	当期准予扣除外购应税消费品买价（数量）				外购应税消费品适应税率（单位税率）
				合　计	起初库存外购应税消费品买价（数量）	当期购进外购应税消费品买价（数量）	期末库存外购应税消费品买价（数量）	
1	2	3	4	5=6+7−8	6	7	8	9
合计								

应纳消费税		当期准予扣除外购应税消费品已纳税款	当期准予扣除委托加工应税消费品已纳税款			
本期	累计		合计	期初库存委托加工应税消费品已纳税款	当期收回委托加工应税消费品已纳税款	期末库存委托加工应税消费品已纳税款
15=3×4−10 或 3×4−11 或 3×4−10−11	16	10=5×9	11=12+13−14	12	13	14

续表

<table>
<tr><td colspan="2">已纳消费税</td><td colspan="4">本期应补(退)税金额</td></tr>
<tr><td>本期</td><td>累计</td><td>合计</td><td>上期结算税金额</td><td>补交本年欠税</td><td>补交以前年度欠税</td></tr>
<tr><td>17</td><td>18</td><td>19=15−17+20+21+22</td><td>20</td><td>21</td><td>22</td></tr>
<tr><td></td><td></td><td></td><td></td><td></td><td></td></tr>
<tr><td colspan="2" rowspan="2">截至上年底累计欠税额</td><td colspan="4">本年度新欠税额</td></tr>
<tr><td colspan="2">本　期</td><td colspan="2">累　计</td></tr>
<tr><td colspan="2">23</td><td colspan="2">24</td><td colspan="2">25</td></tr>
<tr><td colspan="2"></td><td colspan="2"></td><td colspan="2"></td></tr>
<tr><td colspan="2">如纳税人填报，由纳税人填写以下各栏</td><td colspan="3">如委托代理人填报，由代理人填写以下各栏</td><td>备注</td></tr>
<tr><td rowspan="3">会计主管(签章)</td><td rowspan="3">纳税人(公章)</td><td>代理人名称</td><td></td><td rowspan="2">代理人(公章)</td><td rowspan="3"></td></tr>
<tr><td>代理人地址</td><td></td></tr>
<tr><td>经办人</td><td></td><td>电话</td></tr>
<tr><td colspan="6">以下由税务机关填写</td></tr>
<tr><td>收到申报表日期</td><td colspan="2"></td><td>接收人</td><td colspan="2"></td></tr>
</table>

填表说明：

1. 表中第 2 栏“适用税目”必须按照《中华人民共和国消费税暂行条例》规定的税目填写。
2. 本表一式三联，第一联纳税人留存，第二联由主管税务机关留存，第三联税务机关作税收会计原始凭证。

3.3.5　消费税网上申报流程

下面以江苏省烟类生产企业消费税申报为例，介绍消费税网上申报流程。

1. 系统登录

登录××省国家税务局网上办税服务厅。依次输入用户名(用户名为纳税人识别号，如：320855730857189)、密码、验证码，点击登录(见图 3.1)。

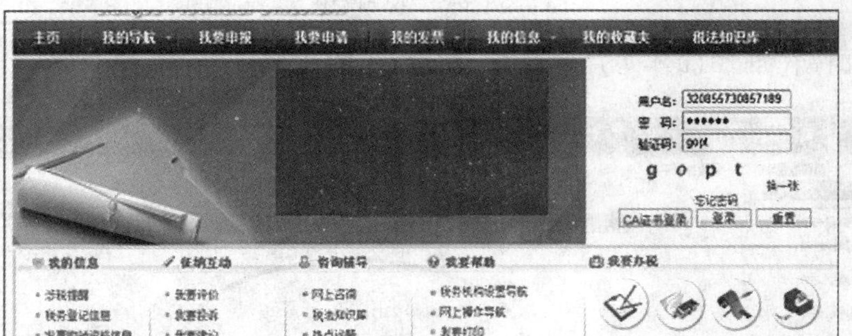

图 3.1　用户登录界面

登录成功后，点击“我要申报”或者“申报征收”(见图 3.2)。

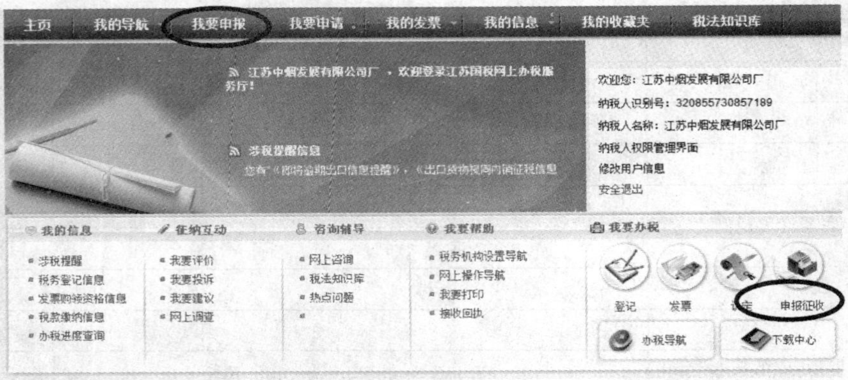

图 3.2　点击“申报征收”

选择“我接受”，点击“确认”（见图 3.3）。

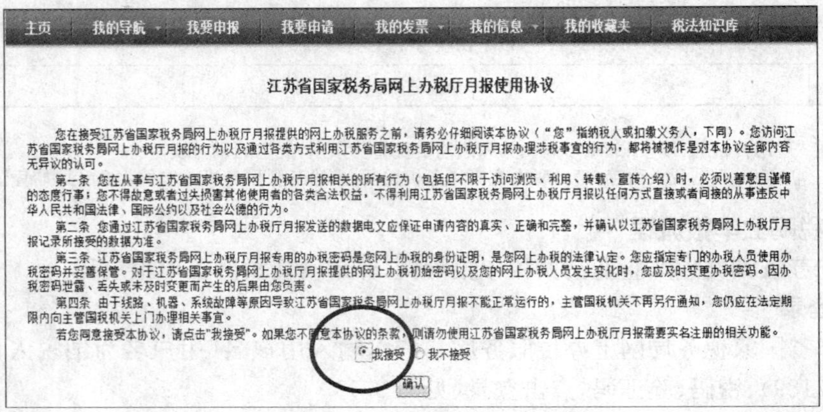

图 3.3　接受“使用协议”

输入所属时期（如 2011 年 7 月），点击“确定”（见图 3.4）。

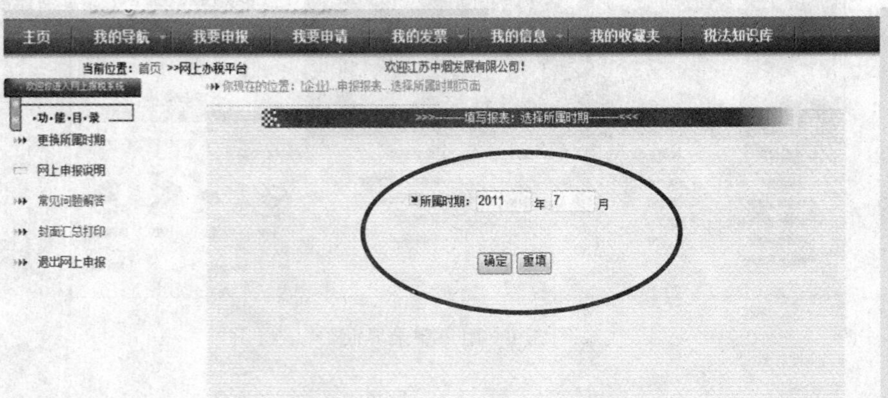

图 3.4　输入所属时期

2. 申报初始化

纳税人申报初始化操作成功后，点击“返回”（见图 3.5 和图 3.6）。

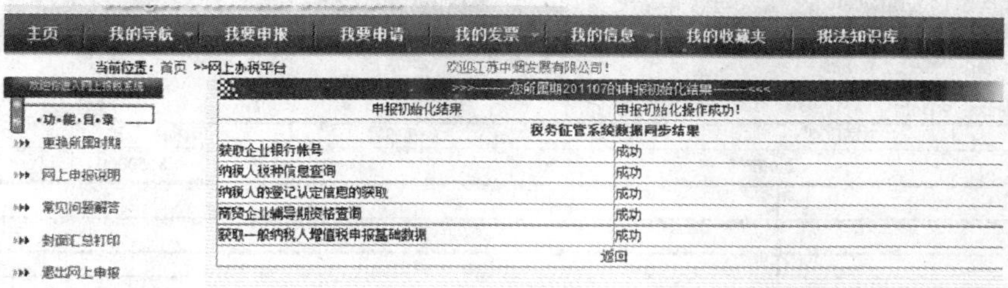

图 3.5　纳税人初始化操作

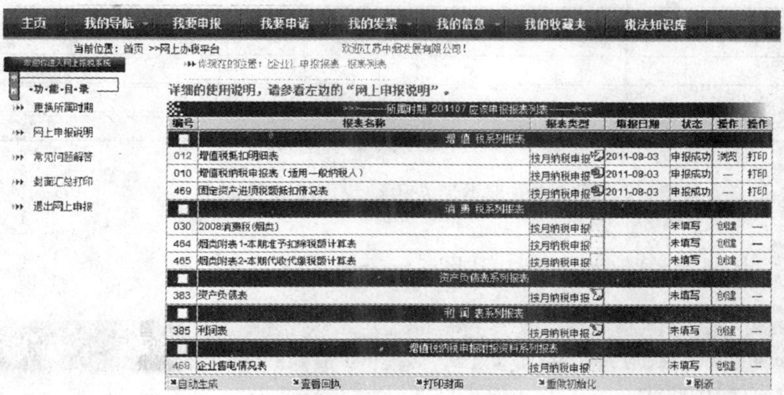

图 3.6　应该申报报表列表

3. 进行增值税申报（略）

详见增值税一般纳税人网上申报模拟操作流程。

4. 进行消费税系列报表填写

选择“2008 消费税（烟类）”（编号 030），点击“创建”（见图 3.7）。

图 3.7　消费税创建界面

输入相关内容,点击“保存”(见图 3.8)。

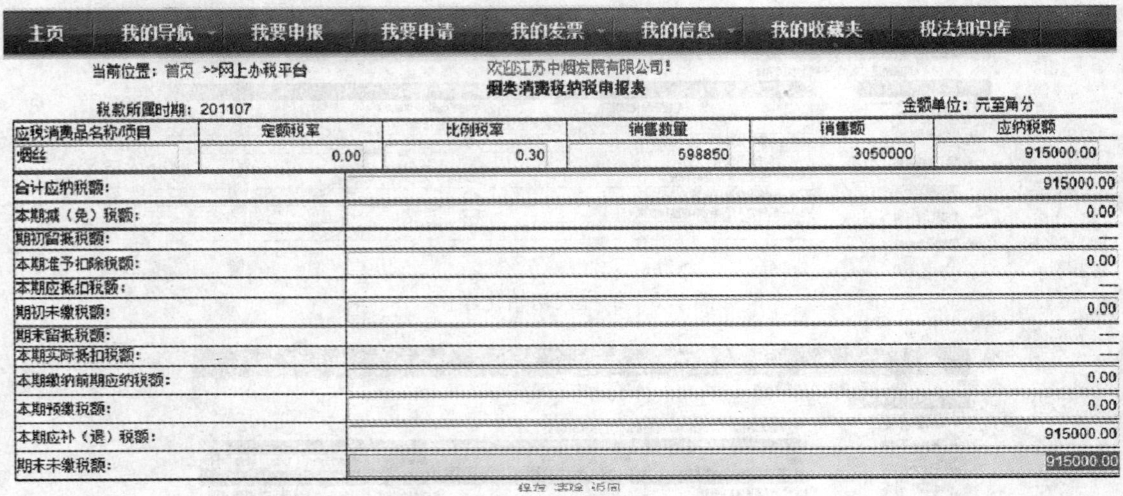

主页 我的导航 我要申报 我要申请 我的发票 我的信息 我的收藏夹 税法知识库

当前位置:首页 >>网上办税平台　　欢迎江苏中烟发展有限公司!

烟类消费税纳税申报表

税款所属时期:201107　　金额单位:元至角分

应税消费品名称/项目	定额税率	比例税率	销售数量	销售额	应纳税额
烟丝	0.00	0.30	598850	3050000	915000.00

合计应纳税额:	915000.00
本期减(免)税额:	0.00
期初留抵税额:	—
本期准予扣除税额:	0.00
本期应抵扣税额:	—
期初未缴税额:	0.00
期末留抵税额:	—
本期实际抵扣税额:	—
本期缴纳前期应纳税额:	0.00
本期预缴税额:	0.00
本期应补(退)税额:	915000.00
期末未缴税额:	915000.00

保存 清除 返回

图 3.8　烟类消费税纳税申报表界面

操作成功后,点击“继续”(见图 3.9 和图 3.10)。

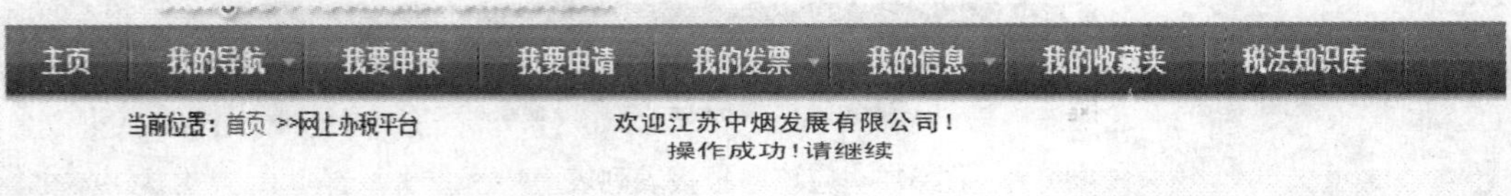

主页 我的导航 我要申报 我要申请 我的发票 我的信息 我的收藏夹 税法知识库

当前位置:首页 >>网上办税平台　　欢迎江苏中烟发展有限公司!

操作成功!请继续

图 3.9　操作成功界面

主页 我的导航 我要申报 我要申请 我的发票 我的信息 我的收藏夹 税法知识库

当前位置:首页 >>网上办税平台　　欢迎江苏中烟发展有限公司!

欢迎你进入网上报税系统

·功·能·目·录

更换所属时期

网上申报说明

常见问题解答

封面汇总打印

退出网上申报

你现在的位置:[企业]…申报报表…报表列表

详细的使用说明,请参看左边的“网上申报说明”。

所属时期 201107 应该申报报表列表

编号	报表名称	报表类型	填报日期	状态	操作	操作
	增值税系列报表					
012	增值税抵扣明细表	按月纳税申报	2011-08-03	申报成功	浏览	打印
010	增值税纳税申报表(适用一般纳税人)	按月纳税申报	2011-08-03	申报成功	—	打印
469	固定资产进项税额抵扣情况表	按月纳税申报	2011-08-03	申报成功	—	打印
	消费税系列报表					
030	2008消费税(烟类)	按月纳税申报	2011-08-03	已填写	修改	—
464	烟类附表1-本期准予扣除税额计算表	按月纳税申报		未填写	创建	—
465	烟类附表2-本期代收代缴税额计算表	按月纳税申报		未填写	创建	—
	资产负债表系列报表					
383	资产负债表	按月纳税申报		未填写	创建	—
	利润表系列报表					
385	利润表	按月纳税申报		未填写	创建	—
	增值税纳税申报附报资料系列报表					
468	企业售电情况表	按月纳税申报		未填写	创建	—

自动生成　查看回执　打印封面　重做初始化　刷新

图 3.10　返回应该申报报表列表

选择“烟类附表1—本期准予扣除税额计算表”（编号464），点击“创建”（见图3.11）。

主页　我的导航　我要申报　我要申请　我的发票　我的信息　我的收藏夹　税法知识库

当前位置：首页 >>网上办税平台　　欢迎江苏中烟发展有限公司！

你现在的位置：[企业]...申报报表...报表列表

详细的使用说明，请参看左边的“网上申报说明”。

>>>——所属时期 201107 应该申报报表列表——<<<

编号	报表名称	报表类型	填报日期	状态	操作	操作
	增值税系列报表					
012	增值税抵扣明细表	按月纳税申报	2011-08-03	申报成功	浏览	打印
010	增值税纳税申报表（适用一般纳税人）	按月纳税申报	2011-08-03	申报成功	—	打印
469	固定资产进项税额抵扣情况表	按月纳税申报	2011-08-03	申报成功	—	打印
	消费税系列报表					
030	2008消费税(烟类)	按月纳税申报	2011-08-03	已填写	修改	—
464	烟类附表1-本期准予扣除税额计算表	按月纳税申报		未填写	创建	—
465	烟类附表2-本期代收代缴税额计算表	按月纳税申报		未填写	创建	—
	资产负债表系列报表					
383	资产负债表	按月纳税申报		未填写	创建	—
	利润表系列报表					
385	利润表	按月纳税申报		未填写	创建	—
	增值税纳税申报附报资料系列报表					
468	企业售电情况表	按月纳税申报		未填写	创建	—

自动生成　查看回执　打印封面　重做初始化　刷新

图3.11　烟类附表1—本期准予扣除税额计算表创建界面

单击“修改”，输入相关内容，点击“保存报表”（见图3.12）

主页　我的导航　我要申报　我要申请　我的发票　我的信息　我的收藏夹　税法知识库

当前位置：首页 >>网上办税平台　　欢迎江苏中烟发展有限公司！

>>>——烟类附表1：本期准予扣除税额计算表——<<<

编制单位：江苏中烟发展有限公司　　单位:元

纳税人识别号：320855730857189　所属时期：2011-07-01 至 2011-07-31　填表日期：2011-08-03

行次	项目	本月数
一、当期准予扣除的委托加工烟丝已纳税款计算		
1	期初库存委托加工烟丝已纳税款：	200000
2	当期收回委托加工烟丝已纳税款：	100000
3	期末库存委托加工烟丝已纳税款：	50000
4	当期准予扣除的委托加工烟丝已纳税款：	250000
二、当期准予扣除的外购烟丝已纳税款计算		
1	期初库存外购烟丝买价：	456
2	当期购进烟丝买价：	223
3	期末库存外购烟丝买价：	189
4	当期准予扣除的外购烟丝已纳税款：	147
三、本期准予扣除税款合计：		250147

保存报表　暂存报表　重填报表　返回

图3.12　输入相关内容

选择“烟类附表2—本期代收代缴税额计算表”（编号465），单击“创建”（见图3.13）。本表作为《烟类应税消费品消费税纳税申报表》的附报资料，由烟类应税消费品受托加工方填报。

项目	烟丝	雪茄烟	卷烟(70元以下/条,比例税率)	卷烟(70元以上/条,比例税率)	合计
适用税率	0.3	0.36	0.36	0.56	--
受托加工数量	0.0	0.0	0.0	0.0	--
同类产品销售价格	0.0	0.0	0.0	0.0	--
材料成本	0.0	0.0	0.0	0.0	--
加工费	0.0	0.0	0.0	0.0	--
组成计税价格	0.0	0.0	0.0	0.0	--
本期代收代缴税款	0.0	0.0	0.0	0.0	0.0

保 存　打印

图 3.13　烟类附表 2—本期代收代缴税额计算表创建界面

操作成功后,点击“返回”(见图 3.14)。

图 3.14　返回应该申报报表列表

消费税系列报表填写完成后,系统自动打勾并出现“正式提交申报”按钮,点击“正式提交申报”,系统自动弹出提示信息,检查无误,点击“确定”(见图 3.15、图 3.16)。

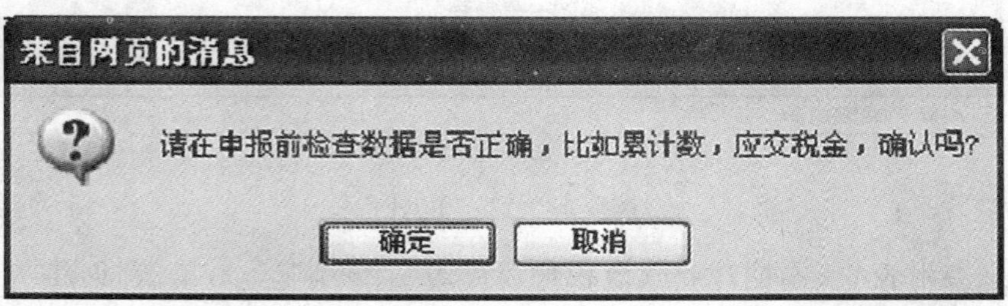

图 3.15　单击“确定”按钮

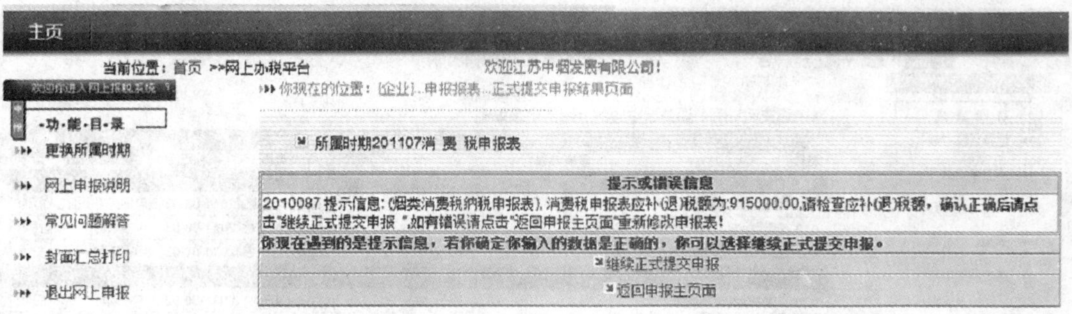

图 3.16　正式提交申报

消费税申报信息核对无误，点击“继续正式提交申报”。申报成功后，系统自动给出提交申报结果，点击“返回申报主页面”（见图 3.17 和图 3.18）。

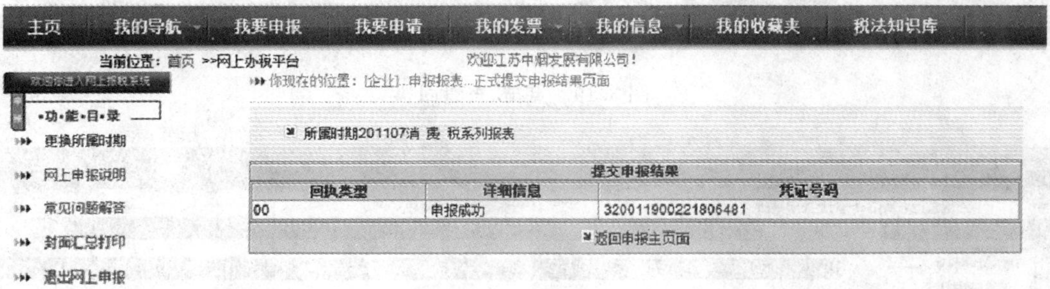

图 3.17　点击“返回申报主页面”

图 3.18　申报主页面

消费税申报成功后，系统自动给出申报回执，点击“查看回执”可以查看回执内容，点击“返回申报主页面”（见图 3.19 和图 3.20）。

图 3.19 点击"查看回执"

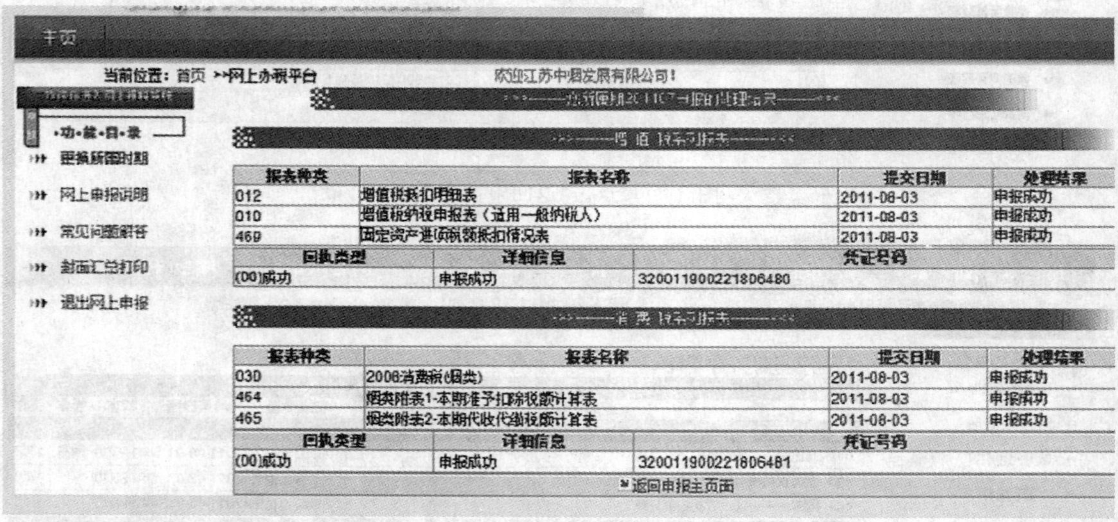

图 3.20 点击"返回申报主页面"

增值税、消费税系列报表申报成功后，单击"打印"，可以打印相关申报表。

备注：由于我国各省份税务局使用的网上报税软件是由不同的公司开发的，因此，申报界面会不一致，但申报流程和填写的申报表是一致的。

3.4 消费税会计核算

企业应在"应交税费"科目下设置"应交消费税"明细科目，核算应交消费税的发生、交纳情况。该科目贷方登记应交纳的消费税，借方登记已交纳的消费税；期末贷方余额为尚未交纳的消费税，借方余额为多交纳的消费税。

1. 销售应税消费品

企业销售应税消费品应交的消费税，应借记“营业税金及附加”科目，贷记“应交税费——应交消费税”科目。

2. 自产自用应税消费品

企业将生产的应税消费品用于在建工程等非生产机构时，按规定应交纳的消费税，借记“在建工程”等科目，贷记“库存商品”、“应交税费——应交消费税”等科目。用于职工福利时借记“应付职工薪酬”科目，贷记“主营业务收入”、“应交税费——应交消费税”等科目。

3. 委托加工应税消费品

需要交纳消费税的委托加工物资，应由受托方代收代缴消费税，受托方按照应交税款金额，借记“应收账款”、“银行存款”等科目，贷记“应交税费——应交消费税”科目。

委托加工物资收回后，直接用于销售的，应将受托方代收代缴的消费税计入委托加工物资的成本，借记“委托加工物资”等科目，贷记“应付账款”、“银行存款”等科目；委托加工物资收回后用于连续生产应税消费品，按规定准予抵扣的，应按已由受托方代收代交的消费税，借记“应交税费——应交消费税”科目，贷记“应付账款”、“银行存款”等科目。

4. 进口应税消费品

纳税人进口应税消费品应缴纳的消费税应计入该应税消费品的成本。

模块任务

1. 计算本月应纳消费税税额

大发酿酒厂主要从事酒类产品生产和销售。2011 年 5 月发生以下业务：

(1)以外购粮食白酒和自产糠麸白酒勾兑散装白酒 1 吨并销售，取得不含税销售额 3.8 万元，货款已收到。

(2)自制粮食白酒 5 吨，对外售出 4 吨，收到不含税销售额 20 万元，另收取包装物押金(单独核算)0.2 万元。

(3)自产药酒 600 千克，全部售出，普通发票上注明销售额 7.2 万元。

(4)从另一酒厂购入粮食白酒 400 千克(已纳消费税 0.4 万元)，全部勾兑成低度白酒出售，数量 500 千克，取得不含税销售额 2.5 万元。

(5)为厂庆活动特制粮食白酒 2 000 千克，全部发放职工，无同类产品售价。每千克成本为 15 元。

要求：计算该酒厂本月应纳消费税。(白酒定额税率为 1 元/千克，比例税率为 20%，药酒比例税率为 10%，粮食白酒的成本利润率为 10%)

【解析】

白酒实行复合计税，且外购已税酒精生产的白酒，不准予扣除外购部分已纳消费税；药酒实行从价计税方法。

(1)对外购粮食和薯类、糠麸等多种原料混合生产的白酒，按粮食白酒税率征税：

从量计征的消费税＝1×1 000×1＝1 000(元)＝0.1(万元)

从价计征的消费税＝3.8×20%＝0.76(万元)

(2)销售白酒：

从量计征的消费税＝4×1 000×1＝4 000(元)＝0.4(万元)

从价计征的消费税＝[20＋0.2÷(1＋17%)]×20%＝4.032(万元)

(3)药酒实行从价计征消费税：

药酒应纳消费税＝7.2÷(1＋17%)÷10%＝0.62(万元)

(4)外购白酒勾兑低度酒销售，外购白酒已纳消费税不得扣除，低度白酒按粮食白酒征收消费税。

从量计征的消费税＝500×1＝500(元)＝0.05(万元)

从价计征的消费税＝2.5×20%＝0.5(万元)

(5)视同销售的白酒：

从量计征的消费税＝2 000×1＝2 000 元＝0.2(万元)

从价计征的消费税＝15×2 000×(1＋10%)÷(1－20%)×20%＝1.1(万元)

(6)本月应纳消费税合计：

0.1＋0.76＋0.4＋4.032＋0.62＋0.05＋0.5＋0.2＋1.1＝7.762(万元)

2. 填写消费税纳税申报表(见表 3.5)

表 3.5　消费税纳税申报表

填表日期：　　年　　月　　日

纳税人识别号：　　　　　　　　　　　　　　　　　　　　金额单位：元(列至角分)

应税消费品名称	适用税目	应税销售额(数量)	适用税率(单位税额)	当期准予扣除外购应税消费品买价(数量)				外购应税消费品适应税率(单位税率)
				合　计	期初库存外购应税消费品买价(数量)	当期购进外购应税消费品买价(数量)	期末库存外购应税消费品买价(数量)	
1	2	3	4	5＝6＋7－8	6	7	8	9
合计								

应纳消费税		当期准予扣除外购应税消费品已纳税款	当期准予扣除委托加工应税消费品已纳税款			
本期	累计		合计	期初库存委托加工应税消费品已纳税款	当期收回委托加工应税消费品已纳税款	期末库存委托加工应税消费品已纳税款
15＝3×4－10 或 3×4－11 或 3×4－10－11	16	10＝5×9	11＝12＋13－14	12	13	14

已纳消费税		本期应补(退)税金额			
本期	累计	合计	上期结算税金额	补交本年欠税	补交以前年度欠税
17	18	19＝15－17＋20＋21＋22	20	21	22

续表

<table>
<tr><td colspan="2" rowspan="2">截至上年底累计欠税额</td><td colspan="5">本年度新欠税额</td></tr>
<tr><td colspan="3">本　期</td><td colspan="2">累　计</td></tr>
<tr><td colspan="2">23</td><td colspan="3">24</td><td colspan="2">25</td></tr>
<tr><td colspan="2"></td><td colspan="3"></td><td colspan="2"></td></tr>
<tr><td colspan="2">如纳税人填报，由纳税人填写以下各栏</td><td colspan="4">如委托代理人填报，由代理人填写以下各栏</td><td>备注</td></tr>
<tr><td rowspan="3">会计主管（签章）</td><td rowspan="3">纳税人（公章）</td><td>代理人名称</td><td colspan="2"></td><td rowspan="2">代理人（公章）</td><td rowspan="3"></td></tr>
<tr><td>代理人地址</td><td colspan="2"></td></tr>
<tr><td>经办人</td><td colspan="2"></td><td>电话</td></tr>
<tr><td colspan="7">以下由税务机关填写</td></tr>
<tr><td>收到申报表日期</td><td colspan="3"></td><td>接收人</td><td colspan="2"></td></tr>
</table>

纳税筹划案例

企业消费税四种税收筹划方法

消费税是价内税，其税负的高低直接影响企业的利润水平，企业通过消费税税收筹划，降低消费税负，可提高企业的经济效益。消费税筹划可着重从以下几方面进行：

1. 选择最佳的应税消费品加工方式，降低消费税负

企业生产应税消费品，可以选择自行加工，也可以选择委托加工。自行加工应税消费品由生产企业按照销售收入和规定的税率计算缴纳消费税。纳税人连续生产自产自用的应税消费品的，不用缴纳消费税。用外购的已纳消费税的产品连续生产应税消费品时，可以扣除外购的应税消费品已纳的消费税税款。委托加工的应税消费品应由受托方代收代缴消费税；委托加工的应税消费品收回后，可以在本企业继续加工成应税产成品，也可以直接对外销售。继续加工再对外销售的，原支付给受托方的消费税可以抵扣；直接对外销售的，不再缴纳消费税。

企业进行生产应税消费品筹划时按应税消费品加工方式进行测算，选择消费税负最低的方案，现举例分析对比如下：

(1)选择自行加工应税消费品方案。

①选择自行购进原材料，自行生产应税消费品对外销售方案。

【例 1】　金陵卷烟厂购进一批烟叶价值 200 万元，准备由一车间加工成烟丝，预计加工费为 220 万元，然后由二车间加工成甲类卷烟，预计加工费为 80 万元，生产完成后出售甲类卷烟，预计不含税销售收入为 1 500 万元，甲类卷烟消费税税率暂按 45%计算，烟丝消费税税率为 30%，企业所得税税率为 25%。

金陵卷烟厂自行加工生产甲类卷烟应纳消费税税额＝1 500×45%＝675(万元)

金陵卷烟厂自行加工生产甲类卷烟税后利润＝(1 500－200－220－80－675)×(1－25%)＝243.75(万元)

②选择用外购已纳消费税的原材料继续生产应税消费品对外销售方案。

【例 2】 金陵卷烟厂购进已经缴纳消费税烟丝价值 495 万元(注:已经缴纳消费税烟丝价值 495 万元计算参见例 3),准备投入加工费 80 万元继续加工成甲类卷烟对外出售,预计不含税销售收入为 1 500 万元,甲类卷烟消费税税率暂按 45%计算,烟丝消费税税率为 30%,企业所得税税率为 25%。

用外购已纳消费税的原材料继续生产应税消费品应纳消费税税额=1 500×45%-495×30%=526.50(万元)

金陵卷烟厂税后利润=(1 500-495-80-526.50)×(1-25%)=298.88(万元)

(2)选择委托加工应税消费品方案。

①选择委托其他企业加工应税半成品收回后,再生产为产成品对外销售方案。

【例 3】 金陵卷烟厂购进一批烟叶价值 200 万元,准备委托新华卷烟厂加工成烟丝,预计加工费为 220 万元,加工后烟丝由金陵卷烟厂收回继续加工成甲类卷烟,预计加工费为 80 万元,生产完成后出售甲类卷烟,预计不含税销售收入为 1 500 万元,甲类卷烟消费税税率暂按 45%计算,烟丝消费税税率为 30%,企业所得税税率为 25%。

委托新华卷烟厂加工成烟丝代收代缴消费税税额=(200+220)/(1-30%)×30%=180(万元)

金陵卷烟厂应纳消费税税额=1 500×45%-180=495(万元)

金陵卷烟厂税后利润=(1 500-200-220-80-495)×(1-25%)=378.75(万元)

②选择委托其他企业加工产成品收回后直接对外销售方案。

【例 4】 金陵卷烟厂购进一批烟叶价值 200 万元,准备委托新华卷烟厂直接加工成甲类卷烟,预计加工费为 300 万元,甲类卷烟生产完成后金陵卷烟厂全部收回对外出售,预计不含税销售收入为 1 500 万元,甲类卷烟消费税税率暂按 45%计算,烟丝消费税税率为 30%,企业所得税税率为 25%。

新华卷烟厂加工甲类卷烟代收代缴消费税税额=(200+300)÷(1-45%)×45%=409.09(万元)

金陵卷烟厂收回甲类卷烟对外出售时不再缴纳消费税。

金陵卷烟厂税后利润=(1 500-200-300-409.09)×(1-25%)=443.18(万元)

从以上四个案例金陵卷烟厂税后利润的计算结果进行选择,第一应选择委托其他企业加工产成品收回后直接对外销售方案;第二应选择委托其他企业加工应税半成品收回后,再生产为产成品对外销售方案;第三应选择用外购已纳消费税的原材料继续生产应税消费品对外销售方案;第四应选择自行购进原材料,自行生产应税消费品对外销售方案。

以上不同加工方式产生税后利润差异的主要原因,是因为不同加工方式应税消费品的税基不同,自行加工的应税消费品,计税的税基为产品销售价格,税负最重,购买应税消费品继续加工方式,虽然以产品销售价格为税基,但允许扣除购入原材料的已经缴纳消费税税额,税负相对较轻,委托加工应税消费品,计税的税基为组成计税价格或同类产品销售价格,其往往低于产品销售价格,而低于的这一部分,实际上未缴纳消费税,故税负最轻。

2. 改变换取生产资料方式,降低消费税负

【例 5】 华光公司准备以自产的 150 辆摩托车向前进橡胶厂换取其生产的橡胶材料,华光公司当月销售同种型号摩托车有两种价格,分别为以 4 500 元的单价销售了 200 辆,以6 000 元的单价销售了 300 辆,摩托车消费税税率为 10%。

按消费税法规定：纳税人用于换取生产资料和消费资料、投资入股和抵偿债务等方面的应税消费品，应当以纳税人同类应税消费品的最高销售价格作为计税依据计算消费税，故华光公司换取橡胶材料，应按摩托车当月最高销售价格 6 000 元/辆计算应纳消费税税额＝150×6 000×10%＝90 000(元)。

对以上案例进行税收筹划，可考虑改变生产资料换取方式，将摩托车先销售，再用销售款购买橡胶材料，华光公司销售 150 辆摩托车可按摩托车的月加权平均单价计算应纳消费税。

摩托车的月加权平均单价＝(4 500×200＋6 000×300)/(200＋300)＝5 400(元/辆)

销售摩托车应纳消费税税额＝150×5 400×10%＝81 000(元)

比筹划前节约消费税＝90 000－81 000＝9 000(元)

3. 改变成套消费品的销售包装方式，降低消费税负

【例 6】 武进酒业有限公司生产各类粮食白酒和果酒，本月将粮食白酒和果酒各 1 瓶组成价值 60 元的成套礼品酒进行销售，这两种酒的出厂价分别为 40 元/瓶、20 元/瓶，均为 1 斤装。该月共销售 5 万套礼品酒。这两种酒的消费税税率分别为：粮食白酒每斤 0.5 元＋销售额×20%；果酒按销售额×10%。

按《消费税暂行条例》第三条规定：纳税人兼营不同税率的应当缴纳消费税的消费品（以下简称应税消费品），应当分别核算不同税率应税消费品的销售额、销售数量；未分别核算销售额、销售数量，或者将不同税率的应税消费品组成成套消费品销售的，从高适用税率。武进公司采用“先包装后销售”方式销售 5 万套礼品酒属于“兼营”行为。同时，该公司将这些适用不同税率的应税消费品组成成套消费品销售，不能分别核算销售额，因此，应按从高原则，即适用粮食白酒的消费税计算方法计税。

其应纳消费税税额为＝50 000×(0.5×2＋60×20%)＝650 000(元)

对以上案例进行税收筹划，可考虑改变应税消费品的包装方式，采用“先销售后包装”的方式将两种酒分别核算销售额，同时在销售柜台设置礼品盒，在消费者购买两种酒后再用礼品盒进行组合包装，该公司可按两种酒销售额分别计算应纳消费税税额＝50 000×(0.5＋40×20%)＋20×50 000×10%＝525 000(元)。由此可见，对应税消费品的包装方式由“先包装后销售”改为“先销售后包装”节约消费税税款＝650 000－525 000＝125 000(元)。

4. 改变包装物的作价方式，降低消费税负

【例 7】 名风轮胎公司本月销售 100 000 个汽车用轮胎，每只 2 000 元，其中含包装物价值每只 300 元。轮胎消费税税率为 3%，名风轮胎公司采取轮胎连同包装物合并销售，销售额＝100 000×2000＝200 000 000(元)。

按《消费税暂行条例实施细则》第十三条规定：应税消费品连同包装物销售的，无论包装物销售是否单独计价以及在会计上如何核算，均应并入应税消费品的销售额中缴纳消费税。如果包装物不作价随同产品销售，而是收取押金，此项押金则不应并入应税消费品的销售额中征税。但对因逾期未收回的包装物不再退还的或者已收取的时间超过 12 个月的押金，应并入应税消费品的销售额，按照应税消费品的适用税率缴纳消费税。名风轮胎公司轮胎连同包装物合并销售应纳消费税额＝200 000 000×3%＝6 000 000(元)。

对以上案例进行税收筹划，可考虑企业在销售轮胎签订合同时，改变包装物的作价方式，将轮胎每只定价为 1 700 元，对包装物不作价，改为每只收取 300 元押金，按《消费税暂行条例实施细则》规定，名风轮胎公司收取包装物押金不并入应税消费品的销售额中征税。

应纳消费税额＝100 000×1700×3％＝5 100 000(元)

节约消费税税款＝6 000 000－5 100 000＝900 000(元)

(本文由作者根据网络相关资料改写,原文见:税屋 http://www.shui5.cn.)

【模块小结】

1. 消费税是指对消费品和特定的消费行为按消费流转额征收的一种商品税。

2. 在中华人民共和国境内生产、委托加工和进口《消费税暂行条例》规定的消费品的单位和个人,以及国务院确定的销售《消费税暂行条例》规定的消费品的其他单位和个人,为消费税的纳税人,应当依照《消费税暂行条例》缴纳消费税。

3. 目前,确定征收消费税的只有烟、酒、化妆品等 14 个税目,有的税目还进一步划分了若干子目。消费税属于价内税,并实行单一环节征收,一般在应税消费品的生产、委托加工和进口环节缴纳,在以后的批发、零售等环节中,由于价款中已包含消费税,因此不必再缴纳消费税。

4. 消费税采用比例税率和定额税率两种形式,以适应不同应税消费品的实际情况。消费税根据不同的税目或子目确定相应的税率或固定税额。

5. 按照现行消费税法的基本规定,消费税应纳税额的计算主要分为从价计征、从量计征和从价从量复合计征三种方法。在从价定率计算方法下,应纳税额等于应税消费品的销售额乘以适用税率;在从量定额计算方法下,应纳税额等于应税消费品的销售数量乘以固定税额;现行消费税的征税范围中,只有卷烟、粮食白酒、薯类白酒采用复合计征方法,应纳税额等于应税销售数量乘以定额税率再加上应税销售额乘以比例税率。

6. 纳税人自产自用的应税消费品,用于连续生产应税消费品的,不纳税。凡用于其他方面的,于移送使用时纳税。没有同类消费品销售价格的,按照组成计税价格计算纳税。

7. 委托加工的应税消费品,按照受托方的同类消费品的销售价格计算纳税,同类消费品的销售价格是指受托方(即代收代缴义务人)当月销售的同类消费品的销售价格,如果当月同类消费品各期销售价格高低不同,应按销售数量加权平均计算。

8. 进口的应税消费品,于报关进口时缴纳消费税;进口的应税消费品的消费税由海关代征;进口的应税消费品,由进口人或者其代理人向报关地海关申报纳税;纳税人进口应税消费品,按照关税征收管理的相关规定,应当自海关填发海关进口消费税专用缴款书之日起 15 日内缴纳税款。

9. 现行消费税规定,将外购应税消费品和委托加工收回的应税消费品继续生产应税消费品销售的,可以将外购应税消费品和委托加工收回应税消费品已缴纳的消费税给予扣除,具体有 11 个项目。

10. 消费税纳税申报包括销售自产应税消费品的纳税申报、委托加工应税消费品代收代缴申报。纳税人应在规定的时间内向主管税务机关申报纳税,解缴税款。

11. 企业应在“应交税费”科目下设置“应交消费税”明细科目,核算应交消费税的发生、缴纳情况。

综合训练

一、单项选择题

1. 消费税是对(　　)征收的。

A. 生产并销售应税消费品的单位和个人

B. 批发消费品的单位和个人

C. 购买应税消费品的单位和个人

D. 出口应税消费品的单位和个人

2. 纳税人自产自用的消费品(　　),不计算缴纳消费税。

A. 用于集资　　B. 用于在建工程

C. 用于赞助　　D. 用于连续生产应税消费品

3. 外购和委托加工收回的应税消费品用于连续生产应税消费品的,计征消费税时,应按(　　)数量计算准予扣除的已纳税款。

A. 购入　　B. 生产领用　　C. 库存　　D. 期初

4. 下列酒类产品,除(　　)外,其收取的包装物押金,不论是否返还及会计上如何核算,均应并入当期销售额征税。

A. 粮食白酒　　B. 薯类白酒　　C. 酒精　　D. 啤酒

5. 纳税人用于换取生产资料和消费资料、投资入股和抵偿债务等方面的应税消费品,应以纳税人同类应税消费品的(　　)作为计税依据,计算消费税。

A. 同期销售价格　　B. 平均销售价格　　C. 最高销售价格　　D. 最低销售价格

6. 某外贸进出口公司当月从日本进口 140 辆小轿车,每辆车的关税完税价格为 8 万元,已知小轿车关税税率为 110%,消费税率为 5%。进口这些轿车应缴纳(　　)万元消费税。

A. 61.6　　B. 123.79　　C. 56　　D. 80

7. 下列外购已税消费品生产应税消费品,在计税时准予扣除外购应税消费品已纳税款的是(　　)。

A. 烟丝　　B. 汽油　　C. 柴油　　D. 小汽车

8. 某纳税人自产一批化妆品用于本企业职工福利,无同类产品价格可比照,其组成计税价格为(　　)。

A.(材料成本+加工费)/(1−消费税税率)

B.(材料成本+加工费)/(1+消费税税率)

C.(成本+利润)/(1+消费税税率)

D.(成本+利润)/(1−消费税税率)

9. 某化妆品厂受托加工化妆品一批,委托方提供原材料 20 万元,本企业收取加工费 8 万元,并开出增值税专用发票,本企业无同类化妆品销售价格。该企业应代扣代缴的消费税为(　　)元。

A. 24 000　　B. 84 000　　C. 120 000　　D. 68 000

10. 随产品出售但单独计价的包装物,按规定应缴纳的消费税,在计提时应借记(　　)科目。

A. 营业外支出　　B 产品销售费用
C. 应交税金——应交消费税　　D 其他业务支出

二、多项选择题

1. 下列纳税人经营活动中,需纳消费税的有(　　)。
A. 汽车交易市场销售汽车　　B. 商店销售卷烟
C. 外贸公司进口化妆品　　D. 加工厂受托加工烟丝

2. 纳税义务人自产的应税消费品用于下列项目时,应视同销售计征消费税的有(　　)。
A. 用于在建工程　　B. 用于连续生产应税消费品
C. 用于广告　　D. 用于赞助

3. 下列各项中,可按委托加工应税消费品的规定征收消费税的有(　　)。
A. 受托方代垫原料,委托方提供辅助材料的
B. 委托方提供原料和主要材料,受托方代垫部分辅助材料的
C. 受托方负责采购委托方所需原材料的
D. 委托方提供原料、材料和全部辅助材料的

4. 下列价外费用中,应计入消费税销售额的有(　　)。
A. 包装费　　B. 储备费
C. 运输装卸费　　D. 代垫运费

5. 下列业务中,计提应纳消费税时,会计处理为借记"营业税金及附加"贷记"应交税金——应缴消费税"的是(　　)。
A. 企业销售应税消费品
B. 企业出口按规定不予免税或退税的应税消费品
C. 企业用于换取生产资料的应税消费品
D. 企业用于连续生产的应税消费品

三、判断题

1. 对白酒实行从价定率和从量定额相结合的办法征收消费税。(　　)

2. 对既销售金银首饰,又销售非金银首饰的生产单位,凡不能分别核算销售额的,符合征税条件的一律依 5%征收消费税。(　　)

3. 纳税人通过自设非独立核算门市部销售的自产应税消费品应按工厂最高出厂价计征消费税。(　　)

4. 纳税人将金银首饰与其他产品组成成套消费品销售的应只就金银首饰部分征收消费税。(　　)

5. 企业将生产的应税消费品用于在建工程、非生产机构等其他方面的,按规定应缴纳消费税,借记"固定资产"、"在建工程"、"营业外支出"、"产品销售费用"等科目,贷记"应交税金——应交消费税"科目。(　　)

四、案例研讨

1. 资料:红星酒厂为增值税一般纳税人,2012 年 7 月份发生如下经济业务:

(1)7 月 3 日,销售甲种粮食白酒 10 吨,每吨含税单价 24 570 元;销售乙种粮食白酒 5 吨,每吨含税单价 22 230 元;销售丙种粮食白酒 20 吨,每吨含税单价 21 060 元,款项全部存入银行。

(2)7月8日,销售薯类白酒3吨,每吨含税单价4 680元,收取包装物押金2 340元,款项全部存入银行。

(3)7月14日,销售以外购薯类白酒和自产糠麸白酒勾兑的散装白酒6吨,每吨含税单价2 340元,其中外购薯类白酒3吨,每吨含税价1 170元,取得增值税专用发票,全部用于勾兑并销售,货款存入银行。

(4)7月15日,用自产甲种粮食白酒9吨,从农民手中换玉米,已经验收入库,开出收购专用发票。

(5)本月份委托某酒厂为其加工酒精6吨,粮食由委托方提供,发出粮食成本51 000元,支付加工费6 000元,增值税1 020元,用银行存款支付。受托方无同类酒精销售价。收回的酒精全部用于连续生产套装礼品白酒10吨,每吨含税单位售价35 100元,当月全部销售。

(6)7月28日,将自己生产的甲种粮食白酒8吨,3吨用于馈赠,5吨用于职工福利。

【要求】 根据以上资料回答下列问题:

(1)本月增值税销项税额是多少元?

(2)本月应抵扣的增值税进项税额是多少元?

(3)本月应纳增值税是多少元?

(4)委托加工业务,受托方代收代缴的消费税是多少元?

(5)本月全部应纳消费税(不包括受托方代收代缴消费税)是多少元?

2. 某粮食白酒厂2011年4月份发生如下业务:

(1)销售给甲100箱,取得不含税销售额50 000元。

(2)销售给乙200箱,取得不含税销售额120 000元。

(3)将50箱同样白酒分发职工做福利。

(4)将70箱用以换取原材料。

(5)将新研制贵宾酒30箱,每箱成本800元,赠给市运动会。

【要求】 计算该酒厂4月份应缴纳多少消费税?

(假设每箱10瓶,每瓶0.5千克,定额税率为1元/千克,消费税税率为20%)

3. 某酒厂(一般纳税人)2012年5月份销售业务如下:

(1)销售A牌粮食白酒40吨,每吨出厂价10 000元;通过厂属非独立核算门市部零售11.7吨,每吨零售价格为12 500元。

(2)用外购薯类酒精10吨,勾兑生产B牌薯类白酒30吨,本月销售15吨,每吨出厂价5 000元;外购酒精发票注明买价为每吨3 000元。

(3)为商场加工生产C牌粮食白酒,商场提供原材料成本70 000元,本月交货共收取加工费5 000元。假定加工合同规定加工C牌粮食白酒20吨。

(4)用委托加工收回的黄酒5吨,加工生产药酒15吨,每吨出厂价6 000元,销售12吨,剩余3吨赠送他人。

【要求】 计算该酒厂5月份应缴纳多少消费税?(粮食白酒税率为20%,薯类白酒税率为20%,其他酒税率为10%;假设每箱10瓶,每瓶1斤,定额税率为0.5元/斤)

4. 某卷烟厂为增值税一般纳税人,2011年10月份有关生产经营情况如下:

(1)从某烟丝厂购进已税烟丝200吨,每吨不含税单价2万元,取得烟丝厂开具的增值税专用发票,注明货款400万元、增值税68万元,烟丝已验收入库。

(2)向农业生产者收购烟叶 30 吨,收购凭证上注明支付收购货款 42 万元,另支付运输费用 3 万元,取得运输公司开具的普通发票;烟叶验收入库后,又将其运往烟丝厂加工成烟丝,取得烟丝厂开具的增值税专用发票,注明支付加工费 8 万元、增值税 1.36 万元,卷烟厂收回烟丝时烟丝厂未代收代缴消费税。

(3)卷烟厂生产领用外购已税烟丝 150 吨,生产卷烟 20 000 标准箱(每箱 50 000 支,每条 200 支,每条调拨价在 50 元以上),当月销售给卷烟专卖商 18 000 箱,取得不含税销售额 36 000万元。(提示:烟丝消费税率 30%,卷烟消费税比例税率 45%,定额税率 150 元/箱)

【要求】 计算卷烟厂 10 月份应缴纳的消费税。

模块四　营业税纳税实务

学习目标

内　　容	营业税纳税实务
知识目标	1. 了解纳税义务人、税目、税率、纳税义务发生时间与纳税期限、纳税地点 2. 熟悉税收优惠、网上报税和涉税业务的会计核算方法 3. 掌握营业税的计税依据，应纳税额的计算和纳税申报表的填写
能力目标	1. 能够准确进行应纳税额计算 2. 能够独立进行营业税纳税申报

案例引导

国务院近日决定，从2012年1月1日起，在部分地区和行业开展深化增值税制度改革试点，逐步将目前营业税改为增值税征收。

从中国税制发展变化的大趋势看，将营业税并入增值税应该是大势所趋，可以乐观地预测，营业税即将完成其历史使命，成为一个历史名词。

营业税在我国具有十分悠久的历史。周代对“商贾虞衡”的课税，汉代向商人征收的“算缗钱”，明代开征的“市肆门摊税”，清代开征的当税、屠宰税，都具有营业税的性质。严格来说，营业税也应该是舶来品，是从国外引进的税种，它到底来自法国还是德国，人们的说法还不一致。

清政府向商人征收厘金，长时间成为中国商人的噩梦。民国建立后，就有人建议采用国外的营业税以取代厘金，1914年民国财政部就创设特种营业执照税。不过这种税还不能说是严格意义上的营业税。1928年的裁厘会议上，决定地方举办营业税以抵补裁撤厘金带来的损失，同时取消类似营业税的传统税种“牙税”。1931年国民党政府授权地方筹办营业税，这应该是中国正式征收营业税的开始。

但不如人意的是，各地虽然征收营业税，但却舍不得取消牙税，这不但属于政府背信食言，而且牙税与营业税性质类似，属于重复征税，因而引起商民的严重抗议。商民甚至认为，营业税就是变相的厘金，甚至比厘金更为可恶。不过相对而言，当时的税率还算轻微，一般在1%

以内。由于商民反对，再加上调查核实商户营业收入困难极大，因此，营业税仍然多以摊派和包税的方式征收。抗日战争爆发后，营业税被收归中央，税率也提高到1%左右，抗战结束后，营业税又回到地方，成为地方政府的税种。

改革开放后，税制改革，营业税又从工商税中分离出来。1984年税改时，工商税中分出营业税、产品税和增值税。这三种税收各有侧重，产品税从生产环节征收，营业税从商品销售环节征收，增值税则是在生产和销售诸环节都征收。1994年税改时产品税被消费税取代，营业税则保留下来，并再次成为地方政府的主要税种。不过，由于更为科学合理的增值税已经勃然兴起，原来征收营业税的不少商品划归增值税，营业税的对象剩下劳务、不动产转让和无形资产转让等三类。

（本文由作者根据网络相关资料改写，原文见：http://longzipig. blog. sohu. com/198735258. html.）

相关知识

4.1 营业税法律常识

4.1.1 营业税概念

营业税是以在我国境内提供应税劳务、转让无形资产或销售不动产所取得的营业额为课税对象而征收的一种商品劳务税。

现行营业税征税范围为增值税征税范围之外的所有经营业务，因而税率设计的总体水平一般较低。但由于各经营业务盈利水平高低不同，因此，实际税负采取按不同行业、不同经营业务设立税目、税率的方法，实行同一行业同税率，不同行业不同税率。

4.1.2 纳税义务人与扣缴义务人

1. 纳税义务人

在中华人民共和国境内提供应税劳务、转让无形资产或者销售不动产的单位和个人，为营业税的纳税义务人。

在中华人民共和国境内是指以下四种情况：

(1)提供或者接受应税劳务的单位或者个人在境内。

(2)所转让的无形资产(不含土地使用权)的接受单位或者个人在境内。

(3)所转让或者出租土地使用权的土地在境内。

(4)所销售或者出租的不动产在境内。

2. 扣缴义务人

在现实生活中，有些情况难以直接确定纳税人，因此税法规定了扣缴义务人。营业税的扣缴义务人主要有以下几种：

(1)委托金融机构发放贷款的，其应纳税款以受托发放贷款的金融机构为扣缴义务人。

(2)建筑业工程实行总承包、分包方式的，以总承包人为扣缴义务人。

(3)境外单位或者个人在境内发生应税行为而在境内未设有机构的，其应纳税款以代理人为扣缴义务人；没有代理人的，以受让者或者购买者为扣缴义务人。

(4)单位或者个人进行演出，由他人售票的，其应纳税款以售票者为扣缴义务人，演出经纪人为个人的，其办理演出业务的应纳税款也以售票者为扣缴义务人。

(5)分保险业务，其应纳税款以初保人为扣缴义务人。

(6)个人转让专利权、非专利技术、商标权、著作权、商誉的，其应纳税款以受让者为扣缴义务人。

4.1.3　税目与税率

1. 税目

营业税的税目按照行业、类别的不同分别设置，现行营业税共设置了以下九个税目：

(1)交通运输业。交通运输业包括陆路运输、水路运输、航空运输、管道运输和装卸搬运五大类。

凡与运营业务有关的各项劳务活动，均属交通运输业的税目征收范围，包括通用航空业务，航空地面服务，打捞，理货，港务局提供的引航、系解缆、搬家、停泊、移泊等劳务及引水员交通费、过闸费、货物港务费等。

对远洋运输企业从事程租、期租业务和航空运输企业从事湿租业务取得的收入，按"交通运输业"税目征收营业税。

程租业务，是指远洋运输企业为租船人完成某一特定航次的运输任务并收取租赁费的业务。

期租业务，是指远洋运输企业将配备有操作人员的船舶承租给他人使用一定期限，承租期内听候承租方调遣，不论是否经营，均按天向承租方收取租赁费，发生的固定费用(如人员工资、维修费用等)均由船东负担的业务。

湿租业务，是指航空运输企业将配备有机组人员的飞机承租给他人使用一定期限，承租期内听候承租方调遣，不论是否经营，均按一定标准向承租方收取租赁费，发生的固定费用(如人员工资、维修费用等)均由承租方负担的业务。

(2)建筑业。建筑业是指建筑安装工程作业等，包括建筑、安装、修缮、装饰和其他工程作业等内容。

(3)金融保险业。金融保险业是指经营金融、保险的业务。

(4)邮电通信业。邮电通信业是指专门办理信息传递的业务，包括邮政、电信。

(5)文化体育业。文化体育业是指经营文化、体育活动的业务，包括文化业和体育业。

文化业是指经营文化活动的业务，包括表演、播映、经营游览场所和各种展览、培训活动，举办文学、艺术、科技讲座、讲演、报告会，图书馆的图书和资料的借阅业务等。

体育业是指举办各种体育比赛和为体育比赛或体育活动提供场所的业务。

(6)娱乐业。娱乐业是指为娱乐活动提供场所和服务的业务，包括经营歌厅、舞厅、卡拉OK歌舞厅、音乐茶座、台球、高尔夫球、保龄球场、网吧、游艺场等娱乐场所，以及娱乐场所为顾客进行娱乐活动提供服务的业务。娱乐场所为顾客提供的饮食服务及其他各种服务也按照娱乐业征税。

(7)服务业。服务业是指利用设备、工具、场所、信息或技能为社会提供服务的业务，包括代理业、旅店业、饮食业、旅游业、仓储业、租赁业、广告业和其他服务业。具体要注意以下几项：

①福利彩票机构发行销售福利彩票取得的收入不征收营业税。对福利彩票机构以外的代销单位销售福利彩票取得的手续费收入应按规定征收营业税。

②双方签订承包、租赁合同(协议,下同),将企业或企业部分资产出包、租赁,出包、出租者向承包、承租方收取的承包费、租赁费(承租费,下同)按“服务业”税目征收营业税。

③单位和个人在旅游景点经营索道取得的收入按“服务业”税目“旅游业”项目征收营业税。

④交通部门有偿转让高速公路收费权行为,属于营业征收范围,应按“服务业”税目中的“租赁”项目征收营业税。

⑤对远洋运输企业从事光租业务和航空运输企业从事干租业务取得的收入,按“服务业”税目中的“租赁业”项目征收营业税。光租业务,是指远洋运输企业将船舶在约定的时间内出租给他人使用,不配备操作人员,不承担运输过程中发生的各种费用,只收取固定租赁费的业务。干租业务,是指航空运输企业将飞机在约定的时间内出租给他人使用,不配备机组人员,不承担运输过程中发生的各种费用,只收取固定租赁费的业务。

⑥无船承运业务应按照“服务业——代理业”税目征收营业税。无船承运业务是指无船承运业务经营者以承运人身份接受托运人的货载,签发自己的提单或其他运输单证,向托运人收取运费,通过国际船舶运输经营者完成国际海上货物运输,承担承运人责任的国际海上运输经营活动。

⑦单位和个人受托种植植物、饲养动物的行为,应按照营业税“服务业”税目征收营业税,不征收增值税。上述单位和个人受托种植植物、饲养动物的行为是指,委托方向受托方提供其拥有的植物或动物,受托方提供种植或饲养服务并最终将植物或动物归还给委托方的行为。

(8)转让无形资产。转让无形资产是指转让无形资产的所有权或使用权的行为,包括转让土地使用权、转让商标权、转让专利权、转让非专利技术、出租电影拷贝、转让著作权和转让商誉。

以无形资产投资入股,参与接受投资方的利润分配、共同承担投资风险的行为,不征收营业税。在投资后转让其股权的也不征收营业税。

(9)销售不动产。销售不动产是指有偿转让不动产所有权的行为,包括销售建筑物或构筑物和销售其他土地附着物。在销售不动产时连同不动产所占土地的使用权一并转让的行为,比照销售不动产征收营业税。

对以不动产投资入股,参与接受投资方利润分配、共同承担投资风险的行为,不征营业税。在投资后转让其股权的也不征收营业税。

单位或者个人将不动产或者土地使用权无偿赠送其他单位或者个人,视同发生应税行为按规定征收营业税;单位或者个人自己新建(以下简称自建)建筑物后销售,其所发生的自建行为,视同发生应税行为按规定征收营业税。

加工和修理修配劳务属于增值税的征税范围,因此不属于营业税的应税劳务。单位或个体工商户聘用的员工为本单位或雇主提供的劳务,也不属于营业税的应税劳务。

2. 税率

营业税按照行业、类别的不同分别采用不同的比例税率,具体规定如下:

(1)交通运输业、建筑业、邮电通信业、文化体育业,税率为3%。

(2)金融保险业、服务业、销售不动产、转让无形资产,税率为5%。

(3)娱乐业执行5%～20%的幅度税率，具体适用的税率，由各省、自治区、直辖市人民政府根据当地的实际情况在税法规定的幅度内决定。

对夜总会、歌厅、舞厅、射击、狩猎、跑马、游戏、高尔夫球、游艺、电子游戏厅等娱乐行为一律按20%的税率征收营业税。保龄球、台球减按5%的税率征收营业税，税目仍属于"娱乐业"。

从2012年1月1日起，在上海市交通运输业和部分现代服务业开展营业税改征增值税试点。

3. 特殊经营行为

(1)兼营不同税目的应税行为。纳税人兼营不同税目应税行为的，应当分别核算不同税目的营业额、转让额、销售额，然后按各自的适用税率计算应纳税额；未分别核算的，将从高适用税率计算应纳税额。

(2)混合销售行为。从事货物的生产、批发或零售的企业、企业性单位及个体经营者，包括以从事货物的生产、批发或零售为主，并兼营应税劳务的企业、企业性单位及个体工商户在内的纳税人的混合销售行为交纳增值税，其他纳税人交纳营业税。

纳税人的销售行为是否属于混合销售行为，由国家税务总局所属征收机关确定。

(3)兼营应税劳务与货物或非应税劳务行为。纳税人兼营免税、减税项目的，应当单独核算免税、减税项目的营业额；未单独核算营业额的，不得免税、减税。

4.1.4　税收优惠

1. 起征点

对于经营营业税应税项目的个人，营业税规定了起征点。营业额达到或超过起征点即照章全额计算纳税，营业额低于起征点则免予征收营业税。

(1)按期纳税的(除另有规定外)为月营业额1 000～5 000元。

(2)按次纳税的(除另有规定外)为每次(日)营业额100元。

2. 免税规定

(1)托儿所、幼儿园、养老院、残疾人福利机构提供的育养服务、婚姻介绍、殡葬服务。

(2)残疾人员个人为社会提供的劳务。

(3)学校和其他教育机构提供的教育劳务，学生勤工俭学提供的劳务。学校和其他教育机构是指普通学校以及经地、市级以上人民政府或者同级政府的教育行政部门批准成立、国家承认其学员学历的各类学校。

(4)农业机耕、排灌、病虫害防治、植保、农牧保险以及相关技术培训业务，家禽、牲畜、水生动物的配种和疾病防治。

(5)纪念馆、博物馆、文化馆、美术馆、展览馆、书画院、图书馆、文物保护单位举办文化活动的门票收入，宗教场所举办文化、宗教活动的门票收入。

4.2　营业税计算

4.2.1　营业税计算公式

纳税人提供应税劳务、转让无形资产或者销售不动产，按照营业额和相关行业规定的适用税率计算应纳税额。计算公式为

应纳税额=营业额×税率

4.2.2 计税依据

1. 计税依据的一般规定

营业税的计税依据是营业额，营业额为纳税人提供应税劳务、转让无形资产或者销售不动产向对方收取的全部价款和价外费用。

2. 计税依据的具体规定

(1)交通运输业。运输企业从事联运业务，以实际取得的营业额为计税依据。联运业务是指两个以上运输企业完成旅客或货物从发送地点至到达地点所进行的运输业务，联运的特点是一次购买、一次收费、一票到底。

(2)建筑业。建筑业的总承包人将工程分包或者转包给他人，以工程的全部承包额减去付给分包人或者转包人的价款后的余额为营业额。

纳税人提供建筑业劳务(不含装饰劳务)的，其营业额应当包括工程所用原材料、设备及其他物资和动力价款在内，但不包括建设方提供的设备的价款。从事安装工程作业，安装设备价值作为安装工程产值的，营业额包括设备的价款。

自建行为和单位或个人将不动产无偿赠与他人，由主管税务机关按照相关规定核定营业额。

营业额=营业成本或者工程成本×(1+成本利润率)÷(1-营业税税率)

自建行为是指纳税人自己建造房屋的行为。纳税人自建自用的房屋不纳税；如纳税人(包括个人自建自用住房销售)将自建的房屋对外销售，其自建行为应按建筑业缴纳营业税，再按销售不动产征收营业税。

纳税人采用清包工形式提供的装饰劳务，按照其向客户实际收取的人工费、管理费和辅助材料费等收入(不含客户自行采购的材料价款和设备价款)确认计税营业额。

清包工形式提供的装饰劳务是指，工程所需的主要原材料和设备由客户自行采购，纳税人只向客户收取人工费、管理费及辅助材料费等费用的装饰劳务。

【例 4.1】 某建筑公司 2 月发生如下业务：自建同一规格和标准的楼房两栋，建筑安装总成本 3 000 万元，成本利润率 20%，该公司将其中一栋自用，另一栋对外销售，取得销售收入 2 400万元，当月各项营业的营业额分别为多少万元？

【案例分析】

自建自用行为不征营业税，自建自售则按建筑业、销售不动产行为各征一道营业税。

建筑业营业额=3 000 × 50% ×(1+20%)/(1-3%)=1 855.67(万元)

销售不动产营业额=2 400(万元)

(3)金融保险业。一般贷款业务的营业额为贷款利息收入(包括各种加息、罚息等)。

外汇、有价证券、期货等金融商品买卖业务，以卖出价减去买入价的余额为营业额。即

营业额=卖出价-买入价

卖出价是指卖出原价，不得扣除卖出过程中支付的各种费用和税金。买入价是指购进原价，不包括购进过程中支付的各种费用和税金，但买入价应依照财务会计制度规定，以股票、债券的购入价减去股票、债券持有期间取得的股票、债券红利收入。

金融经纪业务和其他金融业务(中间业务)营业额为手续费(佣金)类的全部收入。金融企业从事受托收款业务，如代收电话费、水电煤气费、信息费、学杂费、寻呼费、社保统筹费、交通

违章罚款、税款等，以全部收入减去支付给委托方价款后的余额为营业额。

【例 4.2】 某金融企业从事债券买卖业务，2011 年 8 月购入 A 债券，购入价 50 万元，购入 B 债券，购入价 80 万元，共支付相关费用和税金 1.3 万元；当月又将债券卖出，A 债券售出价 55 万元，B 债券售出价 78 万元，共支付相关费用和税金 1.33 万元。该金融企业当月债券买卖业务营业额为多少万元？

【案例分析】

营业额＝(55－50)＋(78－80)＝3(万元)

办理初保业务营业额为纳税人经营保险业务向对方收取的全部价款，即向被保险人收取的全部保险费。

保险公司如采用收取储金方式取得经济利益的(即以被保险人所交保险资金的利息收入作为保费收入，保险期满后将保险资金本金返还被保险人)，其“储金业务”的营业额，为纳税人在纳税期内的储金平均余额乘以人民银行公布的 1 年期存款的月利率。储金平均余额为纳税期期初储金余额与期末余额之和乘以 50%。

保险企业已征收过营业税的应收未收保费，凡在财务会计制度规定的核算期限内未收回的，允许从营业额中减除。在会计核算期限以后收回的已冲减的应收未收保费，再并入当期营业额中。

保险企业开展无赔偿奖励业务的，以向投保人实际收取的保费为营业额。

中华人民共和国境内的保险人将其承保的以境内标的物为保险标的的保险业务向境外再保险人办理分保的，以全部保费收入减去分保保费后的余额为营业额。境外再保险人应就其分保收入承担营业税纳税义务，并由境内保险人扣缴境外再保险人应缴纳的营业税税款。

金融保险业以外汇结算营业额的，应将外币折合成人民币后计算营业税。

(4)邮电通信业。电信部门以集中受理方式为集团客户提供跨省的出租电路业务，由受理地区的电信部门按取得的全部价款减除分割给参与提供跨省电信业务的电信部门的价款后的差额为营业额计征营业税；对参与提供跨省电信业务的电信部门，按各自取得的全部价款为营业额计征营业税。

邮政电信单位与其他单位合作，共同为用户提供邮政电信业务及其他服务并由邮政电信单位统一收取价款的，以全部收入减去支付给合作方价款后的余额为营业额。

(5)文化体育业。单位或个人进行演出，以全部票价收入或者包场收入减去付给提供演出场所的单位、演出公司或者经纪人的费用后的余额为营业额。

(6)娱乐业。娱乐业的营业额为经营娱乐业收取的全部价款和价外费用，包括门票收费、台位费、点歌费、烟酒、饮料、茶水、鲜花、小吃等收费及经营娱乐业的其他各项收费。

【例 4.3】 某卡拉 OK 歌舞厅，某月门票收入 50 万元，台位费收入 20 万元，相关烟、酒、饮料收入 18 万元，零点小食品 5 万元，点歌收入 5 万，适用税率是 20%。该歌舞厅本月营业额为多少万元？

【案例分析】

营业额＝50＋20＋18＋5＋5＝98(万元)

(7)服务业。广告代理业的营业额为代理者向委托方收取的全部价款和价外费用减去付给广告发布者的广告发布费后的余额。

旅游企业组织旅游团到中华人民共和国境外旅游，在境外改由其他旅游企业接团，以全程旅游费减去付给该接团企业的旅游费后的余额为营业额。

纳税人从事旅游业务的，以其取得的全部价款和价外费用扣除替旅游者支付给其他单位或者个人的住宿费、餐费、交通费、旅游景点门票和支付给其他接团旅游企业的旅游费后的余额为营业额。

对单位和个人在旅游景区经营旅游游船、观光电梯、观光电车、景区环保客运车所取得的收入应按“服务业——旅游业”征收营业税。单位和个人在旅游景区兼有不同税目应税行为并采取“一票制”收费方式的，应当分别核算不同税目的营业额；未分别核算或核算不清的，从高适用税率。

境内单位派出本单位的员工赴境外，为境外企业提供劳务服务，不属于在境内提供应税劳务。对境内企业外派本单位员工赴境外从事劳务服务取得的各项收入，不征营业税。

从事物业管理的单位，以与物业管理有关的全部收入减去代业主支付的水、电、燃气以及代承租者支付的水、电、燃气、房屋租金的价款后的余额为营业额。

【例 4.4】 某旅游企业组团到新加坡旅游。共有游客 40 人，每人收费 7 000 元，境内期间为每人支付了交通费和餐费 2 000 元；出境后由新加坡的旅游企业接团，并按每人 3 000 元付给新加坡旅游企业，中国旅游企业的营业额为多少万元？

【案例分析】

营业额＝(7 000－2 000－3 000)×40＝8(万元)

(8)销售不动产或受让土地使用权。单位和个人销售或转让其购置的不动产或受让的土地使用权，以全部收入减去不动产或土地使用权的购置或受让原价后的余额为营业额。单位和个人销售或转让抵债所得的不动产、土地使用权的，以全部收入减去抵债时该项不动产或土地使用权作价后的余额为营业额。

个人将购买不足 5 年的非普通住房对外销售的，全额征收营业税；个人将购买超过 5 年(含 5 年)的非普通住房或者不足 5 年的普通住房对外销售的，按照其销售收入减去购买房屋的价款后的差额征收营业税；个人将购买超过 5 年(含 5 年)的普通住房对外销售的，免征营业税。

(9)营业额核定。对于纳税人提供劳务、转让无形资产或销售不动产价格明显偏低而无正当理由的，或者视同发生应税行为而无营业额的，税务机关可按下列顺序确定其营业额：

①按纳税人最近时期发生同类应税行为的平均价格核定。

②按其他纳税人最近时期发生同类应税行为的平均价格核定。

具体计算公式为

$$营业额＝营业成本或者工程成本×(1＋成本利润率)÷(1－营业税税率)$$

注：公式中的成本利润率，由省、自治区、直辖市税务局确定。

【例 4.5】 某公司 2011 年 1 月以一座写字楼作抵押，向银行贷款 1 100 万元，2012 年 1 月到期后本息合计 1 160 万元；因该公司无力归还贷款，银行将所抵押的房屋收归己有，经权威机构评估，该房屋价值 1 250 万元，银行和公司进行了价款结算，则该公司营业额为多少万元？

【案例分析】

该公司以房抵债，属于转让不动产，应依法交纳销售不动产的营业税，营业额为1 250万元。

4.2.3 应纳税额的计算

【例 4.6】 某经国家社团主管部门批准成立的非营利性的协会，2012 年 2 月份取得以下收入：

(1)依照社团章程的规定，收取团体会员会费40 000元，个人会员会费10 000元。

(2)代售大型演唱会门票53 000元，其中包括代售手续费3 000元。

(3)代销中国福利彩票500 000元，取得代销手续费5 000元。

(4)协会开设的照相馆营业收入28 000元，其中包括相册、镜框等销售收入2 000元。

(5)委派两人到国外提供咨询服务，收取咨询费折合人民币60 000元。

(6)举办一期培训班，收取培训费120 000元，资料费8 000元。

根据上述资料请回答：

(1)上述业务应缴纳的营业税。

(2)该协会应代扣代缴的营业税。

【案例分析】

经过国家主管部门批准的社会团体，依照社团章程规定收取的会费不征收营业税。委派员工到国外提供咨询服务不征收营业税。

(1)代售门票手续费应纳营业税＝3 000×5%＝150(元)

福利彩票手续费应纳营业税＝5 000×5%＝250(元)

照相馆收入应纳营业税＝28 000×5%＝1 400(元)

培训班收入应纳营业税＝(120 000＋8 000)×3%＝3 840(元)

上述业务应纳营业税额＝150＋250＋1 400＋3 840＝5 640(元)

(2)代扣代缴营业税＝53 000×3%＝1 590(元)

【例4.7】 A歌舞团为举办一场大型演出，与B演出公司签订协议，由演出公司联系演出地点并协助宣传，经B演出公司联系，演出地点选择在市区C体育馆，三方商定：A歌舞团支付C体育馆场租8万元，由C体育馆负责售票；A歌舞团支付B演出公司中介、宣传费10万元。该演出门票收入共50万元，B演出公司当月自行主办了一场超级混声演唱会，请部分大学生帮助售票，取得售票收入200万元(已扣除付给大学生售票者的费用10万元)，演出地点仍选择在市区C体育馆，支付演唱会场租8万元，支付D广告公司广告费支出5万元。D广告公司当月取得其他广告业务收入95万元；支付给某文化公司广告制作费20万元；支付给某报社广告发布费10万元，支付给某电视台广告发布费40万元；另参与主办时装表演取得收入6万元，将价值100万元的无形资产投资入股某企业；转让广告案例编辑制作权取得收入8万元。

根据上述资料请计算：

(1)A歌舞团应纳营业税。

(2)B演出公司应纳营业税。

(3)D广告公司应纳营业税。

(4)C体育馆应纳营业税。

【案例分析】

(1)单位或个人进行演出，以全部票价收入或者包场收入减去付给提供演出场所的单位、演出公司或者经纪人的费用后的余额为营业额。单位或者个人进行演出，由他人售票的，其应纳税款以售票者为扣缴义务人。

A歌舞团应按文化体育业缴纳营业税，税款由负责售票的体育馆代扣代缴。

(50－8－10)×3%＝0.96(万元)

(2)B演出公司主办演出按照文化业缴税,但是联系场地等中介性收费按照服务业计税。

10×5%+(200+10−8)×3%=6.56(万元)

(3)D广告业务缴纳营业税=(5+95−10−40)×5%=2.5(万元),注意不能减除广告制作费。

主办时装表演按文化业缴纳营业税=6×3%=0.18(万元)

无形资产投资入股不缴纳营业税。

转让广告案例编辑制作权按转让无形资产缴纳营业税=8×5%=0.4(万元)

共缴纳营业税=2.5+0.18+0.4=3.08(万元)

(4)C体育馆取得场租收入应按租赁业缴纳营业税=(8+8)×5%=0.8(万元)

【例4.8】 某市一娱乐公司2011年1月1日开业,经营范围包括娱乐、餐饮及其他服务,当年收入情况如下:

(1)歌舞厅收入400万元,游戏厅收入100万元。

(2)保龄球馆自7月1日开馆,至当年年底取得收入120万元。

(3)美容美发、中医按摩收入150万元。(服务业)

(4)餐饮收入600万元(其中包括销售自制的180吨啤酒所取得的收入)。

(5)与某公司签订租赁协议,将部分空闲的歌舞厅出租,分别取得租金76万元、赔偿金4万元。(服务业)

(6)经批准从事代销福利彩票业务取得手续费10万元。

(注:除税法统一规定的特殊项目外,该公司所在地的省政府规定,其他娱乐业项目的营业税税率为5%)

要求:计算该娱乐业公司当年应缴纳的营业税。

【案例分析】

(1)歌舞厅、游戏厅收入应纳营业税=(400+100)×20%=100(万元)

(2)保龄球馆收入应纳营业税=120×5%=6(万元)

(3)美容美发、中医按摩收入应纳营业税=150×5%=7.5(万元)

(4)餐饮收入应纳营业税=600×5%=30(万元)

(5)歌舞厅出租收入应纳营业税=(76+4)×5%=4(万元)

(6)福利彩票业务收入应纳营业税=10×5%=0.5(万元)

合计应纳营业税148万元。

4.3 营业税纳税申报

4.3.1 纳税申报期限

营业税的纳税期限,分别为5日、10日、15日、1个月或者1个季度。纳税人的具体纳税期限,由主管税务机关根据纳税人应纳税额的大小分别核定;不能按照固定期限纳税的,可以按次纳税。

纳税人以1个月或1个季度为一期纳税的,自期满之日起15日内申报纳税;以5日、10日或者15日为一期纳税的,自期满之日起5日内预缴税款,于次月1日起15日内申报纳税并结清上月应纳税款。

银行、财务公司、信托投资公司、信用社、外国企业常驻代表机构的纳税期限为1个季度。自纳税期满之日起15日内申报纳税。

保险业的纳税期限为1个月。

4.3.2　纳税申报地点

营业税的纳税地点原则上采取属地征收的方法，就是纳税人在经营行为发生地缴纳应纳税款。

纳税人提供应税劳务，应当向应税劳务发生地的主管税务机关申报纳税。纳税人从事运输业务的，应当向其机构所在地主管税务机关申报纳税。纳税人提供的应税劳务发生在外县（市），应向应税劳务发生地的主管税务机关申报纳税；如未向应税劳务发生地申报纳税的，由其机构所在地或者居住地主管税务机关补征税款。纳税人承包的工程跨省、自治区、直辖市的，向其机构所在地主管税务机关申报纳税。纳税人在本省、自治区、直辖市范围内发生应税行为，其纳税地点需要调整的，由省、自治区、直辖市人民政府所属税务机关确定。

纳税人转让土地使用权，应当向土地所在地主管税务机关申报纳税。纳税人转让其他无形资产，应当向其机构所在地的主管税务机关申报纳税。

单位和个人出租土地使用权、不动产的营业税纳税地点为土地、不动产所在地；单位和个人出租物品、设备等动产的营业税纳税地点为出租单位机构所在地或个人居住地。

纳税人销售不动产，应当向不动产所在地主管税务机关申报纳税。

各航空公司所属分公司，无论是否单独计算盈亏，均应作为纳税人向分公司所在地主管税务机关缴纳营业税。

纳税人提供建筑业应税劳务，其营业税纳税地点为建筑业应税劳务的发生地。纳税人从事跨省工程的，应向其机构所在地主管地方税务机关申报纳税。纳税人在本省、自治区、直辖市和计划单列市范围内提供建筑业应税劳务的，其营业税纳税地点需要调整的，由省、自治区、直辖市和计划单列市税务机关确定。

扣缴义务人代扣代缴的建筑业营业税税款的解缴地点为该工程建筑业应税劳务发生地。扣缴义务人代扣代缴跨省工程的，其建筑业营业税税款的解缴地点为被扣缴纳税人的机构所在地。

4.3.3　营业税纳税申报材料

凡按全国统一的《营业税纳税人纳税申报办法》进行纳税申报的营业税纳税人均应报送以下资料：

（1）《营业税纳税申报表》。

（2）按照纳税人发生营业税应税行为所属的税目，分别填报相应税目的营业税纳税申报表附表；同时发生两种或两种以上税目应税行为的，应同时填报相应的纳税申报表附表。

（3）凡使用税控收款机的纳税人应同时报送税控收款机IC卡。

（4）主管税务机关规定的其他申报资料。

纳税申报资料的报送方式、报送的具体份数由省一级地方税务局确定。

纳税人应按《营业税暂行条例》有关规定及时办理纳税申报，并如实填写营业税纳税申报表。各地区营业税表的格式又各有不同，本书中营业税表格是按照黑龙江省地税局的格式设置的，具体见表4.1。

表 4.1　营业税纳税申报表(适用于查账征收的营业税纳税人)

纳税人识别号：

纳税人名称(公章)：

税款所属时间：自　年　月　日至　年　月　日　　　填表日期：　年　月　日　　　金额单位：元(列至角分)

税目	营业额				税率(%)	本期税款计算			税款缴纳								
											本期已缴税额				本期应缴税额计算		
	应税收入	应税减除项目金额	应税营业额	免税收入		小计	本期应纳税额	免(减)税额	期初欠缴税额	前期多缴税额	小计	已缴本期应纳税额	本期已被扣缴税额	本期已缴欠缴税额	小计	本期期末应缴税额	本期期末应缴欠缴税额
1	2	3	4=2−3	5	6	7=8+9	8=(4−5)×6	9=5×6	10	11	12=13+14+15	13	14	15	16=17+18	17=8−13−14	18=10−11−15
交通运输业																	
建筑业																	
邮电通信业																	
服务业																	
娱乐业																	
金融保险业																	
文化体育业																	
销售不动产																	
转让无形资产																	
合　计																	
代扣代缴项目																	
总　计																	

续表

纳税人或代理人声明： 此纳税申报表是根据国家税收法律的规定填报的，我确定它是真实的、可靠的、完整的。	如纳税人填报，由纳税人填写以下各栏：							
	办税人员 （签章）		财务负责人 （签章）		法定代表人 （签章）		联系电话	
	如委托代理人填报，由代理人填写以下各栏：							
	代理人名称		经办人（签章）		联系电话		代理人（公章）	

以下由税务机关填写：

受理人：　　　　受理日期：　　年　　月　　日　　　　受理税务机关（签章）：

本表为 A3 横式一式三份，一份纳税人留存，一份主管税务机关留存，一份征收部门留存。

营业税相关的附属报表有 6 张，如表 4.2～表 4.7 所示。

表 4.2　服务业营业税纳税申报表(适用于服务业营业税纳税人)

纳税人识别号：

纳税人名称(公章)：

税款所属时间：自　年　月　日至　　年　月　日　　　　填表日期：　年　　月　　日　　　　金额单位：元(列至角分)

应税项目	营业额				税率(%)	本期税款计算					税款缴纳					
											本期已缴税额			本期应缴税额计算		
	应税收入	应税减除项目金额	应税营业额	免税收入		小计	本期应纳税款	免(减)税款	期初欠缴税款	前期多缴税额	小计	已缴本期应纳税额	本期已缴欠缴税额	小计	本期期末应缴税额	本期期末应缴欠缴税额
1	2	3	4=2−3	5	6	7=8+9	8=(4−5)×6	9=5×6	10	11	12=13+14	13	14	15=16+17	16=8−13	17=10−11−14
旅店业																
饮食业																
旅游业																
租赁业																
广告业																
代理业																
其他服务业																
合计																

以下由税务机关填写：

受理人：　　　　　　　　　　受理日期：　　年　　月　　日　　　　　　受理税务机关(签章)：

本表为 A3 横式一式三份，一份纳税人留存，一份主管税务机关留存，一份征收部门留存。

表 4.3　服务业营业税减除项目金额明细申报表

（适用于查账征收的旅游业、广告业和代理业营业税纳税人）

填表日期：　　年　　月　　日　　　　　　　　　　　　　　　　　　金额单位：元（列至角分）

<table>
<tr><td>纳税人识别号</td><td colspan="2"></td><td>纳税人名称</td><td colspan="3"></td><td>税款所属时期</td><td colspan="2">年　月　日至　年　月　日</td></tr>
<tr><td>应税项目</td><td>项目</td><td colspan="7">减除项目名称及金额</td><td>金额小计</td></tr>
<tr><td rowspan="2">旅游业</td><td>减除项目</td><td></td><td></td><td></td><td></td><td></td><td></td><td></td><td>——</td></tr>
<tr><td>金额</td><td></td><td></td><td></td><td></td><td></td><td></td><td></td><td></td></tr>
<tr><td rowspan="2">广告业</td><td>减除项目</td><td></td><td></td><td></td><td></td><td></td><td></td><td></td><td>——</td></tr>
<tr><td>金额</td><td></td><td></td><td></td><td></td><td></td><td></td><td></td><td></td></tr>
<tr><td rowspan="10">代理业</td><td>减除项目</td><td></td><td></td><td></td><td></td><td></td><td></td><td></td><td>——</td></tr>
<tr><td>金额</td><td></td><td></td><td></td><td></td><td></td><td></td><td></td><td></td></tr>
<tr><td>减除项目</td><td></td><td></td><td></td><td></td><td></td><td></td><td></td><td>——</td></tr>
<tr><td>金额</td><td></td><td></td><td></td><td></td><td></td><td></td><td></td><td></td></tr>
<tr><td>减除项目</td><td></td><td></td><td></td><td></td><td></td><td></td><td></td><td>——</td></tr>
<tr><td>金额</td><td></td><td></td><td></td><td></td><td></td><td></td><td></td><td></td></tr>
<tr><td>减除项目</td><td></td><td></td><td></td><td></td><td></td><td></td><td></td><td>——</td></tr>
<tr><td>金额</td><td></td><td></td><td></td><td></td><td></td><td></td><td></td><td></td></tr>
<tr><td>减除项目</td><td></td><td></td><td></td><td></td><td></td><td></td><td></td><td>——</td></tr>
<tr><td>金额</td><td></td><td></td><td></td><td></td><td></td><td></td><td></td><td></td></tr>
<tr><td>合　计</td><td>金额</td><td>—</td><td>—</td><td>—</td><td>—</td><td>—</td><td>—</td><td>—</td><td></td></tr>
</table>

<table>
<tr><td colspan="3">如纳税人填报，由纳税人填写以下各栏</td><td colspan="4">如委托税务代理机构填报，由税务代理机构填写以下各栏</td></tr>
<tr><td colspan="2" rowspan="2">会计主管（签章）</td><td rowspan="2">经办人（签章）</td><td>税务代理机构名称</td><td colspan="2"></td><td rowspan="3">税务代理机构
（公章）</td></tr>
<tr><td>税务代理机构地址</td><td colspan="2"></td></tr>
<tr><td rowspan="3">申报声明</td><td colspan="2" rowspan="3">此纳税申报表是根据国家税收法律的规定填报的，我确信它是真实的、可靠的、完整的。
声明人：
（法定代表人签字或盖章）
（公章）</td><td>代理人（签章）</td><td>联系电话</td><td></td></tr>
<tr><td colspan="4">以下由税务机关填写</td></tr>
<tr><td>收到申报表日期</td><td></td><td>接收人</td><td></td></tr>
</table>

表 4.4 建筑业营业税纳税申报表

（适用于建筑业营业税纳税人）

纳税人识别号： 纳税人名称（公章）：

税款所属时间：自 年 月 日至 年 月 日 填表日期： 年 月 日 金额单位：元（列至角分）

申报项目	应税项目	营业额								税率（%）	本期税款计算					税款缴纳						
		应税收入	应税减除项目金额				应税营业额	免税收入								本期已缴税额				本期应缴税额计算		
			小计	支付给分（转）包人工程价款	减除设备价款	其他减除项目金额				小计	本期应纳税额	免（减）税额	期初欠缴税额	前期多缴税额	小计	已缴本期应纳税额	本期已被扣缴税额	本期已缴欠缴税额	小计	本期期末应缴税额	本期期末应缴欠缴税额
1	2	3	4=5+6+7	5	6	7	8=3−4	9	10	11=12+13	12=(8−9)×10	13=9×10	14	15	16=17+18+19	17	18	19	20=21+22	21=12−17−18	22=14−15−19
本地提供建筑业申报事项	建筑																				
	安装																				
	修缮																				
	装饰																				
	其他工程作业																				
	自建行为																				
	合计																				
	代扣代缴项目																				
	总计																				

续表

申报项目	应税项目	营业额								税率(%)	本期税款计算					税款缴纳						
		应税收入	应税减除项目金额				应税营业额	免税收入			小计	本期应纳税额	免(减)税额	期初欠缴税额	前期多缴税额	本期已缴税额				本期应缴税额计算		
			小计	支付给分(转)包人工程价款	减除设备价款	其他减除项目金额										小计	已缴本期应纳税额	本期已被扣缴税额	本期已缴欠缴税额	小计	本期期末应缴税额	本期期末应缴欠缴税额
1	2	3	4=5+6+7	5	6	7	8=3−4	9		10	11=12+13	12=(8−9)×10	13=9×10	14	15	16=17+18+19	17	18	19	20=21+22	21=12−17−18	22=14−15−19
异地提供建筑业应税劳务申报事项	建筑																					
	安装																					
	修缮																					
	装饰																					
	其他工程作业																					
	自建行为																					
	合计																					
	代扣代缴项目																					
	总计																					

以下由税务机关填写：

受理人：　　　　受理日期：　　年　　月　　日　　　　受理税务机关(签章)：

本表为A3横式一式三份，一份纳税人留存，一份主管税务机关留存，一份征收部门留存。

表 4.5　异地提供建筑业劳务税款缴纳情况申报表

纳税编码：　　　　纳税人识别号：　　　　纳税人名称(公章)：

税款所属时间：自　　年　　月　　日至　　年　　月　　日　　填表日期：　　年　　月　　日　　金额单位：元(列至角分)

应税项目	本期应纳税额情况		本期收到扣缴税款通知书情况					本期收到税收缴款书情况				本期收到减免税批准文书情况			
	应缴纳税款金额	税收缴款凭证号	本期已被代扣代缴税额	税收缴款凭证号	税款所属时间		扣缴单位纳税人识别号	已入库税收缴款书所列营业税税额	已入库税收缴款凭证号	税款所属时间		核准减免税税额	税务减免批准文书号	批准文书有效期	
					起始月份	终止月份				起始月份	终止月份			起始月份	终止月份
1	2	3	4	5	6	7	8	9	10	11	12	13	14	15	16
合计															
代扣代缴项目															
总计															

以下由税务机关填写：

受理人：　　　　受理日期：　　年　　月　　日　　　　受理税务机关(签章)：

本表为 A3 横式一式三份，一份纳税人留存，一份主管税务机关留存，一份征收部门留存。

表 4.6 交通运输业营业税纳税申报表

（适用于交通运输业营业税纳税人）

纳税编码： 纳税人识别号： 纳税人名称（公章）：

税款所属时间：自 年 月 日至 年 月 日 填表日期： 年 月 日 金额单位：元（列至角分）

应税项目	营业额						税率（%）	本期税款计算			税款缴纳							
	应税收入	应税减除项目金额			应税营业额	免税收入		小计	本期应纳税额	免（减）税额	期初欠缴税额	前期多缴税额	本期已缴税额			本期应缴税额计算		
		小计	支付合作运输方运费金额	其他减除项目金额									小计	已缴本期应纳税额	本期已缴欠缴税额	小计	本期期末应缴税额	本期期末应缴欠缴税额
1	2	3＝4＋5	4	5	6＝2－3	7	8	9＝10＋11	10＝（6－7）×8	11＝7×8	12	13	14＝15＋16	15	16	17＝18＋19	18＝10－15	19＝12－13－16
铁路运输																		
其中：货运																		
客运																		
公路运输																		
其中：货运																		
客运																		
水路运输																		
其中：货运																		
客运																		
航空运输																		
其中：货运																		
客运																		
管道运输																		
装卸搬运																		

以下由税务机关填写：

受理人： 受理日期： 年 月 日 受理税务机关（签章）：

本表为 A3 横式一式三份，一份纳税人留存，一份主管税务机关留存，一份征收部门留存。

表 4.7　娱乐业营业税纳税申报表

（适用于娱乐业营业税纳税人）

纳税编码：　　　　　　　纳税人识别号：　　　　　　　纳税人名称（公章）：

税款所属时间：自　年　月　日至　年　月　日　　填表日期：　年　月　日　　金额单位：元（列至角分）

应税项目		营业额				税率（%）	本期税款计算			税款缴纳							
												本期已缴税额			本期应缴税额计算		
		应税收入	应税减除项目金额	应税营业额	免税收入		小计	本期应纳税额	免（减）税额	期初欠缴税额	前期多缴税额	小计	已缴本期应纳税额	本期已缴欠缴税额	小计	本期期末应缴税额	本期期末应缴欠缴税额
1		2	3	4=2−3	5	6	7=8+9	8=(4−5)×6	9=5×6	10	11	12=13+14	13	14	15=16+17	16=8−13	17=10−11−14
歌厅																	
舞厅																	
卡拉OK歌舞厅	夜总会																
	练歌房																
	恋歌房																
音乐茶座	酒吧																
高尔夫球																	
台球、保龄球																	

续表

应税项目	营业额				税率(%)	本期税款计算			税款缴纳							
	应税收入	应税减除项目金额	应税营业额	免税收入		小计	本期应纳税额	免(减)税额	期初欠缴税额	前期多缴税额	本期已缴税额			本期应缴税额计算		
											小计	已缴本期应纳税额	本期已缴欠缴税额	小计	本期期末应缴税额	本期期末应缴欠缴税额
1	2	3	4=2−3	5	6	7=8+9	8=(4−5)×6	9=5×6	10	11	12=13+14	13	14	15=16+17	16=8−13	17=10−11−14
游艺场																
网吧																
其他																
合计																

以下由税务机关填写：

受理人：　　　　　受理日期：　　年　　月　　日　　　　　受理税务机关(签章)：

本表为 A3 横式一式三份，一份纳税人留存，一份主管税务机关留存，一份征收部门留存。

4.3.4 营业税网上申报流程

下面以黑龙江省营业税网上报税系统为例介绍网上申报流程。

1. 系统登录

选择计算机上的网上申报多用户软件，弹出图 4.1 所示图片，选择用户名，即所要申报企业的名称，单击“纳税申报”。

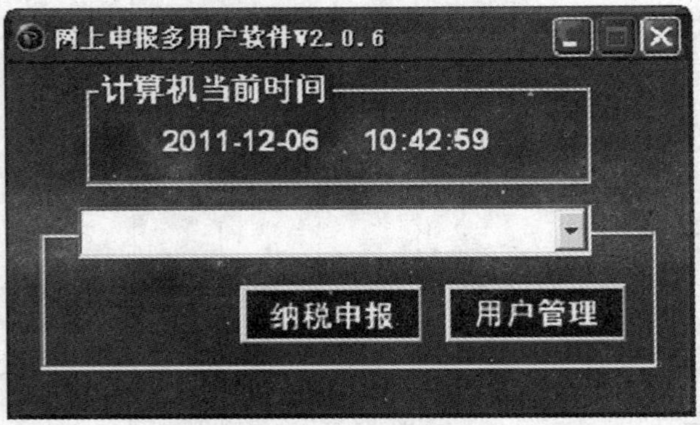

图 4.1 “网上申报多用户软件”窗口

单击“纳税申报”后，会自动弹出图 4.2 所示界面，输入用户地税的微机编码和密码，再单击“登录”。

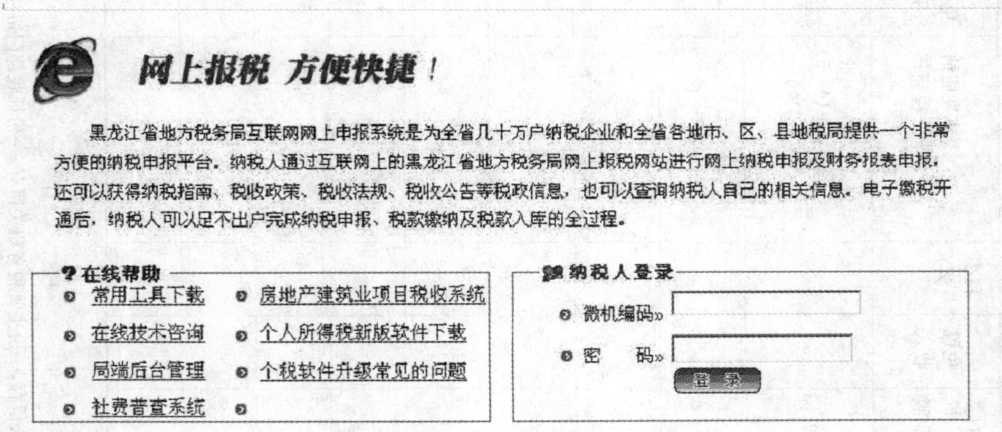

图 4.2 纳税申报登录

登录后出现图 4.3 所示界面。

单击图中右上方的“报表管理”，进入申报阶段，如图 4.4 所示。

单击“申报税款”，要注意的是，黑龙江省地税局为了完善个人所得税的缴纳，每月必须在完成申报个人所得税后，才能进行其他税种的录入。在这里假设个人所得税已经申报完毕，则需要单击“申报税款”，进入营业税纳税申报界面(见图 4.5)。

选择预算科目为“一般营业税”，在“本次申报选择”中选“√”出现图 4.6 所示界面。

首页 | 税务机关登录 | 在线咨询 | 下载专区　　帮助手册 / 税局专区 / 报表管理 /

分局通知

标　　题	发布时间	操　作
《新版自开票企业发票机打软件》下载须知	2008-4-29 | |9:55:47	查看
垃圾处理费行业计费依据(新)	2010-4-16 | |14:01:03	查看
关于调整网上申报办理流程的重要通知(所有网上报税纳税人必须看)	2010-5-7 | |16:11:10	查看
工大软件黑龙江省地税网上报税服务中心搬迁通知	2010-6-2 | |10:49:23	查看
关于调整饮食业发票垫付奖金手续费比例的通知	2011-5-9 | |11:29:19	查看
哈尔滨市政府关于确认哈尔滨市城镇土地使用税土地等级范围的批复的通知	2011-5-17 | |9:54:28	查看
关于重点税源企业网上申报企业信息表的通知	2011-5-30 | |14:54:11	查看
政府性基金目录通知	2011-5-31 | |22:54:32	查看
*****所有办理税库银电子缴税企业必须看的通知*****	2011-6-8 | |16:32:59	查看
通知	2011-7-1 | |9:52:26	查看
国家税务总局关于税务机关代收工会经费企业所得税税前扣除凭据问题的公告	2011-7-10 | |18:41:00	查看
南岗地税局关于开展城镇土地使用税备案类减免税认定的通知!!!	2011-10-18 | |14:44:09	查看
南岗区地税局重点税源报表的相关问题	2012-2-8 | |14:32:55	查看
关于明确开具个人所得税完税证明有关问题的通知	2012-3-1 | |16:32:35	查看
重要通知	2012-3-12 | |16:32:21	查看
关于四月份申报纳税期限顺延的通知	2012-3-26 | |14:34:28	查看
重要通知	2012-3-28 | |13:28:28	查看
关于“防洪保安费”更名为“水利建设基金”的通知	2012-4-5 | |8:57:47	查看

图 4.3　分局通知

税费申报选择

必读：1. 从2009年1月1日起，地税机关代政府征收的各项基金、费可以在网上进行划款了，各税的申报和基金、费的申报须分开申报，请在下面的项目中选择您要申报的项目。
2. 各项基金、费(包括：价格调解基金、残疾人保障金、工会经费、垃圾处理费、防洪保安费)
3. 各项税和各基金、费，如果本月没有产生税款，也需要进行零申报(包括个人所得税)。
4. 哈尔滨市企业申报时注意申报顺序：
(1)、有减免税先申报减免税，再申报个人所得税，然后再申报其它税种。
(2)、没有减免税先申报个人所得税，再申报其它税种。

税 申报个人所得税	说明：申报个人所得税需上传个人所得税全员申报明细，即用《黑龙江省个人所得税信息管理系统(扣缴义务人端)》软件生成的上报文件在此处上传。
税 申报税款	说明：如果您申报除基金、费以外的税种，如：营业税、城建税、教育费附加、地方教育费附加、 企业所得税等，请点击“申报税款”按钮。 注意：此模块不能申报个人所得税税款，请在“申报个人所得税”模块中申报；
费 申报基金费	说明：如果您申报：工会经费、垃圾处理费、防洪保安费、价格调解基金、残疾人保障金， 请点击“申报 基金费”按钮。

图 4.4　税费申报选择

各税申报选择

纳税申报选择

纳税人名称：　　　　　　　　　　　　　　　　申报日期：
微机管理编码：　　　　　　　　　　　　　　　金额单位：元（列至角分）
主管科股：　　　　　　　　　　　　　　　　　专管员：

注意：下列预算科目中不包括个人所得税，个人所得税请在“申报管理”中的“个税申报”模块下申报，无税款时要进行零申报或点击直接进入

预算科目	税目	国标行业	单位税额/税率	定额	限缴期限	本次申报选择
(101030400)一般营业税	(0716)房屋租赁	自有房地产经营活动	5.000	0.00	(0070)月份终了后十五日内	☐
(101043200)集体企业所得税	(3010)其它行业(制造业)	书、报刊印刷	25.000	0.00	(0080)季度终了后十五日内	☐
(101090200)集体企业城市维护建设税	(0101)市区（增值税附征）	书、报刊印刷	7.000	0.00	(0070)月份终了后十五日内	☐
(101090200)集体企业城市维护建设税	(0102)市区（营业税附征）	自有房地产经营活动	7.000	0.00	(0070)月份终了后十五日内	☐
(101100200)集体企业房产税	(0200)营业用房	书、报刊印刷	1.200	0.00	(0200)按年分四次，2，5，8，11月份20日前	☐
(101100200)集体企业房产税	(0500)房屋出租	自有房地产经营活动	12.000	0.00	(0090)月度终了后十日内	☐
(101111900)其他印花税	(0100)购销合同	书、报刊印刷	0.030	0.00	(0070)月份终了后十五日内	☐
(101111900)其他印花税	(1100)产权转移书据	书、报刊印刷	0.050	0.00	(0070)月份终了后十五日内	☐
(101111900)其他印花税	(0500)财产租赁合同	自有房地产经营活动	0.100	0.00	(0010)按次结算后十日内	☐
(101120200)集体企业城镇土地使用税	(0103)一类地区三等	书、报刊印刷	14.000	0.00	(0210)按年分四次，2，5，8，11月份10日前	☐
(103020301)教育费附加收入	(0100)增值税附征	书、报刊印刷	3.000	0.00	(0070)月份终了后十五日内	☐
(103020301)教育费附加收入	(0200)营业税附征	自有房地产经营活动	3.000	0.00	(0070)月份终了后十五日内	☐
(103312700)地方教育费附加	(0100)增值税附征	书、报刊印刷	2.000	0.00	(0070)月份终了后十五日内	☐
(103312700)地方教育费附加	(0200)营业税附征	自有房地产经营活动	2.000	0.00	(0070)月份终了后十五日内	☐

注意1：“限缴期限”字体为红色的税种本月必须申报　　　　全选
网上电子缴税系统(ETS)操作说明 下载

[查看入库级次信息]

图 4.5　营业税纳税申报界面

各税申报

纳税申报表

纳税人名称：　　　　　　　　　　　　　　　　申报日期：
微机管理编码：　　　　　　　　　　　　　　　金额单位：元（列至角分）

提示：(1)计算公式为：“税额=(计税金额 - 扣除额)×税率”
(2)资源税和土地使用税的计算公式为：“税额=课税数量×单位税额”
(3)交通建设费计算公式为：“税额=课税数量 × 10 (单位费额)”
(4)**“残疾人就业保障金”**录入方法：请在“课税数量”处录入“职工总人数”，在“计税金额”处录入“已安置残疾人数”，在“扣除额”处 录入上一年的“经营月份数”（非新开业企业为12个月）
计算公式如下：**应缴纳保障金数额=(本单位上年度在职职工年平均人数×1.5%-在岗残疾人数)×本市上年度职工年人均工资(2008年度为25525元)×(经营月份数/12)**
注：税率为0.000时(可自行修改)，公式自动取消，此状态下可直接录入税额。

申报方式	预算科目	税目	课税数量	计税金额	扣除额	单位税额/税率	税款属期起-税款属期止	申报税额
正常申报	(101030400)一般营业税	(0716)房屋租赁	0.00	0.00	0.00	5.000 %	2012 年 3 月 1 2012 年 3 月 31	0.00

税费共计： 0.00

提交　　　　重置

图 4.6　纳税申报表

正确填写单位营业税适用的课税数量、计税金额、单位税额或者税率。申报税额自动生成。核对准确无误后提交划款，出现图 4.7 所示界面。

出现此界面后，营业税网上申报成功。

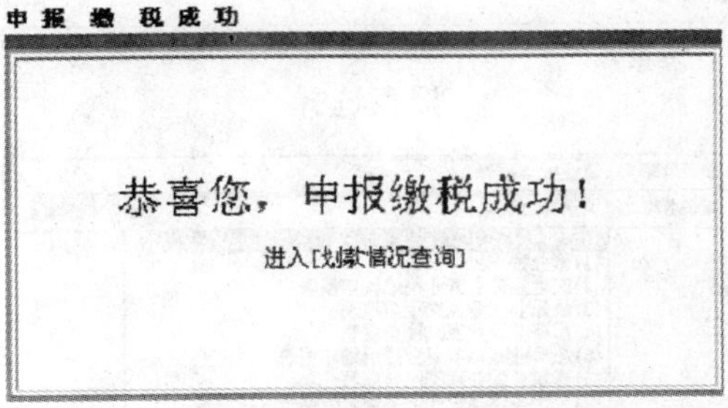

图 4.7　申报缴税成功

2. 网上申报报表

单击“报表管理”，选择“报表录入”，如图 4.8 所示。

图 4.8　选择“报表录入”

在弹出窗口中的“报表分类”中选择“营业税申报表”，如图 4.9 所示。

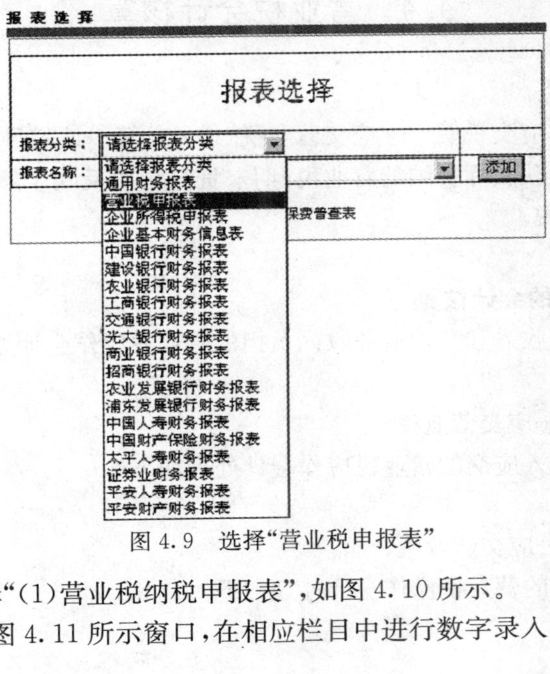

图 4.9　选择“营业税申报表”

“报表名称”中选择“(1)营业税纳税申报表”，如图 4.10 所示。

单击“添加”，出现图 4.11 所示窗口，在相应栏目中进行数字录入。

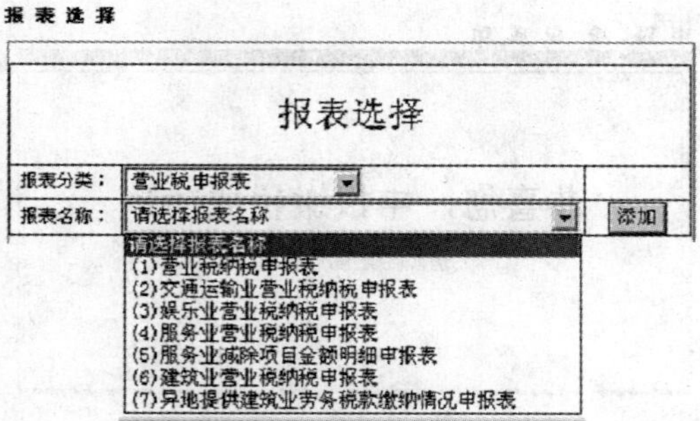

图 4.10　选择“(1)营业税纳税申报表”

报表录入

营业税纳税申报表

（适用于查账征收的营业税纳税人）

纳税人管理编码：

纳税人名称：

税款所属时间：　年　月　日至　年　月　日　　金额单位：元（列至角分）

税目	营业额				税率(%)	本期税款计算			
	应税收入	应税减除项目金额	应税营业额	免税收入		小计	本期应纳税额	免(减)税额	期初欠缴税额
1	2	3	4=2-3	5	6	7=8+9	8=(4-5)×6	9=5×6	10
交通运输业	0.00	0.00	0.00	0.00	0.00	0.00	0.00	0.00	0.00
建筑业	0.00	0.00	0.00	0.00	0.00	0.00	0.00	0.00	0.00
邮电通信业	0.00	0.00	0.00	0.00	0.00	0.00	0.00	0.00	0.00
服务业	0.00	0.00	0.00	0.00	0.00	0.00	0.00	0.00	0.00
娱乐业	0.00	0.00	0.00	0.00	0.00	0.00	0.00	0.00	0.00
	0.00	0.00	0.00	0.00	0.00	0.00	0.00	0.00	0.00
	0.00	0.00	0.00	0.00	0.00	0.00	0.00	0.00	0.00
金融保险业	0.00	0.00	0.00	0.00	0.00	0.00	0.00	0.00	0.00
文化体育业	0.00	0.00	0.00	0.00	0.00	0.00	0.00	0.00	0.00
销售不动产	0.00	0.00	0.00	0.00	0.00	0.00	0.00	0.00	0.00
转让无形资产	0.00	0.00	0.00	0.00	0.00	0.00	0.00	0.00	0.00
	0.00	0.00	0.00	0.00	0.00	0.00	0.00	0.00	0.00

图 4.11　报表录入

填写完成后，单击“保存”，然后依次选择对应的 6 张附表，进行报表填写，过程同上。

4.4　营业税会计核算

4.4.1　营业税账户设置

企业应纳营业税在“应交税费——应交营业税”科目核算。该科目贷方反映按规定计算的应缴纳的营业税，借方反映实际交纳的营业税，期末贷方余额反映企业尚未交纳的营业税，借方余额反映多交的营业税。

4.4.2　账务处理

1. 劳务收入营业税的会计核算

(1)由企业主营业务收入和其他业务收入负担的营业税应作会计处理如下

借：营业税金及附加

　　贷：应交税费——应交营业税

(2)企业代购代销收入应交的营业税应作会计处理如下

借：营业税金及附加

　　贷：应交税费——应交营业税

(3)企业按规定代扣的营业税应作会计处理如下

借：应付账款

贷:应交税费——应交营业税

(4)交纳营业税的会计处理如下

借:应交税费——应交营业税

贷:银行存款

2. 转让无形资产的会计核算

企业转让无形资产分为转让其使用权和所有权两种。

(1)转让无形资产使用权应交的营业税应作会计处理如下

借:营业税金及附加

贷:应交税费——应交营业税

(2)转让无形资产所有权的应作会计处理如下

借:银行存款

累计摊销

贷:无形资产

应交税费——应交营业税

将形成的借方或贷方差额计入“营业外收入”科目或“营业外支出”科目。

(3)销售不动产的营业税应作会计处理如下

①房地产企业销售不动产

借:营业税金及附加

贷:应交税费——应交营业税

②非房地产企业销售不动产

借:固定资产清理

贷:应交税费——应交营业税

模块任务

1. 计算本月应纳营业税税额

某市凯达宾馆设有餐饮、住宿、娱乐歌舞、画廊、商品销售业务,并能分账核算兼营业务,是增值税小规模纳税人,2012 年 5 月收入情况如下:

(1)餐厅餐饮收入为 20 万元,另外加收 15%服务费的收入 3 万元。

(2)歌厅取得门票收入 2 万元,酒水饮料收入 5 万元。

(3)客房住宿收入 10 万元,因顾客不慎毁坏浴缸,收取房费之外赔偿金 0.3 万元。

(4)组织餐饮部员工赴境外参加餐饮博览会,取得境外餐饮劳务收入 30 万元。

(5)提供画廊藏品赴境外参加博览会期间的文化展览活动,取得展览收入 12 万元。

计算:

(1)凯达宾馆当月餐厅境内收入应纳的营业税。

(2)凯达宾馆当月歌厅收入应纳的营业税。

(3)凯达宾馆当月客房收入应纳的营业税。

(4)凯达宾馆当月境外餐饮收入应纳的营业税。

(5)凯达宾馆当月境外展览收入应纳的营业税。

【解析】

(1)凯达宾馆当月餐厅境内收入应纳的营业税。

计税金额为餐厅餐饮收入与加收服务费的合计,税率应为5%,即

(20+3)×5%=1.15(万元)

(2)凯达宾馆当月歌厅收入应纳的营业税。

计税金额为歌厅门票及酒水饮料收入合计,适用娱乐业税率,为20%,即

(2+5)×20%=1.4(万元)

(3)凯达宾馆当月客房收入应纳的营业税。

计税金额为客房住宿收入与浴缸损坏赔偿金合计,税率为5%,即

(10+0.3)×5%=0.515(万元)

(4)凯达宾馆当月境外餐饮收入应纳的营业税。

计税金额为取得境外餐饮劳务收入30万元,适用税率为5%,即

30×5%=1.5(万元)

(5)凯达宾馆当月境外展览收入应纳的营业税。

该宾馆当月境外展览收入应纳的营业税=0

因为境内单位和个人在境外提供除播映外的文化体育劳务暂免征收营业税。

2. 填写营业税纳税申报表

假定凯达宾馆填表日期为2012年6月2日,发生的是以上业务,别无其他,需要填写营业税纳税申报表(适用于查账征收的营业税纳税人)、服务业营业税纳税申报表(适用于服务业营业税纳税人)及娱乐业营业税纳税申报表(适用于娱乐业营业税纳税人)三张报表(见表4.8~表4.10)。填表情况如下:

填表说明:

(1)例题中的营业税纳税申报表(适用于查账征收的营业税纳税人)中数据的填列。

本题涉及的税目为服务业和娱乐业,按税目不同分别填列。

服务业的第2列应税收入=(20+3+10+0.3+30)万元=633 000(元)

第6列税率为5%,第8列本期应纳税额=633 000×5%=31 650(元)

表中的合计数为上面各数的合计。

(2)服务业营业税纳税申报表(适用于服务业营业税纳税人)中数据的填列。

本例题中涉及服务业应税项目中的旅店业和饮食业。

旅店业第2列应税收入=(20+3+10+0.3)万元=333 000(元)

饮食业第2列应税收入=300 000(元)

旅店业与饮食业的第6列税率都为5%。

旅店业第8列本期应纳税额=333 000×5%=16 650(元)

饮食业第8列本期应纳税额=300 000×5%=15 000(元)

(3)娱乐业营业税纳税申报表(适用于娱乐业营业税纳税人)中数据的填列。

本例题中歌厅收入属于娱乐业,应税项目为歌厅。

第2列应税收入=70 000(元)

第6列税率为20%,第8列本期应纳税额=70 000×20%=14 000(元)

表 4.8 营业税纳税申报表(适用于查账征收的营业税纳税人)

纳税人识别号:＊＊＊＊＊＊＊＊＊＊＊＊＊＊＊＊＊

纳税人名称(公章):凯达宾馆

税款所属时间:自 2012 年 5 月 1 日至 2012 年 5 月 31 日　　填表日期:2012 年 6 月 2 日　　金额单位:元(列至角分)

税目	营业额				税率(%)	本期税款计算			税款缴纳								
									期初欠缴税额	前期多缴税额	本期已缴税额				本期应缴税额计算		
	应税收入	应税减除项目金额	应税营业额	免税收入		小计	本期应纳税额	免(减)税额			小计	已缴本期应纳税额	本期已被扣缴税额	本期已缴欠缴税额	小计	本期期末应缴税额	本期期末应缴欠缴税额
1	2	3	4=2−3	5	6	7=8+9	8=(4−5)×6	9=5×6	10	11	12=13+14+15	13	14	15	16=17+18	17=8−13−14	18=10−11−15
交通运输业																	
建筑业																	
邮电通信业																	
服务业	633 000				5		31 650								31 650	31 650	
娱乐业	70 000				20		14 000								14 000	14 000	
金融保险业																	
文化体育业																	
销售不动产																	
转让无形资产																	
合　计	703 000						45 650								45 650	45 650	
代扣代缴项目																	
总　计	703 000						45 650								45 650	45 650	

纳税人或代理人声明: 此纳税申报表是根据国家税收法律的规定填报的,我确定它是真实的、可靠的、完整的。	如纳税人填报,由纳税人填写以下各栏:							
	办税人员(签章)		财务负责人(签章)		法定代表人(签章)		联系电话	
	如委托代理人填报,由代理人填写以下各栏:							
	代理人名称		经办人(签章)		联系电话		代理人(公章)	

表 4.9 服务业营业税纳税申报表(适用于服务业营业税纳税人)

纳税人识别号:＊＊＊＊＊＊＊＊＊＊＊＊＊＊＊

纳税人名称(公章):凯达宾馆

税款所属时间:自 2012 年 5 月 1 日至 2012 年 5 月 31 日　　填表日期:2012 年 6 月 2 日　　金额单位:元(列至角分)

应税项目	营业额				税率(%)	本期税款计算			税款缴纳							
											本期已缴税额			本期应缴税额计算		
	应税收入	应税减除项目金额	应税营业额	免税收入		小计	本期应纳税款	免(减)税款	期初欠缴税款	前期多缴税额	小计	已缴本期应纳税额	本期已缴欠缴税额	小计	本期期末应缴税额	本期期末应缴欠缴税额
1	2	3	4=2−3	5	6	7=8+9	8=(4−5)×6	9=5×6	10	11	12=13+14	13	14	15=16+17	16=8−13	17=10−11−14
旅店业	333 000		333 000		5	16 650	16 650							16 650	16 650	
饮食业	300 000		300 000		5	15 000	15 000							15 000	15 000	
旅游业																
租赁业																
广告业																
代理业																
其他服务业																
合计	633 000		633 000			31 650	31 650							31 650	31 650	

表 4.10 娱乐业营业税纳税申报表

（适用于娱乐业营业税纳税人）

纳税人识别号：＊＊＊＊＊＊＊＊＊＊

纳税人名称（公章）：凯达宾馆

税款所属时间：自 2012 年 5 月 1 日至 2012 年 5 月 31 日　　填表日期：2012 年 6 月 2 日　　金额单位：元（列至角分）

应税项目		营业额				税率（%）	本期税款计算			税款缴纳							
		应税收入	应税减除项目金额	应税营业额	免税收入		小计	本期应纳税额	免（减）税额	期初欠缴税额	前期多缴税额	本期已缴税额			本期应缴税额计算		
												小计	已缴本期应纳税额	本期已缴欠缴税额	小计	本期期末应缴税额	本期期末应缴欠缴税额
1		2	3	4＝2－3	5	6	7＝8＋9	8＝（4－5）×6	9＝5×6	10	11	12＝13＋14	13	14	15＝16＋17	16＝8－13	17＝10－11－14
歌厅		70 000		70 000		20	14 000	14 000							14 000	14 000	
舞厅																	
卡拉 OK 歌舞厅	夜总会																
	练歌房																
	恋歌房																
音乐茶座	酒吧																
高尔夫球																	
台球、保龄球																	
游艺场																	
网吧																	
其他																	
合计		70 000		70 000			14 000	14 000							14 000	14 000	

纳税筹划案例

赵源是广州的一家服装品牌店的小老板，闲时总爱到广州各大商场“游逛”，以调查各个商场服装的销售情况和促销手段。2005 年 11 月，赵源在中华广场手机专卖区又见到某大型移动电信公司“1 元购机”活动，该电信公司打出了“1 元手机＋1 年话费＝话费同等价值手机”的广告语，只要是该公司的银卡以上用户在预存话费后，可以最低 1 元的价格购机。

赵源使用的手机通信网络正是该运营商的，频频使用手机联络业务的他早已经是该移动电信公司的“金卡”用户，预缴话费又能获得低价手机这么超值的活动吸引了赵源的眼光。当时赵源看中了一部索尼爱立信 S700c，其市场价格为 3 967 元，金卡用户预存 3 720 元话费后可以 1 元购买，购机预存的话费分 12 个月平均返还，每月必须消费 310 元，如果当月消费不足，仍按规定金额收取。以市场价九折的价格买下该手机，又可以获得与手机价格相当的话费，可谓是手机、话费两者兼得，而赵源一个月的手机费远远要超于该规定数额，这便十分划算。在调查市场的同时，赵源又买下一部超值手机，他心里十分愉悦。

但是，赵源在买下该手机后又想了这么一个问题：为何该电信移动公司要采用捆绑式的销售方式来促进销售？精明的商家肯定会计算好促销时的得失，但商家的算盘是怎么打的呢？

【案例评析】

(1)税法规定：电信单位销售无线电寻呼机、移动电话，并为客户提供电信服务的，缴纳营业税。

(2)假若广告上只是单纯打出广告语“预缴话费送手机”，那么在企业缴纳所得税时便包括了：该公司收取的 3 720 元电话费要按 3%征收营业税 3 720×3%＝111.6(元)；对于赠送的手机要视同销售，也要交纳 3%的营业税，手机价值 3 967 元，那么公司应负担的营业税为 3 967×3%＝119.01(元)。这样，企业一笔业务要负担 111.6＋119.01＝230.61(元)的税。同时，企业还要为得到手机的个人代扣代缴 20%的个人所得税 3 967×20%＝793.4(元)。

虽然在实际工作中企业财务并不一定是按照“预交话费送手机”这种方式进行处理的，但是由于企业在促销时是这样宣传的，这就给企业造成很大的纳税风险，一旦税务机关按照宣传材料到公司收税，公司就只有按照实际销售方式补缴税款，这就会给企业造成很大损失。可是如果将电话费和手机捆绑销售，即：“1 元手机＋1 年的电话费＝3 720 元”，这样该公司就可以按 3 720 元来交纳 3%的营业税 111.6 元。每部手机可节约营业税 119.01 元，为个人节约个人所得税 793.4 元。如果该公司一年销售 20 万部，一年可为企业节省营业税 119.01×20＝2 380.2(万元)，因为代扣代缴的个人所得税个人不可能负担，只能由企业负担，所以还可以为企业每年节省代扣代缴个人所得税 793.4×20＝15 868(万元)，合计可为企业节约 2 380.2＋15 868＝18 248.2(万元)。

【模块小结】

1. 营业税是以在我国境内提供应税劳务、转让无形资产或销售不动产所取得的营业额为课税对象而征收的一种商品劳务税。

2. 在中华人民共和国境内提供应税劳务、转让无形资产或者销售不动产的单位和个人，为营业税的纳税义务人。在现实生活中，有些情况难以直接确定纳税人，因此税法规定了扣缴义务人。

3. 营业税的税目按照行业、类别的不同分别设置，现行营业税共设置了九个税目。

4. 对于经营营业税应税项目的个人，营业税规定了起征点。

5. 纳税人提供应税劳务、转让无形资产或者销售不动产，按照营业额和相关行业规定的适用税率计算应纳税额。

6. 营业税的计税依据是营业额，营业额为纳税人提供应税劳务、转让无形资产或者销售不动产向对方收取的全部价款和价外费用。营业税法对不同行业的计税依据分别做了具体规定。

7. 纳税人在纳税义务发生后应在规定的时间、规定的地点向税务机关申报纳税，并报送规定的申报材料和进行网上申报。

8. 企业应纳营业税在“应交税费——应交营业税”科目核算。

综合训练

一、单项选择题

1. 下列关于营业税税目描述正确的是（　　）。

A. 航空地面服务业务属于“服务业”税目

B. 邮政储蓄业务属于“金融保险业”税目

C. 图书馆的图书借阅业务属于“文化体育业”税目

D. 旅游景点经营索道取得的收入按“交通运输业”税目征税

2. 根据营业税有关规定，下列说法正确的是（　　）。

A. 土地租赁按“服务业——租赁业”税目计税

B. 出租房屋按“服务业”税目征税，营业税税率统一为5%

C. 远洋运输企业的“期租”业务按“服务业——租赁业”税目计税

D. 经批准从事融资租赁业务单位的融资租赁业务按“服务业——租赁业”税目计税

3. 下列各项中，可以作为营业税计税依据的是（　　）。

A. 广告代理企业向委托方收取的全部价款

B. 融资租赁业务中的租赁费

C. 无船承租业务向委托人收取的全部价款

D. 建筑业转包业务为全部工程承包额减去付给转包人价款后的余额

4. 下列各项中，不属于营业税征收范围的是（　　）。

A. 物业管理公司代供电部门收取电费取得的收入

B. 金融机构实际收到的结算罚款、罚息收入

C. 国家进出口银行办理出口信用保险业务取得的收入

D. 拍卖行受理拍卖文物古董取得的手续费收入

5. 某运输公司2012年8月客运收入60万元、保价收入2万元；货运收入100万元、集装箱使用费3万元；经税务机关审核购进税控收款机，取得普通发票，注明价款0.234万元。该公司2012年8月应纳营业税（　　）万元。

A. 4.8　　B. 4.95　　C. 4.916　　D. 4.766

6. 下列各项中，应由纳税人向其机构所在地主管税务机关申报缴纳营业税的是（　　）。

A. 销售不动产　　B. 建筑业应税劳务

C. 经营运输业务　　D. 转让土地使用权

7. 下列各项中，不符合营业税法有关征收管理规定的有（　　）。

A. 保险业的营业税纳税期限为一个月

B. 财务公司的营业税纳税期限为一个季度

C. 典当行从事金融业务的纳税期限为一个季度

D. 营业税纳税人不能按照固定期限纳税的可以按次纳税

二、多项选择题

1. 下列业务属于营业税征收范围的有（　　）。

A. 银行销售金银业务

B. 邮政部门销售集邮商品业务

C. 典当业销售死当物品

D. 计算机公司随同销售软件一并提供的软件培训业务

E. 计算机公司销售软件交付使用后按期提供有偿软件培训业务

2. 依据营业税的有关规定，下列说法中错误的有（　　）。

A. 铁路运输包括城市地铁运输

B. 邮运运费收入应按"交通运输业"计征营业税

C. 运输企业提供客运业务收取的手续费收入不计征营业税

D. 管道运输业不包括管道的维护

E. 公路管理和养护活动应按"交通运输业"计征营业税

3. 依据营业税的有关规定，下列说法中正确的有（　　）。

A. 金融商品转让以卖出价减去买入价后的差额为营业额

B. 一般贷款业务以贷款利息收入包括加息和罚息为营业额

C. 融资租赁以向承租者收取的全部价款和价外费用为营业额

D. 证券公司向客户收取的佣金是计税营业额，给予客户的折扣不得从营业额中扣除

E. 金融经纪业务的计税营业额是手续费等各项收入，但不包括价外收取的代收代付费用

4. 根据营业税的有关规定，下列表述正确的有（　　）。

A. 我国公民销售其在境外的房产，以销售收入为计税依据计算缴纳营业税

B. 外籍个人销售其在我国境内已购置6年的房产，以销售收入为计税依据计算缴纳营业税

C. 纳税人销售自建的房产，分别按照"建筑业"和"销售不动产"计算缴纳营业税

D. 纳税人销售自建的房产，按照销售收入减去建造成本后的余额计算缴纳营业税

E. 单位销售购进的房产，以销售收入减去购入原价的差额为计税依据计算缴纳营业税

5. 根据营业税减免税规定，下列说法错误的是（　　）。

A. 政府举办的高等学校的下属单位举办培训班的收入免税

B. 金融机构往来业务不征收营业税

C. 个人出租住房，按3%的税率征收营业税

D. 台湾航运公司从事海峡两岸海上直航业务在大陆取得的运输收入免征营业税

E. 保险公司半年期以上的返还人身保险业务免税

三、案例研讨

1. 某旅行社2012年8月份组织团体旅游，收取旅游费共计300 000元，其中组团境内旅游收入140 000元，替旅游者支付给其他单位餐费、住宿费、交通费、门票共计60 000元；组团境外旅游收入160 000元，付给境外接团企业费用100 000元。

【要求】 计算该旅行社本月应纳营业税额。

2. 精彩公司2012年7月承办菲利浦足协杯QW队与YT队的赛事，赛前与参与比赛各方签订合同条款的主要内容如下：

(1) 精彩公司负责本场比赛的筹划、组织、售票及其他相关事宜。

(2) 精彩公司承办本场比赛按照有关文件规定应向S省体育局交付比赛管理费40 000元(其中30 000元由S省体育局上交中国足协)。

(3)确定S省体育场为本场比赛的比赛场地，精彩公司除向场地提供方交付30 000元外，还应将本场比赛全部售票收入的5%提成给S省体育场；S省体育场也可代精彩公司售票，按实际售出门票张数每张收取报酬1元，但不得坐扣。

(4)比赛结束，精彩公司须支付QW队出场费100 000元，支付YT队出场费60 000元。

(5)在赛前、中场休息和比赛结束时由著名笑星唐某率队的演出团体进行文艺表演，比赛结束由精彩公司支付该团体演出费80 000元。

比赛结束后，经查实，精彩公司承办本场比赛自身售票收入360 000元；S体育场共销售门票2 000张，转回售票款88 000元。精彩公司按以上合同向各方支付款项。经进一步查证，精彩公司还为可口可乐、中国移动等17家单位在赛场中制作、发布广告牌，共向17家单位收取85 000元；许可HH电视台进行电视转播，收取30 000元。

【要求】 请问该公司应如何计算缴纳营业税？

3. 龙城公园2012年7月取得如下收入：公园第一道门票收入90 000元，所属碰碰车等游乐场收入188 000元，拍照摄像收入7 000元，游船收入50 000元(其中，由游客自行操作的木船、脚踏船、电瓶船47 000元；由公园工作人员驾驶的大型观光游船3 000元)，热带鱼展收入12 000元，出售花卉收入7 000元。

【要求】 请计算缴纳营业税额。

4. 某市建筑工程公司主营建筑安装业务。2012年3月，税务事务所对其进行营业税审计时，发现如下问题：

(1)该公司承建的宿舍楼工程，按照施工合同规定，由建设单位提供三大材料，在施工决算时，工程决算未包括三大材料的价款，通过对建设单位的检查，三大材料的费用共计42万元。

(2)该公司2011年自建宿舍一栋，其实际工程支出2 346 890.90元，建成后全部销售给本单位职工，所取得的销售收入3 164 000元没有计算“销售不动产”营业税。

(3)该公司2011年取得全优工程奖8万元，计入了营业外收入。

【要求】 问事务所应如何计征营业税？

5. 甲企业提供5 000平方米的土地使用权，乙企业提供2 000万元资金并负责施工。双方协议，房屋建成后按5∶5的比例分成。房屋分配完毕后，甲方又将其分得房屋的50%出售，售价为800万元，其余留作自用。建筑业成本利润率为5%。

【要求】 计算甲乙企业各自应缴纳的营业税。

模块五　企业所得税纳税实务

学习目标

内　　容	企业所得税纳税实务
知识目标	1. 了解企业所得税纳税人、征税对象、税率和计税原理 2. 理解税收减免政策，纳税申报地点、申报期限和申报流程 3. 掌握收入的确定原则、扣除项目的具体规定及纳税申报表的填写方法
能力目标	1. 能够正确计算应纳税所得额和应纳所得税；正确填写纳税申报表、进行网上报税 2. 能够正确进行所得税的会计处理 3. 能够运用税收原理进行纳税筹划

案例引导

东莞市民肖某经营的安安公司是一家专门研发电子产品的股份制企业，因为电子产品的更新换代迅速，而且消费者对产品功能方面的要求越来越高，该公司非常重视技术开发这个环节，每年用于研究开发新产品、新技术、新工艺发生的费用约为 400 万元。

公司投资后，其电子产品受到广大消费者的认同，销售量一直不错，公司也连年盈利，2011 年税前的利润达 300 万元，当时没有应纳税调整，安安公司的税后利润为 300×(1－25%)＝225(万元)。200 多万元的利润看似可观，但是与其 400 万元的技术开发费用投入相比较，仅占到 50%，如此看来，这笔技术开发费还算是安安公司一个沉重的负担。

有什么办法可以从技术开发费上节省一点呢？空余时间，肖某总是会发出这样的疑问。2011 年底，肖某向一位税务师寻求税务咨询指导。

税务师听完肖某的叙述之后，告诉他我国一个专门鼓励企业进行技术开发、技术创新的优惠政策。《企业技术开发费税前扣除管理办法》规定：国有、集体工业企业及国有、集体企业控股从事工业经营的股份制企业、联营企业发生的技术开发费比上年实际增长 10%(含 10%)以上的，经税务机关审核批准，允许再按技术开发实际发生额的 50%，抵扣当年的应纳所得税额，按照此规定，安安公司也在优惠对象里面，如果安安公司的技术开发费达到年增长 10%，可以享受此“加计扣除”的政策。

通过与肖某交流，税务师了解到，2013 年上半年安安公司有购入试制设备预算，就建议肖某在2012年年底前先购入试制设备，使得技术开发费达到增长速度10%。按照安安公司的生产规模和来年计划，税务师建议安安公司用20万元购进试制设备，就可以达到“技术开发费增长10%”的要求，安安公司就可以享受“加计扣除”优惠，减少50%纳税扣除额。

当月，安安公司就购进了4台试制设备共计20万元，将当年的技术开发费提高到440万元，比2011年增加40万元，刚好达到增长10%。经过税务机关批准，安安公司实际纳税扣除额为440×50%=220(万元)，按照制造业企业所得税25%的税率，安安公司节省企业所得税为220×25%=55(万元)，实际省下金额为55－20=35(万元)。这番税务筹划结果，让肖某兴奋不已，因为安安公司相当于“用国家税款购置了设备，又赚了35万元。”

“以后我们公司就可以按照此办法，年年更新设备或者添进设备了！”肖某喜不自禁。

通过此次税务筹划，肖某发现，技术开发费也不是一板一眼的，只要合理筹划，用足技术开发费，也可以为企业省下一笔所得税，增加企业实际收入。

（案例来源：作者根据网络资料改编而成.）

相关知识

5.1　企业所得税法律常识

企业所得税是对我国境内的企业和其他取得收入的组织的生产经营所得和其他所得征收的所得税。

5.1.1　企业所得税的计税原理

企业所得税的特点主要是：第一，通常以纯所得为征税对象；第二，通常以经过计算得出的应纳税所得额为计税依据；第三，纳税人和实际负担人通常是一致的，因而可以直接调节纳税人的收入。

5.1.2　纳税义务人和扣缴义务人

1. 纳税义务人

企业所得税的纳税义务人是指在中国境内的企业和其他取得收入的组织。除个人独资企业、合伙企业不适用企业所得税法外，凡在我国境内的企业和其他取得收入的组织（以下统称企业）为企业所得税的纳税人。

企业所得税的纳税人分为居民企业和非居民企业，不同的企业在向中国政府缴纳所得税时，纳税义务不同。

(1)居民企业。居民企业是指依法在中国境内成立，或者依照外国（地区）法律成立但实际管理机构在中国境内的企业。例如，在我国注册成立的沃尔玛（中国）公司、通用汽车（中国）公司，就是我国的居民企业；在英国、百慕大群岛等国家和地区注册的公司，但实际管理机构在我国境内，也是我国的居民企业。

(2)非居民企业。非居民企业是指依照外国（地区）法律成立且实际管理机构不在中国境内，但在中国境内设立机构、场所的，或者在中国境内未设立机构、场所，但有来源于中国境内所得的企业。

2. 扣缴义务人

对非居民企业在中国境内未设立机构、场所的，或者虽设立机构、场所但取得的与其所设机构、场所没有实际联系的所得应缴纳的所得税实行源泉扣缴，以支付人为扣缴义务人。

5.1.3 征税对象

企业所得税的征税对象是指企业的生产经营所得、其他所得和清算所得。

1. 居民企业的征税对象

居民企业应就来源于中国境内、境外的所得作为征税对象。所得，包括销售货物所得、提供劳务所得、转让财产所得、股息红利等权益性投资所得，以及利息所得、租金所得、特许权使用费所得、接受捐赠所得和其他所得。

2. 非居民企业的征税对象

非居民企业在中国境内设立机构、场所的，应当就其所设机构、场所取得的来源于中国境内的所得，以及发生在中国境外但与其所设机构、场所有实际联系的所得，缴纳企业所得税，非居民企业在中国境内未设立机构、场所的，或者虽设立机构、场所但取得的所得与其所设机构、场所没有实际联系的，应当就其来源于中国境内的所得缴纳企业所得税。

3. 所得来源的确定

销售货物所得，按照交易活动发生地确定。提供劳务所得，按照劳务发生地确定。不动产转让所得按照不动产所在地确定，动产转让所得按照转让动产的企业或者机构、场所所在地确定。权益性投资资产转让所得按照被投资企业所在地确定。股息、红利等权益性投资所得，按照分配所得的企业所在地确定。利息所得、租金所得、特许权使用费所得，按照负担、支付所得的企业或者机构、场所所在地确定，或者按照负担、支付所得的个人的住所地确定。

5.1.4 税率

企业所得税实行比例税率。

居民企业和在中国境内设有机构、场所且所得与机构、场所有关联的非居民企业适用25%的基本税率。

在中国境内未设立机构、场所的，或者虽设立机构、场所但取得的所得与其所设机构、场所没有实际联系的非居民企业适用20%的低税率。实际执行时对非居民企业减按10%的所得税税率征收企业所得税。

国家对小型微利企业减按20%的所得税税率征收企业所得税，对需要重点扶持的高新技术企业减按15%的所得税税率征收企业所得税。

5.2 应纳税所得额

应纳税所得额是企业所得税的计税依据，按照企业所得税法的规定，应纳税所得额为企业每一个纳税年度的收入总额，减除不征税收入、免税收入、各项扣除，以及允许弥补的以前年度亏损后的余额。基本公式为

应纳税所得额＝收入总额－不征税收入－免税收入－各项扣除－以前年度亏损

企业应纳税所得额的计算以权责发生制为原则，属于当期的收入和费用，不论款项是否收付，均作为当期的收入和费用；不属于当期的收入和费用，即使款项已经在当期收付，均不作为当期的收入和费用。

5.2.1　收入总额

企业的收入总额包括以货币形式和非货币形式从各种来源取得的收入，具体有销售货物收入、提供劳务收入、转让财产收入、股息、红利等权益性投资收益，以及利息收入、租金收入、特许权使用费收入、接受捐赠收入、其他收入。

5.2.2　不征税收入和免税收入

国家为了扶持和鼓励某些特殊的纳税人和特定的项目，或者避免因征税影响企业的正常经营，对企业取得的某些收入予以不征税或免税的特殊政策，以减轻企业的负担，促进经济的协调发展。

1. 不征税收入

不征税收入包括财政拨款、依法收取并纳入财政管理的行政事业性收费、政府性基金和国务院规定的其他不征税收入。

企业取得的各类财政性资金，除属于国家投资和资金使用后要求归还本金的以外，均应计入企业当年收入总额。对企业取得的由国务院财政、税务主管部门规定专项用途并经国务院批准的财政性资金，准予作为不征税收入，在计算应纳税所得额时从收入总额中减除。

企业的不征税收入用于支出所形成的费用，不得在计算应纳税所得额时扣除；企业的不征税收入用于支出所形成的资产，其计算的折旧、摊销不得在计算应纳税所得额时扣除。

2. 免税收入

免税收入包括国债利息收入、居民企业直接投资于其他居民企业取得的投资收益、非居民企业从居民企业取得与该机构、场所有实际联系的股息、红利等权益性投资收益等。

3. 减计收入

减计收入优惠，是企业综合利用资源，生产符合国家产业政策规定的产品所取得的收入，可以在计算应纳税所得额时减按90%计入收入总额。

5.2.3　扣除项目

1. 扣除项目范围

企业实际发生的与取得收入有关的、合理的支出，包括销售资产的成本、期间费用、营业税金、营业外支出和其他支出，准予在计算应纳税所得额时扣除。

2. 扣除项目的标准

(1)工资、薪金支出。企业发生的合理的工资、薪金支出准予据实扣除。

(2)职工福利费、工会经费、职工教育经费。企业发生的职工福利费支出，不超过实际发放工资、薪金总额14%的部分准予扣除。

企业拨缴的工会经费，不超过实际发放工资、薪金总额2%的部分准予扣除。

除另有规定外，企业发生的职工教育经费支出，不超过工资、薪金总额2.5%的部分准予扣除，超过部分准予结转以后纳税年度扣除。

【例5.1】　2011年国内某公司发生合理的职工薪金120万元，职工福利费20万元，工会经费支出5万元，教育经费支出6万元。2010年利润总额为100万元。计算应纳税所得额。

【案例分析】

超标职工福利费＝20－120×14%＝3.2(万元)

超标职工工会经费＝5－120×2%＝2.6(万元)

超标职工教育经费＝6－120×2.5%＝3(万元)

应纳税所得额＝100＋3.2＋2.6＋3＝108.8(万元)

(3)社会保险费。企业依照规定的范围和标准为职工缴纳的“五险一金”，即基本养老保险费、基本医疗保险费、失业保险费、工伤保险费、生育保险费等基本社会保险费和住房公积金，准予扣除。

企业为投资者或者职工支付的补充养老保险费、补充医疗保险费，在规定的范围和标准内，准予扣除。企业为投资者或者职工支付的商业保险费，不得扣除。

(4)利息费用。企业在生产、经营活动中发生的利息费用，按下列规定扣除。

非金融企业向金融企业借款的利息支出、金融企业的各项存款利息支出和同业拆借利息支出、企业经批准发行债券的利息支出可据实扣除。

非金融企业向非金融企业借款的利息支出，不超过按照金融企业同期同类贷款利率计算的数额的部分可据实扣除，超过部分不许扣除。

【例 5.2】 2012 年国内某公司从银行借入经营资金 300 万元，年利率 10%；从财务公司借入 200 万元，年利率为 12%。2011 年利润总额为 100 万元。请计算应纳税所得税额。

【案例分析】

不得扣除利息支出＝200 ×（12%—10%）＝4(万元)

应纳税所得额＝100＋4＝104(万元)

(5)借款费用。企业在生产经营活动中发生的合理的不需要资本化的借款费用，准予扣除。

企业为购置、建造固定资产、无形资产和经过 12 个月以上的建造才能达到预定可销售状态的存货发生的借款，在有关资产购置、建造期间发生的合理的借款费用，应予以资本化，作为资本性支出计入有关资产的成本；有关资产交付使用后发生的借款利息，可在发生当期扣除。

(6)汇兑损失。企业在货币交易中，以及纳税年度终了时将人民币以外的货币性资产、负债按照期末即期人民币汇率中间价折算为人民币时产生的汇兑损失，除已经计入有关资产成本以及与向所有者进行利润分配相关的部分外，准予扣除。

(7)业务招待费。企业发生的与其生产、经营业务有关的业务招待费支出，按照发生额的 60%扣除，但最高不得超过当年销售(营业)收入的 5‰。

【例 5.3】 2012 年某公司发生管理费用 100 万元，其中业务招待费 22.4 万元。2011 年利润总额为 100 万元，销售收入 980 万元。计算应纳税所得额。

【案例分析】

按 60%计算扣除 22.4×60%＝13.44(万元)

最高扣除限额 980×5‰＝4.9(万元)

超标金额＝22.4—4.9＝17.5(万元)

应纳税所得额＝100＋17.5＝117.5(万元)

(8)广告费和业务宣传费。企业发生的与生产经营直接相关的广告费和业务宣传费支出，除国务院财政、税务主管部门另有规定外，不超过当年销售(营业)收入 15%的部分，准予扣除；超过部分，准予结转以后纳税年度扣除。

例如，某企业 2011 年产品收入为 2 000 万元，广告宣传费用 360 万元，扣除限额为 2 000×15%＝300(万元)。

2011 年计算企业所得税时需要调增利润 60 万元。

若 2011 年，产品收入 4 000 万元，广告宣传费用为 500 万，扣除限额为 4 000×15%＝600（万元），则 2011 年计算企业所得税时可以在纳税时调减 60 万元应纳税所得额。

(9)环境保护专项资金。企业依照有关规定提取的用于环境保护、生态恢复等方面的专项资金，准予扣除。上述专项资金提取后改变用途的，不得扣除。

(10)保险费。企业参加财产保险，按照规定缴纳的保险费，准予扣除。

(11)租赁费。企业根据生产经营需要租入固定资产支付的租赁费，按照以下方法扣除：

①以经营租赁方式租入固定资产发生的租赁费支出，按照租赁期限均匀扣除。经营性租赁是指所有权不转移的租赁。

②以融资租赁方式租入固定资产发生的租赁费支出，按照规定构成融资租入固定资产价值的部分应当提取折旧费用，分期扣除。

(12)劳动保护费。企业发生的合理的劳动保护支出，准予扣除。

(13)公益性捐赠支出。公益性捐赠，是指企业通过公益性社会团体或者县级以上人民政府及其部门，用于《中华人民共和国公益事业捐赠法》内定的公益事业的捐赠。

企业发生的公益性捐赠支出，不超过年度利润总额 12%的部分，准予扣除。年度利润总额，是指企业依照国家统一会计制度的规定计算的年度会计利润。

【例 5.4】 某纳税人 2011 年捐赠支出 80 万元，通过民政局向自然灾害地区捐赠 50 万元，其余 30 万元直接捐赠给某山区小学，假设该企业本年度税前利润 3 000 万元。无其他调整项目，计算该企业应缴纳的企业所得税。

【案例分析】

捐赠扣除限额＝3 000×12%＝360(万元)

通过民政局向自然灾害地区捐赠 50 万元可以据实扣除。

30 万元直接捐赠给某山区小学不能税前扣除，不符合公益性、救济性捐赠的要求，应调增应纳税所得额 30 万元。

当年应纳税额＝(3 000＋30)×25%＝757.5(万元)

(14)有关资产的费用。企业转让各类固定资产发生的费用，允许扣除。企业按规定计算的固定资产折旧费、无形资产和递延资产的摊销费，准予扣除。

(15)总机构分摊的费用。非居民企业在中国境内设立的机构、场所，就其中国境外总机构发生的与该机构、场所生产经营有关的费用，能够提供总机构出具的费用汇集范围、定额、分配依据和方法等证明文件，并合理分摊的，准予扣除。

(16)资产损失。企业当期发生的固定资产和流动资产盘亏、毁损净损失，由其提供清查盘存资料经主管税务机关审核后，准予扣除；企业因存货盘亏、毁损、报废等原因不得从销项税金中抵扣的进项税金，应视同企业财产损失，准予与存货损失一起在所得税前按规定扣除。

(17)其他项目。依照有关法律、行政法规和国家有关税法规定准予扣除的其他项目，如会员费、合理的会议费、差旅费、违约金、诉讼费等。

3. 加计扣除

(1)研究开发费。研究开发费用，未形成无形资产计入当期损益的，在按照规定据实扣除的基础上，按照研究开发费用的 50%加计扣除；形成无形资产的，按照无形资产成本的 150%摊销，除法律另有规定外，摊销年限不得低于 10 年。

例如，某企业2011年发生新产品开发费用200万元，尚未形成无形资产。当年该企业税前可扣除“三新”费用为200＋200×50％＝300(万元)。

(2)企业安置残疾人员所支付的工资。企业安置残疾人员所支付工资费用在按照支付给残疾职工工资据实扣除的基础上，按照支付给残疾职工工资的100％加计扣除。

4. 不得扣除的项目

在计算应纳所得税额时，下列支出不得扣除：向投资者支付的股息、红利等权益性款项；企业所得税税款；纳税人违反税收法规，被税务机关处罚的滞纳金；纳税人违反国家有关法律、法规规定，被有关部门处以的罚款，以及被司法机关处以的罚金和被没收财物；超过规定标准的捐赠支出；企业发生的与生产经营活动无关的各种非广告性质赞助支出；不符合规定的各项资产减值准备、风险准备等准备金支出；企业之间支付的管理费、企业内营业机构之间支付的租金和特许权使用费，以及非银行企业内营业机构之间支付的利息；与取得收入无关的其他支出。

5.2.4 亏损弥补

企业某一纳税年度发生的亏损可以用下一年度的所得弥补，下一年度的所得不足以弥补的，可以逐年延续弥补，但最长不得超过5年。而且，企业在汇总计算缴纳企业所得税时，其境外营业机构的亏损不得抵减境内营业机构的盈利。

5.3 企业所得税应纳税额计算

5.3.1 居民企业应纳税额的计算

居民企业应纳税额等于应纳税所得额乘以适用税率，基本计算公式为

居民企业应纳税额＝应纳税所得额×适用税率－抵免税额－减免税额

应纳税所得额＝会计利润总额±纳税调整项目金额

税收调整项目金额包括两方面的内容：一是企业的财务会计处理和税收规定不一致的应予以调整的金额；二是企业按税法规定准予扣除的税收金额。

1. 应纳税额计算举例

【例5.5】 假定某企业为居民企业，2011年经营业务如下：

(1)取得产品销售收入4 000万元。

(2)发生产品销售成本2 600万元。

(3)发生销售费用770万元(其中广告费650万元)；管理费用480万元(其中业务招待费25万元)；财务费用60万元。

(4)销售税金160万元(含增值税120万元)。

(5)营业外收入80万元，营业外支出50万元(含通过公益性社会团体向贫困山区捐款30万元，支付税收滞纳金6万元)。

(6)计入成本、费用中的实发工资总额200万元，拨缴职工工会经费5万元，支出职工福利费31万元，发生职工教育经费7万元。

要求：计算该企业2011年度实际应纳的企业所得税。

【案例分析】

(1)会计利润总额＝4 000＋80－2 600－770－480－60－40－50＝80(万元)

(2)广告费和业务宣传费调增所得额为

650－4 000×15％＝650－600＝50(万元)

(3)业务招待费调增所得额为

25－25×60％＝25－15＝10(万元)

4 000×5％＝20(万元)＞25×60％＝15(万元)

(4)捐赠支出应调增所得额为

30－80×12％＝20.4(万元)

(5)工会经费应调增所得额为

5－200×2％＝1(万元)

(6)职工福利费应调增所得额为

31－200×14％＝3(万元)

(7)职工教育费应调增所得额为

7－200×2.5％＝2(万元)

(8)应纳税所得额为

80＋50＋10＋20.4＋6＋1＋3＋2＝172.4(万元)

(9)2011 年应缴企业所得税为

172.4×25％＝43.1(万元)

【例 5.6】 某工业企业为居民企业，假定 2011 年经营业务如下：

产品销售收入为 5 600 万元，产品销售成本 4 000 万元；其他业务收入 800 万元，其他业务成本 660 万元；取得购买国债的利息收入 40 万元；缴纳非增值税销售税金及附加 300 万元；发生的管理费用 760 万元，其中新技术的研究开发费用为 60 万元、业务招待费用 70 万元；发生财务费用 200 万元；取得直接投资其他居民企业的权益性收益 34 万元(已在投资方所在地按 15％的税率缴纳了所得税)；取得营业外收入 100 万元，发生营业外支出 250 万元(其中含公益性捐赠 38 万元)。

要求：计算该企业 2011 年应纳的企业所得税。

【案例分析】

(1)计算利润总额

5 600＋800＋40＋34＋100－4 000－660－300－760－200－250＝370(万元)

(2)国债利息收入免征企业所得税，应调减所得额 40 万元

(3)计算技术开发费调减所得额

60×50％＝30(万元)

(4)按实际发生业务招待费的 60％计算应扣除限额

70×60％＝42(万元)

按销售(营业)收入的 5‰计算应扣除限额

(5 600＋800)×5‰＝32(万元)

按照规定税前扣除限额应为 32 万元，则

实际应调增应纳税所得额＝70－32＝38(万元)

(5)取得直接投资其他居民企业的权益性收益属于免税收入，应调减应纳税所得额 34 万元。

(6)捐赠扣除标准

370×12%＝44.4(万元)

实际捐赠额38万元小于扣除标准44.4万元，可按实捐数扣除，不做纳税调整。

(7)计算应纳税所得额

370－40－30＋38－34＝304(万元)

(8)该企业2011年应缴纳企业所得税为

304×25%＝76(万元)

2. 境外所得抵免税额的计算

居民企业来源于中国境外的应税所得，非居民企业在中国境内设立机构、场所，取得发生在中国境外但与该机构、场所有实际联系的应税所得已在境外缴纳的所得税税额，可以从其当期应纳税额中抵免，抵免限额为该项所得依照我国规定计算的应纳税额；超过抵免限额的部分，可以在次年起连续5个年度内用每年度新产生的抵免限额抵免当年应抵税额后的余额进行抵补。

抵免限额应当分国(地区)不分项计算，计算公式为

抵免限额＝中国境内、境外所得依照我国规定计算的应纳税总额×来源于某国(地区)的应纳税所得额÷中国境内、境外应纳税所得总额

【例5.7】 某企业2011年度境内应纳税所得额为100万元，适用25%的企业所得税税率。另外，该企业分别在A、B两国设有分支机构(我国与A、B两国已经缔结避免双重征税协定)，在A国分支机构的应纳税所得额为50万元，A国企业所得税税率为20%；在B国的分支机构的应纳税所得额为30万元，B国企业所得税税率为30%。假设该企业在A、B两国所得按我国税法计算的应纳税所得额和按A、B两国税法计算的应纳税所得额一致，两个分支机构在A、B两国分别缴纳了10万元和9万元的企业所得税。

要求：计算该企业汇总时在我国应缴纳的企业所得税税额。

【案例分析】

(1)该企业按我国规定计算的境内、境外所得的应纳税额

应纳税额＝(100＋50＋30)×25%＝45(万元)

(2)计算A、B两国的扣除限额

A国扣除限额＝45×[50÷(100＋50＋30)]＝12.5(万元)

B国扣除限额＝45×[30÷(100＋50＋30)]＝7.5(万元)

在A国缴纳的所得税为10万元，低于扣除限额12.5万元，可全额扣除。

在B国缴纳的所得税为9万元，高于扣除限额7.5万元，其超过扣除限额的部分1.5万元当年不能扣除。

(3)汇总时在我国应缴纳的所得税为

45－10－7.5＝27.5(万元)

上述计算过程还可以用来自于某外国的应纳税所得额直接乘以我同企业所得税法规定的税率来计算来自于该国的应纳税所得额可抵扣的限额。这样，本题的计算过程如下。

(1)该企业按我国税法计算的境内、境外所得的应纳税额

应纳税额＝(100＋50＋30)×25%＝45(万元)

(2)计算A、B两国的扣除限额

A国扣除限额＝50×25%＝12.5(万元)

B国扣除限额＝30×25%＝7.5(万元)

在A国缴纳的所得税为10万元，低于扣除限额12.5万元，可全额扣除。

在B国缴纳的所得税为9万元，高于扣除限额7.5万元，其超过扣除限额的部分1.5万元当年不能扣除。

(3)汇总在我国应缴纳的所得税

45－10－7.5＝27.5(万元)

3. 减免税额

(1)农、林、牧、渔业项目的所得，可以免征、减征企业所得税。

①企业从事下列项目的所得，免征企业所得税。

a. 蔬菜、谷物、薯类、油料、豆类、棉花、麻类、糖料、水果、坚果的种植。

b. 农作物新品种的选育。

c. 中药材的种植。

d. 林木的培育和种植。

e. 牲畜、家禽的饲养。

f. 林产品的采集。

g. 灌溉、农产品初加工、兽医、农技推广、农机作业和维修等农、林、牧、渔服务业项目。

h. 远洋捕捞。

②企业从事下列项目的所得，减半征收企业所得税。

a. 花卉、茶以及其他饮料作物和香料作物的种植。

b. 海水养殖、内陆养殖。

(2)国家重点扶持项目。企业从事国家重点扶持的公共基础设施项目(港口码头、机场、铁路、公路、电力、水利等)的投资经营的所得，自项目取得第一笔生产经营收入所属纳税年度起，第1年至第3年免征企业所得税，第4年至第6年减半征收企业所得税。

企业承包经营、承包建设和内部自建自用上述项目，不享受优惠。

(3)环境保护、节能节水项目的所得。从事符合规定的环境保护、节能节水项目的所得，自项目取得第一笔生产经营收入所属纳税年度起，第1年至第3年免征企业所得税，第4年至第6年减半征收企业所得税。具体包括公共污水处理、公共垃圾处理、沼气综合开发利用、节能减排技术改造、海水淡化等。

(4)技术转让所得。在一个纳税年度内，居民企业转让技术所有权所得不超过500万元的部分，免征企业所得税；超过500万元的部分，减半征收企业所得税。

(5)创投企业优惠。创投企业优惠是指创业投资企业采取股权投资方式投资于未上市的中小高新技术企业2年以上的，可以按照其投资额的70%在股权持有满2年的当年抵扣该创业投资企业的应纳税所得额，当年不足抵扣的，可以在以后纳税年度结转抵扣。

例如：甲企业2010年1月1日向乙企业(未上市的中小高新技术企业)投资100万元，股权持有到2011年12月31日。甲企业2011年度可抵扣的应纳税所得额为70万元。

(6)购置专用设备税额抵免。企业购置并实际使用《环境保护专用设备企业所得税优惠目录》、《节能节水专用设备企业所得税优惠目录》和《安全生产专用设备企业所得税优惠目录》规定的环境保护、节能节水、安全生产等专用设备的，该专用设备的投资额的10%可以从企业当年的应纳税额中抵免；当年不足抵免的，可以在以后5个纳税年度结转抵免。

企业购置上述专用设备在5年内转让、出租的，应当停止享受企业所得税优惠，并补缴已经抵免的企业所得税税款。

企业同时从事适用不同企业所得税待遇的项目的，其优惠项目应当单独计算所得，并合理分摊企业的期间费用；没有单独计算的，不得享受企业所得税优惠。

(7)软件生产企业优惠。软件生产企业实行增值税即征即退政策所退还的税款，由企业用于研究开发软件产品和扩大再生产的，不作为企业所得税应税收入，不予征收企业所得税。

我国境内新办软件生产企业经认定后，自获利年度起，第一年和第二年免征企业所得税，第三年至第五年减半征收企业所得税。

国家规划布局内的重点软件生产企业，如当年未享受免税优惠的，减按10%的税率征收企业所得税。

5.3.2 居民企业核定征收应纳税额的计算

对于居民企业纳税人，具有下列情形之一的，核定征收企业所得税。

(1)依照法律、行政法规的规定可以不设置账簿的。

(2)依照法律、行政法规的规定应当设置但未设置账簿的。

(3)擅自销毁账簿或者拒不提供纳税资料的。

(4)虽设置账簿，但账目混乱或者成本资料、收入凭证、费用凭证残缺不全，难以查账的。

(5)发生纳税义务，未按照规定的期限办理纳税申报，经税务机关责令限期申报，逾期仍不申报的。

(6)申报的计税依据明显偏低，又无正当理由的。

5.3.3 非居民企业应纳税额的计算

1. 应纳税所得额的确定

对于在中国境内未设立机构、场所的，或者虽设立机构、场所但取得的所得与其所设机构、场所没有实际联系的非居民企业的所得，按照下列方法计算应纳税所得额：

(1)股息、红利等权益性投资收益和利息、租金、特许权使用费所得，以收入全额为应纳税所得额。

(2)转让财产所得，以收入全额减除财产净值后的余额为应纳税所得额。财产净值是指财产的计税基础减除已经按照规定扣除的折旧、折耗、摊销、准备金等后的余额。

(3)其他所得，参照前两项规定的方法计算应纳税所得额。

2. 应纳税额计算

应纳税额＝应纳税所得额×实际征收率

应纳税所得额的计算，按上述(1)～(3)项的规定为标准；实际征收率是指企业所得税法及其实施条例等相关法律法规规定的税率，或者税收协定规定的更低的税率。

5.4 企业所得税纳税申报

5.4.1 纳税申报地点

除税收法律、行政法规另有规定外，居民企业以企业登记注册地为纳税地点；但登记注册地在境外的，以实际管理机构所在地为纳税地点。企业注册登记地是指企业依照国家有关规定登记注册的住所地。居民企业在中国境内设立不具有法人资格的营业机构的，应当汇总计算并缴纳企业所得税。

非居民企业在中国境内设立机构、场所的，其所设机构、场所取得的来源于中国境内的所得，以及发生在中国境外但与其所设机构、场所有实际联系的所得，以机构、场所所在地为纳税地点。非居民企业在中国境内设立两个或者两个以上机构、场所的，经税务机关审核批准，可以选择由其主要机构、场所汇总缴纳企业所得税。

非居民企业在中国境内未设立机构、场所的，或者虽设立机构、场所但取得的所得与其所设机构、场所没有实际联系的所得，以扣缴义务人所在地为纳税地点。

5.4.2 纳税申报期限

企业所得税按年计征，分月或者分季预缴，年终汇算清缴，多退少补。

企业所得税的纳税年度，自公历每年1月1日起至12月31日止。企业在一个纳税年度的中间开业，或者由于合并、关闭等原因终止经营活动，使该纳税年度的实际经营期不足12个月的，应当以其实际经营期为一个纳税年度。企业清算时，应当以清算期间作为一个纳税年度。

自年度终了之日起5个月内，向税务机关报送年度企业所得税纳税申报表，并汇算清缴，结清应缴应退税款。

企业在年度中间终止经营活动的，应当自实际经营终止之日起60日内，向税务机关办理当期企业所得税汇算清缴。

5.4.3 纳税申报材料

企业在纳税年度内无论盈利或者亏损，都应当依照规定的期限，向税务机关报送有关资料，申报纳税。

1. 查账征收方式报送材料

查账征收纳税人应如实填写和报送下列资料：

(1)企业所得税年度纳税申报表及附表。

(2)年度申报的电子数据。

(3)财务报表。

(4)备案事项相关资料。

(5)总机构及分支机构基本情况、分支机构征税方式、分支机构的预缴税情况。

(6)委托中介机构代理纳税申报的，应出具双方签订的代理合同，并附送中介机构出具的包括纳税调整的项目、原因、依据、计算过程、调整金额等内容的报告。

(7)涉及关联方业务往来的，同时报送《中华人民共和国企业年度关联业务往来报告表》。

(8)税务机关要求报送的其他资料。

2. 核定征收方式报送材料

核定征收纳税人应如实填写和报送下列资料：

(1)企业所得税年度纳税申报表。

(2)财务报表。

(3)税务机关要求报送的其他资料。

5.4.4 企业所得税网上申报流程

1. 网上申报税款

企业所得税必须进行网上申报，虽然各省使用的网上报税软件不相同，但申报流程和申报表的填写方法是相同的，下面以黑龙江省企业所得税网上报税系统为例介绍网上申报流程。

(1)系统登录。选择计算机上的网上申报多用户软件，弹出图5.1所示窗口，选择用户名，即所要申报企业的名称，点击“纳税申报”。

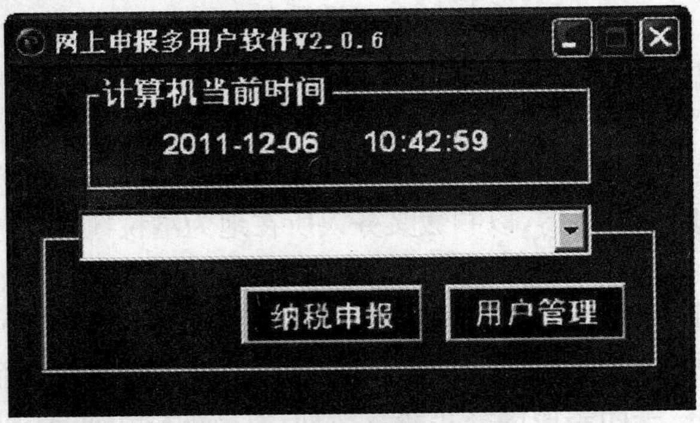

图 5.1 网上申报窗口

(2)点击“纳税申报”后，会自动弹出图 5.2 所示界面，输入用户地税的微机编码和密码，再点击“登录”。

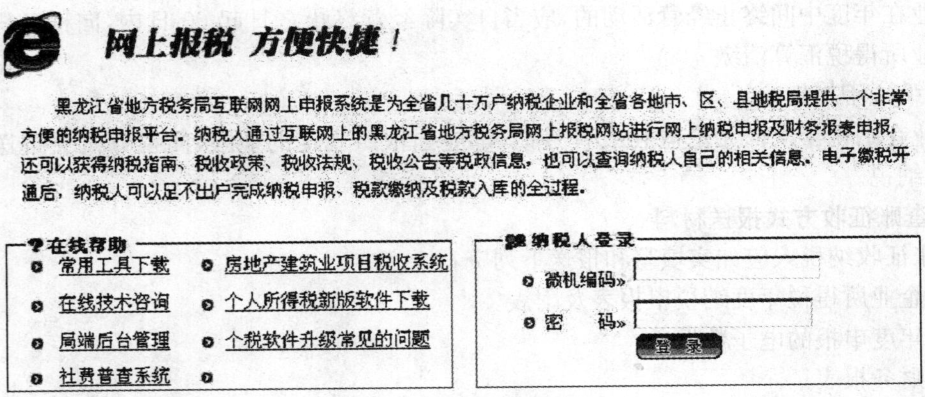

图 5.2 纳税人登录界面

登录后出现如图 5.3 所示界面。

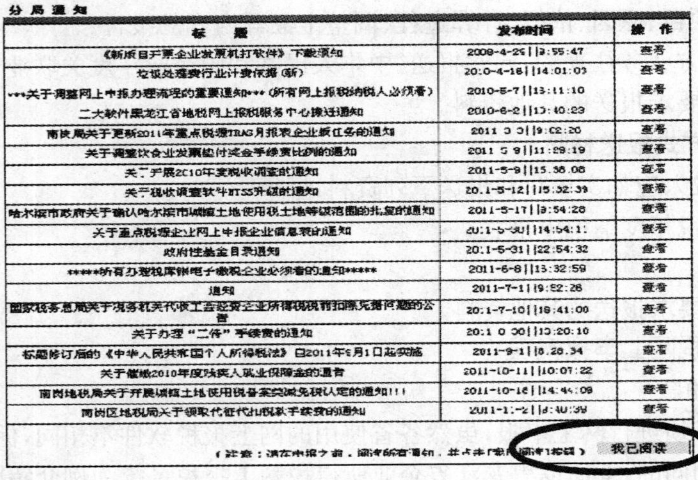

图 5.3 纳税人登录后界面

点击图中的“我已阅读”，再点击右上方的“申报管理”，进入申报阶段。图 5.4 所示为申报选择界面。

税 费 申 报 选 择

必读：1. 从2009年1月1日起，地税机关代政府征收的各项基金、费可以在网上进行划款了，各税的申报和基金、费的申报须分开申报，请在下面的项目中选择您要申报的项目。
2. 各项基金、费（包括：价格调解基金、残疾人保障金、工会经费、垃圾处理费、防洪保安费）
3. 各项税和各基金、费，如果本月没有产生税款，也需要进行零申报（包括个人所得税）。
4. 哈尔滨市企业申报时注意申报顺序：
（1）、有减免税先申报减免税，再申报个人所得税，然后再申报其它税种。
（2）、没有减免税先申报个人所得税，再申报其它税种。

税 申报个人所得税	说明：申报个人所得税需上传个人所得税全员申报明细，即用《黑龙江省个人所得税信息管理系统(扣缴义务人端)》软件生成的上报文件在此处上传。
税 申报税款	说明：如果您申报除基金、费以外的税种，如：营业税、城建税、教育费附加、地方教育费附加、企业所得税等，请点击“申报税款”按钮。 注意：此模块不能申报个人所得税税款，请在“申报个人所得税”模块中申报。
费 申报基金费	说明：如果您申报：工会经费、垃圾处理费、防洪保安费、价格调解基金、残疾人保障金，请点击“申报 基金费”按钮。

图 5.4　税费申报选择界面

点击“申报税款”，要注意的是，黑龙江省地税局为了完善个人所得税的缴纳，每月必须在完成申报个人所得税后，才能进行其他税种的录入。在这里假设个人所得税已经申报完毕，则需要点击“申报税款”，进入所得税纳税申报界面，如图 5.5 所示。

各 税 申 报 选 择

纳税申报选择

纳税人名称：　　　　申报日期：
微机管理编码：　　　　金额单位：元（列至角分）
主管科股：　　　　专管员：

注意：下列预算科目中不包括个人所得税，个人所得税请在“申报管理”中的“个税申报”模块下申报，无税款时要进行零申报或点击直接进入

预算科目	税目	国标行业	单位税额/税率	定额	限缴期限	本次申报选择
(101030400)一般营业税	(0716)房屋租赁	自有房地产经营活动	5.000	0.00	(0070)月份终了后十五日内	☐
(101043200)集体企业所得税	(3010)其它行业(制造业)	书、报刊印刷	25.000	0.00	(0080)季度终了后十五日内	☐
(101090200)集体企业城市维护建设税	(0101)市区（增值税附征）	书、报刊印刷	7.000	0.00	(0070)月份终了后十五日内	☐
(101090200)集体企业城市维护建设税	(0102)市区（营业税附征）	自有房地产经营活动	7.000	0.00	(0070)月份终了后十五日内	☐
(101100200)集体企业房产税	(0200)营业用房	书、报刊印刷	1.200	0.00	(0200)按年分四次，2，5，8，11月份20日前	☐

注意1：“限缴期限”字体为红色的税种本月必须申报
网上电子缴税系统(ETS)操作说明 下载

全选

[查看入库级次信息]

图 5.5　纳税申报选择界面

选择预算科目为集体企业所得税，在“本次申报选择”中选“√”出现如图 5.6 所示界面。

正确填写单位企业所得税的计税金额和单位税率。申报税额自动生成。核对准确无误后提交划款，出现图 5.7 所示界面。

出现此界面后，企业所得税网上申报成功。

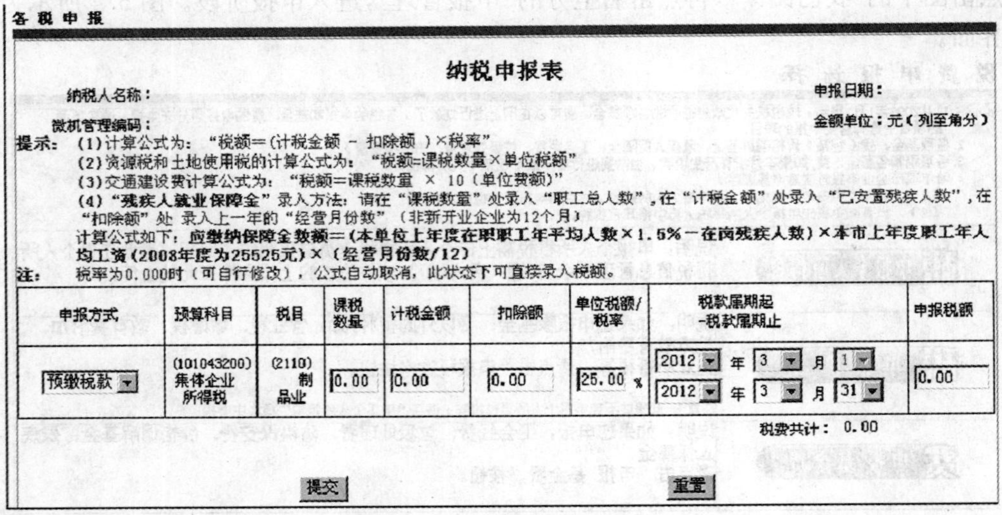

图 5.6 纳税申报表界面

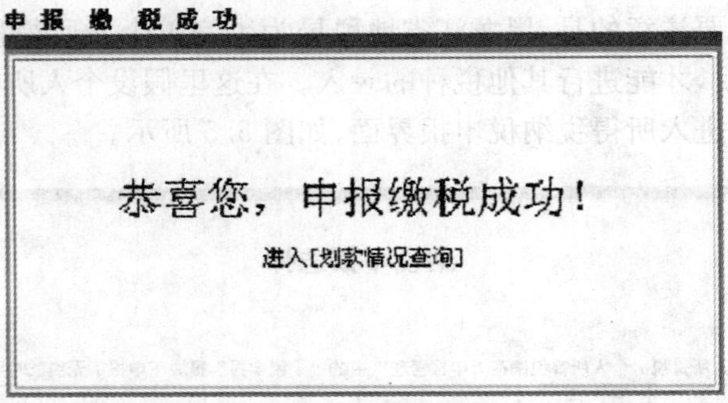

图 5.7 申报缴税成功界面

2. 网上申报报表

网上申报填写纳税申报表按以下流程操作：

(1)登录。界面如图 5.8 所示。

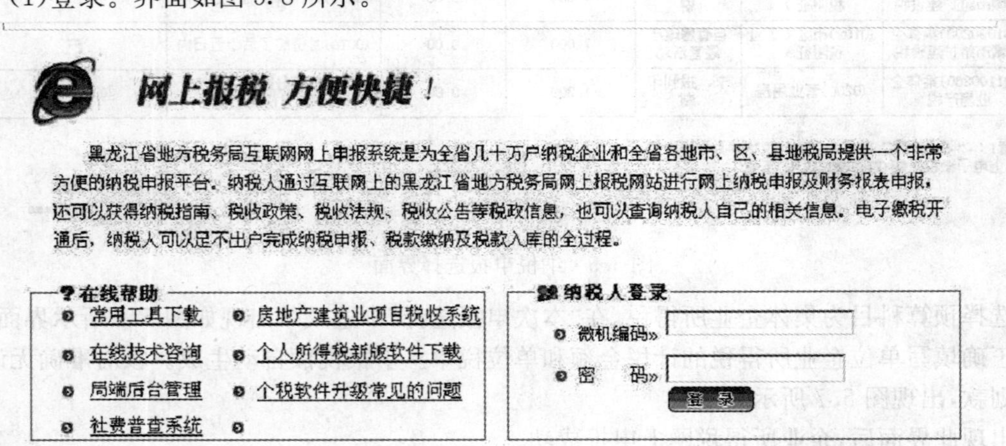

图 5.8 纳税人登录界面

(2)点击“报表管理”,如图 5.9 所示。

首页 | 税务机关登录 | 在线咨询 | 下载专区　帮助手册 / 税局专区 / 报表管理 / 申报管理

分局通知

标题	发布时间	操作
《新版自开票企业发票机打软件》下载须知	2008-4-29||9:55:47	查看
垃圾处理费行业计费依据(新)	2010-4-16||14:01:03	查看
关于调整网上申报办理流程的重要通知(所有网上报税纳税人必须看)	2010-5-7||16:11:10	查看
工大软件黑龙江省地税网上报税服务中心搬迁通知	2010-6-2||10:49:23	查看
关于调整饮食业发票垫付奖金手续费比例的通知	2011-5-9||11:29:19	查看
哈尔滨市政府关于确认哈尔滨市城镇土地使用税土地等级范围的批复的通知	2011-5-17||9:54:28	查看
关于重点税源企业网上申报企业信息表的通知	2011-5-30||14:54:11	查看
政府性基金目录通知	2011-5-31||22:54:32	查看
*****所有办理税库银电子缴税企业必须看的通知*****	2011-6-8||16:32:59	查看
通知	2011-7-1||9:52:26	查看
国家税务总局关于税务机关代收工会经费企业所得税税前扣除凭据问题的公告	2011-7-10||18:41:00	查看
南岗地税局关于开展城镇土地使用税备案类减免税认定的通知!!!	2011-10-18||14:44:09	查看
南岗区地税局重点税源报表的相关问题	2012-2-8||14:32:55	查看
关于明确开具个人所得税完税证明有关问题的通知	2012-3-1||16:32:35	查看
重要通知	2012-3-12||16:32:21	查看
关于四月份申报纳税期限顺延的通知	2012-3-26||14:34:28	查看
重要通知	2012-3-28||13:28:28	查看
关于“防洪保安费”更名为“水利建设基金”的通知	2012-4-5||8:57:47	查看

图 5.9　选择“报表管理”选项卡

(3)选择“报表录入”,如图 5.10 所示。

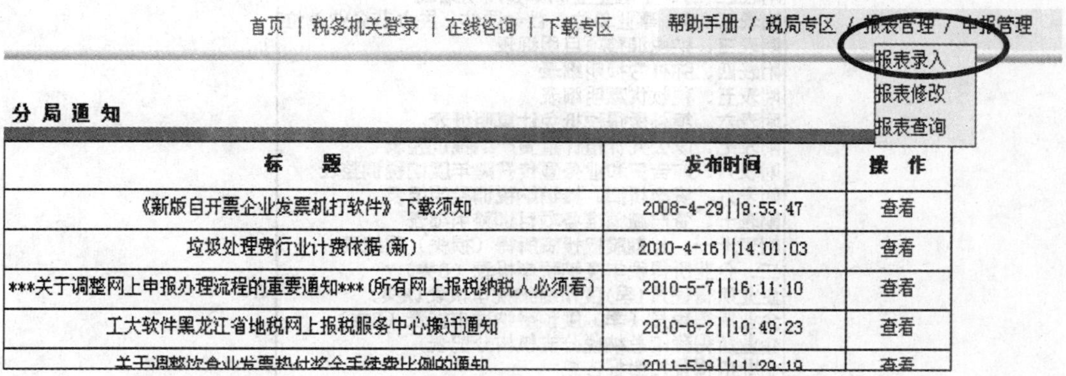
首页 | 税务机关登录 | 在线咨询 | 下载专区　帮助手册 / 税局专区 / 报表管理 / 申报管理

报表录入
报表修改
报表查询

分局通知

标题	发布时间	操作
《新版自开票企业发票机打软件》下载须知	2008-4-29||9:55:47	查看
垃圾处理费行业计费依据(新)	2010-4-16||14:01:03	查看
关于调整网上申报办理流程的重要通知(所有网上报税纳税人必须看)	2010-5-7||16:11:10	查看
工大软件黑龙江省地税网上报税服务中心搬迁通知	2010-6-2||10:49:23	查看
关于调整饮食业发票垫付奖金手续费比例的通知	2011-5-9||11:29:19	查看

图 5.10　选择“报表录入”选项

(4)在“报表分类”中点击“企业所得税申报表”选项,如图 5.11 所示。

(5)在“报表名称”中,依次点击相应报表,如图 5.12 所示。企业所得税报表分为季度报表和年度报表,填写完报表后保存即可。

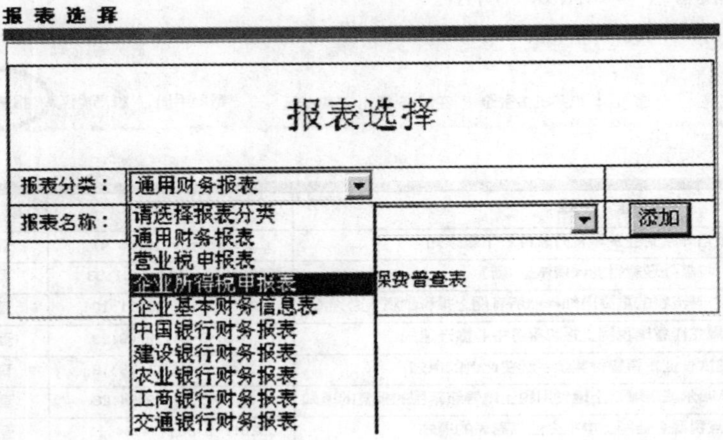

图 5.11 选择“企业所得税申报表”选项

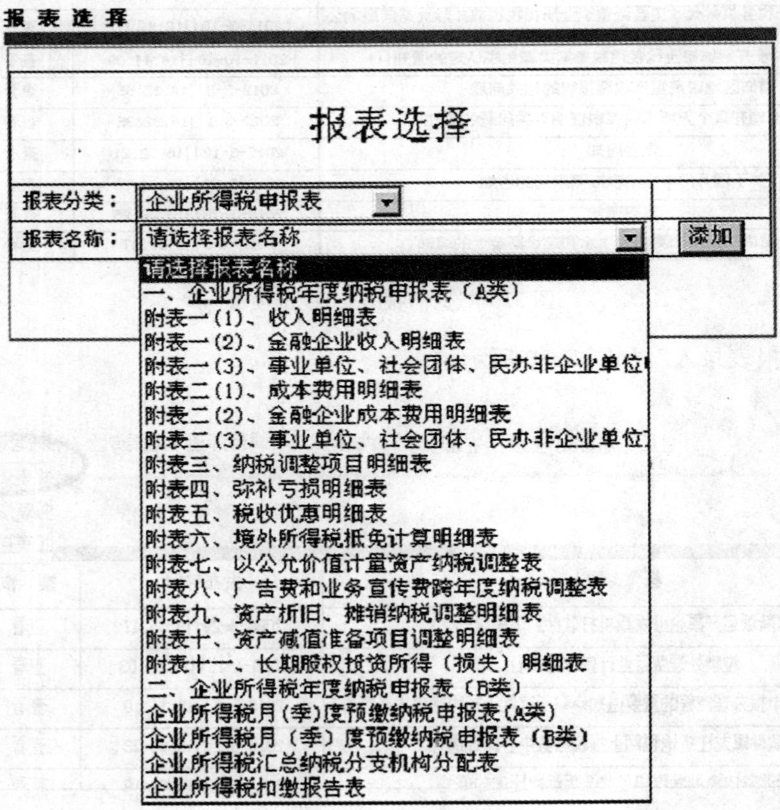

图 5.12 报表选择界面

(6)注意事项。为了保证表间勾稽关系的正确性，应该依次填报附表，系统会根据附表自动生成主表。步骤如下：

第一步：依次填报：附表一、附表二、附表四（弥补亏损明细表）、附表五（税收优惠明细表）、附表六（境外所得税抵免计算明细表）、附表七（以公允价值计量资产纳税调整表）、附表九（资产折旧、摊销纳税调整明细表）、附表十（资产减值准备项目调整明细表）、附表十一（长期股权投资所得（损失）明细表）。

第二步：填报附表八（广告费和业务宣传费跨年度纳税调整表）；填报附表三（纳税调整项目明细表）。

第三步：生成主表（企业所得税年度纳税申报表）。

所有表填报完毕，保存即可。需要注意的是，季度报表与年度报表要区分。每年报四个季度报表，当年结束，汇算清缴后，单独申报所得税年报。

5.5 企业所得税会计核算

5.5.1 账户设置

1. 所得税费用

所得税费用账户借方登记企业按应纳税额预提的所得税和由于纳税调整增加或减少的金额，贷方登记转入本年利润的金额。

2. 应交税费——应交所得税

应交所得税账户借方登记企业实际交纳的所得税，贷方登记企业预提的企业所得税。

3. 递延所得税资产和递延所得税负债

递延所得税资产和递延所得税负债是和暂时性差异相对应的，可抵减暂时性差异是将来可用来抵税的部分，是应该收回的资产，所以对应递延所得税资产；递延所得税负债是由应纳税暂时性差异产生的，对于影响利润的暂时性差异，确认的递延所得税负债应该调整“所得税费用”。

例如会计折旧小于税法折旧，导致资产的账面价值大于计税基础，如果产品已经对外销售了，就会影响利润，所以递延所得税负债应该调整当期的所得税费用。如果暂时性差异不影响利润，而是直接计入所有者权益的，则确认的递延所得税负债应该调整资本公积。例如可供出售金融资产是按照公允价值来计量的，公允价值升高了，会计上调增了可供出售金融资产的账面价值，并确认的资本公积，因为不影响利润，所以确认的递延所得税负债不能调整所得税费用，而应该调整资本公积。

具体请参阅《企业会计准则——所得税会计》，本书在此不作深入介绍。

5.5.2 账务处理

企业在期末申报纳税时，按应纳的税款，借记“所得税费用”科目，贷记“应交税费——应交所得税”科目；实际交纳税款时，借记“应交税费——应交所得税”科目，贷记“银行存款”科目；期末结账时，将“所得税费用”账户中的金额转入“本年利润”账户，借记“本年利润”科目，贷记“所得税费用”科目。

模块任务

1. 纳税调整

双星塑料厂 2011 年损益类有关账户数据如下：主营业务收入 500 万元，主营业务成本

400 万元，其他业务收入 20 万元，其他业务成本 6 万元，营业税金及附加 1.2 万元，销售费用 17 万元，其中广告费、业务宣传费用 15 万元(2010 年未抵扣完的广告费 25 万元，未抵扣完的业务宣传费 2 万元)、管理费用 30 万元，其中业务招待费 2 万元，新产品研究开发费 10 万元，财务费用 2.2 万元(其中利息收入 3 万元，向银行借款 100 万元支付利息 5 万元，手续费支出2 000元)，营业外收入——处置固定资产净收益 5 万元，营业外支出 10 万元，其中通过市民政局向地震灾区捐赠现金 5 万元。投资收益——国债利息收入 5 万元。准予扣除的成本费用中包括全年的工资费用 200 万元，企业全年平均从业人数 30 人；实际发生职工福利费支出 30 万元，职工教育经费支出 5.5 万元；工会经费 4 万元(已取得工会组织开具的工会经费拨缴款专用收据)；2011 年 6 月购置汽车 1 辆，原值 20 万元，按 5%保留残值，折旧年限按 3 年计算。

根据以上资料回答：

(1)本企业都需要进行哪些纳税调整。

(2)2011 年度应缴企业所得税。

(3)进行年度所得税报表填报，假设填报日期为 2012 年 4 月 10 日。

【解析】

纳税调整包括如下内容：

(1)收入类调整项目。

国债利息收入属于免税收入，应调减应纳税所得额 5 万元。

(2)扣除类调整项目。

①职工福利费账面发生额 30 万元，允许税前扣除的金额为工资的 14%，200×0.14＝28(万元)，超过允许税前扣除的金额 2 万元，应调增应纳税所得额 2 万元。

②职工教育经费账载金额 5.5 万元，允许税前扣除的金额为工资的 2.5%，200×0.025＝5(万元)，应调增应纳税所得额 0.5 万元。

③工会经费账载金额 4 万元，未超过允许税前扣除的金额工资的 2%，200×0.02＝4(万元)。

④业务招待费账载金额 2 万元，发生额的 60%为 1.2 万元，销售营业收入的 0.5%为(500＋20)×0.005＝2.6(万元)，允许税前扣除的金额应为 1.2 万元，调增应纳税所得额 0.8 万元。

⑤广告费和业务宣传费支出，允许在当年企业所得税前扣除的限额为(500＋20)×0.15＝78(万元)，2010 年未抵扣完的广告费 25 万元可以抵扣，2010 年度未抵扣完的业务宣传费 2 万元不得抵扣，新法中关于业务宣传费的抵扣规定自 2011 年起实行，调减应纳税所得额 25 万元。

⑥公益性捐赠支出，5 万元现金支出未超过 63.6×12%＝7.632(万元)的扣除限额，故允许在税前全额扣除。

⑦利息支出，企业向金融机构借款的利息支出，准予税前全额扣除。

⑧加计扣除，新产品研发费用允许加计扣除为 10×0.5＝5(万元)。

⑨资产类调整项目对于固定资产折旧，该企业 2011 年购置汽车的折旧年限与税法不一致，应调增应税所得额为 20×(1－5%)/36×6－20×(1－5%)/48×6＝0.791 7(万元)。

(3)调整项目合计

纳税调整增加额＝2＋0.5＋0.8＋0.791 7＝4.091 7(万元)

纳税调整减少额＝5＋25＋5＝35(万元)

2. 计算应补缴的企业所得税

根据已知条件，未进行纳税调整前的利润总额为

500＋20－(400＋6)－1.2－17－30－2.2＋5－10＋5＝63.6(万元)

2011 年应纳所得额＝利润总额＋纳税调整增加额－纳税调整减少额

＝63.6＋4.091 7－35＝32.691 7(万元)

2011 年应纳企业所得税额＝326 917×0.25＝81 729.25(元)

3. 填写企业所得税纳税申报表

本题进行纳税申报涉及的报表共有七张：

中华人民共和国企业所得税年度纳税申报表(A 类)，见表 5.1。

企业所得税年度纳税申报表附表一(1)收入明细表，见表 5.2。

企业所得税年度纳税申报表附表二(1)成本费用明细表，见表 5.3。

企业所得税年度纳税申报表附表三纳税调整项目明细表，见表 5.4。

企业所得税年度纳税申报表附表五税收优惠明细表，见表 5.5。

企业所得税年度纳税申报表附表八广告费和业务宣传费跨年度纳税调整表，见表 5.6。

企业所得税年度纳税申报表附表九资产折旧、摊销纳税调整明细表，见表 5.7。

表 5.1　中华人民共和国企业所得税年度纳税申报表(A 类)

税款所属期间：2011 年 1 月 1 日至 2011 年 12 月 31 日

纳税人名称：双星塑料厂

纳税人识别号：□□□□□□□□□□□□□□□□□□□□

金额单位：元(列至角分)

类别	行次	项　目	金额
利润总额计算	1	一、营业收入(填附表一)	5 200 000
	2	减：营业成本(填附表二)	4 060 000
	3	营业税金及附加	12 000
	4	销售费用(填附表二)	170 000
	5	管理费用(填附表二)	300 000
	6	财务费用(填附表二)	22 000
	7	资产减值损失	
	8	加：公允价值变动收益	
	9	投资收益	50 000
	10	二、营业利润	686 000
	11	加：营业外收入(填附表一)	50 000
	12	减：营业外支出(填附表二)	100 000
	13	三、利润总额(10＋11－12)	636 000

续表

类别	行次	项　　目	金额
应纳税所得额计算	14	加:纳税调整增加额(填附表三)	40 917
	15	减:纳税调整减少额(填附表三)	350 000
	16	其中:不征税收入	
	17	免税收入	50 000
	18	减计收入	
	19	减、免税项目所得	
	20	加计扣除	
	21	抵扣应纳税所得额	
	22	加:境外应税所得弥补境内亏损	
	23	纳税调整后所得(13+14−15+22)	326 917
	24	减:弥补以前年度亏损(填附表四)	
	25	应纳税所得额(23−24)	326 917
应纳税额计算	26	税率(25%)	25%
	27	应纳所得税额(25×26)	81 729.25
	28	减:减免所得税额(填附表五)	
	29	减:抵免所得税额(填附表五)	
	30	应纳税额(27−28−29)	81 729.25
	31	加:境外所得应纳所得税额(填附表六)	
	32	减:境外所得抵免所得税额(填附表六)	
	33	实际应纳所得税额(30+31−32)	81 729.25
	34	减:本年累计实际已预缴的所得税额	
	35	其中:汇总纳税的总机构分摊预缴的税额	
	36	汇总纳税的总机构财政调库预缴的税额	
	37	汇总纳税的总机构所属分支机构分摊的预缴税额	
	38	合并纳税(母子体制)成员企业就地预缴比例	
	39	合并纳税企业就地预缴的所得税额	
	40	本年应补(退)的所得税额(33−34)	81 729.25
附列资料	41	以前年度多缴的所得税额在本年抵减额	
	42	以前年度应缴未缴在本年入库所得税额	

纳税人公章: 经办人: 申报日期:2012年4月10日	代理申报中介机构公章: 经办人及执业证件号码: 代理申报日期:　年　月　日	主管税务机关受理专用章: 受理人: 受理日期:　年　月　日

表 5.2　收入明细表

填报时间:2012 年 4 月 10 日　　　　金额单位:元(列至角分)

行次	项　目	金　额
1	一、销售(营业)收入合计(2+13)	5 200 000
2	(一)营业收入合计(3+8)	5 200 000
3	1. 主营业务收入(4+5+6+7)	5 000 000
4	(1)销售货物	5 000 000
5	(2)提供劳务	
6	(3)让渡资产使用权	
7	(4)建造合同	
8	2. 其他业务收入(9+10+11+12)	200 000
9	(1)材料销售收入	200 000
10	(2)代购代销手续费收入	
11	(3)包装物出租收入	
12	(4)其他	
13	(二)视同销售收入(14+15+16)	
14	(1)非货币性交易视同销售收入	
15	(2)货物、财产、劳务视同销售收入	
16	(3)其他视同销售收入	
17	二、营业外收入(18+19+20+21+22+23+24+25+26)	50 000
18	1. 固定资产盘盈	
19	2. 处置固定资产净收益	50 000
20	3. 非货币性资产交易收益	
21	4. 出售无形资产收益	
22	5. 罚款净收入	
23	6. 债务重组收益	
24	7. 政府补助收入	
25	8. 捐赠收入	
26	9. 其他	

经办人(签章):　　　　法定代表人(签章):

表 5.3　成本费用明细表

填报时间:2012 年 4 月 10 日　　　　金额单位:元(列至角分)

行次	项　目	金额
1	一、销售(营业)成本合计(2+7+12)	4 060 000
2	(一)主营业务成本(3+4+5+6)	4 000 000
3	(1)销售货物成本	4 000 000

续表

行次	项　目	金额
4	(2)提供劳务成本	
5	(3)让渡资产使用权成本	
6	(4)建造合同成本	
7	(二)其他业务成本(8+9+10+11)	60 000
8	(1)材料销售成本	60 000
9	(2)代购代销费用	
10	(3)包装物出租成本	
11	(4)其他	
12	(三)视同销售成本(13+14+15)	
13	(1)非货币性交易视同销售成本	
14	(2)货物、财产、劳务视同销售成本	
15	(3)其他视同销售成本	
16	二、营业外支出(17+18+……+24)	100 000
17	1. 固定资产盘亏	
18	2. 处置固定资产净损失	50 000
19	3. 出售无形资产损失	
20	4. 债务重组损失	
21	5. 罚款支出	
22	6. 非常损失	
23	7. 捐赠支出	50 000
24	8. 其他	
25	三、期间费用(26+27+28)	492 000
26	1. 销售(营业)费用	170 000
27	2. 管理费用	300 000
28	3. 财务费用	22 000

经办人(签章)：　　　　法定代表人(签章)：

表 5.4　纳税调整项目明细表

填报时间:2012 年 4 月 10 日　　　　金额单位:元(列至角分)

	行次	项　目	账载金额	税收金额	调增金额	调减金额
			1	2	3	4
	1	一、收入类调整项目	*	*		50 000
	2	1. 视同销售收入(填写附表一)	*	*		*
#	3	2. 接受捐赠收入	*			*
	4	3. 不符合税收规定的销售折扣和折让				*
*	5	4. 未按权责发生制原则确认的收入				

续表

	行次	项　　目	账载金额 1	税收金额 2	调增金额 3	调减金额 4
*	6	5. 按权益法核算长期股权投资对初始投资成本调整确认收益	*	*	*	
	7	6. 按权益法核算的长期股权投资持有期间的投资损益	*	*		
*	8	7. 特殊重组				
*	9	8. 一般重组				
*	10	9. 公允价值变动净收益(填写附表七)	*	*		
	11	10. 确认为递延收益的政府补助				
	12	11. 境外应税所得(填写附表六)	*	*	*	
	13	12. 不允许扣除的境外投资损失	*			*
	14	13. 不征税收入(填附表一[3])	*	*	*	50 000
	15	14. 免税收入(填附表五)	*	*	*	
	16	15. 减计收入(填附表五)	*	*	*	
	17	16. 减、免税项目所得(填附表五)	*	*	*	
	18	17. 抵扣应纳税所得额(填附表五)	*	*	*	
	19	18. 其他				
	20	二、扣除类调整项目	*	*	33 000	300 000
	21	1. 视同销售成本(填写附表二)	*	*	*	
	22	2. 工资薪金支出	2 000 000	2 000 000		
	23	3. 职工福利费支出	300 000	280 000	20 000	
	24	4. 职工教育经费支出	55 000	50 000	5 000	
	25	5. 工会经费支出	40 000	40 000		
	26	6. 业务招待费支出	20 000	12 000	8 000	*
	27	7. 广告费和业务宣传费支出(填写附表八)	*	*		250 000
	28	8. 捐赠支出	50 000	50 000		*
	29	9. 利息支出				
	30	10. 住房公积金				*
	31	11. 罚金、罚款和被没收财物的损失		*		*
	32	12. 税收滞纳金		*		*
	33	13. 赞助支出		*		*
	34	14. 各类基本社会保障性缴款				
	35	15. 补充养老保险、补充医疗保险				
	36	16. 与未实现融资收益相关在当期确认的财务费用				
	37	17. 与取得收入无关的支出		*		*
	38	18. 不征税收入用于支出所形成的费用		*		*
	39	19. 加计扣除(填附表五)	*	*	*	50 000

续表

行次	项　　目	账载金额	税收金额	调增金额	调减金额
		1	2	3	4
40	20. 其他				
41	三、资产类调整项目	*	*	7 917	
42	1. 财产损失				
43	2. 固定资产折旧(填写附表九)	*	*	7 917	
44	3. 生产性生物资产折旧(填写附表九)	*	*		
45	4. 长期待摊费用的摊销(填写附表九)	*	*		
46	5. 无形资产摊销(填写附表九)	*	*		
47	6. 投资转让、处置所得(填写附表十一)	*	*		
48	7. 油气勘探投资(填写附表九)				
49	8. 油气开发投资(填写附表九)				
50	9. 其他				
51	四、准备金调整项目(填写附表十)	*	*		
52	五、房地产企业预售收入计算的预计利润	*	*		
53	六、特别纳税调整应税所得	*	*		*
54	七、其他	*	*		
55	合　　计	*	*	40 917	350 000

经办人(签章)：　　　　法定代表人(签章)：

注:1. 标有 * 的行次为执行新会计准则的企业填列,标有 # 的行次为除执行新会计准则以外的企业填列。

2. 没有标注的行次,无论执行何种会计核算办法,有差异就填报相应行次,填 * 号不可填列。

3. 有二级附表的项目只填调增、调减金额,账载金额、税收金额不再填写。

表 5.5　税收优惠明细表

填报时间:2012 年 4 月 10 日　　　　金额单位:元(列至角分)

行次	项　　目	金　额
1	一、免税收入(2+3+4+5)	50 000
2	1. 国债利息收入	50 000
3	2. 符合条件的居民企业之间的股息、红利等权益性投资收益	
4	3. 符合条件的非营利组织的收入	
5	4. 其他	
6	二、减计收入(7+8)	
7	1. 企业综合利用资源,生产符合国家产业政策规定的产品所取得的收入	

续表

行次	项　目	金　额
8	2. 其他	
9	三、加计扣除额合计(10+11+12+13)	50 000
10	1. 开发新技术、新产品、新工艺发生的研究开发费用	50 000
11	2. 安置残疾人员所支付的工资	
12	3. 国家鼓励安置的其他就业人员支付的工资	
13	4. 其他	
14	四、减免所得额合计(15+25+29+30+31+32)	
15	(一)免税所得(16+17+…+24)	
16	1. 蔬菜、谷物、薯类、油料、豆类、棉花、麻类、糖料、水果、坚果的种植	
17	2. 农作物新品种的选育	
18	3. 中药材的种植	
19	4. 林木的培育和种植	
20	5. 牲畜、家禽的饲养	
21	6. 林产品的采集	
22	7. 灌溉、农产品初加工、兽医、农技推广、农机作业和维修等农、林、牧、渔服务业项目	
23	8. 远洋捕捞	
24	9. 其他	
25	(二)减税所得(26+27+28)	
26	1. 花卉、茶以及其他饮料作物和香料作物的种植	
27	2. 海水养殖、内陆养殖	
28	3. 其他	
29	(三)从事国家重点扶持的公共基础设施项目投资经营的所得	
30	(四)从事符合条件的环境保护、节能节水项目的所得	
31	(五)符合条件的技术转让所得	
32	(六)其他	
33	五、减免税合计(34+35+36+37+38)	
34	(一)符合条件的小型微利企业	
35	(二)国家需要重点扶持的高新技术企业	
36	(三)民族自治地方的企业应缴纳的企业所得税中属于地方分享的部分	
37	(四)过渡期税收优惠	
38	(五)其他	
39	六、创业投资企业抵扣的应纳税所得额	

续表

行次	项　　目	金　额
40	七、抵免所得税额合计(41＋42＋43＋44)	
41	(一)企业购置用于环境保护专用设备的投资额抵免的税额	
42	(二)企业购置用于节能节水专用设备的投资额抵免的税额	
43	(三)企业购置用于安全生产专用设备的投资额抵免的税额	
44	(四)其他	
45	企业从业人数(全年平均人数)	
46	资产总额(全年平均数)	
47	所属行业(工业企业　　其他企业　　)	

经办人(签章)：　　　　　　　　　　法定代表人(签章)：

表 5.6　广告费和业务宣传费跨年度纳税调整表

填报时间:2012 年 4 月 10 日　　　　金额单位:元(列至角分)

行次	项　　目	金额
1	本年度广告费和业务宣传费支出	150 000
2	其中:不允许扣除的广告费和业务宣传费支出	
3	本年度符合条件的广告费和业务宣传费支出(1－2)	150 000
4	本年计算广告费和业务宣传费扣除限额的销售(营业)收入	5 200 000
5	税收规定的扣除率	15%
6	本年广告费和业务宣传费扣除限额(4×5)	780 000
7	本年广告费和业务宣传费支出纳税调整额(3≤6,本行＝2 行;3＞6,本行＝1－6)	0
8	本年结转以后年度扣除额(3＞6,本行＝3－6;3≤6,本行＝0)	0
9	加:以前年度累计结转扣除额	250 000
10	减:本年扣除的以前年度结转额	
11	累计结转以后年度扣除额(8＋9－10)	250 000

经办人(签章)：　　　　　　　　　　法定代表人(签章)：

表 5.7 资产折旧、摊销纳税调整明细表

填报日期:2012 年 4 月 10 日　　　　金额单位:元(列至角分)

行次	资产类别	资产原值		折旧、摊销年限		本期折旧、摊销额		纳税调整额
		账载金额	计税基础	会计	税收	会计	税收	
		1	2	3	4	5	6	7
1	一、固定资产	200 000	200 000	3 年	4 年	31 667	2 375	7 917
2	1. 房屋建筑物							
3	2. 飞机、火车、轮船、机器、机械和其他生产设备							
4	3. 与生产经营有关的器具工具家具							
5	4. 飞机、火车、轮船以外的运输工具	200 000	200 000	3 年	4 年	31 667	2 375	7 917
6	5. 电子设备							
7	二、生产性生物资产			*	*			
8	1. 林木类							
9	2. 畜类							
10	三、长期待摊费用			*	*			
11	1. 已足额提取折旧的固定资产的改建支出							
12	2. 租入固定资产的的改建支出							
13	3. 固定资产大修理支出							
14	4. 其他长期待摊费用							
15	四、无形资产							
16	五、油气勘探投资							
17	六、油气开发投资							
18	合计			*	*			

经办人(签章):　　　　法定代表人(签章):

纳税筹划案例

天晟公司为了改善工作环境和提升企业形象，于 2004 年 11 月～12 月斥资 560 万元，对原值为 2 000 万元的办公楼(折旧年限 20 年，已使用 6 年)进行了装修，相关费用已经全额计入了当期损益。从税收角度分析，公司支付的装修费用占到了房屋原值的 28%(560÷2 000×100%)，按税法规定，不能直接进入本期费用予以税前扣除，应该作为资本性支出，每年以计提折旧的形式分期(从 2005 年 1 月份开始)摊入成本。因此，公司在申报 2004 年度企业所得税时，需要调增 560 万元的应纳税所得额。

(案例来源：作者根据网络资源改编而成.)

【筹划分析】

企业的固定资产在投入使用后，会发生一些诸如维护、改建、扩建或改进其功能的费用(统称为“固定资产后续支出”)。会计制度及相关准则和企业所得税法规在对这项支出性质的确认与计量标准上存在一定差异。

财政部《关于执行〈企业会计制度〉和相关会计准则有关问题解答(二)的通知》(财会〔2003〕10 号)明确：《企业会计准则——固定资产》规定，与固定资产有关的后续支出，如果使可能流入企业的经济利益超过了原先的估计，如延长了固定资产的使用寿命，或者使产品质量实质性提高，或者使产品成本实质性降低，则应当计入固定资产账面价值，其增计后的金额不应超过该固定资产的可收回金额。除此以外的后续支出，应当确认为当期费用，不再通过预提或待摊的方式核算。企业在日常核算中应依据上述原则判断固定资产后续支出是应当资本化，还是费用化。在具体实务中，对固定资产装修费用，符合上述原则可予资本化的，应当在“固定资产”科目下单设“固定资产装修”明细科目核算。

国家税务总局《关于印发企业所得税税前扣除办法的通知》(国税发〔2000〕84 号，以下简称《通知》)第三十一条规定：纳税人的固定资产改良支出，如有关固定资产尚未提足折旧，可增加固定资产价值；如有关固定资产已提足折旧，可作为递延费用，在不短于 5 年的期间内平均摊销。符合下列条件之一的固定资产修理，应视为固定资产改良支出：(一)发生的修理支出达到固定资产原值 20%以上；(二)经过修理后有关资产的经济使用寿命延长两年以上；(三)经过修理后的固定资产被用于新的或不同的用途。

可见，会计制度与《通知》在判断固定资产后续支出性质时的侧重点各有不同。前者主要是提供了质的标准，在量的方面没有具体数额规定，并且还出现了“可能流入”、“原先的估计”等主观性很强的字眼，使得企业在实际执行中的弹性较大。后者给出的标准有着具体数额限制，显然更为严谨和直观。两相比较，《通知》能够起到有效地防止企业出于自身利益需要来模糊固定资产后续支出的性质(即使双方都认定为资本性支出，在确定资本化金额时也会有出入，本文未就此进行讨论)的作用。

从上面分析可知，由于会计与税收目的不同，可能会导致两者判断同一笔支出性质时出现相异的结论。对企业而言，一项支出究竟是予以资本化逐年扣除还是直接费用化计入本期损益，势必影响年度利润额，进而改变纳税人应纳税额。

但是，《通知》也给纳税人提供了筹划空间。只要企业事先对装修金额进行测算，将其与房屋原值进行比较，把费用控制在规定比例之内，就可以直接税前扣除。

假定条件不变，天晟公司改变装修方案，把原有工程分成一期（费用 320 万元）和二期（费用 240 万元）进行，并将二期工程延至 2005 年 12 月开工并完成。这样操作给公司带来了以下好处：

1. 减少房产税支出

《通知》规定，纳税人的固定资产改良支出，如有关固定资产尚未提足折旧，增加固定资产价值。原有方案中的装修费用计入房屋原值后，必将增加房产税计税依据。新方案下的一期和二期工程支出分别只占房屋原值的 16%和 12%，均未达到 20%的标准，无须计入房屋原值，企业因此每年可少纳税款 560×(1−10%)×1.2%＝6.048 万元（当地规定的房产余值按房屋原值扣除 10%计算），金额虽然不算大，但考虑到房产税是企业一项长期固定的支出（直至房屋报废时才免于征收），节税效果还是非常明显的。

2. 减少企业所得税支出

新方案下的装修费用在发生年度据实列支，减少了 2004 年度和 2005 年度的应纳税所得额。但是，这并不表明纳税人真正少支出了所得税款。由于这种时间性差异造成的前期少纳税款将在后期逐步转回，在不考虑企业出现亏损、资产报废时的清理费用、清理收入以及净残值等因素时，无论是否改变装修方案，这笔费用最终都能起到抵减同样金额税款的作用，其总体所得税负担并没有任何程度的增减。那么，从这一角度来看，公司是否无法获得任何节税利益呢？

答案当然是否定的。大家都知道，计提固定资产折旧时的基数是不包含净残值的。根据《国家税务总局关于做好已取消的企业所得税审批项目后续管理工作的通知》（国税发〔2003〕70 号）第二条规定，企业计算可扣除的固定资产折旧额时，在内、外资企业所得税"两法"合并前，固定资产残值比例统一确定为 5%．这就意味着原有方案至少有 28 万元（560×5%）的装修费用无法起到抵减应纳税所得额的作用，而新方案根本无须考虑这一因素，装修费用可以全额税前扣除。因此，分次装修累计可以少纳企业所得税。

3. 增加了净现金流量

与原方案相比，新方案缩短了装修费用的摊销期限（两年），提前确认费用必将导致部分应纳税所得额推迟至后期实现，从而滞后了纳税义务发生时间。由于企业资金不可能是无偿取得的，都有一定的成本，新方案无疑给纳税人带来了资金时间价值的收益。

假定公司要求的最低资金年报酬率为 8%．在新方案下，装修费用冲减公司 2004 年度和 2005 年度所得税支出的折现额为 178.931 万元。在原有方案下，折旧是从 2005 年开始发挥抵税作用的，年均可抵减所得税支出 12.54 万元，累计折现额（即计算递延年金现值）为 99.386 万元。后者多支出 79.545 万元的现金流量（为简化分析，未考虑房产税支出对现金流量的影响）。

【筹划点评】

天晟公司通过分次装修房屋，将费用性质由资本性支出转化为收益性支出后，既减少了前期应纳税所得额，又避免了增加房屋原值，不仅降低了企业的税收负担，还增加了企业的现金流量，非常划算。但是，这只是一种筹划思路，不能生搬硬套。如果分次装修影响到了纳税人正常的生产经营活动，或者分次装修期间正处于企业所得税减免期间，企业就应该通盘考虑，改变策略，选择更为有利的装修方案。

【模块小结】

1. 企业所得税是对我国境内的企业和其他取得收入的组织的生产经营所得和其他所得征收的所得税。其中，企业分为居民企业和非居民企业。

2. 企业所得税的征税对象是指企业的生产经营所得、其他所得和清算所得。

3. 企业所得税实行比例税率。有基本税率 25%和低税率 20%。

4. 应纳税所得额是企业所得税的计税依据，按照企业所得税法的规定，应纳税所得额为企业每一个纳税年度的收入总额，减除不征税收入、免税收入、各项扣除，以及允许弥补的以前年度亏损后的余额。

5. 企业实际发生的与取得收入有关的、合理的支出，包括成本、费用、税金、损失等其他支出，准予在计算应纳税所得额时扣除。扣除项目的具体标准税法分项做了规定。

6. 企业所得税应纳税额等于应纳税所得额乘以适用税率。居民企业取得的已在境外缴纳的所得税税额，可以从其当期应纳税额中抵免。对于居民企业纳税人，出现法定情形时采用核定方式征收企业所得税。

7. 居民企业以企业登记注册地为纳税地点；但登记注册地在境外的，以实际管理机构所在地为纳税地点。非居民企业以机构、场所所在地为纳税地点。

8. 企业所得税按年计征，分月或者分季预缴，年终汇算清缴，多退少补。

9. 企业在纳税年度内无论盈利或者亏损，都应当依照规定的期限，向税务机关报送有关资料，申报纳税。企业所得税年度纳税申报表分 A 类及 11 个附表和 B 类，B 类适用于核定征收税款的纳税人。企业所得税必须进行网上申报。

综合训练

一、单项选择题

1. 某大型工业企业 2012 年 3 月 1 日，以经营租赁方式租入固定资产使用，租期 1 年，一次性交付租金 12 万元；6 月 1 日以融资租赁方式租入机械设备一台，租期 2 年，当年支付租金 15 万元。公司计算当年企业应纳税所得额时应扣除的租赁费用为(　　)万元。

A. 10　　B. 12　　C. 15　　D. 27

2. 2011 年度，某企业财务资料显示，2011 年开具增值税专用发票取得收入 2 000 万元，另外从事运输服务，收入 220 万元。收入对应的销售成本和运输成本合计为 1 550 万元，期间费用、税金及附加为 200 万元，营业外支出 100 万元(其中 90 万为公益性捐赠支出)，上年度企业经税务机关核定的亏损为 30 万元。企业在所得税前可以扣除的捐赠支出为(　　)万元。

A. 90　　B. 40.8　　C. 44.4　　D. 23.4

3. 某白酒生产企业因扩大生产规模新建厂房，由于自有资金不足 2011 年 1 月 1 日向银行借入长期借款 1 笔，金额 3 000 万元，贷款年利率是 4.2%，2011 年 4 月 1 日该厂房开始建设，12 月 31 日房屋交付使用，则 2011 年度该企业可以在税前直接扣除的该项借款费用是(　　)万元。

A. 36.6　　B. 35.4　　C. 32.7　　D. 31.5

4. 某公司 2011 年度实现会计利润总额 30 万元。经某注册税务师审核,"财务费用"账户中列支有两笔利息费用:向银行借入生产用资金 100 万元,借用期限 6 个月,支付借款利息 3 万元;经过批准向本企业职工借入生产用资金 80 万元,借用期限 9 个月,支付借款利息 4 万元。该公司 2011 年度的应纳税所得额为(　　)万元。

A. 20　　B. 30　　C. 31　　D. 30.4

5. 某企业 2010 年销售收入 1 000 万元,年实际发生业务招待费 10 万元,该企业当可在所得税前列支的业务招待费金额是(　　)万元。

A. 5　　B. 6　　C. 8　　D. 10

6. 某居民企业 2011 年实际支出的工资、薪金总额为 150 万元,福利费本期发生 30 万元,拨缴的工会经费 3 万元,已经取得工会拨缴收据,实际发生职工教育经费 4.50 万元,该企业在计算 2011 年应纳税所得额时,应调整的应纳税所得额为(　　)万元。

A. 0　　B. 7.75　　C. 9.75　　D. 35.50

7. 2011 年某企业当年实现自产货物销售收入 500 万元,当年发生计入销售费用中的广告费 60 万元,企业上年还有 35 万元的广告费没有在税前扣除,企业当年可以税前扣除的广告费是(　　)万元。

A. 15　　B. 60　　C. 75　　D. 95

8. 某企业 2011 年销售货物收入 1 500 万元,出租房屋收入 500 万元。当年实际发生业务招待费 20 万元,该企业当年可在所得税前列支的业务招待费金额为(　　)万元。

A. 10　　B. 12　　C. 15　　D. 20

9. 某软件开发公司(被认定为重点扶持的高新技术企业)2010 年经税务机关核定的亏损额为 30 万元,2011 年度取得生产经营收入 600 万元,业务招待费实际发生 6 万元,其他应扣除的成本、费用、税金等合计 300 万元(其中,研发费用 60 万)。下列说法正确的是(　　)。

A. 该企业可以扣除的业务招待费是 3 万元

B. 该企业 2011 年适用 20%的优惠税率

C. 2010 年的亏损不得用 2011 年的所得弥补

D. 应纳所得税额是 41.34 万元

10. 某国有企业 2011 年境内所得 1 200 万元,境外所得(均为税后所得)有三笔,其中来自甲国有两笔所得,分别为 120 万元和 51 万元,税率分别为 40%和 15%,来自乙国所得 42.5 万元,已纳税 7.5 万元(甲国、乙国均与我国签订了避免重复征税的税收协定)。则 2011 年该国有企业应纳所得税(　　)万元。

A. 300　　B. 305　　C. 308　　D. 316

二、多项选择题

1. 对来源于中国境内、境外的所得,下列判断原则正确的有(　　)。

A. 销售货物所得属于动产转让所得,按照销售货物的企业所在地确定

B. 提供劳务所得,按照劳务发生地确定

C. 不动产转让所得按照不动产所在地确定

D. 权益性投资资产转让所得按照被投资企业所在地确定

E. 不动产租金所得,按照不动产所在地确定

2. 关于资产和资产的计税基础，下列表述正确的有（　　）。

A. 资产包括长期待摊费用

B. 企业的各项资产应以历史成本为计税基础

C. 企业持有各项资产发生资产增值或者减值，一律不得调整其计税基础

D. 盘盈的固定资产，以同类固定资产的公允价值为计税基础

E. 自行建造的固定资产，以竣工结算前发生的支出为计税基础

3. 可抵免境外所得税税额，是指企业来源于中国境外的所得依照中国境外税收法律以及相关规定应当缴纳并已实际缴纳的企业所得税性质的税款。但不包括（　　）。

A. 按照该国（地区）税收法律享受了免税或减税待遇，且该免税或减税的数额按照税收协定规定应视同已缴的税额

B. 按照境外所得税法律及相关规定属于错缴或错征的境外所得税税款

C. 按照税收协定规定不应征收的境外所得税税款

D. 因少缴或迟缴境外所得税而追加的利息、滞纳金或罚款

E. 境外所得税纳税人或者其利害关系人从境外征税主体得到实际返还或补偿的境外所得税税款

4. 下列各项中，属于企业所得税征收税范围的有（　　）。

A. 居民企业来源于境外的所得

B. 设立机构、场所的非居民企业，其机构、场所来源于中国境内的所得

C. 未设立机构、场所的非居民企业来源于中国境外的所得

D. 居民企业来源于中国境内的所得

5. 纳税人下列行为应视同销售确认所得税收入的有（　　）。

A. 将货物用于投资

B. 将商品用于捐赠

C. 将产品用于集体福利

D. 将产品用于在建工程

三、判断题

1. 企业取得的各项免税收入所对应的成本、费用、资产损失，不得在计算企业应纳税所得额时扣除。（　　）

2. 税务机关对企业以前年度纳税情况进行检查调增的应纳税所得额，凡企业以前年度发生亏损、且该亏损属于税法规定允许弥补的，应允许调增的应纳税所得额弥补该亏损。（　　）

3. 企业当年度实际发生的相关成本、费用，由于各种原因未能及时取得该成本、费用的有效凭证的，企业在预缴季度所得税时，可暂按账面发生金额进行核算；但在汇算清缴时，应补充提供该成本、费用的有效凭证。（　　）

4. 企业发生的职工福利费，应该单独设置账册，进行准确核算。没有单独设置账册准确核算的，企业发生的职工福利费不得在税前扣除。（　　）

5. 通过支付现金方式取得的固定资产，以购买价款和相关税费为计税成本。（　　）

四、案例研讨

某市天天家电有限公司为增值税一般纳税人，2011年度企业全年实现收入总额9 000万元，扣除的成本、费用、税金和损失总额8 930万元，会计利润总额70万元，已缴纳企业所得税14.5万元。为降低税收风险，在2011年度汇算清缴前，企业聘请某会计师事务所进行审计，发现有关问题如下：

(1)已在成本费用中列支的实发工资总额为 1 000 万元，并按实际发生数列支了福利费 210 万元，上缴工会经费 20 万元并取得《工会经费专用拨缴款收据》，职工教育经费支出 40 万元。

(2)企业年初结转的坏账准备金贷方余额 1.6 万元，当年未发生坏账损失，企业根据年末的应收账款余额 200 万元，又提取了坏账准备金 2 万元。

(3)收入总额 9 000 万元中含国债利息收入 5 万元，向居民企业投资收益 10 万元(被投资方税率 25%)，来自于境外甲国的投资收益 16 万元(已按被投资方税率 20%缴纳了所得税)。

(4)当年 1 月向银行借款 200 万元购建固定资产，借款期限 2 年。购建的固定资产于当年 8 月 31 日完工并交付使用(不考虑该项固定资产折旧)，企业支付给银行的年利息费用共计 12 万元，全部计入了财务费用。2011 年 1 月 1 日向境内关联企业乙企业发行债券 1 000 万元，按银行利率支付年利息 60 万元(银行利率 6%)，全部计入了财务费用。根据企业提供的资料，会计师事务所审核确认不符合独立交易原则。已知该企业从乙企业取得的债权性投资 1 000 万元，取得权益性投资 200 万元，乙企业实际税负低于该企业，假设该企业无其他投资方。

(5)企业全年发生的业务招待费用 65 万元，业务宣传费 80 万元，技术开发费 320 万元，全都据实作了扣除。

(6)12 月份，以使用不久的一辆公允价值 53 万元的进口小轿车(固定资产)清偿应付账款 60 万元，公允价值与债务的差额，债权人不再追要。小轿车原值 60 万元，已提取了折旧 15%，清偿债务时，企业直接以 60 万元分别冲减了应付账款和固定资产原值(该企业不属于增值税抵扣试点范围)。

(7)该公司新研发的家电 40 台，每台成本价 5 万元，不含税售价每台 10 万元，将 10 台转作自用，另外 30 台售给本厂职工。账务处理时按成本 200 万元冲减了库存商品，未确认收入。

(8)12 月份转让一项自行开发专用技术的所有权，取得收入 700 万元，未作收入处理，该项无形资产的账面成本 10 万元也未转销。

(9)12 月份通过当地政府机关向贫困山区捐赠家电产品一批，成本价 35 万元，市场销售价格 45 万元，企业核算时按成本价值直接冲减了库存商品，按市场销售价格计算的增值税销项税额 7.65 万元与成本价合计 42.65 万元计入“营业外支出”账户。

(10)12 月份，企业购买了一项金融资产，将其划分为“可供出售的金融资产”，期末该项金融资产公允价值升高了 55 万元，企业将其计入了“公允价值变动损益”科目。

(11)“营业外支出”账户中还列支工商年检滞纳金 3 万元，合同违约金 6 万元，给购货方的回扣 12 万元，环境保护支出 8 万元，关联企业赞助支出 10 万元，全都如实作了扣除。

【要求】 按顺序回答下列问题(金额单位为万元，保留两位小数)。

(1)计算工会经费、职工福利费和职工教育经费应调整的应纳税所得额。

(2)计算提取的坏账准备金应调整的应纳税所得额。

(3)计算国债利息、税后股息应调整的应纳税所得额。

(4)计算财务费用应调整的应纳税所得额。

(5)计算业务招待费用、业务宣传费及技术开发费应调整的应纳税所得额。

(6)计算清偿债务应调整的应纳税所得额。

(7)计算新研发的家电应调整的应纳税所得额。

(8)计算转让无形资产应缴纳的流转税费。

(9)计算转让无形资产应调整的应纳税所得额。

(10)计算可供出售的金融资产应调整的应纳税所得额。

(11)计算公益性捐赠应调整的应纳税所得额。

(12)计算除公益性捐赠以外的其他营业外支出的项目应调整的应纳税所得额。

(13)计算该企业 2008 年应纳税所得额。

(14)请根据上述调整结果计算审计后该企业 2008 年度应补交的企业所得税。

模块六　个人所得税纳税实务

学习目标

内　容	个人所得税纳税实务
知识目标	1. 了解个人所得税征税项目、应税来源的确定、税率和计税原理 2. 理解居民纳税人和非居民纳税人的判定标准，税收减免政策，纳税申报地点、申报期限和申报流程 3. 掌握各应税所得项目收入的确定原则、费用扣除标准，应纳税额的计算，纳税申报表的填写方法
能力目标	1. 能够正确计算应纳所得税；正确填写纳税申报表、进行网上报税 2. 能够正确进行个人所得税的会计处理 3. 能够运用税收法律规定进行纳税筹划

案例引导

个人所得税最早产生于18世纪的英国，当时由拿破仑所统帅的法国军队占领了威尔士和爱尔兰，并在1795年与英国爆发了战争，这场战争彻底地拖垮了当时英国的财政。为了筹措战争经费，年轻的英国首相威廉姆·彼特于1799年颁布法令，开征了个人所得税。因此英国人戏称个人所得税是“为打败拿破仑而征收的税”。1802年英法两国的短期休战，造成个人所得税的废除，随着1803年两国战事复发，个人所得税又被恢复，当时的税制模式一直沿续到现在。

与英国的情况相似，个人所得税在美国税收制度中的发展也与战争有关。在19世纪初，美国就已经具备了开征个人所得税的客观条件，但受联邦宪法的限制一直未能开征。直到1862年南北战争期间，美国联邦政府为了筹集战争费用，才首次开征个人所得税。1866年，个人所得税收入占到了联邦全部税收收入的25%。由于个人所得税在当时是一种“不受欢迎”的筹资手段，所以南北战争结束后不久，美国就废除了个人所得税。直到1913年美国才又重新开征了个人所得税，当时的最高税率仅为7%，且扣除费用较高。

法国开征个人所得税是在1913年。当时，法国政府为了筹集军费效仿其他国家开征了个人所得税，但战争开始不久即停征了，直到1917年才恢复征收。停征个人所得税的原因是法国政府预计战争很快会以德国战败而告终，法国不久将能从德国得到一笔可观的战争赔款以弥补战争费用。由于停征了个人所得税，一战期间的法国政府只有依靠发行公债维持巨额财政支出。战后，法国政府并没有从德国政府手中得到预期的赔款数额。为了支付巨额的债务利息，法国在20年代被迫不断提高个人所得税税率，最高时达到60%。然而财政困难一缓解，法国政府就降低了个人所得税的税率。

纵观世界各国个人所得税的发展历史，可以看出许多国家个人所得税的开征都与筹集战争经费密不可分。这有其偶然性，也有其必然性。总体来说，个人所得税是经济发展到一定阶段的产物，但战争这一偶然因素对其产生起到了推动作用。

现代意义上的个人所得税制在我国的发展历史并不长，它是随着经济的发展、人民收入的提高以及国际环境的变化而逐步形成的。从1981年开始，我国实行改革开放政策，对外开放程度不断加深的时期，随着外国来华进行投资、建设、经营的人员以及外国专家、学者、工程技术人员的不断增多，他们的高额报酬收入与当时国内较低的收入水平相比形成较大的反差，为了加强对这部分高收入阶层的调节，全国人大于1980年9月审议通过了《中华人民共和国个人所得税法》并于1981年1月1日开始实施。由于当时费用扣除标准定得比较高(按当时收入水平)，为每月800元，大部分中国公民都未达到纳税标准，因而，此税法实际上是针对外国来华的工作人员和外商而制定的，其目的是为了调节他们的高额收入。

(本文由作者根据网上资料改写而成，原文见：百度文库)

相关知识

6.1 个人所得税法律常识

个人所得税是以自然人取得的各类应税所得为征税对象而征收的一种所得税，是政府利用税收对个人收入进行调节的一种手段。个人所得税的征税对象不仅包括个人，还包括具有自然人性质的个人独资企业和合伙企业。

6.1.1 纳税义务人

个人所得税的纳税义务人，包括中国公民、个体工商业户以及在中国有所得的外籍人员(包括无国籍人员，下同)和香港、澳门、台湾同胞。上述纳税义务人依据住所和居住时间两个标准，区分为居民纳税人和非居民纳税人，分别承担不同的纳税义务。

1. 居民纳税义务人

居民纳税义务人是指在中国境内有住所，或者无住所而在中国境内居住满1年的个人。居民纳税义务人负有无限纳税义务。其所取得的应纳税所得，无论是来源于中国境内还是中国境外任何地方，都要在中国缴纳个人所得税。

在中国境内有住所的个人，是指因户籍、家庭、经济利益关系，而在中国境内习惯性居住的个人。习惯性居住是指个人因学习、工作、探亲等原因消除之后，没有理由在其他地方继续居留时，所要回到的地方。而不是指实际居住或在某一个特定时期内的居住地。一个纳税人因学习、工作、探亲、旅游等原因，原来是在中国境外居住，但是在这些原因消除之后，如果必须回到中国境内居住的，则中国为该人的习惯性居住地。尽管该纳税义务人在一个纳税年度内，甚至连续几个纳税年度，都未在中国境内居住过 1 天，他仍然是中国居民纳税义务人，应就其来自全球的应纳税所得，向中国缴纳个人所得税。

所谓在境内居住满 1 年，是指在一个纳税年度(即公历 1 月 1 日起至 12 月 31 日止，下同)内，在中国境内居住满 365 日。在计算居住天数时，对临时离境应视同在华居住，不扣减其在华居住的天数。这里所说的临时离境，是指在一个纳税年度内，一次不超过 30 日或者多次累计不超过 90 日的离境。例如，一个外籍人员从 1997 年 10 月起到中国境内的公司任职，在 1998 纳税年度内，曾于 3 月 7～12 日离境回国，向其总公司述职，12 月 23 日又离境回国欢度圣诞节和元旦。这两次离境时间相加，没有超过 90 日的标准，应视作临时离境，不扣减其在华居住天数。因此，该纳税义务人应为居民纳税人。

中国境内是指中国大陆地区，目前还不包括香港、澳门和台湾地区。

2. 非居民纳税义务人

非居民纳税义务人是指不符合居民纳税义务人判定标准(条件)的纳税义务人，非居民纳税义务人承担有限纳税义务，即仅就其来源于中国境内的所得，向中国缴纳个人所得税。在现实生活中，习惯性居住地不在中国境内的个人，只有外籍人员、华侨或香港、澳门和台湾同胞。因此，非居民纳税义务人实际上只能是在一个纳税年度中，没有在中国境内居住，或者在中国境内居住不满 1 年的外籍人员、华侨或香港、澳门、台湾同胞。

纳税义务人及其纳税义务如图 6.1 所示。

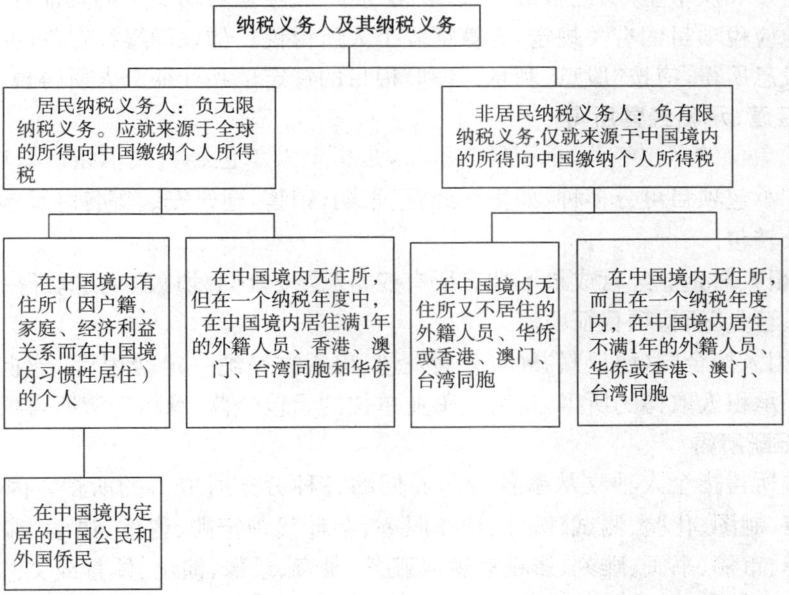

图 6.1　纳税义务人及其纳税义务示意图

6.1.2　应税所得项目

确定应税所得项目可以使纳税人掌握自己都有哪些收入是要纳税的，下列各项个人所得应纳个人所得税。

1. 工资、薪金所得

工资、薪金所得，是指个人因任职或者受雇而取得的工资、薪金、奖金、年终加薪、劳动分红、津贴、补贴以及任职或者受雇有关的其他所得。

出租汽车经营单位对出租车驾驶员采取单车承包或承租方式运营，出租车驾驶员从事客货营运取得的收入，按工资、薪金所得征税。

对于一些不属于工资、薪金性质的补贴、津贴或者不属于纳税人本人工资、薪金所得项目的收入，不予征税。这些项目包括：独生子女补贴；执行公务员工资制度未纳入基本工资总额的补贴、津贴差额和家属成员的副食品补贴；托儿补助费；差旅费津贴、误餐补助。其中，误餐补助是指按照财政部规定，个人因公在城区、郊区工作，不能在工作单位或返回就餐的，根据实际误餐顿数，按规定的标准领取的误餐费。单位以误餐补助名义发给职工的补助、津贴不能包括在内。

2. 个体工商户的生产、经营所得

个体工商户的生产、经营所得，是指个体工商户从事工业、手工业、建筑业、交通运输业、商业、饮食业、服务业、修理业及其他行业取得的所得。

个人因从事彩票代销业务而取得所得，应按照“个体工商户的生产、经营所得”项目计征个人所得税。

出租车属个人所有，但挂靠出租汽车经营单位或企事业单位，驾驶员向挂靠单位缴纳管理费的，或出租汽车经营单位将出租车所有权转移给驾驶员的，出租车驾驶员从事客货运营取得的收入，比照个体工商户的生产、经营所得项目征税。

个体工商户和从事生产、经营的个人，取得与生产、经营活动无关的其他各项应税所得，应分别按照其他应税项目的有关规定，计算征收个人所得税。如取得银行存款的利息所得、对外投资取得的股息所得，应按“股息、利息、红利”税目的规定单独计征个人所得税。

3. 承包经营、承租经营所得

对企事业单位的承包经营、承租经营所得，是指个人承包经营或承租经营以及转包、转租取得的所得。承包项目可分多种，如生产经营、采购、销售、建筑安装等各种承包。转包包括全部转包或部分转包。

承包、承租人对企业经营成果不拥有所有权，仅是按合同(协议)规定取得一定所得的，其所得按“工资、薪金”所得项目征税。

承包、承租人按合同(协议)的规定只向发包、出租方交纳一定费用后，企业经营成果归其所有的，承包、承租人取得的所得，按对企事业单位的承包经营、承租经营所得项目征税。

4. 劳务报酬所得

劳务报酬所得指个人独立从事各种非雇佣的各种劳务所取得的所得。内容主要包括设计、装潢、安装、制图、化验、测试、医疗、法律服务、会计代理记账、咨询、讲学、编写提供新闻信息、播音、翻译、审稿、书画、雕刻、影视表演或服务、录音、录像、演出、体育或文艺表演、广告、展览、技术服务、介绍服务、代办服务等各种劳务。

在商品营销活动中，企业和单位对其营销业绩突出的非雇员以培训班、研讨会、工作考察等名义组织旅游活动，通过免收差旅费、旅游费对个人实行的营销业绩奖励(包括实物、有价证券等)，应根据所发生费用的全额作为该营销人员当期的劳务收入，按照“劳务报酬所得”项目征收个人所得税，并由提供上述费用的企业和单位代扣代缴。

5. 稿酬所得

稿酬所得是指个人因其作品以图书、报刊形式出版、发表而取得的所得。将稿酬所得独立划归一个征税项目，而对不以图书、报刊形式出版、发表的翻译、审稿、书画所得归为劳务报酬所得，主要是考虑了出版、发表作品的特殊性。

6. 特许权使用费所得

特许权使用费所得是指个人提供专利权、商标权、著作权、非专利技术以及其他特许权的使用权取得的所得。提供著作权的使用权取得的所得。不包括稿酬所得。

7. 利息、股息、红利所得

利息、股息、红利所得是指个人拥有债权、股权而取得的利息、股息、红利所得。

8. 财产租赁所得

财产租赁所得是指个人出租建筑物、土地使用权、机器设备、车船以及其他财产取得的所得。

9. 财产转让所得

财产转让所得是指个人转让有价证券、股权、建筑物、土地使用权、机器设备、车船以及其他财产取得的所得。

10. 偶然所得

偶然所得是指个人得奖、中奖、中彩以及其他偶然性质的所得。

11. 其他所得

其他所得指经国务院财政部门确定征税的其他所得。主要包括：

(1)商品房买卖过程中，有的房地产公司因未协调好与按揭银行的合作关系，造成购房人不能按合同约定办妥按揭贷款手续，从而无法缴纳后续房屋价款，致使房屋买卖合同难以继续履行，房地产公司因双方协商解除商品房买卖合同而向购房人支付违约金。购房个人因上述原因从房地产公司取得的违约金收入。

(2)个人为单位或他人提供担保获得报酬。对于个人因任职单位缴纳有关保险费用而取得的无赔款优待收入。

(3)部分单位和部门在年终总结、各种庆典、业务往来及其他活动中，为其他单位和部门的有关人员发放现金、实物或有价证券。对个人取得该项所得。

(4)房屋产权所有人将房屋产权无偿赠与他人(非直系亲属)的，受赠人因无偿受赠房屋取得的受赠所得。

(5)购买商品过程中返还的现金，实物等。

6.1.3　所得来源地确定

判断所得来源地，是确定该项所得是否应该征收个人所得税的重要依据。对于居民纳税义务人，因为要承担无限纳税义务，因此，有关判断其所得来源地的问题，相对来说不那么重要。但是，对于非居民纳税义务人，由于只就其来源于中国境内的所得征税，因此判断其所得来源地，就显得十分重要。

所得的来源地与所得的支付地并不是同一概念，有时两者是一致的，有时却是不相同的。来源于中国境内的所得有：

(1)在中国境内的单位或经济组织中任职、受雇而取得的工资、薪金所得。

(2)在中国境内提供各种劳务而取得的劳务报酬所得。

(3)在中国境内从事生产、经营活动而取得的所得。

(4)个人出租的财产，被承租人在中国境内使用而取得的财产租赁所得。

(5)转让中国境内的房屋、建筑物、土地使用权,以及在中国境内转让其他财产而取得的财产转让所得。

(6)提供在中国境内使用的专利权、专有技术、商标权、著作权,以及其他各种特许权利而取得的特许权使用费所得。

(7)因持有中国的各种债券、股票、股权而从中国境内的公司、企业或其他经济组织以及个人取得的利息、股息、红利所得。

(8)在中国境内参加各种竞赛活动取得名次的奖金所得;参加中国境内有关部门和单位组织的有奖活动而取得的中奖所得;购买中国境内有关部门和单位发行的彩票取得的中彩所得。

(9)在中国境内以图书、报刊方式出版、发表作品取得的稿酬所得。

6.1.4 税收优惠

个人所得项目减税免税的优惠政策主要有免征、减征和暂免征收。

1. 免征个人所得税的优惠

(1)省级人民政府、国务院部委和中国人民解放军军以上单位,以及外国组织颁发的科学、教育、技术、文化、卫生、体育、环境保护等方面的奖金。

(2)国债和国家发行的金融债券利息。这里所说的国债利息,是指个人持有中华人民共和国财政部发行的债券而取得的利息所得;所说的国家发行的金融债券利息,是指个人持有经国务院批准发行的金融债券而取得的利息所得。

(3)按照国家统一规定发给的补贴、津贴。这里所说的按照国家统一规定发给的补贴、津贴,是指按照国务院规定发给的政府特殊津贴和国务院规定免纳个人所得税的补贴、津贴。

发给中国科学院资深院士和中国工程院资深院士每人每年 1 万元的资深院士津贴免予征收个人所得税。

(4)福利费、抚恤金、救济金。这里所说的福利费,是指根据国家有关规定,从企业、事业单位、国家机关、社会团体提留的福利费或者工会经费中支付给个人的生活补助费;所说的救济金,是指国家民政部门支付给个人的生活困难补助费。

(5)保险赔款。

(6)军人的转业费、复员费。

(7)按照国家统一规定发给干部、职工的安家费、退职费、退休工资、离休工资、离休生活补助费。

(8)依照我国有关法律规定应予免税的各国驻华使馆、领事馆的外交代表、领事官员和其他人员的所得。

(9)对乡、镇(含乡、镇)以上人民政府或经县(含县)以上人民政府主管部门批准成立的有机构、有章程的见义勇为基金或者类似性质组织,奖励见义勇为者的奖金或奖品,经主管税务机关核准,免征个人所得税。

(10)企业和个人按照省级以上人民政府规定的比例提取并缴付的住房公积金、医疗保险金、基本养老保险金、失业保险金,不计入个人当期的工资、薪金收入,免予征收个人所得税。超过规定的比例缴付的部分计征个人所得税。个人领取原提存的住房公积金、医疗保险金、基本养老保险金时。免予征收个人所得税。

(11)个人通过扣缴单位统一向灾区的捐赠,扣缴单位凭政府机关或非营利组织开具的汇总捐赠凭据、扣缴单位记载的个人捐赠明细表等,由扣缴单位在代扣代缴税款时,依法据实扣除。

2. 减征个人所得税的优惠

(1)残疾、孤老人员和烈属的所得。

(2)因严重自然灾害造成重大损失的。

(3)其他经国务院财政部门批准减税的。

3. 暂免征收个人所得税的优惠

(1)外籍个人以非现金形式或实报实销形式取得的住房补贴、伙食补贴、搬迁费、洗衣费;按合理标准取得的境内、外出差补贴;取得的经税务机关审核批准为合理的部分的语言训练费、子女教育费、每年不超过两次的探亲费等;从外商投资企业取得的股息、红利所得。

(2)个人举报、协查各种违法、犯罪行为而获得的奖金。

(3)个人办理代扣代缴税款手续,按规定取得的扣缴手续费。

(4)个人转让自用达 5 年以上并且是唯一的家庭居住用房取得的所得。

(5)凡符合下列条件之一的外籍专家取得的工资、薪金所得可免征个人所得税:根据世界银行专项贷款协议由世界银行直接派往我国工作的外国专家;联合国组织直接派往我国工作的专家;为联合国援助项目来华工作的专家;援助国派往我国专为该国无偿援助项目工作的专家;根据两国政府签订文化交流项目来华工作 2 年以内的文教专家,其工资、薪金所得由该国负担的;根据我国大专院校国际交流项目来华工作 2 年以内的文教专家,其工资、薪金所得由该国负担的;通过民间科研协定来华工作的专家,其工资、薪金所得由该国政府机构负担的。

(6)对被拆迁人按照国家有关城镇房屋拆迁管理办法规定的标准取得的拆迁补偿款,免征个人所得税。

(7)个人取得单张有奖发票奖金所得不超过 800 元(含 800 元)的,暂免征收个人所得税。

6.2 个人所得税计算

6.2.1 工资、薪金所得应纳税额的计算

1. 计算原理与公式

工资、薪金所得在计算应纳个人所得税额时,适用超额累进税率。实际计算时运用速算扣除数计算法。其计算公式为

应纳税额=应纳税所得额×适用税率-速算扣除数

=(每月收入额-费用扣除标准)×适用税率-速算扣除数

2. 费用扣除标准

(1)一般情况下,工资、薪金所得,以每月收入额减除费用 3 500 元后的余额为应纳税所得额。每月收入额等于应发工资扣除五险一金后的余额。

(2)对外籍人员和在境外工作的中国公民的工资、薪金所得以每月收入额减除费用 4 800 元后的余额为应纳税所得额。主要包括:在中国境内的外商投资企业和外国企业中工作取得工资、薪金所得的外籍人员;应聘在中国境内单位工作取得工资、薪金所得的外籍专家;在中国境内有住所而在中国境外任职或者受雇取得工资、薪金所得的个人。

3. 税率

工资、薪金所得,适用七级超额累进税率,税率为 3%~45%,见表 6.1。

表 6.1 工资、薪金所得税率表

级数	全月应纳税所得额		税率（%）	速算扣除数
	含税级距	不含税级距		
1	不超过 1 500 元的部分	不超过 1 455 元的部分	3	0
2	超过 1 500 元至 4 500 元的部分	超过 1 455 元至 4 155 元的部分	10	105
3	超过 4 500 元至 9 000 元的部分	超过 4 155 元至 7 755 元的部分	20	555
4	超过 9 000 元至 35 000 元的部分	超过 7 755 元至 27 255 元的部分	25	1 005
5	超过 35 000 元至 55 000 元的部分	超过 27 255 元至 41 255 元的部分	30	2 755
6	超过 55 000 元至 80 000 元的部分	超过 41 255 元至 57 505 元的部分	35	5 505
7	超过 80 000 元的部分	超过 57 505 元的部分	45	13 505

注：1. 本表所列含税级距与不含税级距，均为按照税法规定减除有关费用后的所得额。
2. 含税级距适用于由纳税人负担税款的工资、薪金所得；不含税级距适用于由他人（单位）代付税款的工资、薪金所得。

【例 6.1】 假定某纳税人 2011 年 10 月工资 5 200 元，该纳税人不适用附加减除费用的规定。计算其当月应纳个人所得税税额。

【案例分析】

应纳税所得额＝5 200－3 500＝1 700(元)

应纳税额＝1 700×10%－105＝65(元)

【例 6.2】 假定某外商投资企业中工作的美国专家(假设为非居民纳税人)，2011 年 10 月份取得由该企业发放的工资收入 10 400 元人民币。请计算其应纳个人所得税税额。

【案例分析】

应纳税所得额＝10 400－4 800＝5 600(元)

应纳税额＝5 600×20%－555＝565(元)

6.2.2 个体工商户的生产、经营所得应纳税额的计算

1. 计算原理与公式

个体工商户的生产、经营所得，以每一纳税年度的收入总额，减除成本、费用以及损失后的余额，为应纳税所得额。

从事生产、经营的纳税义务人未提供完整、准确的纳税资料，不能正确计算应纳税所得额的，由主管税务机关核定其应纳税所得额。

个人独资企业的投资者以全部生产经营所得为应纳税所得额；合伙企业的投资者按照合伙企业的全部生产经营所得和合伙协议约定的分配比例，确定应纳税所得额，合伙协议没有约定分配比例的，以全部生产经营所得和合伙人数量平均计算每个投资者的应纳税所得额。

生产经营所得，包括企业分配给投资者个人的所得和企业当年留存的所得(利润)。

个体工商户的生产、经营所得应纳税额的计算公式为

应纳税额＝应纳税所得额×适用税率－速算扣除数

或　　应纳税额＝(全年收入总额－成本、费用以及损失)×适用税率－速算扣除数

2. 成本、费用以及损失扣除标准

(1)个体工商户业主的费用扣除标准为 42 000 元/年，即 3 500 元/月。

(2)个体工商户向其从业人员实际支付的合理的工资、薪金支出，允许在税前据实扣除。

(3)个体工商户拨缴的工会经费、发生的职工福利费、职工教育经费支出、广告费和业务宣传费用、业务招待费、借款利息支出等费用扣除标准与企业所得税的扣除标准和原理相同。

3. 税率

个体工商户的生产、经营所得，适用5%～35%的超额累进税率，见表6.2。

表6.2　个体工商户的生产、经营所得税率表

级数	全年应纳税所得额		税率(%)	速算扣除数
	含税级距	不含税级距		
1	不超过15 000元的	不超过14 250元的	5	0
2	超过15 000元至30 000元的部分	超过14 250元至27 750元的部分	10	750
3	超过30 000元至60 000元的部分	超过27 750元至51 750元的部分	20	3 750
4	超过60 000元至100 000元的部分	超过51 750元至79 750元的部分	30	9 750
5	超过100 000元的部分	超过79 750元的部分	35	14 750

注：1. 本表所列含税级距与不含税级距，均为按照税法规定以每一纳税年度的收入总额减除成本、费用以及损失后的所得额；

2. 含税级距适用于个体工商户的生产、经营所得和由纳税人负担税款的对企事业单位的承包经营、承租经营所得；不含税级距适用于由他人(单位)代付税款的对企事业单位的承包经营、承租经营所得。

6.2.3　个人独资企业和合伙企业应纳个人所得税的计算

对个人独资企业和合伙企业的生产、经营所得，有查账征收和核定征收两种方式。

1. 查账征税

(1)计算原理与公式。个人独资企业和合伙企业的生产、经营所得以每一纳税年度的收入总额，减除成本、费用以及损失后的余额，为应纳税所得额。

个人独资企业和合伙企业的生产、经营所得应纳税额的计算公式为

应纳税额＝应纳税所得额×适用税率－速算扣除数

或　　应纳税额＝(全年收入总额－成本、费用以及损失)×适用税率－速算扣除数

(2)成本、费用以及损失扣除标准。个人独资企业和合伙企业投资者的生产经营所得依法计征个人所得税时，个人独资企业和合伙企业投资者本人的费用扣除标准统一确定为42 000元/年，即3 500元/月。投资者的工资不得在税前扣除。

投资者及其家庭发生的生活费用不允许在税前扣除。投资者及其家庭发生的生活费用与企业生产经营费用混合在一起，并且难以划分的，全部视为投资者个人及其家庭发生的生活费用，不允许在税前扣除。企业生产经营和投资者及其家庭生活共用的固定资产，难以划分的，由主管税务机关根据企业的生产经营类型、规模等具体情况，核定准予在税前扣除的折旧费用的数额或比例。

企业实际发生的工会经费、发生的职工福利费、职工教育经费支出、广告费和业务宣传费用、业务招待费、借款利息支出等费用扣除标准与企业所得税的扣除标准和原理相同。

企业计提的各种减值准备金不得扣除。

投资者兴办的两个或两个以上企业，并且企业性质全部是独资的，年度终了后，汇算清缴时，应纳税款的计算按以下方法进行：汇总其投资兴办的所有企业的经营所得作为应纳税所得

额以此确定适用税率，计算出全年经营所得的应纳税额，再根据每个企业的经营所得占所有企业经营所得的比例，分别计算出每个企业的应纳税额和应补缴税额。计算公式如下：

$$应纳税所得额=\sum 各个企业的经营所得$$

$$应纳税额=应纳税所得额\times税率-速算扣除数$$

$$本企业应纳税额=应纳税额\times本企业的经营所得\div\sum 各企业的经营所得$$

$$本企业应补缴的税额=本企业应纳税额-本企业预缴的税额$$

2. 税率

对个人独资企业和合伙企业所得适用5%～35%的超额累进税率，见表6.3。

表6.3　个人独资企业和合伙企业所得税率表

级数	全年应纳税所得额	税率(%)	速算扣除数
1	不超过15 000元的部分	5	0
2	超过15 000元至30 000元的部分	10	750
3	超过30 000元至60 000元的部分	20	3 750
4	超过60 000元至100 000元的部分	30	9 750
5	超过100 000元的部分	35	14 750

3. 核定征收

核定征收方式，包括定额征收、核定应税所得率征收以及其他合理的征收方式。

实行核定应税所得率征收方式的，应纳所得税额的计算公式如下：

$$应纳所得税额=应纳税所得额\times适用税率$$

$$应纳税所得额=收入总额\times应税所得率$$

或

$$应纳税所得额=成本费用支出额\div(1-应税所得率)\times应税所得率$$

应税所得率由国家税务总局统一规定。

企业经营多业的，无论其经营项目是否单独核算，均应根据其主营项目确定其适用的应税所得率。

实行核定征税的投资者，不能享受个人所得税的优惠政策。

实行查账征税方式的个人独资企业和合伙企业改为核定征税方式后，在查账征税方式下认定的年度经营亏损未弥补完的部分，不得再继续弥补。

6.2.4　对企事业单位的承包经营、承租经营所得应纳税额的计算

1. 计算原理与公式

对企事业单位的承包经营、承租经营所得，以每一纳税年度的收入总额，减除必要费用后的余额，为应纳税所得额。每一纳税年度的收入总额，是指纳税义务人按照承包经营、承租经营合同规定分得的经营利润和工资、薪金性质的所得；所说的减除必要费用，是指按月减除3 500元。

个人所得税应纳税额的计算公式为

$$应纳税额=应纳税所得额\times适用税率-速算扣除数$$

或

$$应纳税额=(纳税年度收入总额-必要费用)\times适用税率-速算扣除数$$

2. 税率

对企事业单位的承包经营、承租经营所得，适用5%～35%的超额累进税率，见表6.4。

表6.4　承包经营、承租经营所得税率表

级数	全年应纳税所得额		税率（%）	速算扣除数
	含税级距	不含税级距		
1	不超过15 000元的部分	不超过14 250元的部分	5	0
2	超过15 000元至30 000元的部分	超过14 250元至27 750元的部分	10	750
3	超过30 000元至60 000元的部分	超过27 750元至51 750元的部分	20	3 750
4	超过60 000元至100 000元的部分	超过51 750元至79 750元的部分	30	9 750
5	超过100 000元的部分	超过79 750元的部分	35	14 750

注：1. 本表所列含税级距与不含税级距，均为按照税法规定以每一纳税年度的收入总额减除成本、费用以及损失后的所得额。

2. 含税级距适用由纳税人负担税款的对企事业单位的承包经营、承租经营所得；不含税级距适用于由他人（单位）代付税款的对企事业单位的承包经营、承租经营所得。

【例6.3】　假定2011年9月1日，某个人与事业单位签订承包合同经营招待所，承包期为3年。2011年招待所实现承包经营利润150 000元，按合同规定承包人每年应从承包经营利润中上缴承包费30 000元。计算承包人2011年应纳个人所得税税额。

【案例分析】

(1)年应纳税所得额＝承包经营利润－上缴费用－每月必要费用扣减合计

＝150 000－30 000－3 500×4＝106 000(元)

(2)应纳税额＝年应纳税所得额×适用税率－速算扣除数

＝106 000×35%－14 750＝22 350(元)

6.2.5　劳务报酬所得应纳税额的计算

1. 计算原理

劳务报酬所得按次纳税，根据不同劳务项目的特点，对“次”的规定为：

(1)只有一次性收入的，以取得该项收入为一次。例如从事设计、安装等劳务，往往是接受客户的委托，按照客户的要求，完成一次劳务后取得收入。因此，应以每次提供劳务取得的收入为一次。

(2)属于同一事项连续取得收入的，以1个月内取得的收入为一次。例如，某歌手与一卡拉OK厅签约，在2011年1年内每天到卡拉OK厅演唱一次，每次演出后付酬50元。在计算其劳务报酬所得时，应视为同一事项的连续性收入，以其1个月内取得的收入为一次计征个人所得税。

2. 费用扣除标准与公式

劳务报酬所得每次收入不超过4 000元的，减除费用800元；4 000元以上的，减除20%的费用，其余额为应纳税所得额。

对劳务报酬所得，其个人所得税应纳税额的计算公式如下：

(1)每次收入不足4 000元时

应纳税额＝应纳税所得额×适用税率

或　　应纳税额＝(每次收入额－800)×20%

(2)每次收入在 4 000 元以上时

应纳税额=应纳税所得额×适用税率

=每次收入额×(1-20%)×20%

(3)每次收入的应纳税所得额超过 20 000 元时

应纳税额=应纳税所得额×适用税率-速算扣除数

或　　应纳税额=每次收入额×(1-20%)×适用税率-速算扣除数

3. 税率

劳务报酬所得适用比例税率,税率为 20%。对劳务报酬所得一次收入畸高的,可以实行加成征收。劳务报酬所得一次收入畸高是指个人一次取得劳务报酬,其应纳税所得额超过 20 000元。对应纳税所得额超过 20 000~50 000 元的部分,依照税法规定计算应纳税额后再按照应纳税额加征五成;超过 50 000 元的部分,加征十成。因此,劳务报酬所得实际上适用 20%、30%、40%的三级超额累进税率,见表 6.5。

表 6.5　劳务报酬所得个人所得税税率表

级　数	每次应纳税所得额	税率(%)	速算扣除数
1	不超过 20 000 元的部分	20	0
2	20 000~50 000 元的部分	30	2 000
3	超过 50 000 元的部分	40	7 000

注:本表所称每次应纳税所得额是指每次收入额减除费用 800 元(每次收入额不超过 4 000 元时)或者减除 20%的费用(每次收入额超过 4 000 元时)后的余额。

【例 6.4】　歌星刘某一次取得表演收入 40 000 元,扣除 20%的费用后,应纳税所得额为 32 000 元。请计算其应纳个人所得税税额。

【案例分析】

应纳税额=每次收入额×(1-20%)×适用税率-速算扣除数

=40 000×(1-20%)×30%-2 000=7 600(元)

6.2.6　稿酬所得应纳税额的计算

1. 计算原理

稿酬所得按次纳税,以每次出版、发表取得的收入为一次。具体又可细分为:

(1)同一作品再版取得的所得,应视作另一次稿酬所得计征个人所得税。

(2)同一作品先在报刊上连载,然后再出版,或先出版再在报刊上连载的,应视为两次稿酬所得征税。即连载作为一次,出版作为另一次。

(3)同一作品在报刊上连载取得收入的,以连载完成后取得的所有收入合并为一次,计征个人所得税。

(4)同一作品在出版和发表时,以预付稿酬或分次支付稿酬等形式取得的稿酬收入,应合并计算为一次。

(5)同一作品出版、发表后,因添加印数而追加稿酬的,应与以前出版、发表时取得的稿酬合并计算为一次,计征个人所得税。

2. 费用扣除标准与公式

稿酬所得,每次收入不超过 4 000 元的,减除费用 800 元;4 000 元以上的,减除 20%的费用，其余额为应纳税所得额，对应纳税额减征 30%。

稿酬所得应纳税额的计算公式如下：

(1)每次收入不足 4 000 元时

应纳税额＝应纳税所得额×适用税率×(1－30%)

＝(每次收入额－800)×20%×(1－30%)

(2)每次收入在 4 000 元以上时

应纳税额＝应纳税所得额×适用税率×(1－30%)

＝每次收入额×(1－20%)× 20%×(1－30%)

3. 税率

稿酬所得，适用比例税率，税率为 20%，并按应纳税额减征 30%。故其实际税率为 14%。

【例 6.5】 中国公民孙某系自由职业者，2009 年收入情况如下：出版中篇小说一部，取得稿酬 50 000 元，后因小说加印和报刊连载，分别取得出版社稿酬 10 000 元和报社稿酬 3 800 元。计算该公民应交个人所得税。

【案例分析】

出版小说、小说加印及报刊连载应缴纳的个人所得税为

(50 000＋10 000)×(1－20%)×20%×(1－30%)＝6 720(元)

小说连载应纳个人所得税为

(3 800－800)×20%×(1－30%)＝420(元)

6.2.7　特许权使用费所得应纳税额的计算

1. 计算原理

特许权使用费所得按次纳税，以某项使用权的一次转让所取得的收入为一次。一个纳税义务人，可能不仅拥有一项特许权利，每项特许权的使用权也可能不止一次地向他人提供。因此，对特许权使用费所得的“次”的界定，明确为每一项使用权的每次转让所取得的收入为一次。如果该次转让取得的收入是分笔支付的，则应将各笔收入相加为一次的收入，计征个人所得税。

2. 税率

特许权使用费所得适用比例税率，税率为 20%。

3. 费用扣除标准与公式

特许权使用费所得，每次收入不超过 4 000 元的，减除费用 800 元；4 000 元以上的，减除 20%的费用，其余额为应纳税所得额。

特许权使用费所得应纳税额的计算公式如下：

(1)每次收入不足 4 000 元时

应纳税额＝应纳税所得额×适用税率＝(每次收入额－800)×20%

(2)每次收入在 4 000 元以上时

应纳税额＝应纳税所得额×适用税率＝每次收入额×(1－20%)×20%

6.2.8　利息、股息、红利所得应纳税额的计算

利息、股息、红利所得按次纳税，以支付利息、股息、红利时取得的收入为一次。利息、股息、红利所得适用比例税率，税率为 20%。

所得应纳税额的计算公式为

应纳税额＝应纳税所得额×适用税率＝每次收入额×20％

6.2.9 财产租赁所得应纳税额的计算

1. 计算原理

财产租赁所得按次纳税，一般以个人1个月内取得的收入为一次。每次取得的收入，定额或定率减除规定费用后的余额为应纳税所得额。

2. 费用扣除标准与公式

财产租赁所得每次收入不超过4 000元，定额减除费用800元；每次收入在4 000元以上，定率减除20％的费用。

纳税人在出租财产过程中缴纳的税金和教育费附加，可持完税(缴款)凭证，从其财产租赁收入中扣除。准予扣除的项目除了规定费用和有关税、费外，还准予扣除能够提供有效、准确凭证，证明由纳税人负担的该出租财产实际开支的修缮费用。允许扣除的修缮费用，以每次800元为限。一次扣除不完的，准予在下一次继续扣除，直到扣完为止。

个人出租财产取得的财产租赁收入，在计算缴纳个人所得税时，应依次扣除以下费用。

(1)财产租赁过程中缴纳的税费。

(2)由纳税人负担的该出租财产实际开支的修缮费用。

(3)税法规定的费用扣除标准。

应纳税所得额的计算公式如下：

(1)每次(月)收入不超过4 000元时

应纳税所得额＝每次(月)收入额－准予扣除项目－修缮费用(800元为限)－800元

(2)每次(月)收入超过4 000元时

应纳税所得额＝[每次(月)收入额－准予扣除项目－修缮费用(800元为限)]×(1－20％)

应纳税额的计算公式为

应纳税额＝应纳税所得额×适用税率

3. 税率

财产租赁所得适用比例税率，税率为20％。

【例6.6】 刘某于2011年1月将其自有的4间面积为150平方米的房屋出租给张某作经营场所，租期1年。刘某每月取得的租金收入2 500元，全年租金收入30 000元。计算刘某全年租金收入应缴纳的个人所得税。

【案例分析】

财产租赁收入以每月内取得的收入为一次，因此，刘某每月及全年应纳税额为

(1)每月应纳税额＝(2 500－800)×20％＝340(元)

(2)全年应纳税额＝340×12＝4 080(元)

假定上例中，当年2月份因下水道堵塞找人修理，发生修理费用1 300元，有维修部门的正式收据，则2月份、3月份和全年的应纳税额为

(1)2月份应纳税额＝(2 500－800－800)×20％＝180(元)

(2)3月份应纳税额＝(2 500－500－800)×20％＝240(元)

(3)全年应纳税额＝(2 500－800)×20％×10＋180＋240＝3 820(元)

6.2.10　财产转让所得应纳税额的计算

1. 一般情况下财产转让所得应纳税额的计算

财产转让所得应纳税额的计算公式为

应纳税额＝应纳税所得额×适用税率

＝(收入总额－财产原值－合理税费)×适用税率

2. 税率

财产转让所得适用比例税率，税率为20％。

【例6.7】　某人建房一幢，造价36 000元，支付费用2 000元。该人转让房屋，售价60 000元，在卖房过程中按规定支付交易费等有关费用2 500元，计算其应纳个人所得税税额。

【案例分析】

(1)应纳税所得额＝财产转让收入－财产原值－合理费用

＝60 000－(36 000＋2 000)－2 500＝19 500(元)

(2)应纳税额＝19 500×20％＝3 900(元)

3. 个人销售无偿受赠不动产应纳税额的计算

受赠人取得赠与人无偿赠与的不动产后，再次转让该项不动产的，在缴纳个人所得税时，以财产转让收入减除受赠、转让住房过程中缴纳的税金及有关合理费用后的余额为应纳税所得额，按20％的适用税率计算缴纳个人所得税。税务机关不得核定征收。个人转让住房和受赠住房涉及的其他税金，按相关的规定处理。

6.2.11　偶然所得应纳税额的计算

偶然所得按次纳税，以每次收入为一次。

偶然所得应纳税额的计算公式为

应纳税额＝应纳税所得额×适用税率＝每次收入额×适用税率

偶然所得适用比例税率，税率为20％。

【例6.8】　陈某在参加商场的有奖销售过程中，中奖所得共计价值20 000元。陈某领奖时告知商场，从中奖收入中拿出4 000元通过教育部门向某希望小学捐赠。请按照规定计算商场代扣代缴个人所得税后，陈某实际可得中奖金额。

【案例分析】

(1)根据税法有关规定，陈某的捐赠额可以全部从应纳税所得额中扣除(因为4 000÷20 000＝20％，小于捐赠扣除比例30％)。

(2)应纳税所得额＝偶然所得－捐赠额＝20 000－4 000＝16 000(元)

(3)应纳税额(即商场代扣税款)＝应纳税所得额×适用税率＝16 000×20％＝3 200(元)

(4)陈某实际可得金额＝20 000－4 000－3 200＝12 800(元)

6.2.12　其他所得

其他所得按次纳税，以每次收入为一次。

其他所得应纳税额的计算公式为

应纳税额＝应纳税所得额×适用税率＝每次收入额×适用税率

其他所得适用比例税率，税率为20％。

6.2.13　境外所得的税额扣除

纳税义务人从中国境外取得的所得，准予其在应纳税额中扣除已在境外缴纳的个人所得税税额。但扣除额不得超过该纳税义务人境外所得依照我国税法规定计算的应纳税额。应纳税额，是指纳税义务人从中国境外取得的所得，区别不同国家或者地区和不同应税项目，依照我国税法规定的费用减除标准和适用税率计算的应纳税额；同一国家或者地区内不同应税项目，依照我国税法计算的应纳税额之和，为该国家或者地区的扣除限额。

纳税义务人在中国境外实际已经缴纳的个人所得税税额，低于依照上述规定计算出的该国家或者地区扣除限额的，应当在中国缴纳差额部分的税款；超过该国家或者地区扣除限额的，其超过部分不得在本纳税年度的应纳税额中扣除，但是可以在以后纳税年度的该国家或者地区扣除限额的余额中补扣，补扣期限最长不得超过5年。

【例 6.9】 某纳税人在2011纳税年度，从A、B两国取得应税收入。其中：在A国一公司任职，取得工资、薪金收入81 600元(平均每月6 800元)，因提供一项专利技术使用权，一次取得特许权使用费收入30 000元，该两项收入在A国缴纳个人所得税5 200元；因在B国出版著作，获得稿酬收入(版税)15 000元，并在B国缴纳该项收入的个人所得税1 720元。请计算其在我国应补交税款。(假设2011年1月即执行新个人所得税法。)

【案例分析】

(1)A国所纳个人所得税的抵减。按照我国税法规定的费用减除标准和税率，计算该纳税义务人从A国取得的应税所得应纳税额，该应纳税额即为抵减限额。

①工资、薪金所得。该纳税义务人从A国取得的工资、薪金收入，应每月减除费用4 800元，其余额按超额累进税率表的适用税率计算应纳税额。

每月应纳税额为

(6 800－4 800)×10%－105＝95(元)

全年应纳税额为

95×12＝1 140(元)

②特许权使用费所得。该纳税义务人从A国取得的特许权使用费收入，应减除20%的费用，其余额按20%的比例税率计算应纳税额。

应纳税额＝30 000×(1－20%)×20%＝4 800(元)

根据计算结果，该纳税义务人从A国取得应税所得在A国缴纳的个人所得税额的抵减限额为5 940元(1 140＋4 800)。其在A国实际缴纳个人所得税5 200元，低于抵减限额，可以全额抵扣，并需在中国补缴差额部分的税款，计740元(5 940－5 200)。

(2)B国所纳个人所得税的抵减。按照我国税法的规定，该纳税义务人从B国取得的稿酬收入，应减除20%的费用，就其余额按20%的税率计算应纳税额并减征30%。计算结果为

[15 000×(1－20%)×20%]×(1－30%)＝1 680(元)

即其抵扣限额为1 680元。该纳税义务人的稿酬所得在B国实际缴纳个人所得税1 720元，超出抵减限额40元，不能在本年度扣除，但可在以后5个纳税年度的该国减除限额的余额中补减。

综合上述计算结果，该纳税义务人在本纳税年度中的境外所得，应在中国补缴个人所得税740元。其在B国缴纳的个人所得税未抵减完的40元，可按我国税法规定的前提条件下补减。

纳税义务人依照税法的规定申请扣除已在境外缴纳的个人所得税税额时，应当提供境外

税务机关填发的完税凭证原件。

6.2.14 应纳税额计算中的特殊问题

1. 对个人取得全年一次性奖金等计算征收个人所得税的方法

全年一次性奖金是指行政机关、企事业单位等扣缴义务人根据其全年经济效益和对雇员全年工作业绩的综合考核情况，向雇员发放的一次性奖金。一次性奖金也包括年终加薪、实行年薪制和绩效工资办法的单位根据考核情况兑现的年薪和绩效工资。

纳税人取得全年一次性奖金，单独作为1个月工资、薪金所得计算纳税，计算过程如下：

(1)先将雇员当月内取得的全年一次性奖金，除以12个月，按其商数确定适用税率和速算扣除数。

如果在发放年终一次性奖金的当月，雇员当月工资薪金所得低于税法规定的费用扣除额，应将全年一次性奖金减除“雇员当月工资薪金所得与费用扣除额的差额”后的余额，按上述办法确定全年一次性奖金的适用税率和速算扣除数。例如，张某12月工资2 800元，当月发放全年一次性奖金10 000元，由于当月工资小于3 500元，所以，应以10 000－(3 500－2 800)的差额除以12个月，确定税率和速算扣除数。

(2)将雇员个人当月内取得的全年一次性奖金，按上述第(1)条确定的适用税率和速算扣除数计算征税，计算公式如下：

①如果雇员当月工资薪金所得高于(或等于)税法规定的费用扣除额的。适用公式为

$$\text{应纳税额}=\text{雇员当月取得全年一次性奖金}\times\text{适用税率}-\text{速算扣除数}$$

②如果雇员当月工资薪金所得低于税法规定的费用扣除额的，适用公式为

$$\begin{array}{c}\text{应纳}\\\text{税额}\end{array}=\left(\begin{array}{c}\text{雇员当月取得}\\\text{全年一次性奖金}\end{array}-\begin{array}{c}\text{雇员当月工资薪金所得}\\\text{与费用扣除额的差额}\end{array}\right)\times\begin{array}{c}\text{适用}\\\text{税率}\end{array}-\begin{array}{c}\text{速算}\\\text{扣除数}\end{array}$$

(3)在一个纳税年度内，对每一个纳税人，该计税办法只允许采用一次。

(4)实行年薪制和绩效工资的单位。个人取得年终兑现的年薪和绩效工资按上述第(2)条、第(3)条规定执行。

(5)雇员取得除全年一次性奖金以外的其他各种名目奖金，如半年奖、季度奖、加班奖、先进奖、考勤奖等，一律与当月工资、薪金收入合并，按税法规定缴纳个人所得税。

2. 对在中国境内无住所的个人年终奖金的计税方法

对在中国境内无住所的个人一次取得数月奖金或年终加薪、劳动分红(以下简称奖金，不包括应按月支付的奖金)，可单独作为1个月的工资、薪金所得计算纳税。由于对每月的工资、薪金所得计税时已按月扣除了费用，因此，对上述奖金不再减除费用，全额作为应纳税所得额直接按适用税率计算应纳税款，并且不再按居住天数进行划分计算。

3. 特定行业职工取得的工资、薪金所得的计税方法

为了照顾采掘业、远洋运输业、远洋捕捞业因季节、产量等因素的影响，职工的工资、薪金收入呈现较大幅度波动的实际情况，对这三个特定行业的职工取得的工资、薪金所得，可按月预缴，年度终了后30日内，合计其全年工资、薪金所得，再按12个月平均并计算实际应纳的税款，多退少补。用公式表示为

$$\text{应纳所得税额}=[(\text{全年工资、薪金收入}\div12-\text{费用扣除标准})\times\text{税率}-\text{速算扣除数}]\times12$$

4. 关于个人取得公务交通、通信补贴收入征税问题

个人因公务用车和通信制度改革而取得的公务用车、通信补贴收入，扣除一定标准的公务

费用后，按照“工资、薪金”所得项目计征个人所得税。按月发放的，并入当月“工资、薪金”所得计征个人所得税；不按月发放的，分解到所属月份并与该月份“工资、薪金”所得合并后计征个人所得税。

5. 关于失业保险费(金)征税问题

城镇企业事业单位及其职工个人按照《失业保险条例》规定的比例，实际缴付的失业保险费，均不计入职工个人当期工资、薪金收入，免予征收个人所得税；超过《失业保险条例》规定的比例缴付失业保险费的，应将其超过规定比例缴付的部分计入职工个人当期的工资、薪金收入，依法计征个人所得税。

具备《失业保险条例》规定条件的失业人员，领取的失业保险金，免予征收个人所得税。

6. 关于支付各种免税之外的保险金的征税方法

企业为员工支付各项免税之外的保险金，应在企业向保险公司缴付时(即该保险落到被保险人的保险账户)并入员工当期的工资收入，按“工资、薪金所得”项目计征个人所得税，税款由企业负责代扣代缴。

7. 两个以上的纳税人共同取得同一项所得的计税问题

两个或两个以上的纳税义务人共同取得同一项所得的(如共同写作一部著作而取得稿酬所得)，可以对每个人分得的收入分别减除费用，并计算各自应纳税款。

8. 对个人因解除劳动合同取得经济补偿金的征税方法

(1)企业依照国家有关法律规定宣告破产，企业职工从该破产企业取得的一次性安置费收入，免征个人所得税。

(2)个人因与用人单位解除劳动关系而取得的一次性补偿收入(包括用人单位发放的经济补偿金、生活补助费和其他补助费用)，其收入在当地上年职工平均工资 3 倍数额以内的部分，免征个人所得税；超过 3 倍数额部分的一次性补偿收入，可视为一次取得数月的工资、薪金收入，允许在一定期限内平均计算。方法为：以超过 3 倍数额部分的一次性补偿收入，除以个人在本企业的工作年限数(超过 12 年的按 12 年计算)，以其商数作为个人的月工资、薪金收入，按照税法规定计算缴纳个人所得税。个人在解除劳动合同后又再次任职、受雇的，已纳税的一次性补偿收入不再与再次任职、受雇的工资薪金所得合并计算补缴个人所得税。

9. 个人兼职和退休人员再任职取得收入个人所得税的征税方法

个人兼职取得的收入应按照“劳务报酬所得”应税项目缴纳个人所得税；退休人员再任职取得的收入，在减除按个人所得税法规定的费用扣除标准后，按“工资、薪金所得”应税项目缴纳个人所得税。

10. 在两处或两处以上单位取得所得征税办法

在外商投资企业、外国企业和外国驻华机构工作的中方人员取得的工资、薪金收入，凡是由雇佣单位和派遣单位分别支付的，支付单位应依照规定代扣代缴个人所得税。纳税义务人应以每月全部工资、薪金收入减除法规费用后的余额为应纳税所得额。为了便于征管，对雇佣单位和派遣单位分别支付工资、薪金的，采取由支付者中的一方减除费用的方法，即只由雇佣单位在支付工资、薪金时，按税法法规减除费用，计算扣缴个人所得税；派遣单位支付的工资、薪金不再减除费用，以支付全额直接确定适用税率，计算扣缴个人所得税。

6.3 个人所得税纳税申报

6.3.1 申报方法

个人所得税的纳税办法有自行申报纳税和代扣代缴纳税两种。

1. 自行申报纳税

自行申报纳税是由纳税人自行在税法规定的纳税期限内，向税务机关申报取得的应税所得项目和数额，如实填写个人所得税纳税申报表，并按照税法规定计算应纳税额，据此缴纳个人所得税的一种方法。

(1)自行申报纳税的纳税义务人。年所得12万元以上的；从中国境内两处或者两处以上取得工资、薪金所得的；从中国境外取得所得的；取得应税所得，没有扣缴义务人的；国务院规定的其他情形。

其中，年所得12万元以上的纳税人，无论取得的各项所得是否已足额缴纳了个人所得税，均应当按照规定，于纳税年度终了后向主管税务机关办理纳税申报。

(2)自行申报纳税的内容。年所得12万元以上的纳税人，在纳税年度终了后，应当填写《个人所得税纳税申报表(适用于年所得12万元以上的纳税人申报)》，并在办理纳税申报时报送主管税务机关，同时报送个人有效身份证件复印件，以及主管税务机关要求报送的其他有关资料。

(3)自行申报纳税的申报期限。年所得12万元以上的纳税人，在纳税年度终了后3个月内向主管税务机关办理纳税申报。

个体工商户和个人独资、合伙企业投资者取得的生产、经营所得应纳的税款，分月预缴的，纳税人在每月终了后7日内办理纳税申报；分季预缴的，纳税人在每个季度终了后7日内办理纳税申报；纳税年度终了后，纳税人在3个月内进行汇算清缴。

纳税人年终一次性取得对企事业单位的承包经营、承租经营所得的，自取得所得之日起30日内办理纳税申报；在1个纳税年度内分次取得承包经营、承租经营所得的，在每次取得所得后的次月7日内申报预缴；纳税年度终了后3个月内汇算清缴。

从中国境外取得所得的纳税人，在纳税年度终了后30日内向中国境内主管税务机关办理纳税申报。

除以上规定的情形外，纳税人取得其他各项所得须申报纳税的，在取得所得的次月7日内向主管税务机关办理纳税申报。

(4)自行申报纳税的申报方式。纳税人可以采取数据电文、邮寄等方式申报，也可以直接到主管税务机关申报，或者采取符合主管税务机关规定的其他方式申报。纳税人采取邮寄方式申报的，以邮政部门挂号信函收据作为申报凭据，以寄出的邮戳日期为实际申报日期。

纳税人也可以委托有税务代理资质的中介机构或者他人代为办理纳税申报。

2. 代扣代缴纳税

代扣代缴纳税是指按照税法规定负有扣缴税款义务的单位或者个人，在向个人支付应纳税所得时，应计算应纳税额，从其所得中扣出并缴入国库，同时向税务机关报送扣缴个人所得税报告表。

(1)扣缴义务人与代扣代缴的范围。凡支付个人应纳税所得的单位或者个人，为个人所得税的扣缴义务人。

扣缴义务人向个人支付应交纳个人所得税的项目，均应代扣代缴个人所得税。

(2)代扣代缴期限。扣缴义务人每月所扣的税款，应当在次月 7 日内缴入国库，并向主管税务机关报送《扣缴个人所得税报告表》(略)、代扣代收税款凭证和包括每一纳税人姓名、单位、职务、收入、税款等内容的支付个人收入明细表以及税务机关要求报送的其他有关资料。

扣缴义务人因有特殊困难不能按期报送《扣缴个人所得税报告表》及其他有关资料的，经县级税务机关批准，可以延期申报。

6.3.2 《个人所得税纳税申报表》的填制方法

个人所得税申报表主要设置了七类九种，其中较常用的为七种：个人所得税纳税申报表；个人所得税纳税申报表(适用于年所得 12 万元以上的纳税人申报)；扣缴个人所得税报告表；个人独资企业和合伙企业投资者个人所得税申报表；特定行业个人所得税月份申报表；特定行业个人所得税年度申报表；个体工商户所得税年度申报表。其中，《个人所得税纳税申报表》具体式样见表 6.6。

6.3.3 个人所得税网上申报流程

本书以黑龙江省地税局个人所得税网上申报流程为例。

1. 个人所得税申报系统登录

个人所得税申报流程如图 6.2 所示。

点击“黑龙江省个人所得税信息管理系统”图标，进入图 6.3 所示界面。

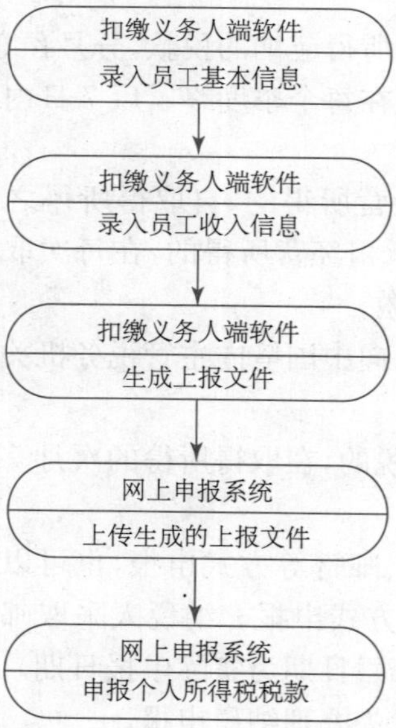

图 6.2　个人所得税申报流程

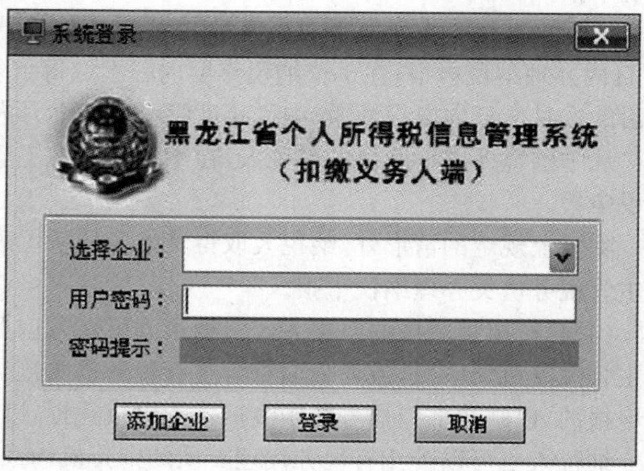

图 6.3　个人所得税系统登录界面

“选择企业”为所要申报企业名称。

“用户密码”为在添加企业时，输入的登录密码。

“密码提示”项是提取登录密码的提示问题。

表 6.6　个人所得税纳税申报表

填表日期：　　年　　月　　日　　　　　　　　　　　　　　　　　　　　金额单位:元(列至角分)

纳税人识别号		纳税人姓名		身份证照类型		身份证照号码	
国　籍		职　业		任职受雇单位		抵华日期	
在中国境内住址		邮政编码		联系电话		经常居住地	

所得项目	所得期间	扣缴义务人(国家名称)	境内收入	境外收入	免税收入额	允许扣除的税费	费用扣除标准	准予扣除的捐赠额	应纳税所得额	税率%	速算扣除数	应纳税额	境内收入实际扣缴税额			境外收入实际缴纳税额	抵扣限额	抵扣额			应补(退)税额
													合计	扣缴	自缴			本期	上期结转	结转下期	
1	2	3	4	5	6	7	8	9	10	11	12	13	14	15	16	17	18	19	20	21	22
合　计																					

如纳税人填报，由纳税人填写以下各栏		如委托税务代理机构填报，由税务代理机构填写以下各栏					
申报声明	此纳税申报表是根据国家税收法律的规定填报的，我确信它是真实的、可靠的、完整的。 声明人：	税务代理机构名称				税务代理机构(公章)	
		税务代理机构地址					
		代理人(签章)		联系电话			
		以下由税务机关填写					
		收到申报表日期		受理机关		接收人	

如果“选择企业”处为空，即第一次进入系统时，可以点击添加企业按钮添加企业。界面如图 6.4 所示。

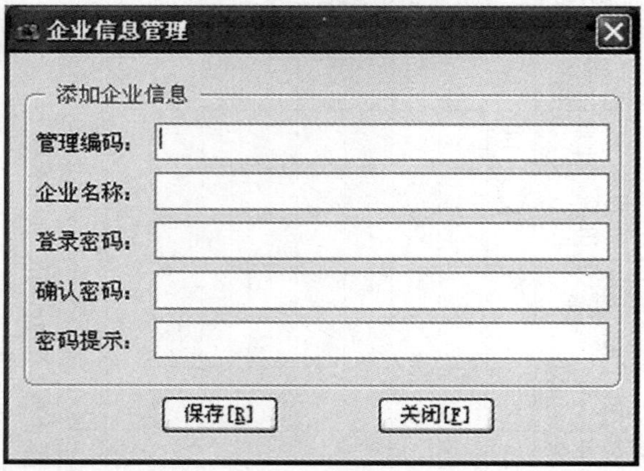

图 6.4 “企业信息管理”界面

“管理编码”输入地税 20 位微机管理编码。

“企业名称”输入企业的全称或者简称都可，字数不可少于四个字。

“登录密码”输入登录密码。

“确认密码”输入与登录密码相同的密码。

“密码提示”输入提示登录密码的内容，企业在填写时一定要认真并记下密码，以备每次申报时用。

登录成功后，进入系统主页面，如图 6.5 所示。

图 6.5 “个人所得税信息管理系统”窗口

2. 人员基础信息录入

以下是对“国内人员基础信息采集”和“外籍人员基础信息采集”菜单的介绍。

(1)国内人员基础信息，窗口如图 6.6 所示。

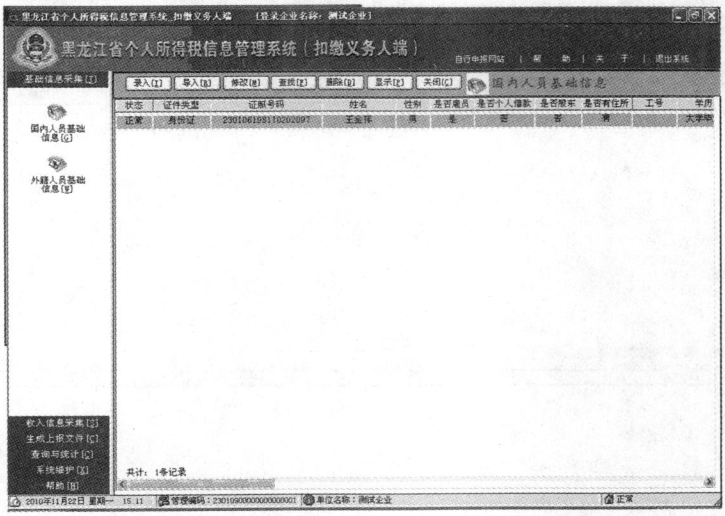

图 6.6　“国内人员基础信息”窗口

“国内人员基础信息”是采集国内纳税人的基础信息，包括证照号码、证照类型和姓名等信息的页面，扣缴义务人在申报纳税人个人所得税时，必须先录入纳税人的基础信息。录入方法有两种：

①直接录入，即单笔录入功能，将纳税人的基础信息，单笔添加到系统中，点击“录入”按钮打开单笔录入页面，如图 6.7 所示。

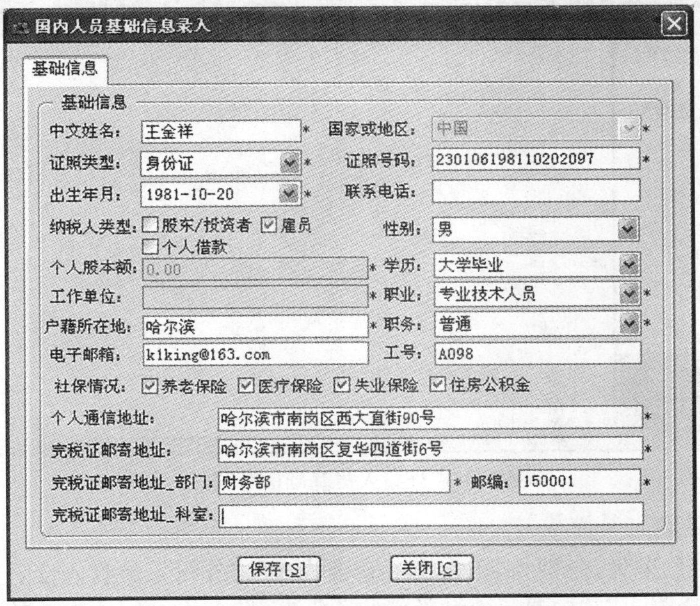

图 6.7　“国内人员基础信息录入”界面

②利用导入功能，如图 6.8 所示。

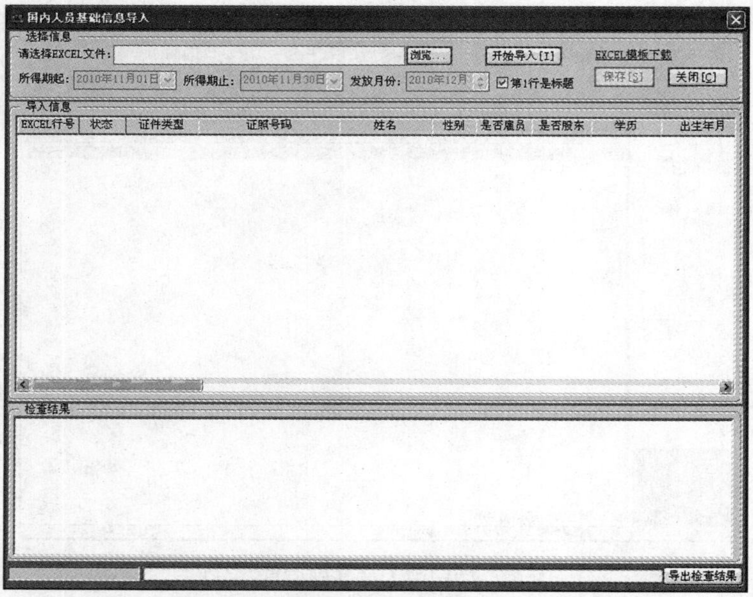

图 6.8 “国内人员基础信息导入”界面

导入功能最大的好处就是，不用逐笔输入，用已经存在的 Excel 表，一次性导入系统。

(2)外籍人员基础信息录入，窗口如图 6.9 所示，录入方法不再赘述。

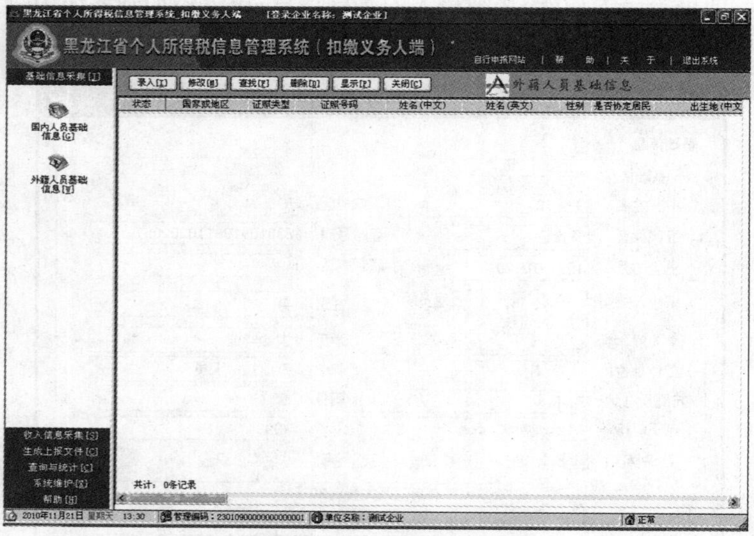

图 6.9 “外籍人员基础信息”窗口

3. 收入信息采集

纳税人收入信息采集，分别为“正常工资薪金收入”、“外籍人员收入信息”、“全年一次性奖金收入”、“企业年金收入”、“内退一次性补偿收入”、“解除劳动合同一次性补偿收入”、“股票期权行权收入”、“特殊行业全年工资收入”、“非工资薪金收入”和“补报收入”十个模块，提供了全面的数据采集功能。在这里主要介绍“正常工资薪金收入”、“外籍人员收入信息”、“全年一次性奖金收入”。

(1)正常工资薪金收入。图 6.10 所示为“正常工资薪金收入”的页面。

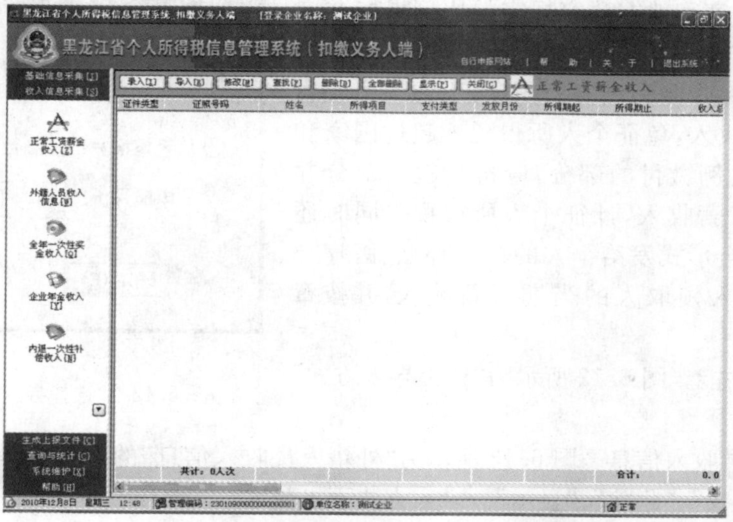

图 6.10　“正常工资薪金收入”窗口

①“录入”功能，即单笔录入功能，将国内纳税人的正常工资薪金收入信息，单笔添加到系统中，点击“录入”按钮打开单笔录入页面，如图 6.11 所示。

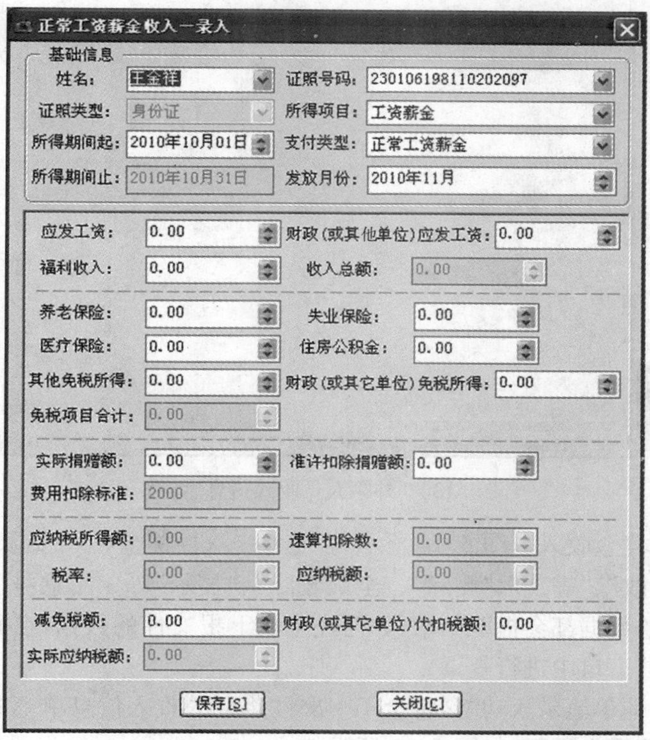

图 6.11　“正常工资薪金收入一录入”界面

需要注意的是，财政部和国家税务总局规定，企业和个人按照国家和地方政府规定的比例提取并向指定基金机构实际缴付的基本养老保险金、基本医疗保险金、失业保险金和住房公积金，不计入个人当期的工资、薪金收入，免征个人所得税。超过国家和地方政府规定比例缴付的部分，应将其超过部分并入个人的当期工薪收入，计征个人所得税。同时还规定，企业以现金形式发给个人的住房补贴、医疗补助费，应全额计入领取人的当期工薪收入，并按章纳税。

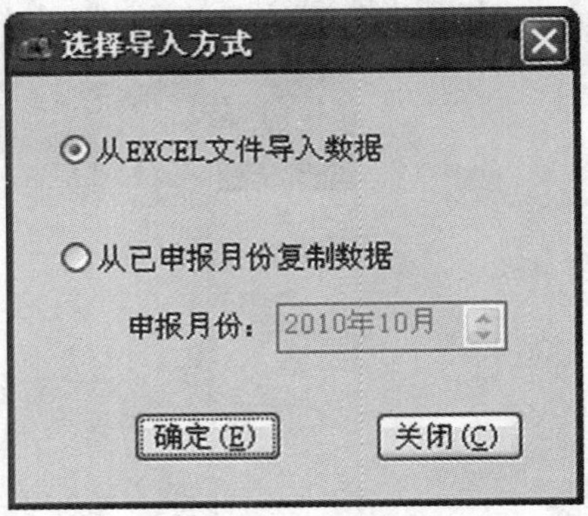

图 6.12 “选择导入方式”界面

②“导入”功能。图 6.12 所示为“选择导入方式”界面。

(2)外籍人员收入信息。图 6.13 所示为“外籍人员收入信息”的页面，功能主要包括：“录入”、“修改”、“查找”、“删除”、“显示”。录入方法不再赘述。

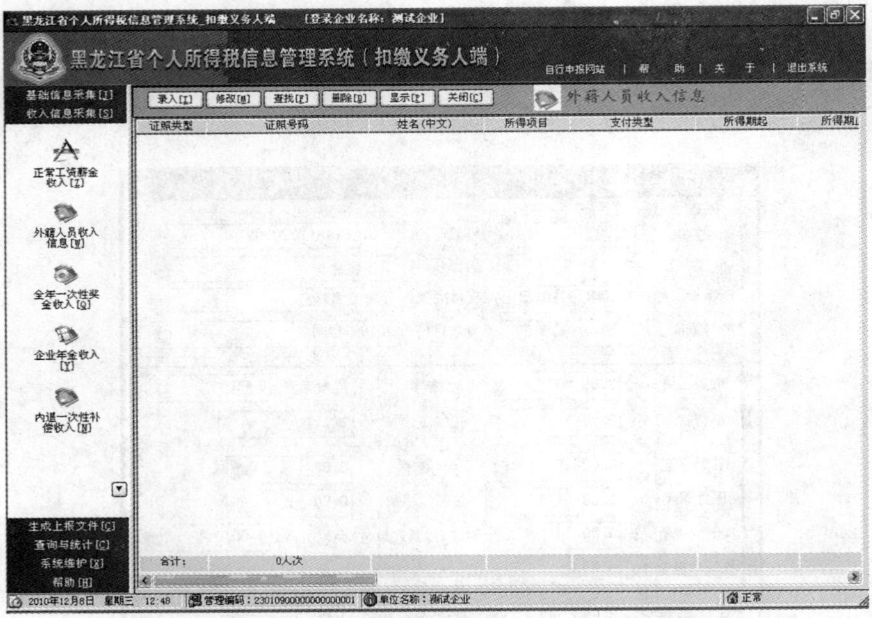

图 6.13 “外籍人员收入信息”界面

(3)全年一次性奖金收入。图 6.14 所示为“全年一次性奖金收入”的页面，功能主要包括：“录入”、“导入”、“修改”、“查找”、“删除”、“全部删除”、“显示”等。注意：打开窗口时系统将所有未生成上报文件的数据都会提取出来，如已经生成上报文件的数据，在此窗口中查看不到，请进入“查询与统计”窗口中进行查询。

①“录入”功能，即单笔录入功能，将全年一次性奖金的收入信息单笔添加到系统中，点击“录入”按钮打开单笔录入页面，如图 6.15 所示。

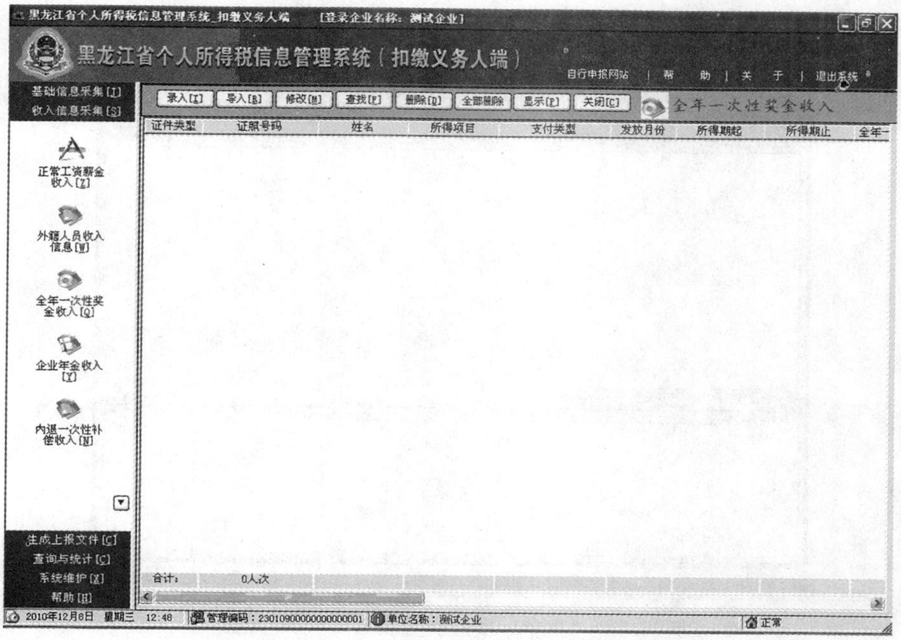

图 6.14　“全年一次性奖金收入”界面

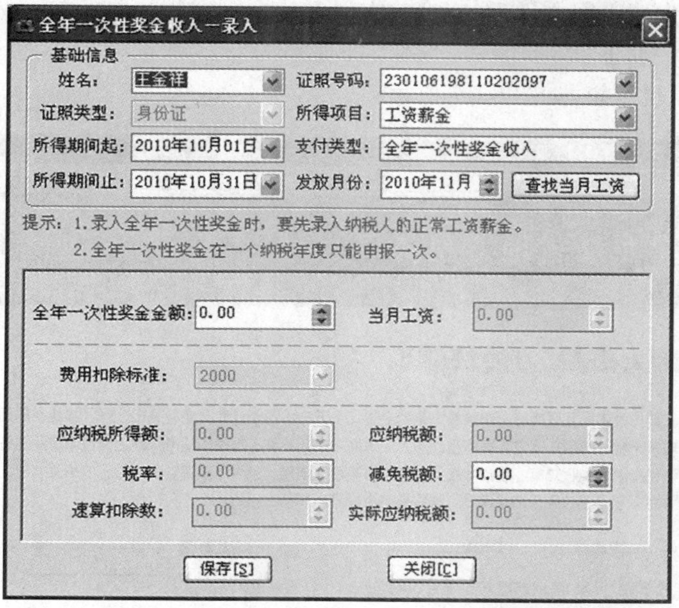

图 6.15　“全年一次性奖金收入—录入”界面

图中“全年一次性奖金金额”是指当月发放的全年一次性奖金额。

②“导入”功能界面如图 6.16 所示。“所得期起”、“所得期止”是指全年一次性奖金收入所得的起始日期和终止日期。默认为申报的上一个月的起始日和上一个月的最后一天，可按整月调整。导入时一个 Excel 文件中有不同所得期间的数据将分开导入。

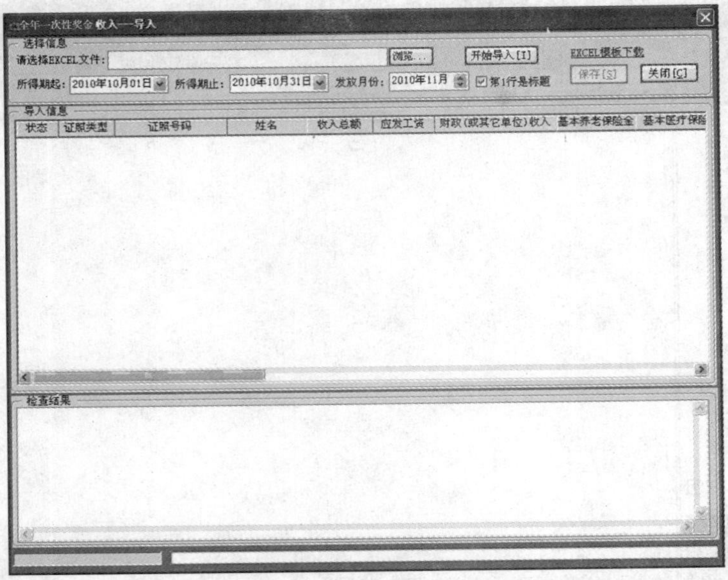

图 6.16 “全年一次性奖金收入—导入”界面

4. 数据上报

扣缴义务人在生成上报文件后，应把此文件上传至网上报税系统的个人所得税数据上报模块。具体操作方法如下：

(1)打开网上报税系统，如图 6.17 所示。

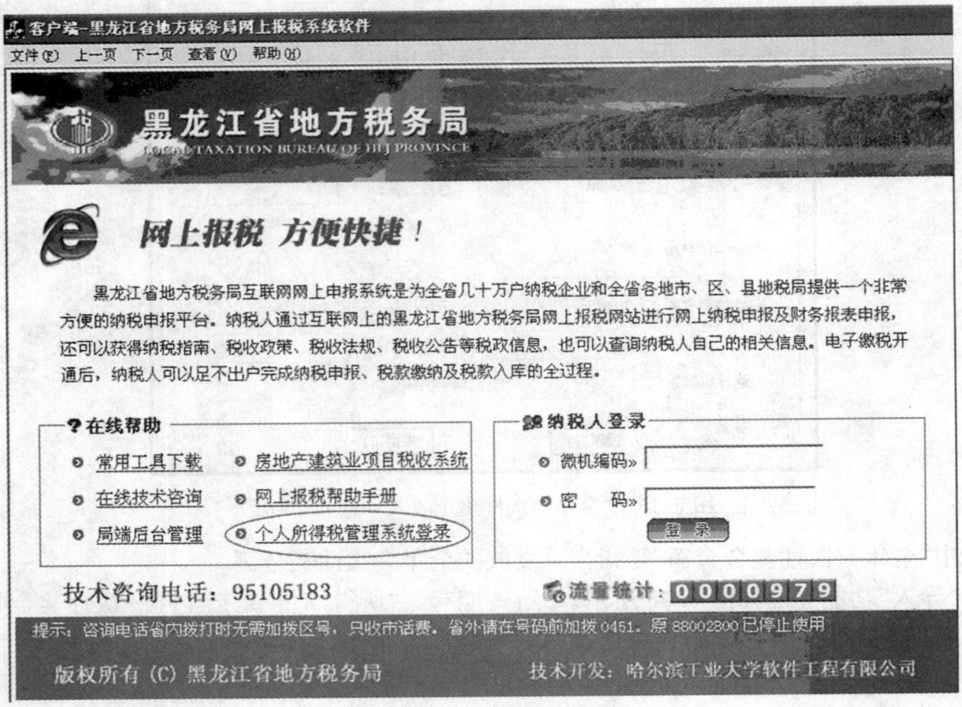

图 6.17 “网上申报系统”界面

(2)点击"个人所得税管理系统登录",进入如图 6.18 所示界面。

图 6.18　"个人所得税信息管理系统"登录界面

(3)输入扣缴义务人的管理编码和网上报税系统的登录密码后,点击"登录",进入如图 6.19所示界面。

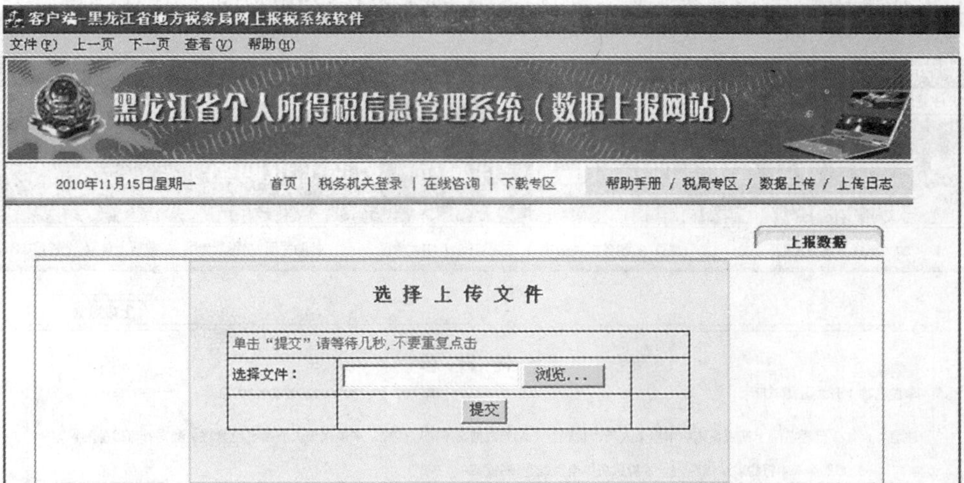

图 6.19　"个人所得税信息管理系统"界面

在图中将"生成上报文件"中生成的文件在此模块中上传。点击"浏览…"按钮查找到生成的文件,再点击"提交"按钮上传,提示如图 6.20 所示。

图中提示上传成功,并显示上传文件中的数据内容,如:版本号、涉税人数及税额等,税额为要申报的个人所得税税款的金额。

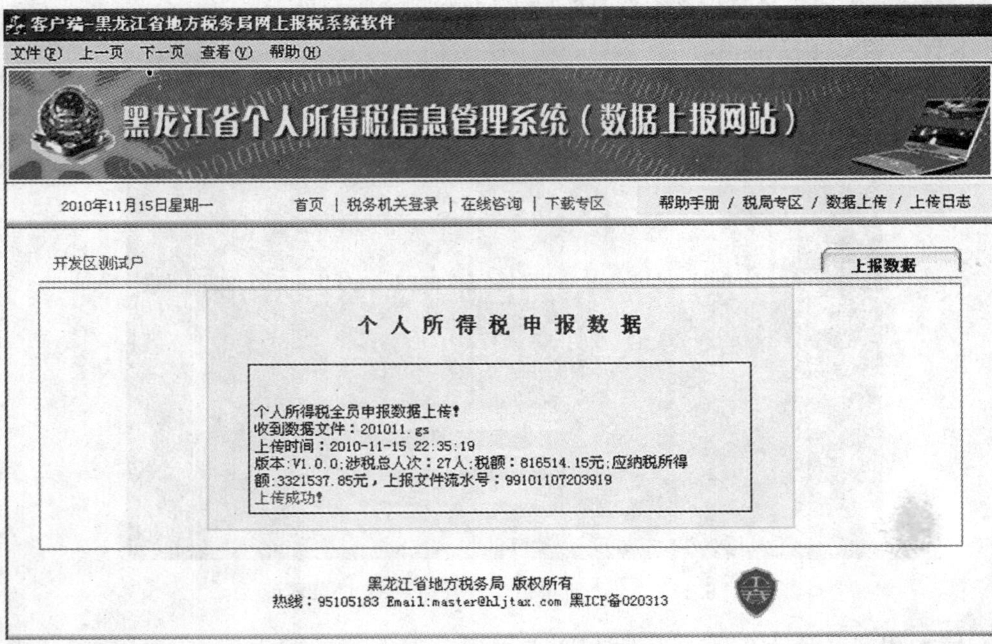

图 6.20 “个人所得税申报数据”界面

(4)上传成功后，可以自行查询上传日志，点击“上报数据”出现图 6.21 所示界面。

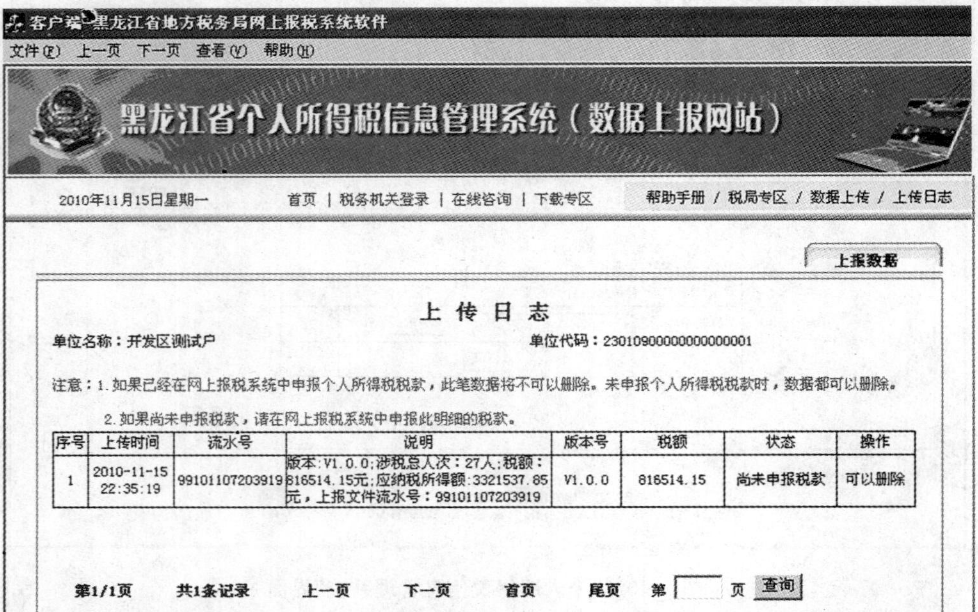

图 6.21 “个人所得税上传日志”界面

在申报税款后，状态栏则显示"已申报税款"，操作栏则显示"不可删除"的状态。

5. 申报税款

上报文件上传完毕后打开网上报税系统，如图 6.22 所示。

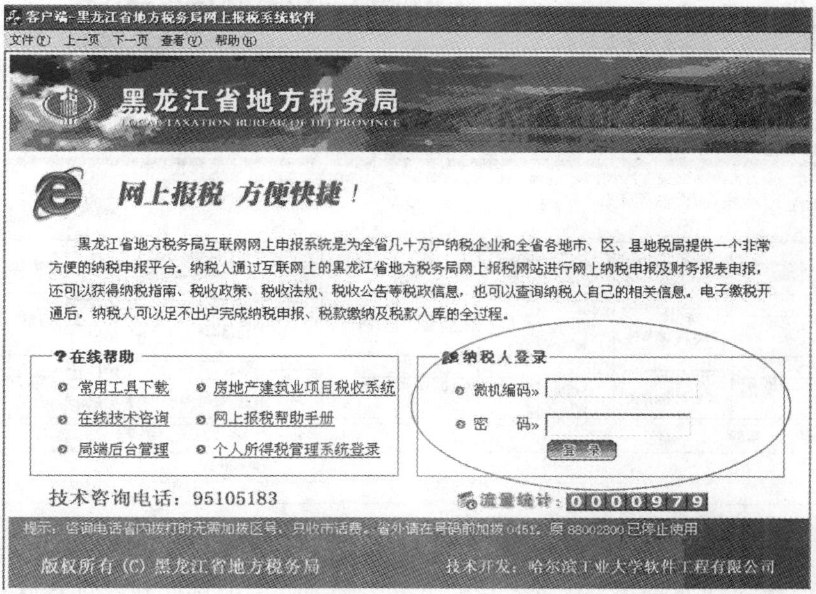

图 6.22　"网上申报系统"界面

图中在"纳税人登录"框中输入计算机管理编码和网上报税登录密码。点击"登录"进入网上报税系统，进入系统后点击"申报管理"后，出现图 6.23 所示界面。

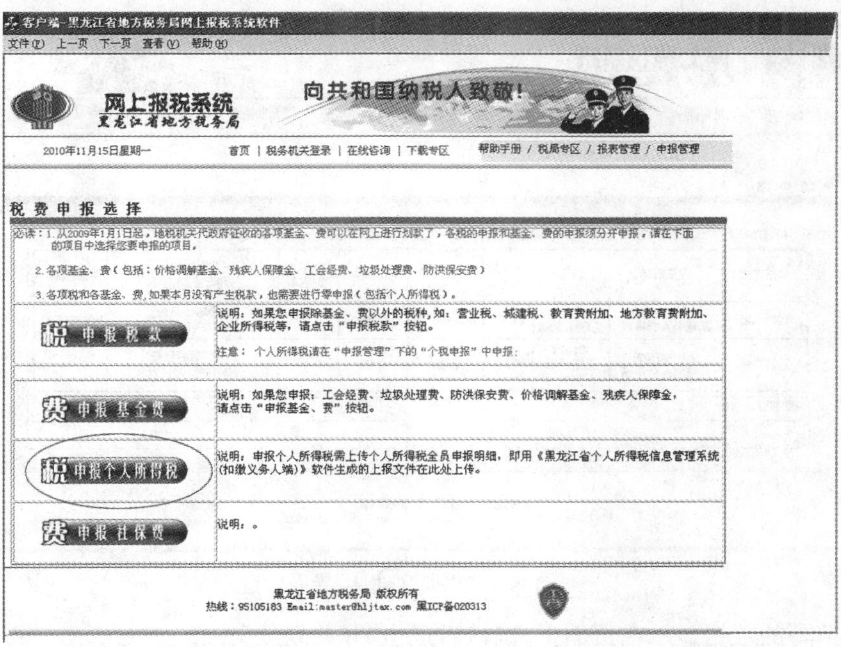

图 6.23　"税费申报选择"界面

点击图 6.23 中的"申报个人所得税"按钮，进入图 6.24 所示的界面。

图 6.24 "个税申报"界面

图 6.24 中有关位置提示您已经上传的全员明细文件中的税额和涉税人数。按提示的税额，分别填写到提取的个人所得税科目当中，总额必须与上传的全员明细文件中的税额一致，不一致则不可通过。在"课税数量"中填写涉税人数，调整属期，默认为上个月，如果有变动可自行调整。填写完毕后，点击"提交"按钮，进入图 6.25 所示界面。

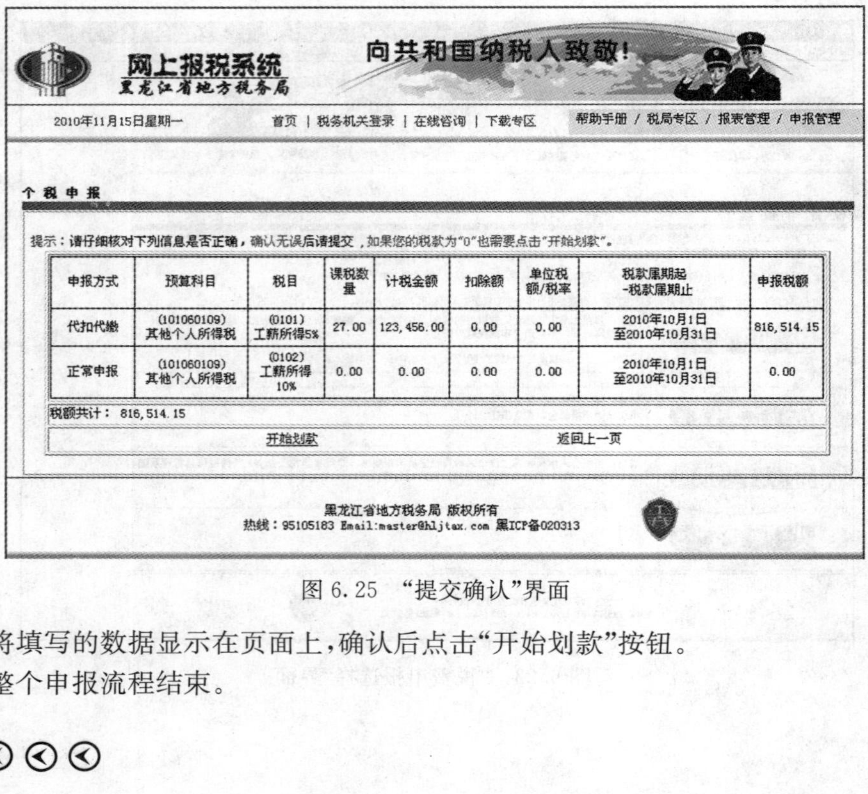

图 6.25 "提交确认"界面

系统将填写的数据显示在页面上，确认后点击"开始划款"按钮。

到此整个申报流程结束。

6.4　个人所得税会计核算

1. 工资、薪金所得的会计处理

(1)提取应付职工工资、薪金的同时,提取应代扣代缴的个人所得税

借:应付职工薪酬

　　贷:应交税费——应交个人所得税

(2)实际缴纳入库时

借:应交税费——应交个人所得税

　　贷:银行存款

2. 个体工商户生产、经营所得的会计处理

(1)计算其应缴纳的个人所得税时

借:留存利润

　　贷:应交税费——应交个人所得税

(2)实际缴纳时

借:应交税费——应交个人所得税

　　贷:银行存款

3. 对企事业单位的承包经营、承租经营所得的会计处理

(1)计算承包人、承租人应取得的收入时

借:利润分配——应付利润

　　贷:应付账款

(2)在支付承包经营、承租经营所得并代扣所得税时

借:应付账款

　　贷:应交税费——应交个人所得税

　　　　库存现金

4. 劳务报酬所得、稿酬所得、特许权使用费所得、财产租赁所得的会计处理

(1)企业在支付上述各项所得时

借:管理费用、财务费用、销售费用

　　贷:应交税费——应交个人所得税

　　　　库存现金

(2)实际缴纳税款时

借:应交税费——应交个人所得税

　　贷:银行存款

5. 财产转让所得的会计处理

(1)购买个人的财产时

借:固定资产

　　贷:应交税费——应交个人所得税

　　　　库存现金

(2)实际缴纳时

借:应交税费——应交个人所得税

　　贷:银行存款

6. 利息、股息、红利所得,偶然所得和其他所得的会计处理

(1)列支税款时

借:成本、费用

　　贷:应交税费——应交个人所得税

(2)实际缴纳税款时

借:应交税费——应交个人所得税

　　贷:银行存款

7. 代扣代缴手续费的会计处理

(1)扣缴义务人收到税务机关支付的手续费后

借:银行存款

　　贷:应交税费——应交个人所得税

(2)冲减企业管理费用时

借:应交税费——应交个人所得税

　　贷:管理费用

模块任务

1. 计算各项所得应纳个人所得税

【案例一】下面以永福生物有限公司某一职工月收入为例,说明计算个人所得税方法。

永福生物有限公司职工刘明 2012 年 2 月工资收入如表 6.7 所示。

表 6.7　刘明 2012 年 2 月工资收入表

月份	姓名	缺勤天数	工资基数三项和				应领工资													实领工资
			技能	效益	岗位	三项和	技能	效益	岗位	加班费	书刊洗理高寒	保健费	应领工资	养老保险	待业保险	医疗保险	公积金	扣款合计	奖金	
2	刘明	0	600	2 000	150	2 750	600	2 000	150	50	90	100	2 990	300	40	50	400	790	1 500	3 700

【案例二】　中国公民张某 2011 年全年收入情况如下,并且张某于 2012 年 1 月 20 日进行全年个人所得税申报。

(1)每月工资收入 4 500 元,年终取得全年奖金 19 200 元。

(2)2011 年取得兼职收入 40 000 元,并从中拿出 10 000 元通过市政府捐赠给贫困地区。

(3)从 A 国取得特许权使用费收入 25 000 元,该收入在 A 国缴纳个人所得税 3 600 元。

(4)出版一本书,取得稿酬 10 000 元。该书 12 月 1 日至 30 日被某报纸连载,12 月 1 日取得首次稿费 1 800 元,12 月 15 日和 30 日分别取得稿费 1 000 元。月末,张某将自己手稿的复印件拍卖,取得所得 8 000 元。

(5)因持有某上市公司股份,取得股息 20 000 元。

(6)转让自己拥有的一辆轿车,取得转让收入 200 000 元,转让过程中发生相关税费

20 000元。该车购进价格为 160 000 元，购入时发生相关税费 10 000 元。

【案例一解析】

个人所得税计算如下：

自 2011 年 9 月 1 日起，起征点为 3 500 元，刘明的收入为 3 700 元，则适用的税率为 3%，速算扣除数为 0。

应交个人所得税＝(3 700－3 500)×3%＝200×3%＝6(元)

【案例二解析】

个人所得税计算如下：

(1)2011 年 1～8 月份的工资薪金的计税扣除标准为 2 000 元/月，每月工资为 4 500 元，适用税率 15%，速算扣除数 125。

则 1～8 月份应纳个人所得税＝[(4 500－2 000)×15%－125]×8＝250×8＝2 000(元)

9～12 月份的工资薪金的计税扣除标准为 3 500 元/月，每月工资为 4 500 元，适用税率 3%。

则 9～12 月份应纳个人所得税＝(4 500－3 500)×3%×4＝30×4＝120(元)

全年奖金 19 200 元按照 12 月分摊后，每月奖金 1 600 元，适用税率 10%，速算扣除数 105。

全年奖金应纳个人所得税＝19 200×10%－105＝1 815(元)

合计应纳税额＝2 000＋120＋1 815＝3 935(元)

(2)兼职收入应按“劳务报酬所得”项目计征个人所得税。

应纳税所得额＝40 000×(1－20%)＝32 000(元)

税前可扣除的捐赠限额＝32 000×30%＝9 600(元)，实际捐赠额为 10 000 元，税前准予扣除 9 600 元。

应纳个人所得税＝(32 000－9 600)×30%－2 000＝4 720(元)

(3)A 国所得抵免限额＝25 000×(1－20%)×20%＝4 000(元)

在 A 国实际缴纳个人所得税为 3 600 元，所以

A 国所得应补缴个人所得税＝4 000－3 600＝400(元)。

(4)出版书籍和连载作为两次所得，分别按“稿酬所得”项目计征个人所得税；手稿复印件拍卖所得按“特许权使用费所得”项目征收个人所得税。

出版书籍应缴纳个人所得税＝10 000×(1－20%)×20%×(1－30%)＝1 120(元)

连载收入应缴纳个人所得税＝(1 800＋1 000＋1 000－800)×20%×(1－30%)＝420(元)

手稿拍卖应纳个人所得税＝8 000×(1－20%)×20%＝1 280(元)

张某就出版书籍、连载、拍卖手稿所得共应缴纳个人所得税 2 820 元(1 120＋420＋1 280)。

(5)对个人投资者从上市公司取得的股息红利所得，暂减按 50%计入应纳税所得额计征个人所得税。

应纳个人所得税＝20 000×50%×20%＝2 000(元)

(6)轿车原值＝160 000＋10 000＝170 000(元)

应纳税所得额＝200 000－170 000－20 000＝10 000(元)

应纳个人所得税＝10 000×20%＝2 000(元)

2. 填写个人所得税纳税申报表

【案例一】与**【案例二】**分别填表如表 6.8 和表 6.9 所示。**【案例一】**为个人所得税月报表，**【案例二】**为年所得 12 万元以上的纳税人进行年度申报。

表 6.8　个人所得税纳税申报表(案例一)

纳税人识别号	************	纳税人姓名	刘明	身份证照类型	身份证	身份证照号码	**********************
国　籍	中国	职　业	技术员	任职受雇单位	永福生物有限公司	抵华日期	
在中国境内住址	黑龙江省哈尔滨市	邮政编码	150000	联系电话	15211111111	经常居住地	黑龙江省哈尔滨市

所得项目	所得期间	扣缴义务人(国家名称)	境内收入	境外收入	免税收入额	允许扣除的税费	费用扣除标准	准予扣除的捐赠额	应纳税所得额	税率%	速算扣除数	应纳税额	境内收入实际扣缴税额			境外收入实际缴纳税额	抵扣限额	抵扣额			应补(退)税额
													合计	扣缴	自缴			本期	上期结转	结转下期	
1	2	3	4	5	6	7	8	9	10	11	12	13	14	15	16	17	18	19	20	21	22
工资薪金	12月	中国	3 700			3 500	3 500		200	3%	0	6									6
合　计			3 700			3 500			200			6									6

如纳税人填报,由纳税人填写以下各栏	如委托税务代理机构填报,由税务代理机构填写以下各栏			
申报声明：此纳税申报表是根据国家税收法律的规定填报的,我确信它是真实的、可靠的、完整的。 声明人:	税务代理机构名称			税务代理机构(公章)
	税务代理机构地址			
	代理人(签章)		联系电话	
	以下由税务机关填写			
	收到申报表日期		受理机关	接收人

表 6.9　个人所得税纳税申报表(案例二)

(适用于年所得 12 万元以上的纳税人申报)

INDIVIDUAL INCOME TAX RETURN

(For individuals with an annual income of over 120,000 Yuan)

所得年份：2011 年　　填表日期：2012 年 1 月 20 日　　金额单位：人民币元(列至角分)

Year of income incurred:　　Date of filing:　date　month　year　　Amount in RMB Yuan

纳税人姓名 Tax payer's name	张某	国籍(地区) Nationality /region	中国	身份证照类型 ID Type	居民身份证	身份证照号码 ID number			
任职、受雇单位 Employer		任职受雇单位税务代码 Employer's Tax ID Code		任职受雇单位所属行业 Industry of Employer		职务 Title		职业 Profession	
在华天数 Days of stay in China		境内有效联系地址 Address in China				境内有效联系地址邮编 Post code		联系电话 Tel number	
此行由取得经营所得的纳税人填写 This line is to be filled by taxpayers with business income	经营单位纳税人识别号 Tax ID Code of the business					经营单位纳税人名称 Name of the business			

所得项目 Categories of income	年所得额 Annual Income			应纳税所得额 Taxable income	应纳税额 Tax payable	已缴(扣)税额 Tax prepaid and withheld	抵扣税额 Tax credit	减免税额 Tax exempted or deducted	应补税额 Tax owed	应退税额 Tax refundable	备注 Notes
	境内 Income from within China	境外 Income from outside China	合计 Total								
1. 工资、薪金所得 Wages and salaries	73 200		73 200	73 200	3 935				3 935		

续表

所得项目 Categories of income	年所得额 Annual Income			应纳税所得额 Taxable income	应纳税额 Tax payable	已缴(扣)税额 Tax prepaid and withheld	抵扣税额 Tax credit	减免税额 Tax exempted or deducted	应补税额 Tax owed	应退税额 Tax refundable	备注 Notes
	境内 Income from within China	境外 Income from outside China	合计 Total								
2. 个体工商户的生产、经营所得 Income from production or business operation conducted by self-employed industrial and commercial households											
3. 对企事业单位的承包经营、承租经营所得 Income from contracted or leased operation of enterprises or social service providers partly or wholly funded by state assets											
4. 劳务报酬所得 Remuneration for providing services	40 000		40 000	32 000	7 600			2 880	4 720		
5. 稿酬所得 Author's remuneration	13 000		13 000	13 000	1 540				1 540		
6. 特许权使用费所得 Royalties	8 000	25 000	33 000	33 000	5 280		3 600		1 680		
7. 利息、股息、红利所得 Interest, dividends and bonuses	20 000		20 000	20 000	2 000				2 000		

续表

所得项目 Categories of income	年所得额 Annual Income			应纳税所得额 Taxable income	应纳税额 Tax payable	已缴(扣)税额 Tax prepaid and withheld	抵扣税额 Tax credit	减免税额 Tax exempted or deducted	应补税额 Tax owed	应退税额 Tax refundable	备注 Notes
	境内 Income from within China	境外 Income from outside China	合计 Total								
8. 财产租赁所得 Income from lease of property											
9. 财产转让所得 Income from transfer of property	10 000		10 000	10 000	2 000				2 000		
其中:股票转让所得 Income from transfer of stocks				—	—	—	—	—	—	—	
个人房屋转让所得 Income from transfer of personal estate											
10. 偶然所得 Incidental income											
11. 其他所得 Other income											
合　计　Total	164 200	25 000	189 200	181 200	22 355		3 600	2 880	15 875		

我声明,此纳税申报表是根据《中华人民共和国个人所得税法》及有关法律、法规的规定填报的,我保证它是真实的、可靠的、完整的。

Under penalties of perjury, I declare that this return has been filed according to THE INDIVIDUAL INCOME TAX LAW OF THE PEOPLE'S REPUBLIC OF CHINA and other relevant laws and regulations, and to the best of my knowledge and belief. I guarantee the information provided is true, correct and complete.

纳税人(签字):Taxpayer's signature

代理人(签章):Preparer (Other than taxpayer)'s firm

联系电话:Phone number

税务机关受理人(签字): Signature of responsible tax officer:　　税务机关受理时间: Filing date: Time:　　年　月　日 Year/Month/Date　　受理申报税务机关名称(盖章): Responsible tax office:

纳税筹划案例

年终发奖金，节税有讲究

年终时节，按惯例企业开始考虑给员工发年终奖了。但年终奖金如何发放，大有讲究。如果熟知个人所得税的有关政策，则可以节税很多。

假设某企业高级管理人员月薪 1.5 万元，发放方式不同，其应交的个人所得税会差距很大。通过以下计算可以看出，企业在职工工资、年终奖金的发放方式上有很大的筹划空间。

(1)1 至 12 月每月发 15 000 元。

每月应缴个税＝(15 000－3 500)×25％－1 005＝1 870(元)

全年纳税＝1 870×12＝22 440(元)

(2)每月发 13 500 元，年终奖 18 000 元。

每月应缴个税＝(13 500－3 500)×25％－1 005＝1 495(元)

年终奖应缴个税＝18 000×3％＝540(元)

全年纳税＝1 495×12＋540＝18 480(元)

(3)每月发 10 500 元，年终奖 54 000 元。

每月应缴个税＝(10 500－3 500)×20％－555＝845(元)

年终奖应缴个税＝54 000×10％－105＝5 295(元)

全年纳税＝845×12＋5 295＝15 435(元)

由此可见，个人所得税规定的是超额累进税率，因而工资、薪金的个人所得税筹划最基本的思路是将收入平均实现，以避开高税率。

(本文由作者根据网络相关资料改写，原文见：中华会计网校)

【模块小结】

1. 个人所得税是以自然人取得的各类应税所得为征税对象而征收的一种所得税。个人所得税的纳税义务人分为居民纳税义务人和非居民纳税义务人。

2. 个人所得税具体纳税项目包括工资、薪金所得，个体工商户的生产、经营所得，承包经营、承租经营所得，劳务报酬所得，稿酬所得，特许权使用费所得，利息、股息、红利所得，财产租赁所得，财产转让所得，偶然所得，其他所得等 11 个项目。税法对其应纳税额的计算方法分别做了具体规定。

3. 个人所得项目减税免税的优惠，包括免征、减征和暂免征收个人所得税的优惠。

4. 纳税人境外所得已纳税额在境内申报纳税时可以扣除。

5. 个人所得税的纳税办法有自行申报纳税和代扣代缴两种。个人所得税申报表主要设置了七类九种。个人所得税还须进行网上申报。

综合训练

一、单项选择题

1. 在我国境内无住所，但居住满一年而未超过五年的个人，适用个人所得税的规定是(　　)。

A. 应就来源于中国境内外所得纳税

B. 仅就来源于中国境内所得纳税

C. 就其来源于中国境内工作期间取得的中国境内企业或个人雇主支付和由中国境外企业或个人雇主支付的工资、薪金纳税

D. 不负有纳税义务

2. 下列各项所得中，适用于加成征税规定的是(　　)。

A. 个体工商业户的生产经营所得　　B. 劳务报酬所得

C. 稿酬所得　　D. 特许权使用费所得

3. 工资、薪金所得的应纳税额，按月计征的，由扣缴义务人或纳税人在次月的(　　)内缴入国库。

A. 5 日　　B. 7 日　　C. 10 日　　D. 15 日

4. 对于县级政府颁发的科学、教育、技术、卫生、文化、体育、环境保护等方面的奖金应(　　)。

A. 征收个人所得税　　B. 免征个人所得税

C. 减半征收个人所得税　　D. 适当减征个人所得税

5. 个人进行公益、救济性质的捐赠，从应纳税所得额中扣除的比例最高可为(　　)。

A. 30%　　B. 3%　　C. 80%　　D. 100%

6. 股息、利息、红利所得的应纳税所得额是(　　)。

A. 每年收入额　　B. 每季度收入额　　C. 每次收入额　　D. 每月收入额

7. 下列所得中应计入工资、薪金所得纳税的是(　　)。

A. 职工的加班费补贴　　B. 独生子女费补贴

C. 托儿补贴　　D. 按国家规定的误餐补助

8. 下列项目中，可以免征个人所得税的有(　　)。

A. 民间借贷利息　　B. 个人协查各种违法犯罪行为而获得的奖金

C. 在商店获得的中奖收入　　D. 本单位自行规定发给的补贴、津贴

9. 个体工商业户的生产经营所得应纳税额的缴纳方法是(　　)。

A. 代扣代缴

B. 按月纳税

C. 按季纳税

D. 按年计算、分月预缴，年终汇算清缴，多退少补

10. 两人以上共同取得同一项目收入的计税方法为(　　)。

A. 先分、后扣、再税　　B. 先扣、后分、再税

C. 先分、后税　　D. 先税、后分

二、多项选择题

1. 下列各项所得，在计算个人所得税时，不得减除费用的有（　　）。

A. 股息、利息、红利所得　　B. 稿酬所得

C. 劳务报酬所得　　D. 偶然所得

2. 对所得征收个人所得税时，以每次收入额为应纳税所得额的有（　　）。

A. 股息、红利、利息所得　　B. 稿酬所得

C. 工资、薪金所得　　D. 偶然所得

3. 在计算个体工商业户的生产经营所得时，下列税金可以扣除的有（　　）。

A. 营业税　　B. 城市维护建设税

C. 增值税　　D. 土地增值税

4. 按照个人所得税的规定，下列说法正确的有（　　）。

A. 劳务报酬所得按月征收　　B. 劳务报酬所得按次征收

C. 如果同一活动中，个人兼有不同的劳务报酬所得，则应合并各项所得统一纳税

D. 凡属于同一项目连续性收入的，以一月内取得的收入为一次，据以确定应纳税所得额

5. 财产转让所得中可扣除的费用有（　　）。

A. 必要费用的扣除，即定额扣 800 元或 20%的费用

B. 财产原值

C. 合理费用

D. 所计提的折旧

三、判断题

1. 某企业职工赵某 2012 年 3 月工资 5 000 元，其捐给希望工程基金会 1 400 元，单位扣缴其个人所得税 295 元。（　　）

2. 在中国境内有住所的个人一次取得数月奖金或年终加薪、劳动分红，对上述个人所取得的奖金，可单独作为一个月的工资、薪金所得计算纳税。由于对每月的工资、薪金所得计税时已按月扣除了费用，因此，对上述奖金原则上不再减除费用，全额作为应纳税所得额直接按适用税率计算应纳税款。（　　）

3. 个人因公务用车和通信制度改革而取得的公务用车、通信补贴收入，扣除一定标准的公务费用后，按照“工资、薪金”所得项目计征个人所得税。按月发放的，并入当月“工资、薪金”所得项目计征所得税；不按月发放的，应与该月份“工资、薪金”所得合并后计征个人所得税。（　　）

4. 劳务报酬收入一次性超过 20 000 元的应加成征税。（　　）

5. 个人独资企业、合伙企业的个人投资者以企业资金为本人、家庭成员及其相关人员支付与企业生产经营无关的消费性支出及购买汽车、住房等财产性支出，视为企业对个人投资者利润分配，依照“利息、股息所得”项目计征个人所得税。（　　）

四、案例研讨

1. 某大学李教授 2012 年度应邀到法国讲学半年，法国方面每月支付薪金折合人民币 20 000元，未扣缴税款，原单位在其外出讲学期间仍支付工资，月薪为 4 500 元，并按规定每月扣缴个人所得税 45 元，在法国讲学期间，李教授取得的稿酬折合人民币 4 500 元，已按该国税法规定缴纳了个人所得税 600 元；回国以后李教授应某公司邀请于 6 月份到该公司授课 3 次，

分别取得讲课酬金为1 500元、1 000元和2 000元，均未扣缴税款。在2012年，李教授还获得所在省省级教育奖，奖金3 000元。

【要求】 计算李教授应纳的个人所得税。

2. 张某取得咨询劳务收入50 000元，将其中10 000元通过民政部门捐赠给洪涝灾区、5 000元通过著名企业捐款给贫困地区、6 000元通过国家机关捐赠给当地红十字会机构。

【要求】 该项劳务报酬应缴纳的个人所得税。

3. 某高校5位教师共同编写出版一本50万字的教材，共取得稿酬收入21 000元。其中主编一人得主编费1 000元，其余稿酬5人平分。

【要求】 计算各教师应缴纳的个人所得税。

4. 中国公民王某系职业撰稿人，2011年收入情况如下：出版中篇小说一部，取得稿酬40 000元，后因小说加印和报刊连载，分别取得出版社稿酬20 000元和报社稿酬3 800元。同时，该月王某的一篇论文被编入某论文集出版，取得稿酬5 000元，当年因添加印数又取得追加稿酬2 000元。王某和好友合作出了一本散文集，稿酬总计36 000元，双方约定稿酬均分。

【要求】 计算王某应纳的个人所得税。

5. 李某1月份将县城内一处住房出租给他人居住，租期2年，每月租金2 000元，房产原值70万元，当地政府规定损耗扣除比例为30%，可提供实际缴纳出租环节营业税等税金完税凭证每月140元。2月发生漏雨修缮费1 800元。

【要求】 计算其3、4、5三个月应纳个人所得税各是多少？

模块七　财产税纳税实务

学习目标

内　容	财产税纳税实务
知识目标	1. 了解房产税、契税和车船税纳税人、征税对象、税率和计税原理 2. 理解税收减免政策、纳税申报地点、申报期限和申报流程 3. 掌握应纳税额的计算、会计处理方法、纳税申报表的填写方法
能力目标	1. 能够正确计算应纳税额、正确填写纳税申报表、进行网上报税 2. 能够正确进行涉税业务的会计处理

案例引导

财产税是以纳税人所有或属其支配的财产为课税对象的一类税收。它以财产为课税对象,向财产的所有者征收。财产包括一切积累的劳动产品(生产资料和生活资料)、自然资源(如土地、矿藏、森林等)和各种科学技术、发明创作的特许权等。国家可以选择某些财产予以课税。对各种财产课征的税,按一般税收分类方法,统称为财产税。财产税属于对社会财富的存量课税。

中国对房产征税始自古代。周朝行"廛布","廛"为市内邸舍,"布"为对公舍的收税,是早期的房屋税。唐德宗建中四年(公元783)设"税间架",即以房屋为课税对象,是一种财产税,因过于苛重扰民,不久即被迫废除。清朝末年开征房捐,直到中华民国时期国民党政府都在继续征收。随着田宅、马牛等财产转移而课征的契税,起源于东晋的估税。宋开宝二年(公元969),规定人民典、买田宅,应在两个月内向官府输钱,请求验印,名曰契钱。元、明、清朝和中华民国时期的国民党政府,也都征收契税。对遗产税的征收,为期较晚,中华民国初年虽有过创议,但延至中华民国二十九年(1940)才正式公布施行。

早在公元前129年(汉武帝元光六年),我国就开征了算商车。新中国成立后,中央人民政府政务院于1951年9月颁布了《车船使用牌照税暂行条例》,在全国部分地区开征。1984年10月国务院决定恢复对车船征税,因原税名"车船使用牌照税"不太确定,实际工作中往往误认为是对牌照征税,因此,改名为车船使用税。2006年12月29日国务院颁布了《中华人民共和国车船税暂行条例》(以下简称《车船税暂行条例》),并于2007年1月1日实施。

中华人民共和国成立后，1950 年政务院颁布的《全国税政实施要则》中曾列有遗产税，但截至 1986 年尚未开征。现行财产税主要有房产税、契税和车船税。

各国对财产课税的具体名称很不相同，如美国称财产税，英国称不动产税，联邦德国称不动产取得税，意大利称不动产增值税，荷兰称不动产转移税，墨西哥称房地产税等。西方国家对死亡者财产课征的有遗产税、赠与税和继承税等名称。如美国对死亡者的全部财产课征的称遗产税，对死者生前赠与他人的财产课征的称赠与税，由州政府课征的称继承税。

（本文由作者根据网络相关资料改写，原文见：百度百科）

相关知识

7.1 房 产 税

7.1.1 房产税概念

房产税是以房屋为征税对象，按照房屋的计税余值或租金收入，向产权所有人征收的一种财产税。

7.1.2 纳税义务人、征税对象与征税范围

1. 纳税义务人

房产税以在征税范围内的房屋产权所有人为纳税人。其中：

(1)产权属国家所有的，由经营管理单位纳税；产权属集体和个人所有的，由集体单位和个人纳税。

(2)产权出典的，由承典人依照房产余值缴纳房产税。所谓产权出典，是指产权所有人将房屋、生产资料等的产权，在一定期限内典当给他人使用，而取得资金的一种融资业务。这种业务大多发生于出典人急需用款，但又想保留产权回赎权的情况。承典人向出典人交付一定的典价之后，在质典期内即获抵押物品的支配权，并可转典。产权的典价一般要低于卖价。出典人在规定期间内须归还典价的本金和利息，方可赎回出典房屋等的产权。由于在房屋出典期间，产权所有人已无权支配房屋，因此，税法规定由对房屋具有支配权的承典人为纳税人。

(3)产权所有人、承典人不在房屋所在地的，由房产代管人或者使用人纳税。

(4)产权未确定及租典纠纷未解决的，亦由房产代管人或者使用人纳税。所谓租典纠纷，是指产权所有人在房产出典和租赁关系上，与承典人、租赁人发生各种争议，特别是权利和义务的争议悬而未决的。此外还有一些产权归属不清的问题，也都属于租典纠纷。对租典纠纷尚未解决的房产，规定由代管人或使用人为纳税人，主要目的在于加强征收管理，保证房产税及时入库。

(5)无租使用其他单位房产的应税单位和个人，依照房产余值代缴纳房产税。

2. 征税对象与征税范围

房产税的征税对象是房产。房产是指有屋面和围护结构（有墙或两边有柱），能够遮风避雨，可供人们在其中生产、学习、工作、娱乐、居住或贮藏物资的场所。

房地产开发企业建造的商品房，在出售前，不征收房产税；但对出售前房地产开发企业已使用或出租、出借的商品房应按规定征收房产税。

房产税的征税范围为城市、县城、建制镇和工矿区内的房产，不包括农村内房产。

7.1.3　计税依据与税率

1. 计税依据

房产税的计税依据是房产的计税价值或房产的租金收入。按照房产计税价值征税的，称为从价计征；按照房产租金收入计征的，称为从租计征。

(1)从价计征。房产税依照房产原值一次减除10%～30%后的余值计算缴纳。各地扣除比例由当地省、自治区、直辖市人民政府确定。

①房产原值是指纳税人按照会计制度规定，在账簿"固定资产"科目中记载的房屋原价。凡按会计制度规定在账簿中记载有房屋原价的，应以房屋原价按规定减除一定比例后作为房产余值计征房产税；没有记载房屋原价的，按照上述原则，并参照同类房屋确定房产原值，按规定计征房产税。

②房产原值应包括与房屋不可分割的各种附属设备或一般不单独计算价值的配套设施。主要有：暖气、卫生、通风、照明、煤气等设备；各种管线，如蒸汽、压缩空气、石油、给水排水等管道及电力、电信、电缆导线；电梯、升降机、过道、晒台等。属于房屋附属设备的水管、下水道、暖气管、煤气管等应从最近的探视井或三通管起，计算原值；电灯网、照明线从进线盒连接管起，计算原值。

上述附属设备或配套设施无论在会计核算中是否单独记账与核算，都应计入房产原值，计征房产税。

③纳税人对原有房屋进行改建、扩建的，要相应增加房屋的原值。房产余值是房产的原值减除规定比例后的剩余价值。

此外，还应注意以下问题：

对于以房产投资联营，投资者参与投资利润分红，共担风险的，按房产余值作为计税依据计征房产税；对以房产投资，收取固定收入，不承担联营风险的，实际是以联营名义取得房产租金，应根据《房产税暂行条例》的有关规定由出租方按租金收入计缴房产税。

融资租赁的房产，由承租人自融资租赁合同约定开始日的次月起依照房产余值缴纳房产税。合同未约定开始日的，由承租人自合同签订的次月起依照房产余值缴纳房产税。

(2)从租计征。房产出租的，以房产租金收入为房产税的计税依据。

房产的租金收入，是房屋产权所有人出租房产使用权所得的报酬，包括货币收入和实物收入。

2. 税率

我国现行房产税采用的是比例税率。由于房产税的计税依据分为从价计征和从租计征两种形式，所以房产税的税率也有两种：一种是按房产原值一次减除10%～30%后的余值计征的，税率为1.2%；另一种是按房产出租的租金收入计征的，税率为12%。从2001年1月1日起，对个人按市场价格出租的居民住房，用于居住的，可暂减按4%的税率征收房产税。

7.1.4　应纳税额的计算

房产税的计税依据有两种，与之相适应的应纳税额计算也分为两种：一是从价计征的计算；二是从租计征的计算。

1. 从价计征的计算

从价计征是按房产的原值减除一定比例后的余值计征，其计算公式为

应纳税额＝应税房产原值×(1－扣除比例)×1.2%

房产原值是"固定资产"科目中记载的房屋原价；扣除比例是省、自治区、直辖市人民政府规定的10%～30%的减除比例；计征的适用税率为1.2%。

【例7.1】 某企业的经营用房原值为5 000万元，按照当地规定允许按减除30%后的余值计税，适用税率为1.2%。请计算其应纳房产税税额。

【案例分析】

应纳税额＝5 000×(1－30%)×1.2%＝42(万元)

2. 从租计征的计算

从租计征是按房产的租金收入计征，其计算公式为

应纳税额＝租金收入×12%(或4%)

【例7.2】 某公司出租房屋3间，年租金收入为30 000元，适用税率为12%。计算其应纳房产税税额。

【案例分析】

应纳税额＝30 000×12%＝3 600(元)

7.1.5 税收优惠

目前，房产税的税收优惠政策主要有：

(1)国家机关、人民团体、军队自用的房产免征房产税。但上述免税单位的出租房产以及非自身业务使用的生产、营业用房，不属于免税范围。

(2)由国家财政部门拨付事业经费的单位，如学校、医疗卫生单位、托儿所、幼儿园、敬老院、文化、体育、艺术等单位自用的房产免征房产税。上述单位用于生产经营和出租的房产照章征税。

(3)宗教寺庙、公园、名胜古迹自用的房产免征房产税。宗教寺庙、公园、名胜古迹中附设的营业单位，如影剧院、饮食部、茶社、照相馆等所使用的房产及出租的房产，不属于免税范围，应照章纳税。

(4)个人所有非营业用的房产免征房产税。对个人拥有的营业用房或者出租的房产，不属于免税房产，应照章纳税。

(5)经财政部批准免税的其他房产。主要有：

①损坏不堪使用的房屋和危险房屋，经有关部门鉴定，在停止使用后，可免征房产税。

②纳税人因房屋大修导致连续停用半年以上的，在房屋大修期间免征房产税。

③在基建工地为基建工地服务的各种工棚、材料棚、休息棚和办公室、食堂、茶炉房、汽车房等临时性房屋，在施工期间，一律免征房产税。但工程结束后，施工企业将这种临时性房屋交还或估价转让给基建单位的，应从基建单位接收的次月起，照章纳税。

④为鼓励利用地下人防设施，暂不征收房产税。

⑤对高校后勤实体免征房产税。

⑥向居民供热并向居民收取采暖费的供热企业暂免征收房产税。

⑦对为高校学生提供住宿服务并按高教系统收费标准收取租金的学生公寓，免征房产税。对从原高校后勤管理部门剥离出来而成立的进行独立核算并有法人资格的高校后勤经济实体自用的房产，免征房产税。

7.1.6 征收管理

1. 纳税义务发生时间

纳税人将原有房产用于生产经营，从生产经营之月起缴纳房产税；自行新建房屋用于生产经营，从建成之次月起缴纳房产税；委托施工企业建设的房屋，从办理验收手续之次月起缴纳房产税；购置新建商品房，自房屋交付使用之次月起缴纳房产税；购置存量房，自办理房屋权属转移、变更登记手续，房地产权属登记机关签发房屋权属证书之次月起，缴纳房产税；纳税人出租、出借房产，自交付出租、出借房产之次月起，缴纳房产税；房地产开发企业自用、出租、出借本企业建造的商品房，自房屋使用或交付之次月起，缴纳房产税。

2. 纳税期限

房产税实行按年计算、分期缴纳的征收方法，具体纳税期限由省、自治区、直辖市人民政府确定。

3. 纳税地点

房产税在房产所在地缴纳。房产不在同一地方的纳税人，应按房产的坐落地点分别向房产所在地的税务机关纳税。

4. 纳税申报

房产税的纳税人应按照条例的有关规定，及时办理纳税申报，并如实填写《房产税纳税申报表》(见表 7.1)。

表 7.1 房产税纳税申报表

填表日期： 年 月 日

纳税人识别号：□□□□□□□□□□□□□□□□□□

纳税人名称							税款所属日期										
房产坐落地点							建筑面积(m²)						房屋结构				
上期申报房产原值（评估）	本期增减	本期实际房产原值	其中			扣除率%	以房产余值计征房产税			以租金收入计征房产税			全年应缴纳税额	交纳次数	本期		应补(退)税额
			从价计税的房产原值	从租计税的房产原值	税法规定的免税房产原值		房产余值	适用税率	应纳税额	租金收入	适用税率	应纳税额			应纳税额	已纳税额	
1	2	3=1+2	4=3−5−6	5=3−4−6	6	7	8=4−4×7	9	10=8×9	11	12	13=11×12	14=10+13	15	16=14÷15	17	18=16−7

如纳税人填报，由纳税人填写以下各栏		如委托代理人填报，由代理人填写以下各栏			备注
会计主管（签章）	纳税人（公章）	代理人名称		代理人（公章）	
		代理人地址			
		经办人		电话	
以下由税务机关填写					
收到申报日期			接收人		

5. 网上纳税申报

下面以黑龙江省网上报税系统为例介绍一下房产税网上申报流程。

(1)系统登录。选择网申多用户软件，弹出图7.1所示窗口，选择用户名，即所要申报企业的名称，点击“纳税申报”按钮即可。

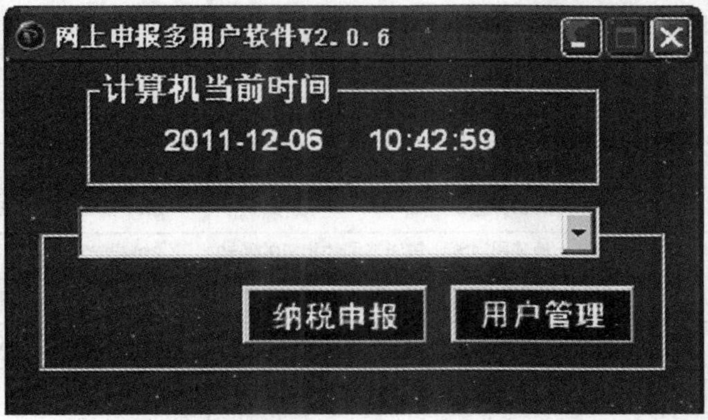

图7.1　选择申报用户名窗口

(2)点击“纳税申报”按钮后，会自动弹出如图7.2所示的界面，输入用户地税的微机编码和密码，再点击“登录”按钮。

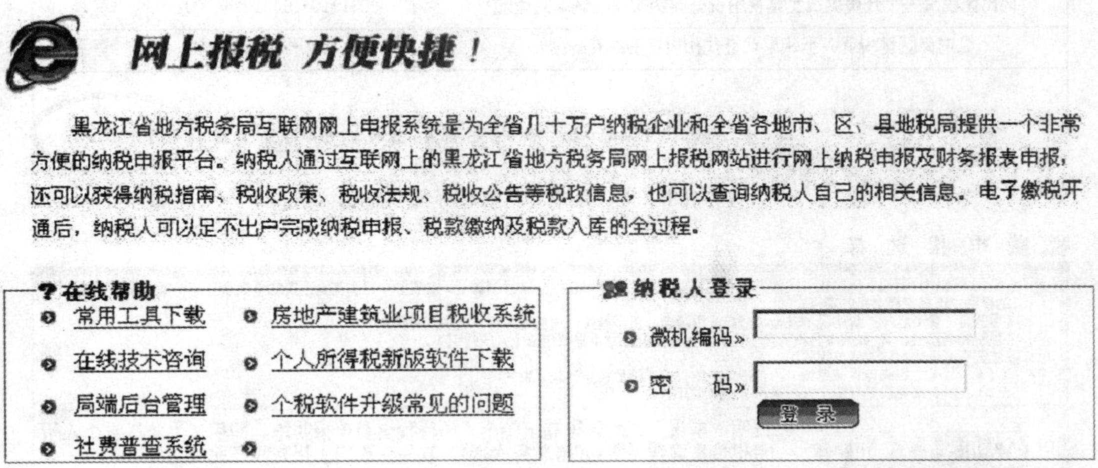

图7.2　“纳税人登录”界面

(3)登录后出现如图7.3所示界面。

点击图7.3中的“我已阅读”，再点击右上方的“申报管理”，进入申报阶段，如图7.4所示。

分局通知

标　　题	发布时间	操　作
《新版自开票企业发票机打软件》下载须知	2008-4-29||9:55:47	查看
垃圾处理费行业计费依据(新)	2010-4-16||14:01:03	查看
关于调整网上申报办理流程的重要通知(所有网上报税纳税人必须看)	2010-5-7||13:11:10	查看
二大软件黑龙江省地税网上报税服务中心搬迁通知	2010-6-2||10:40:23	查看
南岗局关于更新2011年重点税源TRAS月报表企业版任务的通知	2011 0 0||9:C2:20	查看
关于调整饮食业发票垫付奖金手续费比例的通知	2011 5 9||11:29:19	查看
关于开展2010年度税收调查的通知	2011-5-9||15.36.08	查看
关于税收调查软件TISS升级的通知	2011-5-12||15:32:39	查看
哈尔滨市政府关于确认哈尔滨市城镇土地使用税土地等级范围的批复的通知	2011-5-17||9:54:28	查看
关于重点税源企业网上申报企业信息表的通知	2011-5-30||14:54:11	查看
政府性基金目录通知	2011-5-31||22:54:32	查看
*****所有办理税库银电子缴税企业必须看的通知*****	2011-6-8||13:32:59	查看
通知	2011-7-1||9:52:26	查看
国家税务总局关于税务机关代收工会经费企业所得税税前扣除凭据问题的公告	2011-7-10||18:41:00	查看
关于办理“二待”手续费的通知	2011 0 30||10:20:10	查看
标题修订后的《中华人民共和国个人所得税法》自2011年9月1日起实施	2011-9-1||8.28.34	查看
关于催缴2010年度残疾人就业保障金的通告	2011-10-11||10:07:22	查看
南岗地税局关于开展城镇土地使用税备案类减免税认定的通知!!!	2011-10-18||14:44:09	查看
南岗区地税局关于领取代征代扣税款手续费的通知	2011-11-2||8:40:39	查看

（注意：请在申报之前，阅读所有通知，并点击[我已阅读]按钮） 我已阅读

图7.3　纳税人登录后界面

税费申报选择

必读：1.从2009年1月1日起，地税机关代政府征收的各项基金、费可以在网上进行划款了，各税的申报和基金、费的申报须分开申报，请在下面的项目中选择您要申报的项目。
2.各项基金、费（包括：价格调解基金、残疾人保障金、工会经费、垃圾处理费、防洪保安费）
3.各项税和各基金、费，如果本月没有产生税款，也需要进行零申报（包括个人所得税）。
4.哈尔滨市企业申报时注意申报顺序：
（1）、有减免税先申报减免税，再申报个人所得税，然后再申报其它税种。
（2）、没有减免税先申报个人所得税，再申报其它税种。

税 申报个人所得税	说明：申报个人所得税需上传个人所得税全员申报明细，即用《黑龙江省个人所得税信息管理系统(扣缴义务人端)》软件生成的上报文件在此处上传。
税 申报税款	说明：如果您申报除基金、费以外的税种，如：营业税、城建税、教育费附加、地方教育费附加， 企业所得税等，请点击“申报税款”按钮。 注意：此模块不能申报个人所得税税款，请在“申报个人所得税”模块中申报。
费 申报基金费	说明：如果您申报：工会经费、垃圾处理费、防洪保安费、价格调解基金、残疾人保障金， 请点击“申报 基金费”按钮。

图7.4　“税费申报选择”界面

(4)点击“申报税款”按钮，进入房产税纳税申报界面，如图 7.5 所示。

各税申报选择

纳税申报选择

纳税人名称：　　　　　　　　申报日期：
微机管理编码：　　　　　　　金额单位：元（列至角分）
主管科股：　　　　　　　　　专管员：

注意：下列预算科目中不包括个人所得税，个人所得税请在“申报管理”中的“个税申报”模块下申报，无税款时要进行零申报或点击直接进入

预算科目	税目	国标行业	单位税额/税率	定额	限缴期限	本次申报选择
(101030400)一般营业税	(0716)房屋租赁	自有房地产经营活动	5.000	0.00	(0070)月份终了后十五日内	□
(101043200)集体企业所得税	(3010)其它行业(制造业)	书、报刊印刷	25.000	0.00	(0080)季度终了后十五日内	□
(101090200)集体企业城市维护建设税	(0101)市区（增值税附征）	书、报刊印刷	7.000	0.00	(0070)月份终了后十五日内	□
(101090200)集体企业城市维护建设税	(0102)市区（营业税附征）	自有房地产经营活动	7.000	0.00	(0070)月份终了后十五日内	□
(101100200)集体企业房产税	(0200)营业用房	书、报刊印刷	1.200	0.00	(0200)按年分四次，2，5，8，11月份20日前	□
(101100200)集体企业房产税	(0500)房屋出租	自有房地产经营活动	12.000	0.00	(0090)月度终了后十日内	□
(101111900)其他印花税	(0100)购销合同	书、报刊印刷	0.030	0.00	(0070)月份终了后十五日内	□
(101111900)其他印花税	(1100)产权转移书据	书、报刊印刷	0.050	0.00	(0070)月份终了后十五日内	□
(101111900)其他印花税	(0500)财产租赁合同	自有房地产经营活动	0.100	0.00	(0010)按次结算后十日内	□
(101120200)集体企业城镇土地使用税	(0103)一类地区三等	书、报刊印刷	14.000	0.00	(0210)按年分四次，2，5，8，11月份10日前	□
(103020301)教育费附加收入	(0100)增值税附征	书、报刊印刷	3.000	0.00	(0070)月份终了后十五日内	□
(103020301)教育费附加收入	(0200)营业税附征	自有房地产经营活动	3.000	0.00	(0070)月份终了后十五日内	□
(103312700)地方教育费附加	(0100)增值税附征	书、报刊印刷	2.000	0.00	(0070)月份终了后十五日内	□
(103312700)地方教育费附加	(0200)营业税附征	自有房地产经营活动	2.000	0.00	(0070)月份终了后十五日内	□

注意1：“限缴期限”字体为红色的税种本月必须申报
网上电子缴税系统(ETS)操作说明 下载

全 选

[查看入库级次信息]

图 7.5　房产税纳税申报界面

(5)选择“预算科目”为“集体企业房产税”，在“本次申报选择”中选“√”，出现如图 7.6 所示界面。

各税申报

纳税申报表

纳税人名称：　　　　　　　　申报日期：　年　月　日
微机管理编码：　　　　　　　金额单位：元（列至角分）

提示：(1)计算公式为：“税额=(计税金额 - 扣除额)×税率”
(2)资源税和土地使用税的计算公式为：“税额=课税数量×单位税额”
(3)交通建设费计算公式为：“税额=课税数量 × 10 (单位费额)”
(4)“残疾人就业保障金”录入方法：请在“课税数量”处录入“职工总人数”，在“计税金额”处录入“已安置残疾人数”，在“扣除额”处 录入上一年的“经营月份数”（非新开业企业为12个月）
计算公式如下：**应缴纳保障金数额=(本单位上年度在职职工年平均人数×1.5%—在岗残疾人数)×本市上年度职工年人均工资(2008年度为25525元)×(经营月份数/12)**
注：　税率为0.000时（可自行修改），公式自动取消，此状态下可直接录入税额。

申报方式	预算科目	税目	课税数量	计税金额	扣除额	单位税额/税率	税款属期起-税款属期止	申报税额
正常申报	(101100200)集体企业房产税	(0200)营业用房	0.00	0.00	0.00	1.200 %	年 月 年 月	0.00
正常申报	(101100200)集体企业房产税	(0500)房屋出租	0.00	0.00	0.00	12.00 %	年 月 年 月	0.00

税费共计：0.00

提交　　　　重置

图 7.6　“纳税申报表”界面

营业用房和房屋出租分别填列，因为计算公式不一样，正确填写房产税的计税金额和扣除额，申报税额自动生成，最后保证申报税额与实际计算的房产税金额一致。核对无误后进行提交，划款出现如图 7.7 所示界面。

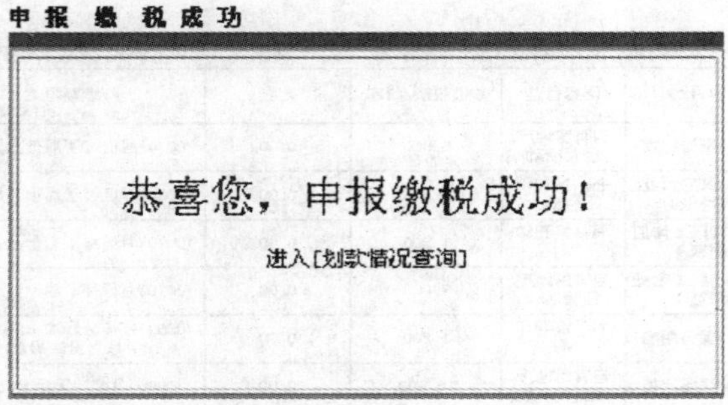

图 7.7 “申报缴税成功”界面

出现此界面后，房产税网上申报成功。

7.2 契 税

7.2.1 契税的概念

契税是土地、房屋权属转移时向其承受者征收的一种税收。在中国境内取得土地、房屋权属的企业和个人，应当依法缴纳契税。

7.2.2 征税对象

契税的征税对象是境内转移的土地、房屋权属，具体包括以下五项内容：

1. 国有土地使用权出让

国有土地使用权出让是指土地使用者向国家交付土地使用权出让费用，国家将国有土地使用权在一定年限内让与土地使用者的行为。

2. 土地使用权的转让

土地使用权的转让是指土地使用者以出售、赠与、交换或者其他方式将土地使用权转移给其他单位和个人的行为。土地使用权的转让不包括农村集体土地承包经营权的转移。

3. 房屋买卖

即以货币为媒介，出卖者向购买者过渡房产所有权的交易行为。以下几种特殊情况，视同买卖房屋：

(1)以房产抵债或实物交换房屋。经当地政府和有关部门批准，以房抵债和实物交换房屋，均视同房屋买卖，应由产权承受人，按房屋现值缴纳契税。

例如，甲某因无力偿还乙某债务，而以自有的房产折价抵偿债务。经双方同意，有关部门批准，乙某取得甲某的房屋产权，在办理产权过户手续时，按房产折价款缴纳契税。如以实物(金银首饰等等价物品)交换房屋，应视同以货币购买房屋。

(2)以房产作投资或作股权转让。这种交易业务属房屋产权转移，应根据国家房地产管理的有关规定，办理房屋产权交易和产权变更登记手续，视同房屋买卖，由产权承受方按契税税率计算缴纳契税。

例如,甲某以自有房产,投资于乙某企业。其房屋产权变为乙某企业所有,故产权所有人发生变化,因此,乙某企业在办理产权登记手续后,按甲某入股房产现值(国有企事业房产须经国有资产管理部门评估核价)缴纳契税。如丙某以股份方式购买乙某企业房屋产权,丙某在办理产权登记后,按取得房产买价缴纳契税。

以自有房产作股投入本人独资经营的企业,免纳契税。因为以自有的房地产投入本人独资经营的企业,产权所有人和使用权使用人未发生变化,不需办理房产变更手续,也不办理契税手续。

(3)买房拆料或翻建新房,应照章征收契税。例如,甲某购买乙某房产,不论其目的是取得该房产的建筑材料或是翻建新房,实际构成房屋买卖。甲某应首先办理房屋产权变更手续,并按买价缴纳契税。

(4)房屋赠与。房屋的赠与是指房屋产权所有人将房屋无偿转让给他人所有。其中,将自己的房屋转交给他人的法人和自然人,称作房屋赠与人;接受他人房屋的法人和自然人,称为受赠人。房屋赠与的前提必须是,产权无纠纷,赠与人和受赠人双方自愿。

4. 房屋交换

房屋交换是指房屋所有者之间互相交换房屋的行为。

随着经济形势的发展,有些特殊方式转移土地、房屋权属的,也将视同土地使用权转让、房屋买卖或者房屋赠与:一是以土地、房屋权属作价投资、入股;二是以土地、房屋权属抵债;三是以获奖方式承受土地、房屋权属;四是以预购方式或者预付集资建房款方式承受土地、房屋权属。

5. 承受国有土地使用权支付的土地出让金

对承受国有土地使用权所应支付的土地出让金,要计征契税。不得因减免土地出让金而减免契税。

7.2.3　纳税义务人与税率

1. 纳税义务人

契税的纳税义务人是境内转移土地、房屋权属,承受的单位和个人,包括中国公民和外籍人员。境内是指中华人民共和国实际税收行政管辖范围内。土地、房屋权属是指土地使用权和房屋所有权。

2. 税率

契税实行3%～5%的幅度税率。各省、自治区、直辖市人民政府可以在3%～5%的幅度税率规定范围内,按照本地区的实际情况决定。

7.2.4　应纳税额的计算

1. 计税依据

契税的计税依据为不动产的价格。由于土地、房屋权属转移方式不同,定价方法不同,因而具体计税依据视不同情况而定。

(1)国有土地使用权出让、土地使用权出售、房屋买卖,以成交价格为计税依据。成交价格是指土地、房屋权属转移合同确定的价格,包括承受者应交付的货币、实物、无形资产或者其他经济利益。

(2)土地使用权赠与、房屋赠与,由征收机关参照土地使用权出售、房屋买卖的市场价格核定。

(3)土地使用权交换、房屋交换,为所交换的土地使用权、房屋的价格差额。也就是说,交换价格相等时,免征契税;交换价格不等时,由多交付的货币、实物、无形资产或者其他经济利益的一方缴纳契税。

(4)以划拨方式取得土地使用权,经批准转让房地产时,由房地产转让者补交契税。计税依据为补交的土地使用权出让费用或者土地收益。

为了避免偷、逃税款,税法规定,成交价格明显低于市场价格并且无正当理由的,或者所交换土地使用权、房屋的价格的差额明显不合理并且无正当理由的,征收机关可以参照市场价格核定计税依据。

(5)房屋附属设施征收契税的依据。采取分期付款方式购买房屋附属设施土地使用权、房屋所有权的,应按合同规定的总价款计征契税。承受的房屋附属设施权属如为单独计价的,按照当地确定的适用税率征收契税;如与房屋统一计价的,适用与房屋相同的契税税率。

(6)个人无偿赠与不动产行为(法定继承人除外),应对受赠人全额征收契税。在缴纳契税时,纳税人须提交经税务机关审核并签字盖章的《个人无偿赠与不动产登记表》,税务机关(或其他征收机关)应在纳税人的契税完税凭证上加盖"个人无偿赠与"印章,在《个人无偿赠与不动产登记表》中签字并将该表格留存。

(7)出让国有土地使用权,契税计税价格为承受人为取得该土地使用权而支付的全部经济利益。对通过"招、拍、挂"程序承受国有土地使用权的,应按照土地成交总价款计征契税,其中的土地前期开发成本不得扣除。

2. 应纳税额的计算方法

契税采用比例税率。当计税依据确定以后,应纳税额的计算比较简单。应纳税额的计算公式为

$$应纳税额=计税依据\times税率$$

【例7.3】 居民甲有两套住房,将一套出售给居民乙,成交价格为200 000元;将另一套两室住房与居民丙交换成两处一室住房,并支付给居民丙换房差价款60 000元。试计算甲、乙、丙相关行为应缴纳的契税(假定税率为4%)。

【案例分析】

(1)甲应缴纳契税=60 000×4%=2 400(元)。

(2)乙应缴纳契税=200 000×4%=8 000(元)。

(3)丙不缴纳契税。

7.2.5 税收优惠

(1)国家机关、事业单位、社会团体、军事单位承受土地、房屋用于办公、教学、医疗、科研和军事设施的,免征契税。

(2)城镇职工按规定第一次购买公有住房,免征契税。

(3)因不可抗力灭失住房而重新购买住房的,酌情减免。

(4)土地、房屋被县级以上人民政府征用、占用后,重新承受土地、房屋权属的,由省级人民政府确定是否减免。

(5)承受荒山、荒沟、荒丘、荒滩土地使用权,并用于农、林、牧、渔业生产的,免征契税。

(6)经外交部确认,依照我国有关法律规定以及我国缔结或参加的双边和多边条约或协定,应当予以免税的外国驻华使馆、领事馆、联合国驻华机构及其外交代表、领事官员和其他外

交人员承受土地、房屋权属。

(7)对于法定继承人(包括配偶、子女、父母、兄弟姐妹、祖父母、外祖父母)继承土地、房屋权属,不征契税。非法定继承人根据遗嘱承受死者生前的土地、房屋权属,属于赠与行为,应征收契税。

(8)对拆迁居民因拆迁重新购置住房的,对购房成交价格中相当于拆迁补偿款的部分免征契税,成交价格超过拆迁补偿款的,对超过部分征收契税。

7.2.6 征收管理

1. 纳税义务发生时间

契税的纳税义务发生时间是纳税人签订土地、房屋权属转移合同的当天,或者纳税人取得其他具有土地、房屋权属转移合同性质凭证的当天。

2. 纳税期限

纳税人应当自纳税义务发生之日起10日内,向土地、房屋所在地的契税征收机关办理纳税申报,并在契税征收机关核定的期限内缴纳税款。

3. 纳税地点

契税在土地、房屋所在地的征收机关缴纳。

7.3 车 船 税

7.3.1 车船税的概念

车船税是以车船为征税对象,向拥有车船的单位和个人征收的一种税。

7.3.2 纳税义务人

车船税的纳税义务人,是指在中华人民共和国境内,车辆、船舶(以下简称车船)的所有人或者管理人。

7.3.3 征税范围

车船税的征收范围,是指依法应当在我国车船管理部门登记的车船(除规定减免的车船外)。

1. 车辆

车辆,包括机动车辆和非机动车辆。机动车辆,指依靠燃油、电力等能源作为动力运行的车辆,如汽车、拖拉机、无轨电车等;非机动车辆,指依靠人力、畜力运行的车辆,如三轮车、自行车、畜力驾驶车等。

2. 船舶

船舶,包括机动船舶和非机动船舶。机动船舶,指依靠燃料等能源作为动力运行的船舶,如客轮、货船、气垫船等;非机动船舶,指依靠人力或者其他力量运行的船舶,如木船、帆船、舢板等。

7.3.4 税目与税率

车船税实行定额税率。车船税的适用税额,依照条例所附的《车船税税目税额表》执行(见表7.2)。

国务院财政部门、税务主管部门可以根据实际情况,在《车船税税目税额表》规定的税目范围和税额幅度内,划分子税目,并明确车辆的子税目税额幅度和船舶的具体适用税额。车辆的具体适用税额由省、自治区、直辖市人民政府在规定的子税目税额幅度内确定。

表 7.2 车船税税目税额表

税目		计税单位	年基准税额	备注
乘用车[按发动机汽缸容量(排气量)分档]	1.0 升(含)以下的	每辆	60 元～360 元	核定载客人数 9 人(含)以下
	1.0 升以上至 1.6 升(含)的		300 元～540 元	
	1.6 升以上至 2.0 升(含)的		360 元～660 元	
	2.0 升以上至 2.5 升(含)的		660 元～1 200 元	
	2.5 升以上至 3.0 升(含)的		1 200 元～2 400 元	
	3.0 升以上至 4.0 升(含)的		2 400 元～3 600 元	
	4.0 升以上的		3 600 元～5 400 元	
商用车	客车	每辆	480 元～1 440 元	核定载客人数 9 人以上，包括电车
	货车	整备质量每吨	16 元～120 元	包括半挂牵引车、三轮汽车和低速载货汽车等
挂车		整备质量每吨	按照货车税额的 50%计算	
其他车辆	专用作业车	整备质量每吨	16 元～120 元	不包括拖拉机
	轮式专用机械车		16 元～120 元	
摩托车		每辆	36 元～180 元	
船舶	机动船舶	净吨位每吨	3 元～6 元	拖船、非机动驳船分别按照机动船舶税额的 50%计算
	游艇	艇身长度每米	600 元～2 000 元	

7.3.5 应纳税额的计算

1. 计税依据

(1)纳税人在购买机动车交通事故责任强制保险时，应当向扣缴义务人提供地方税务机关出具的本年度车船税的完税凭证或者减免税证明。不能提供完税凭证或者减免税证明的，应当在购买保险时按照当地的车船税税额标准计算缴纳车船税。

(2)拖船按照发动机功率每 2 马力折合净吨位 1 吨计算征收车船税。

(3)核定载客人数、自重、净吨位、马力等计税标准，以车船管理部门核发的车船登记证书或者行驶证书相应项目所载数额为准。纳税人未按照规定到车船管理部门办理登记手续的，上述计税标准以车船出厂合格证明或者进口凭证相应项目所载数额为准；不能提供车船出厂合格证明或者进口凭证的，由主管地方税务机关根据车船自身状况并参照同类车船核定。

(4)车辆自重尾数在 0.5 吨以下(含 0.5 吨)的，按照 0.5 吨计算；超过 0.5 吨的，按照 1 吨计算。船舶净吨位尾数在 0.5 吨以下(含 0.5 吨)的不予计算，超过 0.5 吨的按照 1 吨计算。1 吨以下的小型车船，一律按照 1 吨计算。自重，是指机动车的整备质量。

(5)对于无法准确获得自重数值或自重数值明显不合理的载货汽车、三轮汽车、低速货车、专项作业车和轮式专用机械车，由主管税务机关根据车辆自身状况并参照同类车辆核定计税依据。对能够获得总质量和核定载质量的，可按照车辆的总质量和核定载质量的差额作为车辆的自重；无法获得核定载质量的专项作业车和轮式专用机械车，可按照车辆的总质量确定自重。

2. 应纳税额的计算公式

载客汽车和摩托车的应纳税额＝辆数×适用年税额

载货汽车、三轮汽车、低速货车的应纳税额＝自重吨位数×适用年税额

船舶的应纳税额＝净吨位数×适用年税额

拖船和非机动驳船的应纳税额＝净吨位数×适用年税额×50%

购置的新车船，购置当年的应纳税额自纳税义务发生的当月起按月计算。计算公式为

应纳税额＝年应纳税额÷12×应纳税月份数

【例 7.4】 某运输公司拥有载货汽车 15 辆（货车载重净吨位全部为 10 吨），乘人大客车 20 辆，小客车 10 辆。计算该公司应纳车船税。

（注：载货汽车每吨年税额 80 元，乘人大客车每辆年税额 500 元，小客车每辆年税额 400 元）

【案例分析】

(1)载货汽车应纳税额＝15×10×80＝12 000(元)

(2)乘人汽车应纳税额＝20×500＋10×400＝14 000(元)

(3)全年应纳车船税额＝12 000＋14 000＝26 000(元)

【例 7.5】 某航运公司拥有机动船 30 艘（其中净吨位为 600 吨的 12 艘，2 000 吨的 8 艘，5 000 吨的 10 艘），600 吨的单位税额 3 元、2 000 吨的单位税额 4 元、5 000 吨的单位税额 5 元。请计算该航运公司年应纳车船税税额。

【案例分析】 该公司年应纳车船税税额为

12×600×3＋8×2 000×4＋10×5 000×5

＝21 600＋64 000＋250 000

＝335 600(元)

7.3.6 税收优惠

1. 法定减免

(1)非机动车船（不包括非机动驳船）。非机动车是指以人力或者畜力驱动的车辆，以及符合国家有关标准的残疾人机动轮椅车、电动自行车等车辆。

(2)拖拉机。拖拉机是指在农业（农业机械）部门登记为拖拉机的车辆。

(3)捕捞、养殖渔船。

(4)军队、武警专用的车船。

(5)依照我国有关法律和我国缔结或者参加的国际条约的规定应当予以免税的外国驻华使馆、领事馆和国际组织驻华机构及其有关人员的车船。

2. 特定减免

对尚未在车辆管理部门办理登记、属于应减免税的新购置车辆，车辆所有人或管理人可提出减免税申请，并提供机构或个人身份证明文件和车辆权属证明文件以及地方税务机关要求的其他相关资料。

新购置应予减免税的车辆所有人或管理人在购买机动车交通事故责任强制保险时已缴纳车船税的，在办理车辆登记手续后可向税务机关提出减免税申请，经税务机关审验符合车船税减免税条件的，税务机关应退还纳税人多缴的税款。

7.3.7 征收管理

1. 纳税期限

车船税的纳税义务发生时间，为车船管理部门核发的车船登记证书或者行驶证书所记载日期的当月。纳税人未按照规定到车船管理部门办理应税车船登记手续的，以车船购置发票所载开具时间的当月作为车船税的纳税义务发生时间。对未办理车船登记手续且无法提供车船购置发票的，由主管地方税务机关核定纳税义务发生时间。

车船税按年申报缴纳。纳税年度，自公历1月1日起至12月31日止。具体申报纳税期限由省、自治区、直辖市人民政府确定。

2. 纳税地点

车船税由地方税务机关负责征收。纳税地点，由省、自治区、直辖市人民政府根据当地实际情况确定。跨省、自治区、直辖市使用的车船，纳税地点为车船的登记地。

3. 纳税申报

从事机动车交通事故责任强制保险业务的保险机构为机动车车船税的扣缴义务人，应当依法代收代缴车船税。由扣缴义务人代收代缴机动车车船税的，纳税人应当在购买机动车交通事故责任强制保险的同时缴纳车船税。

车船的所有人或者管理人未缴纳车船税的，使用人应当代为缴纳车船税。纳税人在购买机动车交通事故责任强制保险时缴纳车船税的，不再向地方税务机关申报纳税。

纳税人应当向主管地方税务机关和扣缴义务人提供车船的相关信息。拒绝提供的，按照《中华人民共和国税收征收管理法》有关规定处理。

车船税的纳税人应按照规定及时办理纳税申报，并如实填写《车船税纳税申报表》(见表7.3)。

表7.3 车船税纳税申报表

填表日期：　年　月　日

纳税人识别号：□□□□□□□□□□□□□□□□□□　　金额单位：元(列至角分)

<table>
<tr><td colspan="2">纳税人名称</td><td colspan="4"></td><td colspan="2">税款所属时期</td><td></td></tr>
<tr><td rowspan="2">车船类别</td><td rowspan="2">计税标准</td><td rowspan="2">数量</td><td rowspan="2">单位税额</td><td rowspan="2">全年应缴税额</td><td rowspan="2">缴纳次数</td><td colspan="3">本期</td></tr>
<tr><td>应纳税额</td><td>已纳税额</td><td>应补(退)税额</td></tr>
<tr><td>1</td><td>2</td><td>3</td><td>4</td><td>5=3×4</td><td>6</td><td>7=5÷6</td><td>8</td><td>9=7−8</td></tr>
<tr><td></td><td></td><td></td><td></td><td></td><td></td><td></td><td></td><td></td></tr>
<tr><td></td><td></td><td></td><td></td><td></td><td></td><td></td><td></td><td></td></tr>
<tr><td>合计</td><td></td><td></td><td></td><td></td><td></td><td></td><td></td><td></td></tr>
</table>

<table>
<tr><td colspan="2">如纳税人填报，由纳税人填写以下各栏</td><td colspan="4">如委托代理人填报，由代理人填写以下各栏</td><td>备注</td></tr>
<tr><td rowspan="3">会计主管
(签章)</td><td rowspan="3">纳税人
(公章)</td><td>代理人名称</td><td></td><td colspan="2" rowspan="2">代理人
(公章)</td><td rowspan="3">备注</td></tr>
<tr><td>代理人地址</td><td></td></tr>
<tr><td>经办人姓名</td><td></td><td>电话</td><td></td></tr>
<tr><td colspan="7">以下由税务机关填写</td></tr>
<tr><td>收到申报表日期</td><td colspan="3"></td><td>接收人</td><td colspan="2"></td></tr>
</table>

7.4 财产税会计核算

7.4.1 房产税会计核算

为了反映和核算企业应缴、已缴、多缴或欠缴的房产税的情况，企业应在会计上设置“应交税费——应交房产税”科目进行核算。该科目贷方反映按规定计算应缴的房产税数额，借方反映实际缴纳的房产税数额；若有贷方余额，表示企业欠缴或需补缴的房产税款，若有借方余额，表示企业实际多缴纳的房产税的税款。

(1)当企业计算出应缴的房产税时

借:管理费用

贷:应交税费——应交房产税

(2)当按规定实际上缴房产税时

借:应交税费——应交房产税

贷:银行存款

7.4.2 契税会计核算

契税不通过应交税费账户核算，企业取得土地使用权、房屋按规定交纳的契税，应计入所取得土地使用权和房屋的成本。

企业取得土地使用权、房屋按规定交纳的契税时

借:固定资产、无形资产

贷:银行存款

7.4.3 车船税会计核算

企业应交纳的车船税，应通过“应交税费——应交车船税”科目进行核算。该科目贷方反映企业应交纳车船使用税税额，借方反映企业已经缴纳的车船使用税税额。余额在贷方表示企业应交而未交的车船使用税。

(1)月份终了，企业计提应交纳的车船使用税时

借:管理费用

贷:应交税金——应交车船使用税

(2)按规定，车船使用税按年征收，分期交纳。企业在缴纳税款时

借:应交税费——应交车船使用税

贷:银行存款

模块任务

1. 计算应纳税额

(1)房产税。

大胜实业开发总公司 2011 年经营用房原值为 4 000 万元，按照当地规定允许减除 30%后余值计税，适用税率为 1.2%。同时该企业出租房屋 2 处，原值为 200 万元，年租金收入为 260 000 元，适用税率为 12%。该公司房产税每年分四次，为 2 月、5 月、8 月、11 月申报，请计

算全年应纳房产税税额，并假设填表日期为2011年5月3日，按其应纳房产税额填写房产税纳税申报表。

【解析】

第一步，自有房产应纳房产税额＝4 000×(1－30%)×1.2%＝33.6(万元)

第二步，出租房屋应纳房产税额＝260 000×12%＝31 200(元)

2011年需缴纳房产税金额＝336 000＋31 200＝367 200(元)

(2)契税。

居民刘某有两套住房，将一套出售给居民张某，成交价格为350 000元；将另一套两室住房与居民赵某交换成两处一室住房，并支付给居民赵某换房差价款45 000元。试计算这三个人相关行为应缴纳的契税(假定税率为4%)。

【解析】

刘某应缴纳契税＝45 000×4%＝1 800(元)

张某应缴纳契税＝350 000×4%＝14 000(元)

赵某不缴纳契税。

(3)车船使用税。

顺风运输公司2010年拥有载货汽车5辆(货车载重净吨位全部为10吨)；乘人大客车10辆，小客车10辆；摩托车5辆；拥有净吨位2 000吨的机动船10艘；(注：载货汽车每吨年税额80元，乘人大客车每辆年税额500元，小客车每辆年税额400元，摩托车每辆年税额为50元，机动船2 000吨的单位税额4元)请计算该运输公司年应纳车船税税额，该公司执行一年申报一次车船使用税的方法，假定申报日期为2011年1月10日，请据此填写纳税申报表。

【解析】

载货汽车应纳税额＝5×10×80＝4 000(元)

乘人汽车应纳税额＝10×500＋10×400＝9 000(元)

摩托车应纳税额＝5×50＝250(元)

机动船应纳税额＝10×2 000×4＝80 000(元)

该运输公司全年应纳车船税额＝4 000＋9 000＋250＋80 000＝93 250(元)

2. 填写纳税申报表

(1)房产税填报(见表7.4)。

表 7.4 房产税纳税申报表

填表日期:2011 年 5 月 3 日

纳税人识别号:□□□□□□□□□□□□□□□□□□ 金额单位:元(列至角分)

纳税人名称		大胜实业开发总公司					税款所属日期			2011 年 1 月 1 日—2011 年 4 月 30 日							
房产座落地点							建筑面积(m^2)						房屋结构				
上期申报房产原值(评估)	本期增减	本期实际房产原值	其中			扣除率%	以房产余值计征房产税			以租金收入计征房产税			全年应缴纳税额	交纳次数	本期		应补(退)税额
			从价计税的房产原值	从租计税的房产原值	税法规定的免税房产原值		房产余值	适用税率	应纳税额	租金收入	适用税率	应纳税额			应纳税额	已纳税额	
1	2	3=1+2	4=3−5−6	5=3−4−6	6	7	8=4−4×7	9	10=8×9	11	12	13=11×12	14=10+13	15	16=14÷15	17	18=16−7
42 000 000		42 000 000	40 000 000	2 000 000		30	28 000 000	1.2%	336 000	260 000	12%	31 200	367 200	4	91 800		91 800

如纳税人填报,由纳税人填写以下各栏		如委托代理人填报,由代理人填写以下各栏				备注
会计主管(签章)	纳税人(公章)	代理人名称		代理人(公章)		
		代理人地址				
		经办人		电话		
以下由税务机关填写						
收到申报日期			接收人			

(2)车船税填报(见表 7.5)。

表 7.5　车船税纳税申报表

填表日期:2011 年 1 月 10 日

纳税人识别号:□□□□□□□□□□□□□□□□□□□□　　　　金额单位:元(列至角分)

纳税人名称		顺风运输公司				税款所属时期		2010 年
车船类别	计税标准	数量	单位税额	全年应缴税额	缴纳次数	本期		
						应纳税额	已纳税额	应补(退)税额
1	2	3	4	5=3×4	6	7=5÷6	8	9=7−8
商用车——货车		50	800	4 000	1	4 000		4 000
商用车——客车		10	500	5 000	1	5 000		5 000
商用车——客车		10	400	4 000	1	4 000		4 000
摩托车		5	50	250	1	250		250
机动船舶		20 000	4	80 000	1	80 000		80 000
合计				93 250		93 250		93 250

如纳税人填报,由纳税人填写以下各栏		如委托代理人填报,由代理人填写以下各栏				备注
会计主管(签章)	纳税人(公章)	代理人名称		代理人(公章)		
		代理人地址				
		经办人姓名		电话		
以下由税务机关填写						
收到申报表日期			接收人			

纳税筹划案例

企业房产税税收筹划五个关键点

1. 合理选择建厂地址,避免缴纳房产税

根据《中华人民共和国房产税暂行条例》,房产税在城市、县城、建制镇和工矿区征收;可以看出,农村不属于征收范围,企业在组建选址时考虑到这一点,就会给企业带来巨大的效益。

2. 合理划分房产和其他固定资产

《中华人民共和国房产税暂行条例》规定,房产税依照房产原值一次减除 10%~30%后的余值计算缴纳。具体减除幅度,由省、自治区、直辖市人民政府规定(河南省规定减除率为 30%)。房产税的税率,依照房产余值计算缴纳的,税率为 1.2%。因为只有厂房缴纳房产税,设备部分可免交房产税,所以要将厂房及设备分别形成固定资产,达到节税目的。

例如某一特大型企业,新建一厂房并安装两条生产线。厂房价值 2 000 万元,设备价值

2 000 万元，总价值 4 000 万元。

(1)如果将厂房及设备共同形成一项固定资产，则

年纳房产税＝4 000×(1－30%)×1.2%＝33.60(万元)

(2)如果将厂房及设备分别形成固定资产，则

年纳房产税＝2 000×(1－30%)×1.2%＝16.80(万元)

年可节房产税＝33.60－16.80＝16.80(万元)

3. 仔细区分房屋和非房屋，正确核算房屋原值

房产税的征税对象是房屋，房屋是指有屋面和围护结构(有墙或两边有柱)，能够遮风避雨，可供人们在其中生产、工作、学习、娱乐、居住或储存物资的场所。独立于房屋之外的建筑物，例如围墙、烟囱、水塔、变电塔、油池油柜、酒窖菜窖、酒精池、砖瓦厂灰窑以及各种油罐等均不属于房产，不征房产税。

出租人在签订房产出租合同时，对出租标的物中不属于房产的部分应单独标明，以达到少缴房产税的目的，比如出租人既出租房屋也出租场地，既出租房屋也出租机器设备，如果出租人在租赁合同中能分别列明房屋租赁价款和非房屋租赁价款的，只要就房屋租赁价款部分按12%缴纳房产税。

企业实事求是地进行价款划分，是正当的税收筹划行为，不存在风险。但是，出租人从少缴房产税的目的出发，刻意提高非房屋出租的价款，压低房屋出租的价款导致少缴房产税，如果出租人房屋租金明显偏低且无正当理由的，地方税务机关可以核定最低租金计税价格，此时，企业必须按照地税机关的最低租金计税价格缴纳房产税。

4. 对外出租房产及场地，合理签订合同

《中华人民共和国房产税暂行条例》规定，房产税依照房产租金收入计算缴纳的，税率为12%。企业将房屋及场地对外出租，是有税收筹划空间的。租金是计算房产税的计税依据。对外出租房屋及场地的企业能否节税，确定租金大小是关键。因为房产税只对出租房产租金收入征税，出租场地不交房产税。所以要将对外出租房屋及场地分别核算，达到节税目的。

例如某企业将一分厂对外出租，年租金为 100 万元。

(1)如果只开一张发票，则

年纳房产税＝100×12%＝12(万元)

(2)如分别开票，房产年租金为 70 万元，场地年租金为 30 万元，则

年纳房产税＝70×12%＝8.4(万元)

年可节房产税＝12－8.4＝3.6(万元)

5. 巧用从价计征与从租计征，找出平衡点

根据《中华人民共和国房产税暂行条例》规定，房产税有从价计征与从租计征两种方式。这两种方式适用不同的计税依据和税率。从价计征按房产原值一次减除 10%～30%后的余值为计税依据，税率 1.2%；从租计征以房产租金收入为计税依据，税率 12%。两种计征方式的差异，为纳税筹划提供了空间。

假设某企业的房产原值为 A，收取年租金 B，那么我们可以有效地选择一个平衡点：

(1)从价计征应缴房产税＝A×(1－30%)×1.2%＝A×0.84%。

(2)从租计征应缴房产税＝B×12%。

(3)当 B×12%＝A×0.84%，亦即 B＝7%A 时，选择从价和从租所负担的房产税一样。

如果 B>7%A 时，选择从价征税，非常合算；如果 B<7%时，该筹划方案才可行。

例如，某物流公司的一处房产位于市区，专门用于对外出租。因该房产建于 20 世纪 60 年代，设施陈旧，每年只能收取租金 60 万元。2010 年，该公司准备花 500 万元对房产进行重新装修改造，预计装修改造后，每年可收取租金 200 万元。但是，该公司在测算中发现，装修改造前后对比，与租赁收入相关的税收负担也大大加重了。装修改造前后税费负担对比如下(城市维护建设税税率为 7%，教育费附加征收率为 3%)：

(1)装修改造前的税费负担情况：

应缴营业税＝60×5%＝3(万元)

应缴城市维护建设税、教育费附加＝3×(7%＋3%)＝0.3(万元)

应缴房产税＝60×12%＝7.2(万元)

合计税费负担＝3＋0.3＋7.2＝10.5(万元)

(2)装修改造后的税费负担情况：

应缴营业税＝200×5%＝10(万元)

应缴城市维护建设税、教育费附加＝10×(7%＋3%)＝1(万元)

应缴房产税＝200×12%＝24(万元)

合计税费负担＝10＋1＋24＝35(万元)

装修后比装修前增加税费负担＝35－10.5＝24.5(万元)

根据《中华人民共和国房产税暂行条例》规定，房产税由产权所有人缴纳，也就是说，不论是从价计征还是从租计征，其前提是对房产所有人征税，这就给我们了一个筹划空间。

物流公司可以先将装修改造前的房产出租给关联方 A(A 可以是个人，如公司股东；也可以是企业，如公司投资的其他公司)，并签订一个期限较长的房屋租赁合同(假设为 30 年)，每年收取租金 60 万元。然后由 A 出资 500 万元进行装修改造，并对外转租，假设每年仍然收取租金 200 万元。按此方案实施后的税费负担测算如下：物流公司应负担的税费仍为 10.5 万元。

A 应负担营业税 10 万元，城市维护建设税及教育费附加 1 万元，A 不是房产的产权所有人，不需要缴纳房产税，合计应纳税费 11 万元。

物流公司和 A 的税费负担合计为 10.5＋11＝21.5 万元，比筹划前可少负担税费 35－21.5＝13.5 万元。

很显然，此例中产权所有人是物流公司，A 是房产转租人，而不是产权所有人，因此不存在房产税纳税义务。但需要注意的是，本例物流公司将房产出租给 A 应当按照正常交易价格收取租金，如果物流公司为了降低税收负担，向 A 收取的租金明显偏低且无正当理由的，主管税务机关有权根据《税收征管法》等相关规定进行调整。如果出租人准备对拟出租房屋进行翻新、装修改造后重新出租的话，出租人可以先将未改造的房屋先出租给 A，然后由 A 对租入的房产进行装修改造后再转租，这种方案是比较合理合法的，筹划风险很低，值得大家尝试。

(案例来源：赵利鹏．对房产税税收筹划的几点思考．有改动)

【模块小结】

1. 房产税是以房屋为征税对象，按照房屋的计税余值或租金收入，向产权所有人征收的一种财产税，以在征税范围内的房屋产权所有人为纳税人。房产税的征税范围为：城市、县城、建制镇和工矿区内的房产。

2. 房产税的计税依据是房产的计税价值或房产的租金收入。按照房产计税价值征税的，称为从价计征；按照房产租金收入计征的，称为从租计征。

3. 房产税实行按年计算、分期缴纳的征收方法，在房产所在地缴纳。

4. 契税是土地、房屋权属转移时向其承受者征收的一种税收。在中国境内取得土地、房屋权属的企业和个人，应当依法缴纳契税。

5. 契税的计税依据为不动产的价格。由于土地、房屋权属转移方式不同，定价方法不同，因而具体计税依据视不同情况而决定。

6. 车船税是以车船为征税对象，向拥有车船的单位和个人征收的一种税。

7. 车船税实行定额税率。

综合训练

一、单项选择题

1. 下列有关房产税纳税人的表述中，不正确的是(　　)。

A. 房屋产权出典的由承典人纳税

B. 房屋出租的由承租人纳税

C. 房屋产权未确定的由代管人或使用人纳税

D. 产权人不在房屋所在地的由房屋代管人或使用人纳税

2. 下列各项中，属于房产税征税对象的是(　　)。

A. 农村居民住房　　B. 国家机关自用房产

C. 事业单位用房　　D. 国有企业所有的职工宿舍

3. 下列有关房产税纳税义务发生时间的正确表述是(　　)。

A. 纳税人自建房屋的自房屋建成之日起开始缴纳房产税

B. 纳税人委托施工企业建设的房屋，自办理验收手续之日起缴纳房产税

C. 纳税人办理验收手续之前已经使用的房屋应征收房产税

D. 纳税人将房屋出典的，以签订合同的时间为纳税义务发生时间

4. 某企业 2011 年委托施工企业修建物资仓库，8 月底办理验收手续，工程结算支出 50 万元，并按此成本计入固定资产。已知当地政府规定的扣除比例为 30%，该企业 2011 年度应缴纳房产税(　　)元。

A. 1 400　　B. 1 750　　C. 2 800　　D. 4 200

5. 某企业 2011 年自建办公楼一栋，7 月 10 日建成并办理固定资产入账手续，入账金额 600 万元，已知当地政府规定的计算房产余值的扣除比例为 20%。该企业 2011 年度自建的办公楼应缴纳房产税(　　)元。

A. 24 000　　B. 28 800　　C. 33 600　　D. 57 600

6. 2010 年，王某将其建筑面积为 200 平方米的住房出租，其房产税税率为(　　)。

A. 按房租的 12%　　B. 按房租的 4%　　C. 按房租的 6%　　D. 按房租的 1.2%

7. 契税实行的是(　　)。

A. 定额税率　　B. 幅度税率　　C. 超率累进税率　　D. 超额累进税率

8. 纳税人应当自纳税义务发生之日起(　　),向土地、房屋所在地的契税征收机关办理纳税申报,并在契税征收机关核定的期限内缴纳税款。

A. 3 日内　　B. 5 日内　　C. 10 日内　　D. 15 日内

9. 下列说法中,符合契税纳税义务发生时间规定的是(　　)。

A. 签订土地、房屋权属转移合同或合同性质凭证的当天

B. 签订土地、房屋权属转移合同或合同性质凭证的 7 日内

C. 签订土地、房屋权属转移合同或合同性质凭证的 10 日内

D. 签订土地、房屋权属转移合同或合同性质凭证的 30 日内

10. 出售土地使用权而发生的土地权属转移,按(　　)计算应纳契税。

A. 协议价格　　B. 市场价格　　C. 成交价格　　D. 评估价格

11. 房屋赠与缴纳契税的计税依据以(　　)核定。

A. 商定价格　　B. 不征契税　　C. 市场价格　　D. 评估定价

12. 下列继承已故张某房屋的人员中,应缴纳契税的是(　　)。

A. 张某的外祖父　　B. 张某的表弟　　C. 张某的姐姐　　D. 张某的祖母

13. 甲、乙双方发生土地使用权交换行为,当交换价格相等时,契税(　　)。

A. 由甲方缴纳　　B. 由乙方缴纳

C. 由甲、乙双方各缴一半　　D. 甲、乙双方都不缴纳

14. 在车船税的计税中,船舶净吨位尾数在(　　)吨的不予计算。

A. 0.5　　B. 1　　C. 1.5　　D. 10

15. 下列不缴车船税的有(　　)。

A. 拥有小汽车的农民　　B. 拥有小汽车的外贸企业

C. 拥有小汽车的个人　　D. 拥有小汽车的武警某部

16. 车船的所有人或管理人未缴纳车船税的,应当代为缴纳车船税的是(　　)。

A. 车船所有人　　B. 车船使用人

C. 车船承租人　　D. 税务机关认定的人

17. 下列关于车船税的征收管理的说法中,不正确的有(　　)。

A. 跨省、自治区、直辖市使用的车船,纳税地点为车船的登记地

B. 车船税的纳税地点为车船所有人的住所所在地

C. 机动车车船税的扣缴义务人依法代收代缴车船税时,纳税人不得拒绝

D. 车船的所有人或者管理人未缴纳车船税的,使用人应当代为缴纳车船税

二、多项选择题

1. 下列有关纳税义务发生时间的正确说法有(　　)。

A. 纳税人自建房屋的自房屋建成之次月起开始缴纳房产税

B. 纳税人委托施工企业建设的房屋,自办理验收手续之次月起缴纳房产税

C. 房屋卖出的当月仍应按规定缴纳房产税

D. 房屋买入的当月即应按规定缴纳房产税

2. 契税的征收对象应具备的基本条件是(　　)。

A. 转移的客体是土地使用权和房屋所有权
B. 权属客体必须发生转移
C. 发生经济利益关系
D. 农村集体土地承包经营权的转让是契税的征收对象

3. 契税的征税对象包括(　　)。

A. 国有土地使用权出让　　　　B. 国有土地使用权转让
C. 房屋买卖　　　　D. 房屋交换

4. 契税的纳税人包括(　　)。

A. 土地使用权的受让方　　　　B. 以房产投资的投资方
C. 房产抵债的债权方　　　　D. 房产赠与的受赠方

5. 征收契税时,下列哪些行为按市场价格作为计税依据(　　)。

A. 土地使用权赠与、房屋赠与
B. 土地、房屋权属作价投资入股
C. 以土地、房屋权属抵债
D. 以无形资产、获奖方式转移土地、房屋权属的

6. 车船税纳税义务发生时间为(　　)。

A. 车辆行驶证书所记载日期的当日
B. 车船登记证书所记载日期的当月
C. 车辆行驶证书所记载日期的当月
D. 全年停运或报废的车船,停运的次月停止发生纳税义务

三、判断题

1. 房地产企业开发的商品房在出售前,暂不征房产税。　(　　)
2. 纳税单位与免税单位共用的房屋,应由纳税单位统一纳税。　(　　)
3. 将原有房产用于经营的,从生产经营之月起,计征房产税。　(　　)
4. 宗教、公园、名胜古迹自用的房产免税,但其出租或用于经营的房产应征税。　(　　)
5. 融资租赁租入的房产应按房产余值计算缴纳房产税。　(　　)
6. 水塔属于房产税征税对象。　(　　)
7. 大中型企业所在地亦是房产税的开征范围。　(　　)
8. 在城市、县城、建制镇和工矿区范围内使用房产的单位都应按规定交纳房产税。　(　　)
9. 纳税人在签订土地、房屋权属转移合同的当天为纳税义务发生时间。　(　　)
10. 契税纳税义务发生时间为纳税人收取土地、房屋权属转让价款的当天。　(　　)
11. 契税的征税对象不包括农村集体土地承包经营权的转让。　(　　)
12. 契税的征税范围不包括农村。　(　　)
13. 境内承受转移土地、房屋权属的单位和个人为契税的纳税人,但不包括外商投资企业、外籍人员。　(　　)
14. 契税的纳税人是在我国境内承受土地、房屋权属转移的单位和个人。　(　　)
15. 纳税人因改变土地、房屋用途应当补缴已经减征、免征契税的,其纳税义务发生的时间为改变有关土地、房屋用途的当天。　(　　)

16. 房地产成交价格明显低于市场价格并无正当理由的，应由征收机关参照市场价格核定，确定契税的计税依据。 ( )

四、案例研讨

1. 某国有企业 2011 年在其所在城市市区有房屋三幢，其中两幢用于本企业生产经营，两幢房产账面原值共为 400 万元（当地政府规定允许按房产原值一次扣除 30%）；另外一幢房屋租给某私营企业，年租金收入为 20 万元。计算该企业 2011 年应缴纳的房产税。

2. 居民甲某有四套住房，将一套价值 120 万元的别墅折价给乙某抵偿了 100 万元的债务；用市场价值 70 万元的第二、三两套两室住房与丙某交换一套四室住房，另取得丙某赠送价值 12 万元的小轿车一辆；将第四套市场价值 50 万元的公寓房折成股份投入本人独资经营的企业。当地确定的契税税率为 3%，则甲、乙、丙各应缴纳契税是多少？

3. 某船运公司 2011 年度拥有旧机动船 10 艘，每艘净吨位 1 500 吨；拥有拖船 2 艘，每艘发动机功率 500 马力。当年 8 月新购置机动船 4 艘，每艘净吨位 2 000 吨。该公司船舶适用的年税额为：净吨位 201～2 000 吨的，每吨 4 元。该公司 2011 年度应缴纳的车船税是多少？

4. 某交通运输企业拥有自重 5 吨的载重汽车 20 辆；自重 4 吨的挂车 10 辆；自重 3 吨的客货两用车 6 辆，其中有 1 辆归企业自办托儿所专用。该企业所在地载货汽车年税额 40 元/吨，乘人汽车年税额 200 元/辆。该企业当年应缴纳车船税是多少？

5. 某渔业公司 2011 年拥有捕捞船 5 艘，每艘净吨位 20.6 吨；非机动驳船 2 艘，每艘净吨位 10 吨；机动补给船 1 艘，净吨位 15.2 吨；机动运输船 10 艘，每艘净吨位 7.5 吨。当地船舶适用年税额为每吨 3 元，该公司当年应缴纳车船税是多少？

模块八　行为税纳税实务

学习目标

内　　容	行为税纳税实务
知识目标	1. 了解印花税、城市维护建设税和教育费附加纳税人、征税对象、税率和计税原理 2. 理解税收减免政策，纳税申报地点、申报期限和申报流程 3. 掌握应纳税额的计算、会计处理方法及纳税申报表的填写方法
能力目标	1. 能够正确计算应纳税额、正确填写纳税申报表、进行网上报税 2. 能够正确进行涉税业务的会计处理

案例引导

欧洲早在中世纪就有行为税。有的国家对铸造金银货币的行为课征铸造税。印花税于1624年创始于荷兰，由于征收数额小而征税范围广，各国相继仿效。到20世纪80年代，继续征收印花税的有荷兰、英国、日本、伊朗等国。此外，荷兰、法国、日本有登记税或登记许可税，联邦德国、瑞典等国有彩票税，日本有纸牌税，美国有赌博税，其他国家还有狩猎税、养狗税，等等。

中国特定的行为征税历史悠久，早在战国时期，楚国等就对牲畜交易行为征税。此后历代对行为征税的税种散见于工商税收和各类杂税中，如：三国两晋南北朝时期，对交易行为征收的“估税”，唐代的“除陌钱”，宋代商税中的“住税”、“印契税”，清朝的“落地税”等。中华民国时期，北洋政府效法西方，于1912年公布了《印花税法》，1913年首先在北京开征，以后陆续推行至各省。地方割据势力对行为征税的名目更多。南京国民政府于1928年、1934年以及迁都重庆后的1941年曾先后三次改革与调整税制。其统一后的工商税制，在中央税中属于行为税的有印花税，在地方税中属于行为税的则有屠宰税、筵席税及娱乐税等。国民党政府又不断扩大征税范围，使杂税名目繁多，税费交错并存，苛重扰民，商民深受其害。

1949年中华人民共和国建立之初，各地一度曾沿用旧税制。1950年1月30日政务院发布的《全国税政实施要则》中规定的14种税中，属于行为税的有：印花税、交易税、屠宰税、特种消费行为税四个税种。印花税，以书立、领受的商事、产权等凭证为征税对象。交易税，对药材、棉花、土布、粮食、牲畜5项产品的交易行为课征。屠宰税，对屠宰猪、牛、羊等牲畜的行为征税。列入特种消费行为税征税范围的则有筵席、冷饮、旅馆、舞厅、电影戏剧及娱乐5个税目,采取价外税,税款由消费者负担。

目前,我国主要征收的行为税有城市维护建设税和印花税。

相关知识

8.1 城市维护建设税

8.1.1 城市维护建设税的概念

城市维护建设税是对从事工商经营,缴纳增值税、消费税、营业税的单位和个人征收的一种附加税。

8.1.2 纳税义务人

城建税的纳税义务人,是指负有缴纳增值税、消费税和营业税"三税"义务的单位和个人。目前,对外商投资企业和外国企业缴纳的"三税"不征收城建税。

8.1.3 税率

城建税按纳税人所在地的不同,设置了如下三档地区差别比例税率:

(1)纳税人所在地为市区的,税率为7%。

(2)纳税人所在地为县城、镇的,税率为5%。

(3)纳税人所在地不在市区、县城或者镇的,税率为1%。

城建税的适用税率,应当按纳税人所在地的规定税率执行。但是,对下列两种情况,可按缴纳"三税"所在地的规定税率就地缴纳城建税:

(1)由受托方代扣代缴、代收代缴"三税"的单位和个人,其代扣代缴、代收代缴的城建税按受托方所在地适用税率执行。

(2)流动经营等无固定纳税地点的单位和个人,在经营地缴纳"三税"的,其城建税的缴纳按经营地适用税率执行。

8.1.4 计税依据

城建税的计税依据,是指纳税人实际缴纳的"三税"税额。纳税人违反"三税"有关税法而加收的滞纳金和罚款,是税务机关对纳税人违法行为的经济制裁,不作为城建税的计税依据,但纳税人在被查补"三税"和被处以罚款时,应同时对其偷漏的城建税进行补税、征收滞纳金和罚款。

城建税以"三税"税额为计税依据并同时征收,如果要免征或者减征"三税",也就要同时免征或者减征城建税。

供货企业向出口企业和市县外贸企业销售出口产品时,以增值税当期销项税额抵扣进项税额后的余额,计算缴纳城建税。但对出口产品退还增值税、消费税的,不退还已缴纳的城建税。

经国家税务总局正式审核批准的当期免抵的增值税税额应纳入城市维护建设税和教育费附加的计征范围,分别按规定的税(费)率征收城市维护建设税和教育费附加。

8.1.5　应纳税额的计算

城建税纳税人的应纳税额大小是由纳税人实际缴纳的"三税"税额决定的，其计算公式为

应纳税额＝纳税人实际缴纳的增值税、消费税、营业税税额×适用税率

【例8.1】　某市区一家企业2012年3月份实际缴纳增值税300 000元，缴纳消费税400 000元，缴纳营业税200 000元。计算该企业应纳的城建税税额。

【案例分析】

应纳城建税税额

＝(实际缴纳的增值税＋实际缴纳的消费税＋实际缴纳的营业税)×适用税率

＝(300 000 ＋400 000 ＋200 000)×7％

＝900 000×7％＝63 000(元)

由于城建税法实行纳税人所在地差别比例税率，所以在计算应纳税额时，应十分注意根据纳税人所在地来确定适用税率。

8.1.6　税收优惠

城建税原则上不单独减免，但因城建税又具附加税性质，当主税发生减免时，城建税相应发生税收减免。城建税的税收减免具体有以下几种情况：

(1)城建税按减免后实际缴纳的"三税"税额计征，即随"三税"的减免而减免。

(2)对于因减免税而需进行"三税"退库的，城建税也可同时退库。

(3)海关对进口产品代征的增值税、消费税，不征收城建税。

(4)对"三税"实行先征后返、先征后退、即征即退办法的，除另有规定外；对随"三税"附征的城市维护建设税和教育费附加，一律不予退(返)还。

8.1.7　征收管理

1. 纳税环节

城建税的纳税环节，实际就是纳税人缴纳"三税"的环节。纳税人只要发生"三税"的纳税义务，就要在同样的环节，分别计算缴纳城建税。

2. 纳税地点

城建税以纳税人实际缴纳的增值税、消费税、营业税税额为计税依据，分别与"三税"同时缴纳。所以，纳税人缴纳"三税"的地点，就是该纳税人缴纳城建税的地点。

3. 纳税期限

由于城建税是由纳税人在缴纳"三税"时同时缴纳的，所以其纳税期限分别与"三税"的纳税期限一致。

增值税、消费税由国家税务局征收管理，而城市维护建设税由地方税务局征收管理，因此，在缴税入库的时间上不一定完全一致。

4. 纳税申报

纳税人申报纳税时需填写"城市维护建设税纳税申报表"(见表8.1)。

5. 网上申报流程

下面以黑龙江省城市维护建设税网上报税系统为例介绍一下城市维护建设税网上申报流程：

(1)系统登录。选择计算机上的网申多用户软件，弹出如图8.1所示窗口，选择用户名，即所要申报企业的名称，点击"纳税申报"按钮。

表 8.1　城市维护建设税纳税申报表

填表日期：　年　月　日

纳税人识别号：　　　　　　　　　　　　　　　　　　金额单位：元(列至角分)

纳税人名称				税款所属时期	
计税依据	计税金额	附加率	应征税额	已征税额	欠(退)税额
1	2	3	4=2×3	5	6=4－5
增值税					
营业税					
消费税					
合　计					
如纳税人填报，由纳税人填写以下各栏		如委托代理人填报，由代理人填写以下各栏			备注
会计主管 （签章）	纳税人 （签章）	代理人名称		代理人 （公章）	
		代理人地址			
		经办人		电话	
以下由税务机关填写					
收到申报表日期		接收人		审核记录：	
审核申报表日期		审核人			

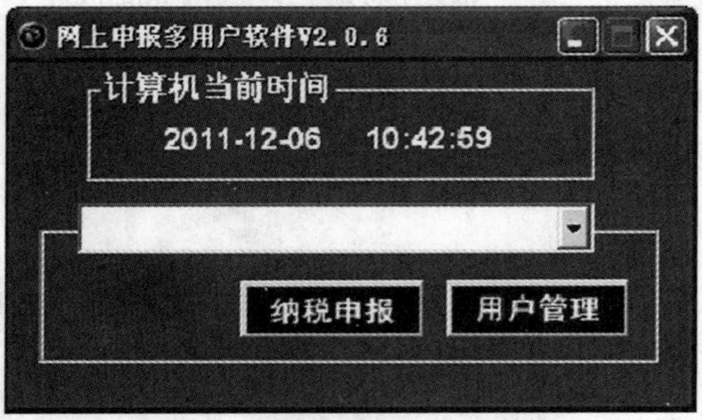

图 8.1　选择纳税申报用户名窗口

点击“纳税申报”按钮后，会自动弹出如图 8.2 所示界面，输入用户地税的微机编码和密码，再点击“登录”按钮。

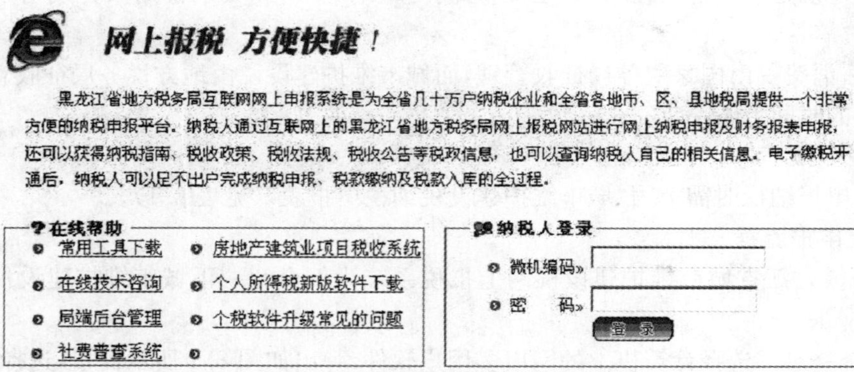

图 8.2　“纳税人登录”界面

登录后出现如图 8.3 所示界面。

分局通知

标题	发布时间	操作
《新版目开票企业发票机打软件》下载须知	2008-4-29||9:55:47	查看
垃圾处理费行业计费依据(新)	2010-4-16||14:01:03	查看
关于调整网上申报办理流程的重要通知(所有网上报税纳税人必须看)	2010-5-7||13:11:10	查看
二大软件黑龙江省地税网上报税服务中心搬迁通知	2010-6-2||13:40:23	查看
南岗局关于更新2011年重点税源TRAS月报表企业版任务的通知	2011 3 3||9:02:20	查看
关于调整饮食业发票垫付奖金手续费比例的通知	2011 5 9||11:29:19	查看
关于开展2010年度税收调查的通知	2011-5-9||15.38.08	查看
关于税收调查软件NTSS升级的通知	2011-5-12||15:32:39	查看
哈尔滨市政府关于确认哈尔滨市城镇土地使用税土地等级范围的批复的通知	2011-5-17||9:54:28	查看
关于重点税源企业网上申报企业信息表的通知	2011-5-30||14:54:11	查看
政府性基金目录通知	2011-5-31||22:54:32	查看
*****所有办理税库银电子缴税企业必须看的通知*****	2011-6-8||13:32:59	查看
通知	2011-7-1||9:52:26	查看
国家税务总局关于税务机关代收工会经费企业所得税税前扣除凭据问题的公告	2011-7-10||18:41:00	查看
关于办理“三代”手续费的通知	2011 0 30||10:20:10	查看
标题修订后的《中华人民共和国个人所得税法》自2011年9月1日起实施	2011-9-1||8.28.34	查看
关于催缴2010年度残疾人就业保障金的通告	2011-10-11||10:07:22	查看
南岗地税局关于开展城镇土地使用税备案类减免税认定的通知!!!	2011-10-18||14:44:09	查看
南岗区地税局关于领取代征代扣税款手续费的通知	2011-11-2||9:40:39	查看

(注意：请在申报之前，阅读所有通知，并点击[我已阅读]按钮) **我已阅读**

图 8.3 纳税人登录后界面

(2)进行申报。点击图 8.3 中的“我已阅读”按钮，再单击右上方的“申报管理”，进入申报阶段，如图 8.4 所示。

税费申报选择

必读：1. 从2009年1月1日起，地税机关代政府征收的各项基金、费可以在网上进行划款了，各税的申报和基金、费的申报须分开申报，请在下面的项目中选择您要申报的项目。
2. 各项基金、费(包括：价格调解基金、残疾人保障金、工会经费、垃圾处理费、防洪保安费)
3. 各项税和各基金、费，如果本月没有产生税款，也需要进行零申报(包括个人所得税)。
4. 哈尔滨市企业申报时注意申报顺序：
(1)、有减免税先申报减免税，再申报个人所得税，然后再申报其它税种。
(2)、没有减免税先申报个人所得税，再申报其它税种。

税 申报个人所得税	说明：申报个人所得税需上传个人所得税全员申报明细，即用《黑龙江省个人所得税信息管理系统(扣缴义务人端)》软件生成的上报文件在此处上传。
税 申报税款	说明：如果您申报除基金、费以外的税种，如：营业税、城建税、教育费附加、地方教育费附加、企业所得税等，请点击“申报税款”按钮。 注意：此模块不能申报个人所得税税款，请在“申报个人所得税”模块中申报；
费 申报基金费	说明：如果您申报：工会经费、垃圾处理费、防洪保安费、价格调解基金、残疾人保障金，请点击“申报 基金费”按钮。

图 8.4 “税费申报选择”界面

点击“申报税款”按钮，进入城市维护建设税申报界面，如图 8.5 所示。

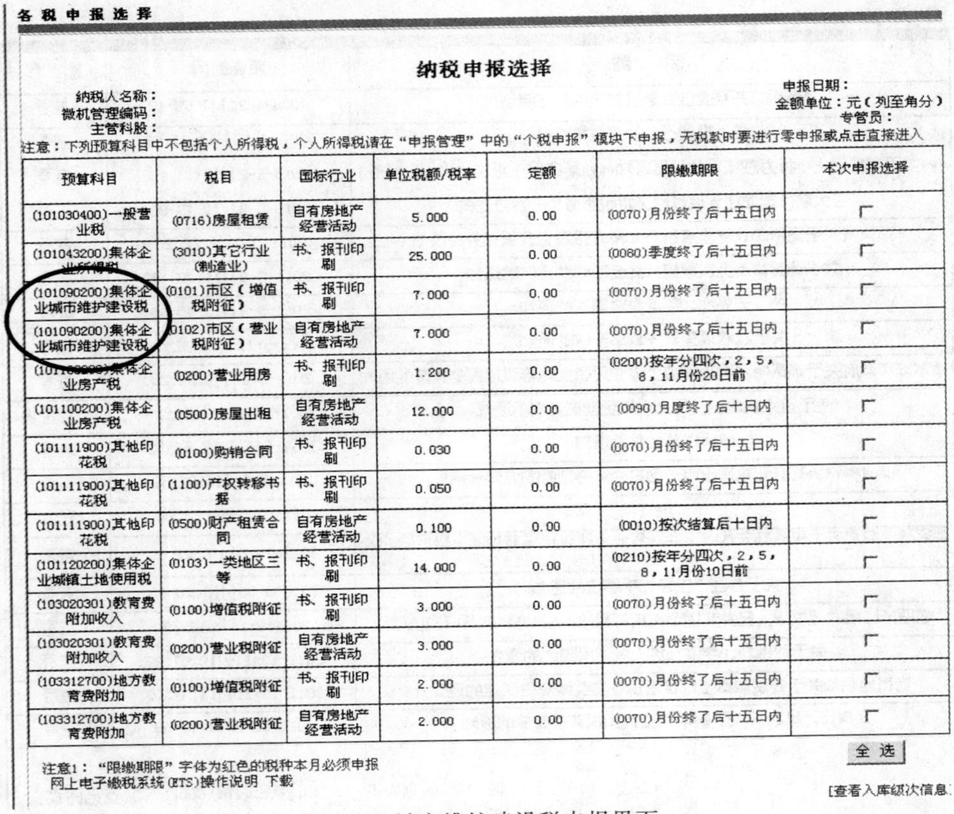

各税申报选择

纳税申报选择

纳税人名称：
微机管理编码：
主管科股：

申报日期：
金额单位：元（列至角分）
专管员：

注意：下列预算科目中不包括个人所得税，个人所得税请在“申报管理”中的“个税申报”模块下申报，无税款时要进行零申报或点击直接进入

预算科目	税目	国标行业	单位税额/税率	定额	限缴期限	本次申报选择
(101030400)一般营业税	(0716)房屋租赁	自有房地产经营活动	5.000	0.00	(0070)月份终了后十五日内	┌
(101043200)集体企业所得税	(3010)其它行业(制造业)	书、报刊印刷	25.000	0.00	(0080)季度终了后十五日内	┌
(101090200)集体企业城市维护建设税	(0101)市区（增值税附征）	书、报刊印刷	7.000	0.00	(0070)月份终了后十五日内	┌
(101090200)集体企业城市维护建设税	(0102)市区（营业税附征）	自有房地产经营活动	7.000	0.00	(0070)月份终了后十五日内	┌
(101100200)集体企业房产税	(0200)营业用房	书、报刊印刷	1.200	0.00	(0200)按年分四次，2，5，8，11月份20日前	┌
(101100200)集体企业房产税	(0500)房屋出租	自有房地产经营活动	12.000	0.00	(0090)月度终了后十日内	┌
(101111900)其他印花税	(0100)购销合同	书、报刊印刷	0.030	0.00	(0070)月份终了后十五日内	┌
(101111900)其他印花税	(1100)产权转移书据	书、报刊印刷	0.050	0.00	(0070)月份终了后十五日内	┌
(101111900)其他印花税	(0500)财产租赁合同	自有房地产经营活动	0.100	0.00	(0010)按次结算后十日内	┌
(101120200)集体企业城镇土地使用税	(0103)一类地区三等	书、报刊印刷	14.000	0.00	(0210)按年分四次，2，5，8，11月份10日前	┌
(103020301)教育费附加收入	(0100)增值税附征	书、报刊印刷	3.000	0.00	(0070)月份终了后十五日内	┌
(103020301)教育费附加收入	(0200)营业税附征	自有房地产经营活动	3.000	0.00	(0070)月份终了后十五日内	┌
(103312700)地方教育费附加	(0100)增值税附征	书、报刊印刷	2.000	0.00	(0070)月份终了后十五日内	┌
(103312700)地方教育费附加	(0200)营业税附征	自有房地产经营活动	2.000	0.00	(0070)月份终了后十五日内	┌

全 选

注意1：“限缴期限”字体为红色的税种本月必须申报
网上电子缴税系统(ETS)操作说明 下载

[查看入库级次信息]

图 8.5 城市维护建设税申报界面

选择“预算科目”为“集体企业城市维护建设税”，在“本次申报选择”中选“√”，出现图 8.6 所示界面。

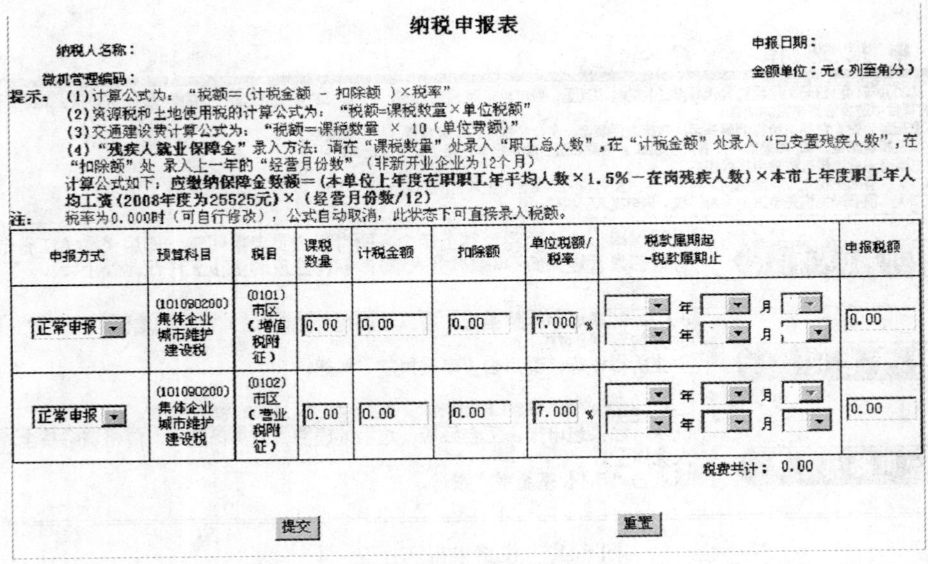

纳税申报表

纳税人名称：
申报日期：
微机管理编码：
金额单位：元（列至角分）

提示：（1）计算公式为：“税额=(计税金额 - 扣除额)×税率”
（2）资源税和土地使用税的计算公式为：“税额=课税数量×单位税额”
（3）交通建设费计算公式为：“税额=课税数量 × 10（单位费额）”
（4）“残疾人就业保障金”录入方法：请在“课税数量”处录入“职工总人数”，在“计税金额”处录入“已安置残疾人数”，在“扣除额”处 录入上一年的“经营月份数”（非新开业企业为12个月）
计算公式如下：应缴纳保障金数额=（本单位上年度在职职工年平均人数×1.5%－在岗残疾人数）×本市上年度职工年人均工资（2008年度为25525元）×（经营月份数/12）
注：税率为0.000时（可自行修改），公式自动取消，此状态下可直接录入税额。

申报方式	预算科目	税目	课税数量	计税金额	扣除额	单位税额/税率	税款属期起-税款属期止	申报税额
正常申报	(101090200)集体企业城市维护建设税	(0101)市区（增值税附征）	0.00	0.00	0.00	7.000 %	年 月 年 月	0.00
正常申报	(101090200)集体企业城市维护建设税	(0102)市区（营业税附征）	0.00	0.00	0.00	7.000 %	年 月 年 月	0.00

税费共计： 0.00

提交　　重置

图 8.6 “纳税申报表”界面

正确填写企业城市维护建设税的计税金额，申报税额自动生成。核对准确无误后进行提交，划款出现如图 8.7 所示界面。

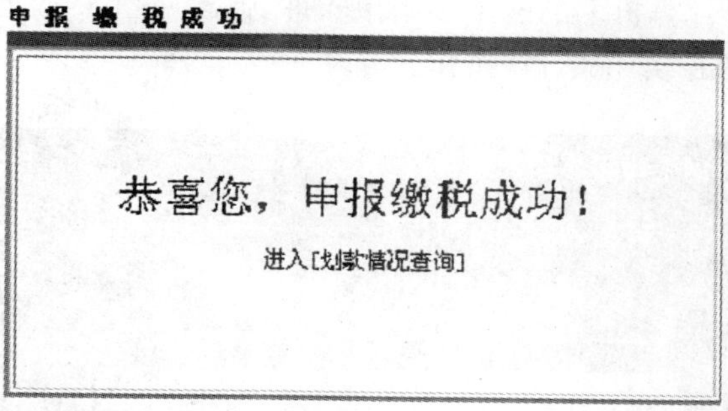

图 8.7 “申报缴税成功”界面

出现此界面后，企业城市维护建设税网上申报成功。

8.2　教育费附加

8.2.1　教育费附加的概念

教育费附加是对缴纳增值税、消费税、营业税的单位和个人，以其实际缴纳的税额为计算依据征收的一种附加费。

教育费附加是为加快地方教育事业，扩大地方教育经费的资金而征收的一项专用基金，不是税款。

8.2.2　征收范围、计征依据及计征比率

教育费附加对缴纳增值税、消费税、营业税的单位和个人征收，以其实际缴纳的增值税、消费税和营业税为计征依据，分别与增值税、消费税和营业税同时缴纳。

现行教育费附加征收比率为 3%。

8.2.3　教育费附加的计算

教育费附加的计算公式为

应纳教育费附加＝实际缴纳的增值税、消费税、营业税×征收比率

【例 8.2】 某市区一家企业 5 月份实际缴纳增值税 200 000 元，缴纳消费税 300 000 元，缴纳营业税 100 000 元。计算该企业应缴纳的教育费附加。

【案例分析】

应纳教育费附加

＝(实际缴纳的增值税＋实际缴纳的消费税＋实际缴纳的营业税)×征收比率

＝(200 000 ＋300 000 ＋100 000)×3%

＝600 000×3%

＝18 000(元)

8.2.4　教育费附加的减免规定

对海关进口的产品征收的增值税、消费税，不征收教育费附加。

对由于减免增值税、消费税和营业税而发生退税的，可同时退还已征收的教育费附加。但对出口产品退还增值税、消费税的，不退还已征的教育费附加。

8.2.5 网上申报流程

下面以黑龙江省网上报税系统为例介绍一下教育费附加网上申报流程：

(1)系统登录。选择计算机上的网申多用户软件，弹出如图 8.8 所示窗口，选择用户名，即所要申报企业的名称，单击“纳税申报”按钮。

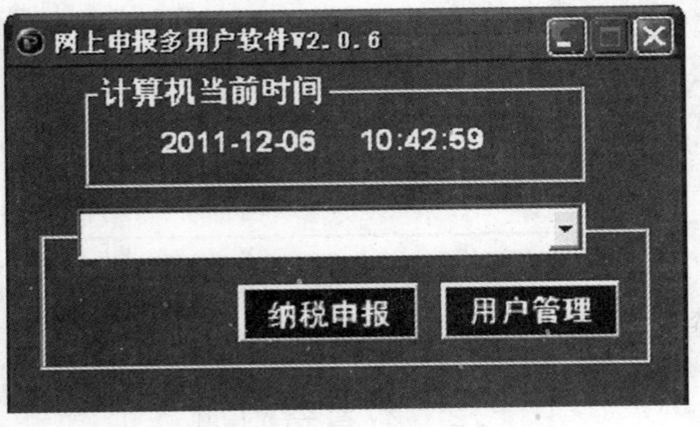

图 8.8 纳税用户名选择窗口

点击“纳税申报”按钮后，会自动弹出如图 8.9 所示界面，输入用户地税的微机编码和密码，再点击“登录”按钮。

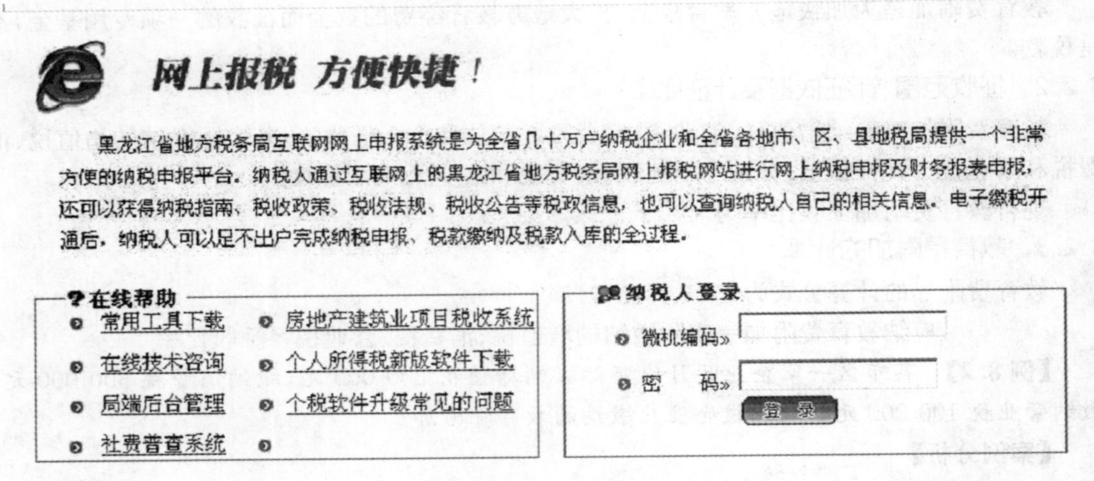

图 8.9 “纳税人登录”界面

登录后出现如图 8.10 所示界面。

(2)进行申报。点击图 8.10 中的“我已阅读”按钮，再单击右上方的“申报管理”按钮，进入申报阶段，如图 8.11 所示。

点击“申报税款”按钮，进入教育费附加申报界面，如图 8.12 所示。

选择“预算科目”为“教育费附加收入”和“地方教育费附加”，在“本次申报选择”中选“√”，出现图 8.13 所示界面。

分局通知

标　题	发布时间	操　作
《新版自开票企业发票机打软件》下载须知	2008-4-29||3:55:47	查看
垃圾处理费行业计费依据(新)	2010-4-16||14:01:03	查看
关于调整网上申报办理流程的重要通知(所有网上报税纳税人必须看)	2010-5-7||15:11:10	查看
二大软件黑龙江省地税网上报税服务中心搬迁通知	2010-6-2||10:40:23	查看
南岗局关于更新2011年重点税源TRAS月报表企业报征务的通知	2011 0 0||9:02:20	查看
关于调整饮食业发票垫付资金手续费比例的通知	2011 5 9||11:29:19	查看
关于开展2010年度税收调查的通知	2011-5-9||15.38.08	查看
关于税收调查软件TTSS升级的通知	2011-5-12||15:32:39	查看
哈尔滨市政府关于确认哈尔滨市城镇土地使用税土地等级范围的批复的通知	2011-5-17||3:54:28	查看
关于重点税源企业网上申报企业信息表的通知	2011-5-30||14:54:1[illegible]	查看
政府性基金目录通知	2011-5-31||22:54:32	查看
*****所有办理税库银电子缴税企业必须看的通知*****	2011-6-8||13:32:59	查看
通知	2011-7-1||9:52:26	查看
国家税务总局关于税务机关代收工会经费企业所得税税前扣除凭据问题的公告	2011-7-10||18:41:00	查看
关于办理"二待"手续费的通知	2011 0 30||10:20:10	查看
标题修订后的《中华人民共和国个人所得税法》自2011年9月1日起实施	2011-9-1||8.26.34	查看
关于催缴2010年度残疾人就业保障金的通告	2011-10-11||10:07:22	查看
南岗地税局关于开展城镇土地使用税备案类减免税认定的通知!!!	2011-10-18||14:44:09	查看
南岗区地税局关于领取代征代扣税款手续费的通知	2011-11-2||8:40:39	查看

（注意：请在申报之前，阅读所有通知，并点击「我已阅读」按钮）　我已阅读

图 8.10　纳税人登录后界面

税 费 申 报 选 择

必读：1. 从2009年1月1日起，地税机关代政府征收的各项基金、费可以在网上进行划款了，各税的申报和基金、费的申报须分开申报，请在下面的项目中选择您要申报的项目。
2. 各项基金、费（包括：价格调解基金、残疾人保障金、工会经费、垃圾处理费、防洪保安费）
3. 各项税和各基金、费，如果本月没有产生税款，也需要进行零申报（包括个人所得税）。
4. 哈尔滨市企业申报时注意申报顺序：
（1）、有减免税先申报减免税，再申报个人所得税，然后再申报其它税种。
（2）、没有减免税先申报个人所得税，再申报其它税种。

税 申报个人所得税	说明：申报个人所得税需上传个人所得税全员申报明细，即用《黑龙江省个人所得税信息管理系统(扣缴义务人端)》软件生成的上报文件在此处上传。
税 申报税款	说明：如果您申报除基金、费以外的税种，如：营业税、城建税、教育费附加、地方教育费附加、 企业所得税等，请点击"申报税款"按钮。 注意：此模块不能申报个人所得税税款，请在"申报个人所得税"模块中申报；
费 申报基金费	说明：如果您申报：工会经费、垃圾处理费、防洪保安费、价格调解基金、残疾人保障金， 请点击"申报 基金费"按钮。

图 8.11　"税费申报选择"界面

各税申报选择

纳税申报选择

纳税人名称：
微机管理编码：
主管科股：

申报日期：
金额单位：元（列至角分）
专管员：

注意：下列预算科目中不包括个人所得税，个人所得税请在“申报管理”中的“个税申报”模块下申报，无税款时要进行零申报或点击直接进入

预算科目	税目	国标行业	单位税额/税率	定额	限缴期限	本次申报选择
(101030400)一般营业税	(0716)房屋租赁	自有房地产经营活动	5.000	0.00	(0070)月份终了后十五日内	☐
(101043200)集体企业所得税	(3010)其它行业(制造业)	书、报刊印刷	25.000	0.00	(0080)季度终了后十五日内	☐
(101090200)集体企业城市维护建设税	(0101)市区（增值税附征）	书、报刊印刷	7.000	0.00	(0070)月份终了后十五日内	☐
(101090200)集体企业城市维护建设税	(0102)市区（营业税附征）	自有房地产经营活动	7.000	0.00	(0070)月份终了后十五日内	☐
(101100200)集体企业房产税	(0200)营业用房	书、报刊印刷	1.200	0.00	(0200)按年分四次，2，5，8，11月份20日前	☐
(101100200)集体企业房产税	(0500)房屋出租	自有房地产经营活动	12.000	0.00	(0090)月度终了后十日内	☐
(101111900)其他印花税	(0100)购销合同	书、报刊印刷	0.030	0.00	(0070)月份终了后十五日内	☐
(101111900)其他印花税	(1100)产权转移书据	书、报刊印刷	0.050	0.00	(0070)月份终了后十五日内	☐
(101111900)其他印花税	(0500)财产租赁合同	自有房地产经营活动	0.100	0.00	(0010)按次结算后十日内	☐
(101120200)集体企业城镇土地使用税	(0103)一类地区三等	书、报刊印刷	14.000	0.00	(0210)按年分四次，2，5，8，11月份10日前	☐
(103020301)教育费附加收入	(0100)增值税附征	书、报刊印刷	3.000	0.00	(0070)月份终了后十五日内	☐
(103020301)教育费附加收入	(0200)营业税附征	自有房地产经营活动	3.000	0.00	(0070)月份终了后十五日内	☐
(103312700)地方教育费附加	(0100)增值税附征	书、报刊印刷	2.000	0.00	(0070)月份终了后十五日内	☐
(103312700)地方教育费附加	(0200)营业税附征	自有房地产经营活动	2.000	0.00	(0070)月份终了后十五日内	☐

全 选

注意1：“限缴期限”字体为红色的税种本月必须申报
网上电子缴税系统(ETS)操作说明 下载

[查看入库级次信息]

图 8.12 “纳税申报选择”界面

纳税申报表

纳税人名称：
微机管理编码：

申报日期：
金额单位：元（列至角分）

提示：(1)计算公式为：“税额=(计税金额 - 扣除额)×税率”
(2)资源税和土地使用税的计算公式为：“税额=课税数量×单位税额”
(3)交通建设费计算公式为：“税额=课税数量 × 10（单位费额）”
(4)**“残疾人就业保障金”**录入方法：请在“课税数量”处录入“职工总人数”，在“计税金额”处录入“已安置残疾人数”，在“扣除额”处 录入上一年的“经营月份数”（非新开业企业为12个月）
计算公式如下：**应缴纳保障金数额=(本单位上年度在职职工年平均人数×1.5%—在岗残疾人数)×本市上年度职工年人均工资(2008年度为25525元)×(经营月份数/12)**

注：税率为0.000时（可自行修改），公式自动取消，此状态下可直接录入税额。

申报方式	预算科目	税目	课税数量	计税金额	扣除额	单位税额/税率	税款属期起-税款属期止	申报税额
正常申报	(103020301)教育费附加收入	(0100)增值税附征	0.00	0.00	0.00	3.000 %	年 月 年 月	0.00
正常申报	(103020301)教育费附加收入	(0200)营业税附征	0.00	0.00	0.00	3.000 %	年 月 年 月	0.00
正常申报	(103312700)地方教育费附加	(0100)增值税附征	0.00	0.00	0.00	2.000 %	年 月 年 月	0.00
正常申报	(103312700)地方教育费附加	(0200)营业税附征	0.00	0.00	0.00	2.000 %	年 月 年 月	0.00

税费共计：0.00

提交　　重置

图 8.13 “教育费附加纳税申报表”界面

正确填写企业的计税金额,申报税额自动生成。这里有地方教育费附加,由各地区自己核定税率。申报税额准确无误后进行提交,划款出现如图 8.14 所示界面。

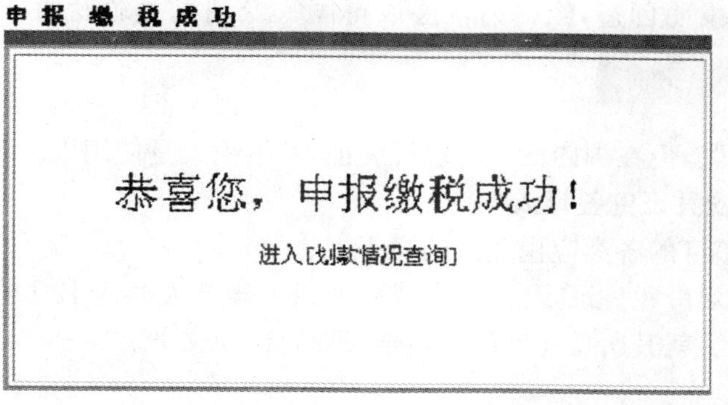

图 8.14 "申报缴纳成功"界面

出现此界面后,企业教育费附加网上申报成功。

8.3 印 花 税

8.3.1 印花税的概念

印花税是以经济活动和经济交往中,书立、领受应税凭证的行为为征收对象征收的一种税。印花税因其采用在应税凭证上粘贴印花税票的方法缴纳税款而得名。

印花税票为有价证券,其票面金额以人民币为单位,分为 1 角、2 角、5 角、1 元、2 元、5 元、10 元、50 元、100 元 9 种。

8.3.2 纳税义务人

印花税的纳税义务人,是在中国境内书立、使用、领受印花税法所列举的凭证并应依法履行纳税义务的单位和个人。

按照书立、使用、领受应税凭证的不同,可以分别确定为立合同人、立据人、立账簿人、领受人和使用人等。

1. 立合同人

各类合同的纳税人是立合同人,通常指合同的当事人。所谓当事人,是指对凭证有直接权利义务关系的单位和个人,但不包括合同的担保人、证人、鉴定人。

各类合同,包括购销、加工承揽、建设工程承包、财产租赁、货物运输、仓储保管、借款、财产保险、技术合同或者具有合同性质的凭证。

当事人的代理人有代理纳税的义务,他与纳税人负有同等的税收法律义务和责任。

2. 立据人

产权转移书据的纳税人是立据人,是指土地、房屋权属转移过程中买卖双方的当事人。

3. 立账簿人

营业账簿的纳税人是立账簿人。所谓立账簿人,指设立并使用营业账簿的单位和个人。例如,企业单位因生产、经营需要,设立了营业账簿,该企业即为纳税人。

4. 领受人

权利、许可证照的纳税人是领受人。领受人,是指领取或接受并持有该项凭证的单位和个人。例如,某人因其发明创造,经申请依法取得国家专利机关颁发的专利证书,该人即为纳税人。

5. 使用人

在国外书立、领受,但在国内使用的应税凭证,其纳税人是使用人。

6. 各类电子应税凭证的签订人

即以电子形式签订的各类应税凭证的当事人。

值得注意的是,对应税凭证,凡由两方或两方以上当事人共同书立的,其当事人各方都是印花税的纳税人,应各就其所持凭证的计税金额履行纳税义务。

8.3.3 税目与税率

1. 税目

印花税的税目指印花税法明确规定的应当纳税的项目,它具体划定了印花税的征税范围。一般来说,列入税目的就要征税,未列入税目的就不征税。印花税共有13个税目。

(1)购销合同。包括供应、预购、采购、购销结合及协作、调剂、补偿、贸易等合同。电网与用户之间签订的供用电合同不属于印花税列举征税的凭证,不征收印花税。

(2)加工承揽合同。包括加工、定做、修缮、修理、印刷、广告、测绘、测试等合同。

(3)建设工程勘察设计合同。包括勘察、设计合同。

(4)建筑安装工程承包合同。包括建筑、安装工程承包合同。承包合同,包括总承包合同、分包合同和转包合同。

(5)财产租赁合同。包括租赁房屋、船舶、飞机、机动车辆、机械、器具、设备等合同,还包括企业、个人出租门店、柜台等签订的合同。

(6)货物运输合同。包括民用航空、铁路运输、海上运输、公路运输和联运合同,以及作为合同使用的单据。

(7)仓储保管合同。包括仓储、保管合同,以及作为合同使用的仓单、栈单等。

(8)借款合同。融资租赁合同也属于借款合同。

(9)财产保险合同。包括财产、责任、保证、信用保险合同,以及作为合同使用的单据。

(10)技术合同。包括技术开发、转让、咨询、服务等合同,以及作为合同使用的单据。

技术转让合同包括专利申请权转让、专利实施许可和非专利技术转让。

技术咨询合同是当事人就有关项目的分析、论证、预测和调查订立的技术合同。但一般的法律、会计、审计等方面的咨询不属于技术咨询,其所立合同不贴印花。

技术服务合同是当事人一方委托另一方就解决有关特定技术问题,如为改进产品结构、改良工艺流程、提高产品质量、降低产品成本、保护资源环境、实现安全操作、提高经济效益等提出实施方案,进行实施指导所订立的技术合同,包括技术服务合同、技术培训合同和技术中介合同。但不包括以常规手段或者为生产经营目的进行一般加工、修理、修缮、广告、印刷、测绘、标准化测试,以及勘察、设计等所书立的合同。

(11)产权转移书据。包括财产所有权和版权、商标专用权、专利权、专有技术使用权等转移书据和土地使用权出让合同、土地使用权转让合同、商品房销售合同等权力转移合同。

所称产权转移书据是指单位和个人产权的买卖、继承、赠与、交换、分割等所立的书据。

“财产所有权”转换书据的征税范围，是指经政府管理机关登记注册的动产、不动产的所有权转移所立的书据，以及企业股权转让所立的书据，并包括个人无偿赠送不动产所签订的“个人无偿赠与不动产登记表”。

(12)营业账簿。指单位或者个人记载生产经营活动的财务会计核算账簿。营业账簿按其反映内容的不同，可分为记载资金的账簿和其他账簿。

记载资金的账簿，是指反映生产经营单位资本金数额增减变化的账簿。其他账簿，是指除上述账簿以外的有关其他生产经营活动内容的账簿，包括日记账簿和各明细分类账簿。

(13)权利、许可证照。包括政府部门发给的房屋产权证、工商营业执照、商标注册证、专利证、土地使用证。

2. 税率

印花税税率有两种形式，即比例税率和定额税率。

各种合同和产权转移书据适用比例税率。

“权利、许可证照”和“营业账簿”税目中的其他账簿，适用定额税率，均为按件贴花，税额为5元。

印花税税目税率详见表8.2。

表8.2　印花税税目、税率

税目	范围	税率	纳税人	说明
1. 购销合同	包括供应、预购、采购、购销结合及协作、调剂、补偿、易货等合同	按购销金额0.3‰贴花	立合同人	
2. 加工承揽合同	包括加工、定做、修缮、修理、印刷、广告、测绘、测试等合同	按加工或承揽收入0.5‰贴花	立合同人	
3. 建设工程勘察设计合同	包括勘察、设计合同	按收取费用5‰贴花	立合同人	
4. 建筑安装工程承包合同	包括建筑、安装工程承包合同	按承包金额0.3‰贴花	立合同人	
5. 财产租赁合同	包括租赁房屋、船舶、飞机、机动车辆、机械、器具、设备等合同	按租赁金额1‰贴花。税额不足1元按1元贴花	立合同人	
6. 货物运输合同	包括民用航空运输、铁路运输、海上运输、内河运输、公路运输和联运合同	按运输收取的费用0.5‰贴花	立合同人	单据作为合同使用的，按合同贴花
7. 仓储保管合同	包括仓储、保管合同	按仓储收取的保管费用1‰贴花	立合同人	仓单或栈单作为合同使用的按合同贴花
8. 借款合同	银行及其他金融组织和借款人(不包括银行同业拆借)所签订的借款合同	按借款金额0.05‰贴花	立合同人	单据作为合同使用的按合同贴花
9. 财产保险合同	包括财产、责任、保证、信用等保险合同	按收取的保险费收入1‰贴花	立合同人	单据作为合同使用的，按合同贴花
10. 技术合同	包括技术开发、转让、咨询、服务等合同	按所记载金额0.3‰贴花	立合同人	

续表

税目	范围	税率	纳税人	说明
11. 产权转移书据	包括财产所有权和版权、商标专用权、专利权、专有技术使用权等转移书据、土地使用权出让合同、土地使用权转让合同、商品房销售合同	按所记载金额0.5‰贴花	立据人	
	股权转让书据	适用1‰税率，包括A股和B股	立据人	
12. 营业账簿	生产、经营用账册	记载资金的账簿按实收资本和资本公积的合计金额0.5‰贴花。其他账簿按件贴花5元	立账簿人	
13. 权利、许可证照	包括政府部门发给的房屋产权证、工商营业执照、商标注册证、专利证、土地使用证	按件贴花5元	领受人	

8.3.4 应纳税额的计算

1. 计税依据的一般规定

印花税的计税依据为各种应税凭证上所记载的计税金额，具体规定如下：

(1)购销合同的计税依据为合同记载的购销金额。

(2)加工承揽合同的计税依据是加工或承揽收入的金额。

①对于由受托方提供原材料的加工、定做合同，凡在合同中分别记载加工费金额和原材料金额的，应分别按“加工承揽合同”、“购销合同”计税，两项税额相加数，即为合同应贴印花；若合同中未分别记载，则应就全部金额依照加工承揽合同计税贴花。

②对于由委托方提供主要材料或原料，受托方只提供辅助材料的加工合同，无论加工费和辅助材料金额是否分别记载，均以辅助材料与加工费的合计数，依照加工承揽合同计税贴花。对委托方提供的主要材料或原料金额不计税贴花。

(3)建设工程勘察设计合同的计税依据为收取的费用。

(4)建筑安装工程承包合同的计税依据为承包金额。

(5)财产租赁合同的计税依据为租赁金额；经计算，税额不足1元的，按1元贴花。

(6)货物运输合同的计税依据为取得的运输费金额(即运费收入)，不包括所运货物的金额、装卸费和保险费等。

(7)仓储保管合同的计税依据为收取的仓储保管费用。

(8)借款合同的计税依据为借款金额。

(9)财产保险合同的计税依据为支付(收取)的保险费，不包括所保财产的金额。

(10)技术合同的计税依据为合同所载的价款、报酬或使用费。为了鼓励技术研究开发，对技术开发合同，只就合同所载的报酬金额计税，研究开发经费不作为计税依据。单对合同约定按研究开发经费一定比例作为报酬的，应按一定比例的报酬金额贴花。

(11)产权转移书据的计税依据为所载金额。

(12)营业账簿税目中记载资金的账簿的计税依据为“实收资本”与“资本公积”两项的合计金额。其他账簿的计税依据为应税凭证件数。

(13)权利、许可证照的计税依据为应税凭证件数。

2. 计税依据的特殊规定

同一凭证，载有两个或两个以上经济事项而适用不同税目税率，如分别记载金额的，应分别计算应纳税额，相加后按合计税额贴花；如未分别记载金额的，按税率高的计税贴花。

应税凭证所载金额为外国货币的，应按照凭证书立当日国家外汇管理局公布的外汇牌价折合成人民币，然后计算应纳税额。

应纳税额不足1角的，免纳印花税；1角以上的，其税额尾数不满5分的不计，满5分的按1角计算。

有些合同，在签订时无法确定计税金额，如技术转让合同中的转让收入，是按销售收入的一定比例收取或是按实现利润分成的；财产租赁合同，只是规定了月（天）租金标准而无租赁期限的。对这类合同，可在签订时先按定额5元贴花，以后结算时再按实际金额计税，补贴印花。

应税合同在签订时纳税义务即已产生，应计算应纳税额并贴花。所以，不论合同是否兑现或是否按期兑现，均应贴花。对已履行并贴花的合同，所载金额与合同履行后实际结算金额不一致的，只要双方未修改合同金额，一般不再办理完税手续。

商品购销活动中，采用以货换货方式进行商品交易签订的合同，是反映既购又销双重经济行为的合同。对此，应按合同所载的购、销合计金额计税贴花。合同未列明金额的，应按合同所载购、销数量依照国家牌价或者市场价格计算应纳税额。

施工单位将自己承包的建设项目，分包或者转包给其他施工单位所签订的分包合同或者转包合同，应按新的分包合同或转包合同所载金额计算应纳税额。

对股票交易征收印花税，依书立时证券市场当日实际成交价格计算的金额，由立据双方当事人分别按1‰的税率缴纳印花税。

对国内各种形式的货物联运，凡在起运地统一结算全程运费的，应以全程运费作为计税依据，由起运地运费结算双方缴纳印花税；凡分程结算运费的，应以分程的运费作为计税依据，分别由办理运费结算的各方缴纳印花税。

对国际货运，凡由我国运输企业运输的，不论在我国境内、境外起运或中转分程运输，我国运输企业所持的一份运费结算凭证，均按本程运费计算应纳税额；托运方所持的一份运费结算凭证，按全程运费计算应纳税额。由外国运输企业运输进出口货物的，外国运输企业所持的一份运费结算凭证免纳印花税；托运方所持的一份运费结算凭证应缴纳印花税。国际货运运费结算凭证在国外办理的，应在凭证转回我国境内时按规定缴纳印花税。

3. 应纳税额的计算方法

纳税人的应纳税额，根据应纳税凭证的性质，分别按比例税率或者定额税率计算，其计算公式为

应纳税额＝应税凭证计税金额（或应税凭证件数）×适用税率

【例8.3】 某企业某年2月开业，当年发生以下有关业务事项：领受房屋产权证、工商营业执照、土地使用证各1件；与其他企业订立转移专用技术使用权书据1份，所载金额100万元；订立产品购销合同1份，所载金额为200万元；订立借款合同1份，所载金额为400万元；企业记载资金的账簿，“实收资本”、“资本公积”为800万元；其他营业账簿10本。试计算该企业当年应缴纳的印花税税额。

【案例分析】

（1）企业领受权利、许可证照应纳税额

应纳税额=3×5=15(元)

(2)企业订立产权转移书据应纳税额

应纳税额=1 000 000×0.5‰=500(元)

(3)企业订立购销合同应纳税额

应纳税额=2 000 000×0.3‰=600(元)

(4)企业订立借款合同应纳税额

应纳税额=4 000 000×0.05‰=200(元)

(5)企业记载资金的账簿

应纳税额=8 000 000×0.5‰=4 000(元)

(6)企业其他营业账簿应纳税额

应纳税额=10×5=50(元)

(7)当年企业应纳印花税税额

15+500+600+200+4 000+50=5 365(元)

8.3.5 税收优惠

(1)对已缴纳印花税凭证的副本或者抄本免税。凭证的正式签署本已按规定缴纳了印花税,其副本或者抄本对外不发生权利义务关系,只是留存备查。但以副本或者抄本视同正本使用的,则应另贴印花。

(2)对财产所有人将财产赠给政府、社会福利单位、学校所立的书据免税。

(3)对国家指定的收购部门与村民委员会、农民个人书立的农副产品收购合同免税。

(4)无息、贴息贷款合同免税。

(5)对外国政府或者国际金融组织向我国政府及国家金融机构提供优惠贷款所书立的合同免税。

(6)对房地产管理部门与个人签订的用于生活居住的租赁合同免税。

(7)对农牧业保险合同免税。

(8)对特殊货运凭证免税。这类凭证有:军事物资运输凭证;抢险救灾物资运输凭证,即附有县级以上(含县级)人民政府抢险救灾物资运输证明文件的运费结算凭证;新建铁路的工程临管线运输凭证,即为新建铁路运输施工所需物料,使用工程临管线专用的运费结算凭证。

8.3.6 征收管理

1. 纳税方法

印花税根据税额大小、贴花次数以及税收征收管理的需要,分别采用以下三种纳税办法:

(1)自行贴花办法。一般适用于应税凭证较少或者贴花次数较少的纳税人。纳税人书立、领受或者使用印花税法列举的应税凭证的同时,纳税义务即已产生,应当根据应纳税凭证的性质和适用的税目税率,自行计算应纳税额,自行购买印花税票,自行一次贴足印花税票并加以注销或划销,纳税义务才算全部履行完毕。

(2)汇贴或汇缴办法。一般适用于应纳税额较大或者贴花次数频繁的纳税人。

一份凭证应纳税额超过 500 元的,应向当地税务机关申请填写缴款书或者完税证,将其中一联粘贴在凭证上或者由税务机关在凭证上加注完税标记代替贴花。这就是通常所说的“汇贴”办法。

同一种类应纳税凭证,需频繁贴花的,纳税人可以根据实际情况自行决定是否采用按期汇总缴纳印花税的方式，汇总缴纳的期限为 1 个月。采用按期汇总缴纳方式的纳税人应事先告知主管税务机关。缴纳方式一经选定，1 年内不得改变。

凡汇总缴纳印花税的凭证，应加注税务机关指定的汇缴戳记、编号并装订成册后，将已贴印花或者缴款书的一联粘附册后，盖章注销，保存备查。

(3)委托代征办法。主要是通过税务机关的委托，经由发放或者办理应纳税凭证的单位代为征收印花税税款。

2. 纳税环节

印花税应当在书立或领受时贴花。具体是指在合同签订时、账簿启用时和证照领受时贴花。如果合同是在国外签订，并且不便在国外贴花的，应在将合同带入境时办理贴花纳税手续。

3. 纳税地点

印花税一般实行就地纳税。对于全国性商品物资订货会(包括展销会、交易会等)上所签订合同应纳的印花税，由纳税人回其所在地后及时办理贴花完税手续。

4. 纳税申报

印花税的纳税人应按照条例的有关规定及时办理纳税申报，并如实填写《印花税纳税申报表》(见表 8.3)。

表 8.3　印花税纳税申报表

填表日期：　　年　月　日

纳税人识别号：□□□□□□□□□□□□□□□□□□　　金额单位：元(列至角分)

<table>
<tr><td colspan="4">纳税人名称</td><td colspan="3"></td><td colspan="2">税款所属时期</td><td colspan="2"></td></tr>
<tr><td rowspan="2">应税凭证名称</td><td rowspan="2">件数</td><td rowspan="2">计税金额</td><td rowspan="2">适用税率</td><td rowspan="2">应纳税额</td><td rowspan="2">已纳税额</td><td rowspan="2">应补(退)税额</td><td colspan="4">购画贴花情况</td></tr>
<tr><td>上期结转</td><td>本期购进</td><td>本期贴花</td><td>本期结存</td></tr>
<tr><td>1</td><td>2</td><td>3</td><td>4</td><td>5=2×4 或 5=3×4</td><td>6</td><td>7=5−6</td><td>8</td><td>9</td><td>10</td><td>11=8−9−10</td></tr>
<tr><td></td><td></td><td></td><td></td><td></td><td></td><td></td><td></td><td></td><td></td><td></td></tr>
<tr><td></td><td></td><td></td><td></td><td></td><td></td><td></td><td></td><td></td><td></td><td></td></tr>
<tr><td></td><td></td><td></td><td></td><td></td><td></td><td></td><td></td><td></td><td></td><td></td></tr>
<tr><td colspan="4">如纳税人填报，由纳税人填写以下各栏</td><td colspan="5">如委托代理人填报，由代理人填写以下各栏</td><td colspan="2">备注</td></tr>
<tr><td colspan="2" rowspan="3">会计主管
(签章)</td><td colspan="2" rowspan="3">纳税人
(签章)</td><td colspan="2">代理人名称</td><td colspan="2"></td><td rowspan="2">代理人
(签章)</td><td colspan="2" rowspan="3"></td></tr>
<tr><td colspan="2">代理人地址</td><td colspan="2"></td></tr>
<tr><td colspan="2">经办人姓名</td><td colspan="2"></td><td>电话</td></tr>
<tr><td colspan="11">以下由税务机关填写</td></tr>
<tr><td colspan="2">收到申报表日期</td><td colspan="5"></td><td colspan="2">接收人</td><td colspan="2"></td></tr>
</table>

5. 网上申报

下面以黑龙江省网上报税系统为例介绍一下印花税网上申报流程：

登录流程与前述城建税流程相同，即：系统登录—纳税申报—登录—我已阅读—申报管理—申报税款。

此时出现如图 8.15 所示界面。

各税申报选择

纳税申报选择

纳税人名称：　　　　　　　　　　　　　　　　申报日期：
微机管理编码：　　　　　　　　　　　　　　　金额单位：元（列至角分）
主管科股：　　　　　　　　　　　　　　　　　专管员：

注意：下列预算科目中不包括个人所得税，个人所得税请在“申报管理”中的“个税申报”模块下申报，无税款时要进行零申报或点击直接进入

预算科目	税目	国标行业	单位税额/税率	定额	限缴期限	本次申报选择
(101030400)一般营业税	(0716)房屋租赁	自有房地产经营活动	5.000	0.00	(0070)月份终了后十五日内	□
(101043200)集体企业所得税	(3010)其它行业(制造业)	书、报刊印刷	25.000	0.00	(0060)季度终了后十五日内	□
(101090200)集体企业城市维护建设税	(0101)市区（增值税附征）	书、报刊印刷	7.000	0.00	(0070)月份终了后十五日内	□
(101090200)集体企业城市维护建设税	(0102)市区（营业税附征）	自有房地产经营活动	7.000	0.00	(0070)月份终了后十五日内	□
(101100200)集体企业房产税	(0200)营业用房	书、报刊印刷	1.200	0.00	(0200)按年分四次，2，5，8，11月份20日前	□
(101100200)集体企业房产税	(0500)房屋出租	自有房地产经营活动	12.000	0.00	(0090)月度终了后十日内	□
(101111900)其他印花税	(0100)购销合同	书、报刊印刷	0.030	0.00	(0070)月份终了后十五日内	□
(101111900)其他印花税	(1100)产权转移书据	书、报刊印刷	0.050	0.00	(0070)月份终了后十五日内	□
(101111900)其他印花税	(0500)财产租赁合同	自有房地产经营活动	0.100	0.00	(0010)按次结算后十日内	□
(101120200)集体企业城镇土地使用税	(0103)一类地区三等	书、报刊印刷	14.000	0.00	(0210)按年分四次，2，5，8，11月份10日前	□
(103020301)教育费附加收入	(0100)增值税附征	书、报刊印刷	3.000	0.00	(0070)月份终了后十五日内	□
(103020301)教育费附加收入	(0200)营业税附征	自有房地产经营活动	3.000	0.00	(0070)月份终了后十五日内	□
(103312700)地方教育费附加	(0100)增值税附征	书、报刊印刷	2.000	0.00	(0070)月份终了后十五日内	□
(103312700)地方教育费附加	(0200)营业税附征	自有房地产经营活动	2.000	0.00	(0070)月份终了后十五日内	□

全选

注意1：“限缴期限”字体为红色的税种本月必须申报
网上电子缴税系统(ETS)操作说明 下载

[查看入库级次信息]

图 8.15 “纳税申报选择”界面

选择“预算科目”为“其他印花税”，在“本次申报选择”中选“√”，出现图 8.16 所示界面。

纳税申报表

纳税人名称：　　　　　　　　　　　　　　　　申报日期：
微机管理编码：　　　　　　　　　　　　　　　金额单位：元（列至角分）

提示：(1)计算公式为：“税额=(计税金额 - 扣除额)×税率”
(2)资源税和土地使用税的计算公式为：“税额=课税数量×单位税额”
(3)交通建设费计算公式为：“税额=课税数量 × 10（单位费额）”
(4)“残疾人就业保障金”录入方法：请在“课税数量”处录入“职工总人数”，在“计税金额”处录入“已安置残疾人数”，在“扣除额”处 录入上一年的“经营月份数”（非新开业企业为12个月）
计算公式如下：应缴纳保障金数额=(本单位上年度在职职工年平均人数×1.5%－在岗残疾人数)×本市上年度职工年人均工资(2008年度为25525元)×(经营月份数/12)

注：税率为0.000时（可自行修改），公式自动取消，此状态下可直接录入税额。

申报方式	预算科目	税目	课税数量	计税金额	扣除额	单位税额/税率	税款属期起-税款属期止	申报税额
正常申报	(101111900)其他印花税	(0100)购销合同	0.00	0.00	0.00	0.030 %	年 月 年 月	0.00
正常申报	(101111900)其他印花税	(1100)产权转移书据	0.00	0.00	0.00	0.050 %	年 月 年 月	0.00
正常申报	(101111900)其他印花税	(0500)财产租赁合同	0.00	0.00	0.00	0.100 %	年 月 年 月	0.00

税费共计： 0.00

提交　　重置

图 8.16 “其他印花税纳税申报表”界面

正确填写企业的计税金额，申报税额自动生成(如果企业有账簿的直接去税务局买印花税票粘贴到账簿上即可，不需要进行网上申报)，申报税额准确无误后进行提交，划款后出现如图8.17所示界面。

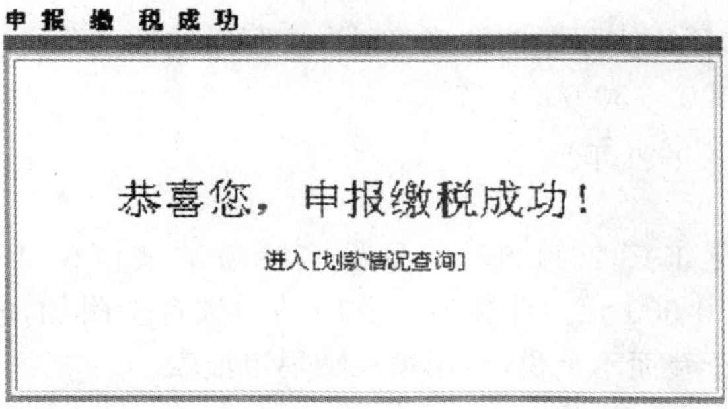

图8.17　“申报缴税成功”界面

出现此界面后，印花税网上申报成功。

8.4　行为税会计核算

8.4.1　城建税和教育费附加的会计核算

企业应设置“应交税费——应交城建税”和“应交税费——应交教育费附加”账户分别核算城建税和教育费附加的计提和交纳。账户借方核算企业实际交纳的城建税和教育费附加，贷方核算企业计提的城建税和教育费附加，期末贷方余额表示企业应交未交的城建税和教育费附加。

(1)企业计提城建税和教育费附加时

借:营业税金及附加

　　贷:应交税费——应交城建税

　　　　应交税费——应交教育费附加

(2)实际交纳时

借:应交税费——应交城建税

　　应交税费——应交教育费附加

　　贷:银行存款

8.4.2　印花税的会计核算

印花税不通过应交税费账户核算，企业实际交纳的印花税计入“管理费用”账户。此处从略。

模块任务

1. 计算应纳税额

(1)城市维护建设税。

东北化工厂2011年10月份实际缴纳增值税450 000元，缴纳消费税108 000元，缴纳营业税 50 000 元。计算该企业应纳的城建税税额，当地城建税适用税率为 7%，并于 2011 年 11 月 3 日填报城建税纳税申报表。

【解析】

应纳城建税税额

=（实际缴纳的增值税＋实际缴纳的消费税＋实际缴纳的营业税）×适用税率

=（450 000 ＋108 000 ＋50 000）×7%

=608 000×7%=42 560（元）

（2）教育费附加。

仍然按上例，东北化工厂 2011 年 10 月份实际缴纳增值税 450 000 元，缴纳消费税 108 000元，缴纳营业税 50 000 元。计算该企业应纳的教育费附加，教育费附加征收比率为 3%，教育费附加实质属于费而不是税，不用填写纳税申报表。

【解析】

应纳教育费附加

=（实际缴纳的增值税＋实际缴纳的消费税＋实际缴纳的营业税）×征收比率

=（450 000＋108 000＋50 000）×3%

=608 000×3%

=18 240（元）

（3）印花税。

秋月纸制品厂 2010 年 5 月开业，领受房屋产权证、工商营业执照、商标注册证、土地使用证各一件；与其他企业订立转移专有技术使用权书据一件，所载金额 80 万元；订立产品购销合同两件，所载金额为 140 万元；订立借款合同一份，所载金额为 40 万元；此外，企业的营业账簿中，“实收资本”科目载有资金 200 万元，其他账簿 5 本；请计算该厂 5 月份应缴纳的印花税并于 2010 年 6 月 6 日填写印花税纳税申报表。

【解析】

应缴纳的印花税计算步骤如下：

①权利、许可证照应纳税额

应纳税额=4×5=20（元）

②产权转移书据应纳税额

应纳税额=800 000×0.000 5=400（元）

③购销合同应纳税额

应纳税额=1 400 000×0.000 3=420（元）

④借款合同应纳税额

应纳税额=400 000×0.000 05=20（元）

⑤营业账簿中“实收资本”应纳税额

应纳税额=2 000 000×0.000 5=1 000（元）

⑥其他营业账簿应纳税额

应纳税额=5×5=25（元）

⑦应纳印花税税额合计

应纳税额=20＋400＋420＋20＋1 000＋25=1 885（元）

2. 填写纳税申报表

(1)城建税填报(见表 8.4)。

表 8.4 城市维护建设税纳税申报表

填表日期:2011 年 11 月 3 日

纳税人识别号:□□□□□□□□□□□□□□□□□□□□

金额单位:元(列至角分)

纳税人名称	东北化工厂			税款所属时期	2011 年 10 月
计税依据	计税金额	附加率	应征税额	已征税额	欠(退)税额
1	2	3	4=2×3	5	6=4−5
增值税	450 000	7%	31 500		31 500
营业税	50 000	7%	3 500		3 500
消费税	108 000	7%	7 560		7 560
合 计			42 560		42 560
如纳税人填报,由纳税人填写以下各栏		如委托代理人填报,由代理人填写以下各栏			备注
会计主管 (签章)	纳税人 (签章)	代理人名称		代理人 (公章)	
		代理人地址			
		经办人		电话	
以下由税务机关填写					
收到申报表日期		接收人		审核记录:	
审核申报表日期		审核人			

(2)印花税填报(见表 8.5)。

表 8.5 印花税纳税申报表

填表日期:2010 年 6 月 6 日

纳税人识别号:□□□□□□□□□□□□□□□□□□□□

金额单位:元(列至角分)

纳税人名称				秋月纸制品厂			税款所属时期		2010 年 5 月	
应税凭证名称	件数	计税金额	适用税率	应纳税额	已纳税额	应补(退)税额	购画贴花情况			
							上期结转	本期购进	本期贴花	本期结存
1	2	3	4	5=2×4 或 5=3×4	6	7=5−6	8	9	10	11=8−9−10
权利许可证照	4		5	20		20				
产权转移书据		800 000	0.5‰	400		400				
购销合同		1 400 000	0.3‰	420		420				
借款合同		400 000	0.05‰	20		20				
营业账簿		2 000 000	0.5‰	1 000		1 000				
其他营业账簿	5		5			25				

如纳税人填报,由纳税人填写以下各栏		如委托代理人填报,由代理人填写以下各栏			备注
会计主管 (签章)	纳税人 (签章)	代理人名称		代理人 (签章)	
		代理人地址			
		经办人姓名		电话	
以下由税务机关填写					
收到申报表日期			接收人		

纳税筹划案例

1. 选择低税率的筹划案例

依据印花税条例规定：各类经济合同订立后，不论合同是否履行，都应按合同上所记载的金额、收入或费用为计税依据，依照不同项目的适用税率，计算交纳印花税。

对订立合同纳税筹划的重点之一是选择低税率的项目。下面通过例子来说明其具体做法。

例如：广州市某家具厂接受本市一家具城的委托，负责加工一批家具，总价值为 1 000 万元，加工所需原材料 700 万元，零配件 100 万元。

其纳税筹划方法：

(1)按总价值签订合同，其应交纳印花税为

应纳税额＝1 000(万元)×0.5‰＝5 000(元)

(2)按材料和加工费分开签订合同，其应交纳印花税为

应纳税额＝800(万元)×0.3‰＋200(万元)×0.5‰＝3 400(元)

(3)只是就加工费部分签订合同，则其应交纳印花税为

应纳税额＝200(万元)×0.5‰＝1 000(元)

2. 降低计税依据的筹划案例

对订立合同纳税筹划的另一重点是：降低计税依据。下面通过例子来说明其具体做法。

例如：广州市某房地产开发公司，2011 年 1 月与某建筑工程公司签订甲工程施工合同，金额为 8 500 万元，合同签订后，印花税已缴纳。由于该工程建筑图纸做重大修改，2013 年 1 月，工程竣工时实际工程决算金额为 5 500 万元。该公司 2012 年 1 月签订乙工程建筑施工合同，合同金额为 8 000 万元，以甲工程多缴印花税为由，冲减合同金额 3 000 万元，然后计算缴纳印花税。

虽然存在甲工程合同金额减少等现象，但该公司以冲减后的金额为依据，缴纳印花税的做法是错误的。因为，印花税是对经济活动和经济交往中书立、使用、领受具有法律效力的凭证的单位和个人征收的一种税。印花税是一种具有行为税性质的凭证税，凡发生书立、使用、领受应税凭证的行为，就必须依照印花税法的有关规定，履行纳税义务。应税合同在签订时纳税义务即已发生，应计算缴纳印花税，但如果合同未载明金额的，则先按每件 5 元贴花，待合同执行后按实际金额计算贴花。

其纳税筹划方法是：尽可能先签订框架合同，或签订不确定金额或确定的合同金额较低的合同，待工程竣工时，按实际工程决算金额计算交纳印花税，这样就可少交或避免多交印花税。

(本案例由作者根据网络资料改写，原文见：百度文库)

【模块小结】

1. 城市维护建设税是对从事工商经营，缴纳增值税、消费税、营业税的单位和个人征收的一种附加税。城市维护建设税以纳税人实际缴纳的增值税、消费税、营业税税额为计税

依据。

2. 城建税按纳税人所在地的不同，设置了三档地区差别比例税率。

3. 城建税应纳税额等于纳税人实际缴纳的增值税、消费税、营业税税额乘以适用税率。

4. 城建税原则上不单独减免，但因城建税又具附加税性质，当主税发生减免时，城建税相应发生税收减免。

5. 城建税的纳税环节，实际就是纳税人缴纳“三税”的环节。纳税人缴纳“三税”的地点，就是该纳税人缴纳城建税的地点。纳税期限分别与“三税”的纳税期限一致。

6. 教育费附加是对缴纳增值税、消费税、营业税的单位和个人，以其实际缴纳的税额为计税依据征收的一种附加费。

7. 印花税是以经济活动和经济交往中，书立、领受应税凭证的行为为征收对象征收的一种税。

8. 印花税的税目，主要指各种合同、产权转移书据、权利、许可证照和营业账簿等共 13 个税目。印花税税率有两种形式，即比例税率和定额税率。

9. 印花税的计税依据为各种应税凭证上所记载的计税金额。应纳税额等于应税凭证计税金额（或应税凭证件数）乘以适用税率。

10. 印花税的纳税采用自行贴花、汇贴或汇缴和委托代征三种纳税办法。应当在书立或领受时贴花。一般实行就地纳税。

综合训练

一、单项选择题

1. 某城市税务分局对辖区内一家内资企业进行税务检查时，发现该企业故意少缴营业税 58 万元，遂按相关执法程序对该企业做出补缴营业税、城建税和教育费附加并加收滞纳金（滞纳时间 50 天）和罚款（与税款等额）的处罚决定。该企业于当日接受了税务机关的处罚，补缴的营业税、城建税及教育费附加合计为（　　）万元。

A. 116　　B. 125.28　　C. 120.64　　D. 129.2

2. 下列纳税人中，应缴纳城建税的是（　　）。

A. 印花税的纳税人　　B. 个人所得税的纳税人

C. 车船使用税的纳税人　　D. 既交增值税又交消费税的纳税人

3. 某县城一加工企业 2009 年 8 月份因进口半成品缴纳增值税 120 万元，销售产品缴纳增值税 280 万元，本月又出租门面房收到租金 40 万元。该企业本月应缴纳城市维护建设税和教育费附加为（　　）万元。

A. 22.56　　B. 25.6　　C. 28.2　　D. 35.2

4. 下列各项中，符合城市维护建设税相关规定的是（　　）。

A. 跨省开采的油田应按照油井所在地适用税率纳城市维护建设税

B. 营业税纳税人跨省承包工程应按劳务发生地适用税率缴纳城市维护建设税

C. 流动经营的单位应随同缴纳“三税”的经营地的适用税率缴纳城市维护建设税

D. 代扣代缴的城市维护建设税应按被扣缴纳税人所在地的税率缴纳城市维护建设税

5. 下列单位中，不属于城市维护建设税纳税人的是(　　)。

A. 社会团体　　B. 私营企业　　C. 外国企业　　D. 个体户

6. 下列纳税人中，应缴纳城市维护建设税的有(　　)。

A. 消费税的纳税人　　B. 车船税的纳税人

C. 契税的纳税人　　D. 个人所得税的纳税人

7. 市区某纳税人当月应纳增值税 2 万元，减免 1 万元，补交上月未缴的增值税 0.5 万元，滞纳金 0.1 万元。该纳税人本月应缴纳城建税(　　)万元。

A. 0.14　　B. 0.182　　C. 0.105　　D. 0.154

8. 某县城一生产企业为增值税一般纳税人，本期进口原材料一批，向海关缴纳进口环节增值税 10 万元；本期在国内销售甲产品缴纳增值税 30 万元、消费税 50 万元，由于缴纳消费税时超过纳税期限 10 天，被罚滞纳金 1 万元；本期出口乙产品一批，按规定退回增值税 5 万元。该企业本期应缴纳城市维护建设税(　　)万元。

A. 4.55　　B. 4　　C. 4.25　　D. 5.6

9. 设在县城的 B 企业按税法规定代收代缴设在市区的 A 企业的消费税，则下列处理正确的是(　　)。

A. 由 B 企业按 5%税率代征代扣城建税

B. 由 A 企业按 5%税率回所在地缴纳

C. 由 B 企业按 7%税率代征代扣城建税

D. 由 A 企业按 7%税率自行缴纳城建税

10. 某乡镇企业(地处农村)3 月份应缴纳增值税 6 万元，营业税 2 万元，则该乡镇企业当月应纳城市维护建设税为(　　)元。

A. 200　　B. 400　　C. 600　　D. 800

11. 现行教育费附加是以单位和个人实际缴纳的(　　)的税额为计征依据。

A. 增值税、消费税、营业税　　B. 产品税、增值税、营业税

C. 产品税、增值税、消费税　　D. 产品销售收入

12. 海关对进口产品征收的增值税、消费税、(　　)教育费附加。

A. 征收　　B. 不征收

C. 由国家税务总局确定是否征收　　D. 减半征收

13. 关于下列关于印花税征税对象中经济合同的论述中，你认为正确的是(　　)。

A. 买卖合同包括作为部门内执行计划使用的物资调拨单

B. 借款合同中包括银行同业拆借所签订的借款合同

C. 技术转让合同中包括专利权转让所书立的合同

D. 只有依法订立的经济合同，才是我国印花税征对象之一

14. 税法出于简化纳税手续的考虑，规定了印花税可采取的一些特殊的缴纳方法，下列项目中，错误的是(　　)。

A. 按期汇总缴纳　　B. 自行贴花

C. 以缴款书代替贴花　　D. 以完税证代替贴花

15. 从 2001 年 11 月 16 日起，股份制企业向社会公开发行的股票，因购买、继承、赠与所书立的书据，均依法书立时证券市场当日实际成交价格计算的金额，由立据双方当事人按

( )税率缴纳印花税。

A. 4‰ B. 2‰ C. 3‰ D. 1‰

16. 在下列关于印花税的论述中，正确的是( )。

A. 印花税是对经济活动和经济交往中书立、领受的应税经济凭证所征收的一种税

B. 印花税最早始于法国

C. 印花税兼有财产税和行为税的性质

D. 印花税税负较重

17. 在确定合同计税依据时应当注意，有时合同在签订时无法确定计税金额，对于此类合同，一般按( )贴花，以后结算时，再予以补贴印花。

A. 定额 10 元 B. 预期金额 5 元 C. 定额 15 元 D. 定额 5 元

18. 甲、乙签订一份商品购销合同，甲要求乙提供商品的鉴定，丙愿意为该种商品提供鉴定，丁为甲的业务代理人，并代表甲与乙签订了经济合同，这一事项中，属于印花税纳税人的是( )。

A. 甲、乙 B. 甲、乙、丁 C. 乙、丁 D. 甲、乙、丙、丁

19. 在计算缴纳印花税时，对于某些特殊情况，税法作出了特殊规定，在下列论述中( )是错误的。

A. 对已经贴花的凭证，凡修改后所载金额增加的应对其增加额补贴印花

B. 按比例税率计算纳税而应纳税额又不足一角的免纳印花税

C. 对财产租赁合同的应纳税额超过一角但不足一元的，按一元贴花

D. 同一凭证由两方以上当事人签订并各执一份的，由某一当事人就凭证所载金额全额贴花

20. 对于下列关于印花税纳税人的叙述中，错误的有( )。

A. 书立各类经济合同时，以合同的当事人为纳税人

B. 所谓当事人，是指对凭证负有直接或间接权利义务关系的单位和个人，不包括保人、证人、鉴定人、代理人等

C. 现行印花税纳税人包括外商投资企业和外国企业

D. 建立营业账簿的，以立账簿人为纳税人

二、多项选择题

1. 下列各项中，符合城市维护建设税征收管理有关规定的有( )。

A. 海关对进口产品代征的增值税、消费税，征收城市维护建设税

B. 海关对进口产品代征的增值税、消费税，不征收城市维护建设税

C. 海关对出口产品退还增值税、消费税的，不退还已缴纳的城市维护建设税

D. 海关对进口产品退还增值税、消费税的，退还已缴纳的城市维护建设税

2. 下列各项中，符合城市维护建设税纳税地点规定的有( )。

A. 取得输油收入的管道局，为管道局所在地

B. 流动经营无固定地点的单位，为单位注册地

C. 流动经营无固定地点的个人，为居住所在地

D. 代征代扣“三税”的单位和个人，为代征代扣地

3. 某生产企业生产销售汽车轮胎，取得的销售收入应纳( )。

A. 增值税　　B. 消费税　　C. 城建税　　D. 教育费附加

4. 下列各项中,符合城市维护建设税计税依据规定的有(　　)。

A. 偷逃营业税而被查补的税款

B. 偷逃消费税而加收的滞纳金

C. 出口货物免抵的增值税税额

D. 出口产品征收的消费税税额

5. 下列各项中,属于城市维护建设税的计税依据的有(　　)。

A. 应纳"三税"税额

B. 纳税人滞纳"三税"而加收的滞纳金

C. 纳税人偷逃"三税"被处的罚款

D. 纳税人偷逃"三税"被查补的税款

6. 城建税税率为地区差别比例税率,其地区的确定可以有(　　)。

A. 纳税人所在地适用税率

B. 缴纳"三税"所在地适用税率

C. 受托方代征代扣"三税"的,按委托方所在地适用税率

D. 经营地的适用税率

7. 城建税适用的税率有(　　)。

A. 7%　　B. 5%　　C. 3%　　D. 1%

8. 下列各项中,不属于城建税计税依据的有(　　)。

A. 纳税人实际缴纳的"三税"　　B. 纳税人减免退税的"三税"

C. 纳税人计算出的应缴"三税"　　D. 受托方代扣代缴的"三税"

9. 下列各项中,可以作为城市维护建设税计税依据的有(　　)。

A. 纳税人滞纳营业税而加收的滞纳金

B. 纳税人享受减免税后实际缴纳的营业税

C. 纳税人偷逃增值税被处的罚款

D. 纳税人偷逃消费税被查补的税款

10. 城建税的税收减免规定有(　　)。

A. 随"三税"的减免而减免

B. 随"三税"的退库也可退库

C. 按减免"三税"后实际缴纳的税额计征

D. 个别缴纳城建税有困难的,由税务总局批准给予减免

11. 下列各项中,符合城市维护建设税征税规定的有(　　)。

A. 缴纳增值税、消费税、营业税的企业都应缴纳城市维护建设税

B. 因减免税而需进行"三税"退库的,可同时退还城市维护建设税

C. 对出口产品退还增值税、消费税的,不退还城市维护建设税

D. 海关对进口产品代征的增值税、消费税,不征收城市维护建设税

12. 关于城市维护建设税,下列说法正确的有(　　)。

A. 纳税人直接缴纳"三税"的,在缴纳"三税"地缴纳城市维护建设税

B. 外商投资企业和外国企业同样缴纳城市维护建设税

C. 由受托方代收、代扣“三税”的，城市维护建设税适用受托方所在地的税率

D. 对增值税减免税的，城市维护建设税一并减免

13. 关于城市维护建设税的适用税率，下列表述正确的有（　　）。

A. 按纳税人所在地区的不同，设置了三档地区差别比例税率

B. 由受托方代收、代扣“三税”的，可按纳税人所在地的规定税率就地缴纳城市维护建设税

C. 流动经营等无固定纳税地点的纳税人可按纳税人缴纳“三税”所在地的规定税率就地缴纳城市维护建设税

D. 对增值税实行先征后返办法的，一般情况下附征的城建税不予退还

14. 下列应税凭证中，可免纳印花税的有（　　）。

A. 无息、贴息贷款合同

B. 已缴纳印花税的凭证副本或抄本

C. 外国政府或国际金融组织向我国政府及国家金融机构提供的优惠贷款所书立的合同

D. 国家指定收购部门与村民委员会书立的农产品收购合同

15. 下列合同中，应作为印花税征税对象的包括（　　）。

A. 仓储、保管合同或作为合同使用的入库单

B. 银行同业拆借所签订的借款合同

C. 企业和个人出租门店柜台所签订的租赁合同

D. 会计师事务所签订的会计咨询合同

16. 我国现阶段开征印花税的立法原则是（　　）。

A. 筹集财政收入　　B. 维护我国涉外经济权益

C. 培养纳税人自觉纳税观念　　D. 促进我国经济法制建设

17. 印花税税率形式有（　　）。

A. 定额税率　　B. 超额累进税率　　C. 比例税率　　D. 全额累进税率

18. 下列关于印花税征税范围中营业账簿的论述中正确的是（　　）。

A. 纳入征税范围的营业账簿，是按立账簿人的经济属性划分征免范围的

B. 对采用一级核算形式的单位，只就财会部门设置的营业账簿贴花

C. 仓库设置的属于会计核算范围，但不记载金额的相关账簿，可不贴印花

D. 对会计核算采用单页表式记载资金活动情况，以表代账的，在未形成账册前，可不贴花

三、案例研讨

1. 某市有出口经营权的生产企业，2012 年 3 月内销产品，取得不含税销售额 600 万元，当月出口产品，出口货物离岸价 300 万元人民币。3 月份购进原材料，取得的防伪税控增值税发票上注明税金 119 万元。发票本月通过税务机关认证，并当月申请抵扣。

【要求】 计算 2012 年 3 月份该生产企业应纳或应退增值税和应缴纳的城市维护建设税（增值税退税率为 15%）。

2. 某企业地处市区，2012 年 5 月被税务机关查补增值税 45 000 元、消费税 25 000 元、所得税 30 000 元；还被加收滞纳金 2 000 元、被处罚款 50 000 元。

【要求】 计算该企业应补缴城市维护建设税和教育费附加。

3. 某企业 2011 年 2 月开业，领受房产证、工商营业执照、土地使用证各一件；与其他企

业订立转移专有技术使用权书据，所载金额 80 万元；订立产品购销合同，所载金额 150 万元；订立借款合同，所载金额 40 万元；企业设立营业账簿 20 本，“实收资本”科目载有资金 600 万元；2011 年 12 月该企业“实收资本”科目所载资金增加为 800 万元。

【要求】 计算该企业应纳印花税。

附录A　各模块综合训练参考答案

模块一

一、单项选择题

1. D　2. B　3. C　4. C　5. B　6. A　7. D　8. A　9. C　10. B

二、多项选择题

1. ABC　2. ABCD　3. ABCD　4. ACD　5. ABC　6. ABCD　7. ABCD　8. ABCD　9. ABCD　10. ABD

三、判断题

1. ×

2. ×　在“货物”之前加上“价值相当于应纳税款的商品”

3. √

4. √

5. ×　含单位

四、案例研讨

1. 参考答案

本处理决定无效。

《税收征管法》第15条规定：“企业及企业在外地设立的分支机构和从事生产、经营的场所，个体工商户和从事生产、经营的事业单位自领取营业执照之日起三十日内，持有关证件，向税务机关申报办理税务登记，税务机关审核后发给税务登记证件。”

星星商店自2001年5月20日领取营业执照到2001年6月13日还不到30日，尚未违反上述规定，因此，税务所对其做出责令限期改正的处理决定是错误的。

2. 参考答案

本处理决定有效。

根据《税收征管法》第60条的有关规定：“未按照规定期限申报办理税务登记、变更或者注销税务登记的，由税务机关责令限期改正，可以处2 000元以下的罚款；情节严重的，处2 000元以上10 000元以下的罚款。”

3. 参考答案

本处理决定是正确的。

(1)根据《税收征管法》第 60 条的有关规定:"未按照规定期限申报办理税务登记、变更或者注销税务登记的,由税务机关责令限期改正,可以处 2 000 元以下的罚款;情节严重的,处 2 000 元以上 10 000 元以下的罚款。"

(2)根据《税收征管法》第 64 条的有关规定:"纳税人不进行纳税申报,不缴或者少缴应纳税款的,由税务机关追缴其不缴或者少缴的税款、滞纳金,并处不缴或者少缴的税款 50%以上 5 倍以下的罚款。"

(3)根据《税收征管法》第 74 条的有关规定:"本法规定的行政处罚,罚款额在 2 000 元以下的,可以由税务所决定。"

模块二

一、单项选择题

1. C　2. C　3. A　4. A　5. B　6. A　7. B　8. B　9. B　10. A

二、多项选择题

1. BCD　2. AC　3. ABD　4. ADE　5. AC　6. ABCD　7. BE　8. AB　9. ABCD　10. AB

三、判断题

1. ×　对于未经批准的企业从事融资租赁业务,如果租赁的货物的所有权转让给承租方的,征收增值税;如果租赁的货物的所有权未转让给承租方的,征收营业税。

2. ×　对注册资本在 500 万元以上、人员在 50 人以上的新办大中型商贸企业,在进行税务登记时提出增值税一般纳税人资格申请的,可认定为临时一般纳税人,还不是正式一般纳税人,进入辅导期,实行辅导期一般纳税人管理,辅导期结束后,经主管税务机关审核同意,此时才可转为正式一般纳税人,按照正常的纳税人管理。

3. √

4. ×　出口货物增值税退税率是出口货物的实际退税额与退税计税依据的比例。

5. ×　国家为加强对加油站的成品油增值税的管理,自 2002 年 1 月 1 日起,对于成品油加油站,无论其销售额是否超过 180 万,一律按一般纳税人征税。

四、案例研讨

1. 参考答案

(1)销售甲产品的销项税额=80×17%+5.85÷(1+17%)×17%
=14.45(万元)

(2)销售乙产品的销项税额=29.25÷(1+17%)×17%=4.25(万元)

(3)自用新产品的销项税额=20×(1+10%)×17%=3.74(万元)

(4)销售使用过的摩托车应纳税额=1.17÷(1+17%)×17%×5
=0.85(万元)

(5)外购货物应抵扣的进项税额=10.2+6×7%=10.62(万元)

(6)外购免税农产品应抵扣的进项税额=(30×13%+5×7%)×(1-20%)
=3.4(万元)

(7)该企业 5 月份应缴纳的增值税额
=14.45+4.25+3.74+0.85-10.62-3.4=9.27(万元)

2. 参考答案

(1)销项税额=36÷(1+17%)×17%=5.23(万元)

(2)购入空调100台,货款已付,取得的专用发票上注明价、税款分别为64万元、10.88万元;可抵扣进项税额10.88万元。

(3)可抵扣增值税进项税额=2 340×50=117 000(元)

(4)本月可抵扣进项税额=10.2/2=5.1(万元)

(5)应做进项税额转出=10.88×10/100=1.088(万元)

(6)应纳增值税额=136×3 000/1.17×17%=59 282.05(元)

(7)应就该差额按4%减半征收缴税。销项税=(1.5/1.04)×4%÷2=0.029(万元)

(8)销项=(45/1.17)×17%=6.538(万元)

(9)销项=(168/1.17)×17%=24.41(万元)

本月应纳增值税=本月销项-本月进项

=(5.23+5.928+0.029+6.538+24.41)-(10.88+11.7+5.1-1.088)

=42.135-26.592

=15.543(万元)

3. 参考答案

(1)该厂家当月应纳增值税额的计算不正确。

(2)折扣额另开发票反映,不应减少当月销售额。

(3)代收的电力基金,属价外费用,应当先换算为不含税收入,再并入销售额纳税。

(4)以旧换新方式销售货物,应按新货物同期售价确定销售额,不得扣减旧货的收购价格。

(5)以旧换新方式收购的旧手机,不能按10%的扣除率计算抵扣进项税额。

(6)运杂费的计算扣税只能以运输发票上的运费和建设基金为依据,按7%扣除率计算进项税。

(7)对体育代表队捐赠,应视同销售予以征税。

(8)代销售公司开专用发票是不合法的,但已开具了专用发票,就应将销售公司的销售额作为本企业的销售额计算纳税。

(9)进口的设备属固定资产,2012年以前其进项税额不得抵扣,按当前政策可以抵扣。

(10)计算应纳增值税额。

①当月的销项税额=6 000×1 000×17%+2 000×1 000×17%+1 000×400×17%+2 000×10÷(1+17%)× 17%+30×1 000×17%+50×1 000×17%

=144.450 6(万元)

②当月的进项税额=51+1.2×7%=51.084(万元)

③当月的应纳增值税额=144.450 6-51.084=93.366 6(万元)

4. 参考答案

销项税额=10.2+(35.1+1.17)÷(1+17%)×17%+46.8÷(1+17%)×17%+(15.21+2.34)÷(1+17%)×17%+1.7

=26.52(万元)

不可抵扣的进项税额=8.5×10÷(60+30+1+40+10+13+2+10)

=0.51(万元)

应纳增值税＝26.52－(8.5－0.51)＝18.53(万元)

【解析】 实物折扣应作视同销售处理。

5. 参考答案

销项税额＝[100＋7.02÷(1＋17％)]×17％＋3÷(1＋17％)×17％＋(80－8)×17％＋240×(3 600＋240)×17％÷10 000＋100×6 600×17％÷10 000＋20×(1＋10％)÷(1－10％)×17％＋20×2 000×17％÷10 000＋(33＋7)×17％

＝69.23(万元)

进项税额＝(34＋20×7％)×80％＋0.2＝28.52(万元)

应纳增值税＝69.23－28.52＝40.71(万元)

6. 参考答案

销项税额＝37.4＋10×(1＋10％)×17％＋80×17％＋30×17％

＝57.97(万元)

进项税额＝17＋2.5×7％＋1.7＝18.88(万元)

应纳增值税＝57.97－18.88＝39.09(万元)

【注】 因销货方还未收到购买方退还的专用发票，也未取得退货证明单，销货退回不得扣减当期销项税额。

模块三

一、单项选择题

1. A 2. D 3. B 4. D 5. C 6. B 7. A 8. D 9. C 10. D

二、多项选择题

1. CD 2. ACD 3. BD 4. ABC 5. ABC

三、判断题

1. × 2. √ 3. × 4. × 5. √

四、案例研讨

1. 各项目计算方法

(1)应纳销项税＝[24 570÷(1＋17％)×10＋22 230÷(1＋17％)×5＋21 060÷(1＋17％)×20]×17％＝[210 000＋95 000＋360 000] ×17％

＝113 050(元)

应纳消费税＝[24 570÷(1＋17％)×17％×10＋22 230÷(1＋17％)×17％×5＋21 060÷(1＋17％)×17％×20]×20％＋(10＋5＋20)×1 000×2×0.5

＝(210 000＋95 000＋360 000)×20％＋35 000

＝133 000＋35 000＝168 000(元)

(2)应纳销项税＝[4 680÷(1＋17％)×3＋2 340÷(1＋17％)]×17％

＝(12 000＋2 000)×17％

＝2 380(元)

应纳消费税＝[4 680÷(1＋17％)×3＋2 340÷(1＋17％)]×20％＋3×1 000×2×0.5

=2 800+3 000

=5 800(元)

(3)应纳销项税=2 340÷(1+17%)×6×17%=12 000×17%=2 040(元)

应纳消费税=2 340÷(1+17%)×6×20%+6×1 000×2×0.5

=2 400+6 000=8 400(元)

外购薯类白酒能抵扣进项税=1 170÷(1+17%)×3×17%=510(元)

(4)应纳销项税=24 570÷(1+17%)×9×17%=189 000×17%=32 130(元)

应纳消费税=24 570÷(1+17%)×9×20%+9×1 000×2×0.5

=189 000×20%+9 000

=46 800(元)

抵扣进项税=24 570÷(1+17%)×9×13%=189 000×13%=24 570(元)

(5)应纳销项税=35 100÷(1+17%)×10×17%=300 000×17%=51 000(元)

应纳消费税=35 100÷(1+17%)×10×20%+10×1 000×2×0.5

=300 000×20%+10 000=70 000(元)

抵扣进项税=1 020(元)

(6)应纳销项税=24 570÷(1+17%)×8×17%=168 000×17%=28 560(元)

应纳消费税=24 570÷(1+17%)×8×20%+8×1 000×2×0.5

=168 000×20%+8 000=41 600(元)

以上合计答案如下:

(1)本月增值税销项税=113 050+2 380+2 040+32 130+51 000+28 560=229 160(元)

(2)本月应抵扣的增值税进项税额=510+24 570+1 020 =26 100(元)

(3)本月应纳增值税=229 160-26 100=203 060(元)

(4)委托加工业务,受托方代收代缴的消费税=(51 000+6 000)÷(1-5%)=3 000(元)

(5)本月全部应纳消费税=168 000+5 800+8 400+46 800+70 000+41 600

=340 600(元)

2. 参考答案

第一笔业务:属于正常销售。

第二笔业务:属于正常销售。

第三笔业务:属于将自产的应税消费品用于其他方面——发放职工福利,视同销售应税消费品。使用同类产品加权平均价格。

第四笔业务:属于将自产的应税消费品用于换取原材料,视同销售应税消费品。使用同类产品最高价格。

第五笔业务:属于将自产的应税消费品用于其他方面——无偿赠送他人,视同销售应税消费品。使用组成计税价格。

(1)销售粮食白酒给甲应纳消费税=从价定率计征+从量定额计征

=销售额×税率+销售数量×定额税率

=50 000×20%+100×10×0.5×1

=10 000+500

=10 500(元)

(2)销售粮食白酒给乙应纳消费税＝从价定率计征＋从量定额计征

＝销售额×税率＋销售数量×定额税率

＝120 000×20％＋200×10×0.5×1

＝24 000＋1 000

＝25 000(元)

(3)将 50 箱同样白酒分给职工应纳消费税＝从价定率计征＋从量定额计征

＝销售额×税率＋销售数量×定额税率

＝(50 000＋120 000)÷(100＋200)×50×20％＋50×10×0.5×1

＝5 666.67＋250

＝5 916.67(元)

(4)将 70 箱同样白酒换取原材料应纳消费税＝从价定率计征＋从量定额计征

＝销售额×税率＋销售数量×定额税率

＝120 000÷200×70×20％＋70×10×0.5×1

＝8 400＋350

＝8 750(元)

(5)将新研制贵宾酒 30 箱赠给市运动会应纳消费税＝从价定率计征＋从量定额计征

＝销售额×税率＋销售数量×定额税率

＝30×800×(1＋10％)÷(1－20％)×20％＋30×10×0.5×1

＝6 600＋150

＝6 750(元)

该酒厂 7 月份应缴纳多少消费税合计＝10 500＋25 000＋5 916.67＋8 750＋6 750

＝56 916.67(元)

3. 参考答案

第一笔业务:销售 A 牌粮食白酒属于正常销售。

第二笔业务:销售 B 牌薯类白酒,属于正常销售。外购酒精从 2012 年 5 月 1 日起,停止执行消费税优惠政策,不能抵扣消费税外购应税消费品所含的消费税额。

第三笔业务:委托加工业务,作为扣缴义务人代收代缴消费税。

第四笔业务:销售加工生产药酒 12 吨,属于正常销售。3 吨赠送他人,属于视同销售应税消费品,税率 10％。

(1)销售 A 牌粮食白酒应纳消费税＝从价定率计征＋从量定额计征

＝销售额×税率＋销售数量×定额税率

＝(40×10 000×20％＋40×2 000×0.5)＋(11.7×12 500÷1.17×20％＋11.7×2 000×0.5)

＝(80 000＋40 000)＋(25 000＋11 700)

＝120 000＋36 700

＝156 700(元)

(2)销售 B 牌薯类白酒应纳消费税＝从价定率计征＋从量定额计征

＝销售额×税率＋销售数量×定额税率

＝15×5 000×20％＋15×2 000×0.5

=15 000+15 000

=30 000(元)

(3)代收代缴商场C牌粮食白酒消费税

=组成计税价格×消费税税率+从量定额征税

=(材料+加工费)÷(1-消费税税率)×消费税税率+20×2 000×0.5

=(70 000+5 000)÷(1-20%)×20%+20 000

=18 750+20 000

=38 750(元)

(4)用委托加工收回的黄酒加工生产药酒销售及赠送时应纳消费税

=从价定率计征

=销售额×税率

=15×6 000×10%

=9 000(元)

该酒厂5月份应缴纳消费税合计:156 700+30 000+9 000=195 700(元)

代收代缴商场C牌粮食白酒消费税为38 750元。

4. 参考答案

第一笔业务:外购应税消费品烟丝,用于连续生产应税消费品卷烟,外购烟丝所含消费税可以享受消费税优惠抵扣政策,只是要按生产领用数量计算。

第二笔业务:向农民收购烟叶,不属于外购应税消费品用于连续生产应税消费品的范围,不能享受消费税抵扣政策。另外卷烟厂将烟叶入库后又委托烟丝厂加工烟丝。根据税法规定:应在委托方提货时由烟丝厂代收代缴。由于该题中卷烟厂收回烟丝时烟丝厂未代收代缴消费税,所以卷烟厂应补缴委托加工烟丝的消费税。

第三笔业务销售卷烟,属于正常销售,应根据规定计算从价、从量消费税。每标准条卷烟售价≥50元,适用税率45%,另外实际领用外购烟丝150吨所含消费税允许享受消费税优惠抵扣政策。

(1)计算卷烟厂10月份收回委托加工的烟丝时应纳消费税

=(材料+加工费)÷(1- 消费税税率)×消费税税率

=(3-3×7%+42-42×13%+8) ÷(1- 30%)×30%

=(2.79+36.54+8)÷(1- 30%)×30%

=20.284 3(万元)

根据税法规定:

卷烟厂将烟叶委托给烟丝厂加工烟丝,应在委托方提货时由烟丝厂代收代缴,由于该题卷烟厂收回烟丝时烟丝厂未代收代缴消费税,所以卷烟厂应补缴委托加工烟丝的消费税。

(2)卷烟厂10月份销售卷烟应纳消费税=从价定率计征+从量定额计征

=销售额×税率+销售数量×定额税率

=36 000×45%+18 000×150÷10 000

=16 200+270

=16 470(万元)

(3)卷烟厂10月份销售卷烟实际缴纳的消费税

＝卷烟厂销售卷烟应纳消费税－外购的实际生产领用的烟丝所含消费税

＝16 470－150×2×30％

＝16 470－90

＝16 380(万元)

因此，卷烟厂10月份销售卷烟实际缴纳消费税为16 380万元。同时卷烟厂10月份还应补缴委托加工烟丝的消费税为20.284 3万元。

模块四

一、单项选择题

1. C　2. A　3. D　4. C　5. C　6. C　7. C

二、多项选择题

1. BE　2. ACE　3. AB　4. CE　5. ACE

三、案例研讨

1. 参考答案

税法规定，旅游企业组团到境外或境内旅游，无论在境外或境内改由其他旅游企业接团，应以全程旅费扣除接团费用和替旅游者付给其他单位的餐费、住宿费、门票等代付费用后的余额为营业额；旅游业属服务业税目范畴，适用税率为5％。

应纳营业税＝(140 000－60 000＋160 000－100 000)×5％＝7 000(元)

2. 参考答案

(1)QW队应纳“文化体育业”营业税：100 000×3％＝3 000(元)

(2)YT队应纳“文化体育业”营业税：60 000×3％＝1 800(元)

(3)唐某率队的文艺演出团体应纳“文化体育业”营业税：80 000×3％＝2 400(元)

(4)S省体育场应纳“服务业——租赁业”营业税：[30 000＋(360 000＋88 000)×5％]×5％＝2 620(元)

“服务业——代理业”营业税：2 000×5％＝100(元)

合计2 720元应自行申报纳税。

(5)精彩公司应纳“服务业——代理业”营业税：

{全部售票收入(360 000＋88 000)－支付QW队出场费100 000－支付YT队出场费60 000－支付唐某率队的文艺演出团队演出费80 000－支付S省体育场场租费[30 000＋(36 000＋88 000)×5％]－代售票手续费2 000}×5％＝7 680(元)

应纳“服务业——广告业”营业税：85 000×5％＝4 250(元)

应纳“服务业——其他服务业”营业税(电视转播权)：30 000×5％＝1 500(元)

三项合计13 430元。

另外，精彩公司还须代扣代缴QW队、YT队、唐某率队的文艺演出团体应纳的营业税7 200元。

3. 参考答案

(1)公园第一道门票收入应纳文化体育营业税＝90 000×3％＝2 700(元)

(2)碰碰车等游乐场收入应纳娱乐营业税＝188 000×20％＝37 600(元)

(3)拍照摄像收入应纳服务业营业税＝7 000×5％＝350(元)

(4)游客自行操作的木船、脚踏船、电瓶船收入部分应纳“服务业——租赁业”营业税＝47 000×5％＝2 350(元)

(5)对由公园工作人员驾驶的大型观光游船收入部分应征收“服务业——旅游业”营业税＝3 000×5％＝150(元)

(6)热带鱼展收入应纳文化体育业营业税＝12 000×3％＝360(元)

4. 参考答案

(1)三大材料补征建安营业税＝420 000×3％＝12 600(元)

(2)应补自建房建安营业税＝2 346 890.90×(1＋5％)÷(1－3％)×3％＝76 213.44(元)

(3)应补销售不动产营业税＝3 164 000×5％＝158 200(元)

(4)优质奖应补建安营业税＝80 000×3％＝2 400(元)

该公司按规定补缴营业税：12 600＋76 213.44＋158 200＋2 400＝249 413.44(元)

5. 在这一合作建房的过程中，甲方发生了转让土地使用权的行为，应按“转让无形资产”税目征税，将分得的房屋再销售，应再按“销售不动产”税目征税；乙方将部分房屋转让给甲方，属于“自建建筑物后销售”行为，要分别按“建筑业”和“销售不动产”征收营业税。由于双方没有进行货币结算，应按组成计税价格计算。

乙方建筑业计税价格＝工程成本×(1＋成本利润率)÷(1－营业税税率)

＝2 000×50％×(1＋5％)÷(1－3％)

＝1 082.47(万元)

乙方应纳建筑业营业税＝1 082.47×3％＝32.47(万元)

乙方销售不动产计税价格＝营业成本×(1＋成本利润率)÷(1－营业税税率)

＝1 082.47×(1＋10％)÷(1－5％)＝1 253.39(万元)

乙方应纳销售不动产营业税＝1 253.39×5％＝62.67(万元)

甲方应纳营业税＝1 253.39×5％＋800×5％＝102.39(万元)

本题中，乙方“自建建筑物后销售”是两个不同的环节，计算乙方销售不动产的组成计税价格时，应将乙方“建筑业计税价格”作为计算销售不动产计税价格中的营业成本处理。因为建筑业计税价格包含了建筑业的成本、税金(3％)和利润，但不包括销售不动产的利润和税金(5％)，因此，应该把“1 082.47万元”看成是不动产销售前的实际成本，也可以理解为“乙方委托其他建筑单位施工所支付的价款”。

模块五

一、单项选择题

1. A

2. C 【解析】会计利润＝2 000＋220－1 550－200－100＝370(万元)

捐赠扣除限额＝370×12％＝44.4(万元)

实际发生的公益性捐赠支出90万元，根据限额扣除。

3. D 【解析】企业为购置、建造固定资产发生借款的，在有关资产购置、建造期间发生的合理的借款费用，应予以资本化，作为资本性支出计入有关资产的成本。厂房建造前发生的借款利息可以在税前直接扣除，可以扣除的借款费用＝3 000×4.2%÷12×3＝31.5(万元)。

4. D

5. B

6. C 【解析】福利费扣除限额为 150×14%＝21(万元)，实际发生 30 万元，准予扣除 21 万元

工会经费扣除限额＝150×2%＝3(万元)，实际发生 3 万元，可以据实扣除

职工教育经费扣除限额＝150×2.5%＝3.75(万元)，实际发生 4.50 万元，准予扣除 3.75 万元。

调增应纳税所得额＝(30－21)＋(4.50－3.75)＝9.75(万元)

7. C 【解析】企业当年的广告费扣除标准为不超过当年销售(营业)收入的 15%，超过部分可以结转以后年度扣除。

当年准予扣除的广告费＝500×15%＝75(万元)，因此当年发生的 60 万元可以全部扣除，同时，还可以扣除上年结转的 35 万元中的 15 万元，即企业当年可以扣除的广告费是 75 万元。上年剩余的 20 万元留待以后年度结转扣除。

8. A 【解析】企业所得税法规定：企业发生的与生产经营活动有关的业务招待费，按照发生额的 60%扣除，但最高不得超过当年销售(营业)收入的 5‰。20×60%＝12(万元)，(1 500＋500)×5‰＝10(万元)，两者相比择其小者，即当年可在所得税前列支的业务招待费金额为 10 万元。

9. A 【解析】企业发生的与生产经营活动有关的业务招待费，按照发生额的 60%扣除，但最高不得超过当年销售(营业)收入的 5‰。扣除限额＝600×5‰＝3(万元)，6×60%＝3.6(万元)，大于 3 万元，所以可以扣除的业务招待费是 3 万元。

应纳税所得额＝600－3－300－30－60×50%＝237(万元)，高新技术企业适用税率是 15%，应纳所得税＝237×15%＝35.55(万元)。

10. B 【解析】应该将来自一个国家的所得合并一起抵免。

甲国所得按我国税法规定应纳税额＝[120÷(1－40%)＋51÷(1－15%)]×25%＝65(万元)；在甲国已纳税额＝120÷(1－40%)×40%＋51÷(1－15%)×15%＝89(万元)，不用补税。

乙国所得按我国税法规定应纳税额＝(42.5＋7.5)×25%＝12.5，应补税额＝12.5－7.5＝5(万元)。

2011 年该国有企业应纳所得税＝1 200×25%＋5＝305(万元)。

二、多项选择题

1. BCD　2. ABE　3. BCDE　4. ABD　5. AB

三、判断题

1. ×　2. √　3. √　4. ×　5. √

四、案例研讨

【解析】

(1)福利费扣除限额：1 000×14%＝140(万元)，实际列支 210 万元，纳税调增 70 万元。职工教育经费扣除限额：1 000×2.5%＝25(万元)，实际列支 40 万元，纳税调增 15 万元(超支的 15 万元，可以在以后年度无限期结转扣除)。工会经费扣除限额：1 000×2%＝20(万元)，

实际列支20万元，工会经费取得专用收据，无需纳税调整。三项经费应调增所得额70+15=85(万元)。

(2)按照税法规定减值准备不能在税前扣除，应调增所得额2万元。

(3)国债利息收入5万元，符合条件的居民企业之间的股息红利等权益性投资收益10万元，均是免税收入，应调减所得额10+5=15(万元)。

注意：《企业所得税年度纳税申报表》第25行应纳税所得额只填报纳税人当期境内所得的应纳所得税额。该企业境外甲国的投资收益16万元不影响应纳税所得额，所以国债利息、税后股息应调减的应纳税所得额为15万元。

(4)利息资本化的期限为8个月，该企业支付给银行的年利息12万元全部计入了财务费用，应调增所得额12÷12×8=8(万元)，属于会计差错。

关联方债资比例为1 000÷200=5，标准债资比例=2。

乙企业实际税负低于该企业，关联方借款准予扣除的利息=200×2×6%=24(万元)，关联方借款利息应调增所得额60-24=36(万元)，属于永久性差异，按照“调表不调账”的原则进行处理。财务费用纳税调增利息支出36+8=44(万元)。

(5)收入为9 000万元，将30台自产产品售给本厂职工，视同销售收入为300万元，应填入《企业所得税年度纳税申报表》第一行，作为费用扣除的基数。自产产品外捐赠视同销售收入45万元，应填入《企业所得税年度纳税申报表》第一行，作为费用扣除的基数。费用限额基数=9 000-5-10-16+300+45=9 314(万元)。

业务招待费扣除限额=9 314×0.5%=46.57(万元)>65×60%=39(万元)，准予扣除39万元，实际发生65万元，应调增26万元。

业务宣传费扣除限额=9 314×15%=1 397.1(万元)，实际发生80万元，可以据实扣除。

注意：以固定资产抵债虽视同销售，但固定资产的公允价值53万元不属于销售收入，不填入《企业所得税年度纳税申报表》第一行，不作为费用扣除限额的计算基数。转让专利收入所有权700万元，也不作为费用扣除限额的计算基数。另外，技术开发费320万元可以加计扣除50%，即应调减应纳税所得额160(320×50%)万元。

(6)清偿债务应调增的所得额。

处置固定资产损益=53-60×(1-15%)=2(万元)。

债务重组收益=60-53=7(万元)。

清偿债务业务共调增所得额=2+7=9(万元)。

企业直接以60万元分别冲减了应付账款和固定资产原值，属于会计差错。

注：此处不适用于《关于全国实施增值税转型改革若干问题的通知》(财税〔2008〕170号)，因为该文件自2009年1月1日开始实施。此处适用财政部、国家税务总局《关于旧货和旧机动车增值税政策的通知》(财税〔2002〕29号)。

(7)计算新研发的家电应调整的应纳税所得额。

将30台自产产品售给本厂职工视同销售，应调增所得额为30×(10-5)=150(万元)。另外，按照《企业会计准则第14号——收入》，换出资产为存货的，应当作为销售处理以其公允价值确认收入，同时结转相应的成本。此处按成本转账，属于会计差错。将自产的产品10台自用，企业所得税不确认收入，相应的也不确认成本。

(8)转让无形资产应缴纳营业税=700×5%=35(万元)

应缴纳城建税=35×7%=2.45(万元)

应缴纳教育费附加＝35×3%＝1.05(万元)

应缴纳营业税费＝35＋2.45＋1.05＝38.5(万元)。

(9)转让无形资产应该调整的所得额。

转让专利所得额＝700－10－38.5＝651.5(万元)

不超过500万元的部分,免征企业所得税,超过500万元的部分减半征收所得税。转让无形资产应该调增的所得额＝651.5－500＝151.5(万元)。该企业未作收入和成本的会计处理,属于会计差错。

(10)可供出售的金融资产应调整的应纳税所得额。

可供出售的金融资产公允价值的变动55万元,不应该计入损益类账户“公允价值变动损益”,而是应该计入权益类账户“资本公积”,属于会计差错,税法上对金融资产持有期间公允价值的变动不予确认,财税处理一致。此处应调减会计利润及应纳税所得额55万元。

(11)调整后的会计利润总额＝70＋8(财务费用)＋9(清偿债务利得)＋150(自产产品)＋651.5(转让专利所得)－55(金融资产公允价值的变动)＝833.5(万元),公益性捐赠扣除限额＝833.5×12%＝100.02(万元),实际捐赠支出额为42.65万元,可全额扣除。

(12)税收滞纳金、购货方的回扣、关联企业赞助支出不得扣除,合同违约金和环境保护支出可以扣除。除公益性捐赠以外的其他营业外支出项目应调增所得额＝3＋12＋10＝25(万元)。

(13)应纳税所得额＝70＋85＋2－15＋44＋26－160＋9＋150＋(651.5－500)＋25－16－55＝316.5(万元)

(14)应该补缴企业所得税

＝[316.5－(651.5－500)]×25%＋16÷(1－20%)×(25%－20%)＋

(651.5－500)×25%×50%－14.6

＝41.25＋1＋18.94－14.6

＝46.59(万元)

模块六

一、单项选择题

1.C　2.B　3.B　4.A　5.D　6.C　7.A　8.B　9.D　10.A

二、多项选择题

1.AD　2.AD　3.ABD　4.BD　5.BC

三、判断题

1.×　2.√　3.×　4.×　5.×

四、案例研讨

1.[(20 000－4 800)×25%－1 005]×6＋(4 500－3 500)×3%×6＋(1 500＋1 000＋2 000)×(1－20%)×20%＝17 670(元)

2. 通过国家机关捐赠给当地红十字会机构,可以全额扣除;通过著名企业捐款给贫困地区,是营利性机构,所以该笔捐款不得扣除;通过国家机关向受灾地区的捐赠,应计算扣除限额。

扣除限额＝50 000×(1－20%)×30%＝12 000(元)，实际捐赠 10 000 元，可以全额扣除。

该项劳务报酬应缴纳个人所得税＝[50 000×(1－20%)－6 000－10 000]×30%－2 000＝5 200(元)。

3.(1)扣除主编费后所得＝21 000－1 000＝20 000(元)

(2)平均每人所得＝20 000÷5＝4 000(元)

(3)主编应纳税额＝[(1 000＋4 000)×(1－20%)]×20%×(1－30%)＝560(元)

(4)其余四人每人应纳税额＝(4 000－800)×20%×(1－30%)＝448(元)

4. 参考答案

(1)出版小说、小说加印应纳个人所得税＝(40 000＋20 000)×(1－20%)×20%×(1－30%)＝6 720(元)

小说连载应纳个人所得税＝(3 800－800)×20%×(1－30%)＝420(元)

(2)论文集稿酬应缴纳的个人所得税＝(5 000＋2 000)×(1－20%)×20%×(1－30%)＝784(元)

(3)散文集稿酬应缴纳的个人所得税＝18 000×(1－20%)×20%×(1－30%)＝2 016(元)

5. 参考答案

3 月租金应纳税＝(2 000－140－800－800)×10%＝26(元)

4 月租金应纳税＝(2 000－140－200－800)×10%＝86(元)

5 月租金应纳税＝(2 000－140－800)×10%＝106(元)

注：个人出租房屋给他人居住，税率是 10%，出租给他人经营，适用 20%的比例税率。

模块七

一、单项选择题

1. B　2. D　3. C　4. A　5. A　6. A　7. B　8. C　9. A　10. C　11. C　12. B　13. D　14. A　15. D　16. B　17. B

二、多项选择题

1. ABC　2. ABC　3. ABCD　4. ACD　5. ABCD　6. BC

三、判断题

1. ×　2. ×　3. √　4. √　5. √　6. ×　7. ×　8. ×　9. √　10. ×　11. √　12. ×　13. ×　14. √　15. √　16. √

四、案例研讨

1.(1)该企业生产、经营自用房应缴纳的房产税

400×(1－30%)×0.012＝3.36(万元)

(2)该企业出租的房屋应缴纳的房产税＝20×0.12＝2.4(万元)

两项共计 5.76 万元。

2. 甲不用缴纳契税；乙应缴纳契税：100×3%＝3(万元)；丙应缴纳契税：12×3%＝0.36(万元)。

3. 2 马力＝1 吨，拖船按照船舶税额的 50%计算。该运输公司应缴纳的车船税＝10×1 500×4＋2×500×50%×4×50%＋4×2 000×4×5/12＝74 333.33(元)。

4. 载重汽车应纳税额＝20×5×40＝4 000(元)；挂车没有优惠规定，应纳税额＝10×4×40＝1 600(元)；客货两用车按照载货汽车的计税单位和税额标准计征车船税，归托儿所专用的也没有免税规定，应纳税额＝3×40×6＝720(元)，该企业当年应纳税额＝4 000＋1 600＋720＝6 320(元)。

5. 船舶净吨位尾数在0.5吨以下(含0.5吨)的不予计算，超过0.5吨的按照1吨计算，捕捞船属于免税的范围，非机动驳船按船舶税额的50%计算。该公司当年应缴纳的车船税＝2×10×3×50%＋15×3×1＋10×7×3＝285(元)。

模块八

一、单项选择题

1. D 【解析】58×(1＋7%＋3%)＝63.8，63.8×0.5‰×50＝1.595(万元)
合计 63.8 × 2＋1.595≈129.2(万元)

2. D

3. A 【解析】城建税和教育费附加的计税依据是纳税人实际缴纳的“三税”税额，城建税的税率根据纳税人所在地的不同设置了三档税率，纳税人所在地为县城的，税率为5%，而教育费附加的税率统一为3%；本题的计税依据是增值税税额280万元和租金收入应纳的营业税税额40×5%＝2(万元)，应纳城建税和教育费附加＝(280＋40×5%)×(5%＋3%)＝22.56(万元)。

4. C 【解析】选项A，跨省开采的应当选择核算地的税率。选项B，纳税人从事跨省工程的，应向其机构所在地主管地方税务机关申报纳税。选项D，代扣代缴、代收代缴的城建税按受托方(扣缴方)所在地适用税率执行。

5. C

6. A

7. C 【解析】(2－1＋0.5)×7%＝0.105(万元)，纳税人违反“三税”有关税法而加收的滞纳金和罚款，是税务机关对纳税人违法行为的经济制裁，不作为城建税的计税依据。

8. B 【解析】代征进口环节增值税，但不在进口环节代征城建税。出口环节退回增值税，但不退城建税，故(30＋50)×5%＝4(万元)。

9. A 【解析】由受托方代征代扣“三税”的单位和个人，其代征代扣的城建税按受托方所在地适用税率计算；所以由B企业按5%税率代征代扣城建税。

10. D 【解析】该乡镇企业当日应纳的城市维护建设税＝(6＋2)×1%＝0.08(万元)。

11. A　12. B　13. C　14. B　15. A　16. A　17. D　18. C　19. D　20. B

二、多项选择题

1. BC　2. AD　3. ABCD　4. ACD　5. AD　6. ABD　7. ABD　8. BC　9. BD　10. ABC　11. BCD　12. ACD　13. ACD　14. ABC　15. ACD　16. ABCD　17. AC　18. BCD

三、案例研讨

1. 应纳增值税＝600×17%－[119－300×(17%－15%)]＝－11(万元)
应退税额＝300×15%＝45(万元)，实退税额＝11(万元)，免抵税额＝45－11＝34(万元)
应纳城市维护建设税＝34×7%＝2.38(万元)

【解析】自2005年1月1日起，经国家税务总局正式审核批准的当期免抵的增值税税额应纳入城市维护建设税和教育费附加的计征范围，分别按规定的税率、征收率征收城市维护建设税和教育费附加。

2.(45 000＋25 000)×(7%＋3%)＝7(万元)

3. 领受房产证、工商营业执照、土地使用证应纳印花税＝3×5＝15(元)

转移专有技术使用权书据应纳印花税＝800 000×0.5‰＝400(元)

产品购销合同应纳印花税＝1 500 000×0.3‰＝450(元)

借款合同应纳印花税＝400 000×0.05‰＝20(元)

企业设立营业账簿应纳印花税＝20×5＋8 000 000×0.5‰＝4 100(元)

参 考 文 献

[1] 国家税务总局．税务行政复议规则．2004.
[2] 国家税务总局．税务代理业务规程．2001.
[3] 全国人民代表大会．中华人民共和国税收征收管理法．2001.
[4] 中华人民共和国国务院．中华人民共和国税收征收管理法实施细则．2002.
[5] 国家税务总局．关于贯彻《中华人民共和国税收征收管理法》及其实施细则若干问题的通知．2003.
[6] 国家税务总局．税务登记管理办法．2003.
[7] 中华人民共和国国务院．中华人民共和国增值税暂行条例．2008.
[8] 中华人民共和国国务院．中华人民共和国增值税暂行条例实施细则．2008.
[9] 中华人民共和国国务院．中华人民共和国营业税暂行条例．2008.
[10] 中华人民共和国国务院．中华人民共和国营业税暂行条例实施细则．2008.
[11] 中华人民共和国国务院．中华人民共和国消费税暂行条例．2008.
[12] 中华人民共和国财政部，国家税务总局．中华人民共和国消费税暂行条例实施细则．2008.
[13] 全国人民代表大会．中华人民共和国海关法．2000.
[14] 中华人民共和国国务院．中华人民共和国进出口关税条例．2003.
[15] 全国人民代表大会．中华人民共和国企业所得税法．2007.
[16] 中华人民共和国国务院．中华人民共和国企业所得税法实施条例．2007.
[17] 全国人民代表大会．中华人民共和国个人所得税法．2011.
[18] 中华人民共和国国务院．中华人民共和国个人所得税法实施条例．2011.
[19] 国家税务总局．关于房地产开发企业土地增值税清算管理有关问题的通知．2007.
[20] 中华人民共和国国务院．中华人民共和国耕地占用税暂行条例．2007.
[21] 中华人民共和国财政部，国家税务总局．中华人民共和国耕地占用税暂行条例实施细则．2008.
[22] 中华人民共和国国务院．中华人民共和国城镇土地使用税暂行条例．2006.
[23] 中华人民共和国财政部，国家税务总局．关于房产税、城镇土地使用税有关政策的通知．2006.
[24] 中华人民共和国国务院．中华人民共和国车辆购置税暂行条例．2000.
[25] 中华人民共和国国务院．中华人民共和国车船税暂行条例．2006.
[26] 中华人民共和国财政部，国家税务总局．中华人民共和国车船税暂行条例实施细则．2007.
[27] 中华人民共和国财政部，国家税务总局．关于印花税若干政策的通知．2006.
[28] 中国注册会计师协会．税法．北京:经济科学出版社,2011.